अग्रिम प्रशंसाएं

हममें से अनेक लोग, नेतृत्वकर्ता, प्रबंधक, यहाँ तक युवा भी दिनचर्या के प्रवाह में फंस जाते हैं। *डिक्लेयरिंग ब्रेकडाउन* में सैद्धांतिक आधार के साथ–साथ उदाहरणों एवं किस्सों के माध्यम से समीर दुआ इस प्रवाह से किस प्रकार बाहर निकला जा सकता है, इसके तरीके बताते हैं।

किसी भी ऐसे व्यक्ति को यह पुस्तक जरूर पढ़नी चाहिए जो अपने जीवन को बदलना और एक नए भविष्य का सृजन करना चाहता है।

किरण कार्णिक
भूतपूर्व अध्यक्ष, नैस्कॉम

अगर आप सक्रिय रूप से अपने लिए एक बेहतर भविष्य बनाना चाहते हैं, एक ऐसा भविष्य जो आपकी पसंद का हो, तो यह पुस्तक आपको रास्ता दिखाने का साधन बन सकती है। कोचिंग के साथ–साथ निजी जीवन के अनुभवों को आधार बनाकर समीर दुआ ब्रेकडाउन घोषित करने से लेकर छूट गए कार्यों को संपन्न करने तक तथा वांछित भविष्य को हासिल करने हेतु 6–चरणों को अच्छी तरह से स्पष्ट करते हैं।

एक शानदार पुस्तक, साथ ही एक बेहतरीन सलाहकार!

गर्ड हॉफनर
मैनेजिंग डायरेक्टर एवं सीईओ
सीमन्स टेक्नोलॉजी एंड सर्विसेस प्रा. लि.

समीर हमें 'डिक्लेयरिंग ए ब्रेकडाउन' कहे जाने वाले दिलचस्प नेतृत्व सम्बन्धी कदम से परिचित करा रहे हैं। अलग–अलग व्यक्ति, दल एवं संगठनों सभी का एक पूर्वनियत भविष्य होता है। मेरा विश्वास है कि इस पूर्वनियत भविष्य से अवगत होना, और फिर अपनी पसंद के एक नए भविष्य का सृजन करना नेतृत्व सम्बन्धी एक शक्तिशाली कदम होता है। मैं ब्रेकडाउन घोषित करने सम्बन्धी इस कदम को कॉरपोरेट के लिए एक नए बिन्दु के रूप में देखता हूँ, और मुझे यह देखकर प्रसन्नता होगी कि नेतृत्व सम्बन्धी यह नया कदम जीवन के विभिन्न पहलुओं में नेतृत्वकर्ताओं के द्वारा सक्रिय रूप से उपयोग किया जाए।

मुझे यह बात बहुत अच्छी लगी कि समीर नई सीख को आत्मसात् करने के एक तरीके के रूप में अभ्यास को एक तरीका बताते हैं। समीर के द्वारा इस पुस्तक में बताए गए 6–चरणों में, नियमित अभ्यास करने पर, लोगों के जीवनों एवं संगठनों में परिवर्तन लाए जाने की क्षमता है।

तरुण कत्याल
सीईओ, रिलायंस ब्रॉडकास्ट नेटवर्क

यह पुस्तक वर्तमान समय हेतु इससे अधिक प्रासंगिक नहीं हो सकती थी। एक ऐसी दुनिया, जो गत वर्षों की तुलना में बहुत तेज गति से बदल रही है, समीर द्वारा दी गई गहन जानकारियों को जरूर पढ़ा जाना चाहिए।

तपन सिंहल
मैनेजिंग डायरेक्टर एवं सीईओ
बजाज एलाएंज जनरल इन्श्योरेंस कं. लि.

सबकुछ संभव है।

ठीक यही बात समीर दुआ इस पुस्तक में प्रस्तुत कर रहे हैं जो 6–चरणों वाली प्रक्रिया का उपयोग कर किसी भी व्यक्ति को ब्रेकडाउन घोषित करने और ऐसे कार्यों को पहचानने में मदद करती है जिन्हें मौजूदा भविष्य से पूरी तरह अलग वांछित भविष्य पाने के लिए करना आवश्यक है।

'ब्रेकडाउन' तथा 'व्यवधान' जैसे नकारात्मक प्रतीत होने वालों शब्दों को इस सरल एवं व्यावहारिक पुस्तक में पूर्णतया एक अलग स्वरूप में प्रस्तुत किया गया है, जो कि प्रत्येक नेतृत्वकर्ता को अवश्य ही पढ़नी चाहिए। वास्तविक जीवन के उद्धरणों को उद्धृत कर समीर पाठकों का उदाहरण के माध्यम से नेतृत्व करते हैं।

कुछ दुर्लभ रत्नों में से एक, *यह पुस्तक* कॉरपोरेट तथा व्यक्तिगत विकास दोनों के लिए उपयुक्त है।

वंदना तन्ना
कंट्री मैनेजर एवं सीएफओ
अमेरिकन इंटरनेशनल ग्रुप इंक. (एआईजी), इंडिया लायजन ऑफिस

इस पुस्तक में, दुआ उन लोगों को एक शक्तिशाली विधि प्रदान करते हैं जो अपने अभिकरण का दावा करने तथा एक बेहतर भविष्य का सृजन करने की दिशा में सक्रिय कदम उठाने हेतु तैयार हों।

वेरोनिका ओलाल्ला लव
चीफ एक्जीक्यूटिव ऑफिसर, न्यूफील्ड नेटवर्क, यूएसए

समीर का एक विशिष्ट गुण इस पुस्तक में प्रतिबिंबित हुआ है। वो पाठकों का परिचय कुछ ऐसी सच्चाईयों से करवाते हैं जो इसके पहले उनसे छिपी हुई थीं, और किसी भी नेतृत्वकर्ता की जागरूकता को पूर्णतया एक नए ऊँचे स्तर तक ले जाते हैं। इन विचारों तथा व्यवहारों का उपयोग सफलताओं में महत्वपूर्ण वृद्धि करने तथा वास्तविक परिणामों को प्राप्त करने के लिए किया जा सकता है। जागरूकता के उच्च स्तर को प्राप्त कर लेने तथा उपयोग में लाए जाने वाले कुछ विशिष्ट उपकरणों को प्राप्त कर लेने के बाद नेतृत्वकर्ता वो बन सकते हैं जो कि वो बन सकते हैं और जो वो बनना चाहते हैं।

समीर के विचार सदैव ही व्यावहारिक एवं स्पष्ट रहे हैं, और साथ–साथ प्रेरक भी। वे मनुष्य–अथवा लोग–किस प्रकार से सोचते और क्रिया करते हैं, तथा अपनी क्रियाओं, उनके भविष्य एवं उनके नेतृत्व को नियंत्रित करने में लोगों की योग्यता में विश्वास की अपनी गहरी समझ का प्रदर्शन करते हैं।

मुझे समीर की टिप्पणियों को पढ़ने में उतना ही आनंद आता है जितना कि उनकी संगोष्ठियों में नेतृत्व के सम्बन्ध में उनके द्वारा प्रस्तुत की गई वार्ताओं को सुनने में, जो सदैव ही प्रेरक और मस्तिष्क को खोलने वाली होती हैं।

शेरॉन केदेम-शैनी
वाइस प्रेसीडेंट, डेलीवेरी एपीएसी, एम्डॉक्स

समीर दुआ ने एक स्पष्ट, बकवास–रहित, व्यावहारिक पुस्तक लिखी है जो नेतृत्वकर्ताओं को नेतृत्व करने में सहायक होगी। उन्होंने दर्जनों ऐसे उपयोगी (तथा गैर–विवेकाधीन) गुणों को निर्धारित एवं सम्बद्ध किया है जिनसे अधिकांश नेतृत्वकर्ता सदैव अपरिचित रहे हैं और उन्होंने कभी भी इनका उपयोग नहीं किया है। उन्होंने संलिप्ततापूर्ण उत्साह एवं जुनून के साथ अपने उन विचारों को प्रस्तुत किया है जो एक प्रशिक्षक तथा कोच के रूप में उनके निजी अनुभवों से हासिल किए गए हैं। मैं किसी भी ऐसे नेतृत्वकर्ता, जो अपने पेशेवर स्तर एवं प्रभावशीलता में सुधार करने हेतु प्रतिबद्ध हो, को समीर की इस पुस्तक को पढ़ने हेतु जोरदार सिफारिश करता हूँ।

डैन न्यूबाई
ऑन्टोलॉजिकल टीचर, कोच एवं मेंटर

समीर की पुस्तक पढ़ने के बाद, 'ब्रेकडाउन' को मुश्किल से ही उन 'समस्याओं' के रूप में देखने को जारी रखा जा सकता है जिनका सामना हम निरंतर और रोजाना करते हैं, जो भारी मात्रा में हमारी ऊर्जा तथा संस्थानों, समुदायों तथा हमारे जीवनों के संसाधनों की खपत करती हैं। इसके बजाए, उन्हें 'शत्रुओं' के रूप में देखने के परंपरागत दृष्टिकोण को परिवर्तित कर दिए जाने से वे एक

अलग भविष्य को तैयार करने सम्बन्धी एक महान अवसर में परवर्तित हो जाती हैं। यह पुस्तक स्पष्ट रूप से लिखी गई है और पाठकों को उपयोगी, शक्तिशाली तथा सार्वभौमिक विशिष्टता प्रदान करती है ताकि वे ब्रेकडाउनों के द्वारा सामान्य तौर पर अपने साथ लाई जाने वाली चुनौतियों का सामना कर सकें। 6 सरल (तथापि साधारण नहीं) चरण एक व्यावहारिक स्वरूप में इस जटिल मुद्दे को सम्बोधित करने की एक सुंदर सहज विधि प्रदान करते हैं।

ब्रेकडाउनों के साथ किए गए निजी अनुभवों को समीर के द्वारा साझा करने को पढ़ने की शुरुआत करने के साथ ही मैं सम्मोहित हो चुका था। विषयवस्तु की सारणी प्रासंगिक संवादों की एक उत्कृष्ट सूची के समान थी जो अपने जो शुरू होने का इंतजार कर रहे थे। प्रत्येक अध्याय की समाप्ति पर रचनात्मक अभ्यास विचार करने तथा त्वरित क्रिया करने हेतु निजी आमंत्रण हैं। समीर यह आप पर छोड़ देते हैं कि आप अपने, अपने परिवार, अपने संगठन, अपने समुदाय, अपने देश और दुनिया में एक अलग भविष्य का सृजन करने की यात्रा में कितनी दूरी तय करना चाहते हैं।

जोस एफ. रोजास
लाइफ इंश्योरेंस वाइस प्रेसीडेंट
बोलीवर लाइफ इंश्योरेंस कंपनी
कोलम्बिया, दक्षिण अमेरिका

तीस वर्षों से भी अधिक समय तक एक सार्वजनिक शिक्षक तथा एक नेतृत्वकर्ता के रूप में अपने जीवन के अधिकांश भाग के दौरान मैं मानवीय अधिगम (लर्निंग) के महत्व, प्रक्रिया तथा शक्ति की निरंतर जारी रहने वाली खोज से जुड़ा रहा हूँ। इस पुस्तक में, समीर दुआ जीवन की उन घटनाओं एवं परिस्थितियों से निपटने के लिए एक सुंदर सरल रूपरेखा साझा कर रहे हैं, जो अन्यथा रूप में हमारे व्यक्तिगत एवं पेशेवर जीवन में एक अधिक वांछनीय भविष्य का सृजन करने और उसे हासिल करने की संभावनाओं के क्षितिज का विस्तार करने वाले तरीकों को सीखने एवं विकास में बाधा सिद्ध हो सकती हैं।

संवाद सम्बन्धी क्रियाओं एवं संवाद के प्रकारों तथा क्रियाओं एवं जीवन के लिए नई संभावनाओं का सृजन करने हेतु इन्हें किस प्रकार से प्रभावी रूप में एकीकृत किया जा सकता है सम्बन्धी उनका स्पष्टीकरण तथा ब्रेकडाउन घोषित करने एवं उससे आगे का कार्य करने एवं जीवन में हमारे द्वारा सामना की जाने वाली चुनौतियों हेतु उनके द्वारा सुझाए गए अभ्यास अत्यधिक समुचित हैं।

यदि आप दुनिया को देखने और अपनी पहचान बनाने के उन नए तरीकों की खोज में दिलचस्पी रखते हैं जो सीखने एवं उत्पादकता के लिए नए एवं रोमांचक अवसरों के रूप में प्राप्त होते हैं तो समीर दुआ की किताब 'अवश्य पढ़ी जाने योग्य' है!

क्रिस्टोफर एस. एडम्स
सुपरिन्टेन्डेंट ऑफ स्कूल्स
हेम्पफील्ड स्कूल डिस्ट्रिक्ट, लैनसेस्टर, पेनसिल्वेनिया

ब्रेकडाउन घोषित करने में सभी संगठनों के नेतृत्वकर्ताओं के लिए आश्चर्यजनक संभावनाएं निहित हैं। मैं संगठनों के नेतृत्वकर्ताओं को नियमित रूप से एक ऐसे प्रवाह में फंसते हुए देखता हूँ जिससे बाहर निकल पाने में वे कठिनाई का अनुभव करते हैं। यह पुस्तक उस पुराने प्रवाह से बाहर निकलने और एक नए प्रवाह का सृजन करने की घोषणा करने सम्बन्धी ज्ञान एवं अभ्यास की जानकारी उपलब्ध कराती है।

बहुत कम पुस्तकें ही होती हैं जो पाठकों को अपना जीवन परिवर्तित करने में सहायक होती हैं–यह उनमें से एक है।

तरुण शर्मा
चीफ कस्टमर ऑफिसर, एपीजे, बीएमसी सॉफ्टवेयर
बीएमएसी सॉफ्टवेयर इंडिया प्रा. लि. के सीईओ

समीर दुआ के द्वारा प्रस्तुत ब्रेकडाउन की घोषणा करना एक ऐसी शक्तिशाली अवधारणा है जिसका उपयोग अनेक नेतृत्वकर्ताओं के द्वारा अनजाने में ही किया गया हो सकता है। परंतु उद्देश्यपूर्वक ऐसा करना ब्रेकडाउन की अस्पष्टता एवं उन संभावित अस्वीकृतियों को दूर कर देगा जो भविष्य में एक अधिक शक्तिशाली स्थिति प्रदान कर सकती हैं। संवाद की शैली एवं उदाहरण इस विषय को पूर्णतः वास्तविक बना देते हैं।

सतीश नादीगर
मैनेजिंग डायरेक्टर एंव सीईओ (कंट्री मैनेजर)
जॉन डियर इंडिया प्रा. लि.

डिक्लेयरिंग ब्रेकडाउन्स समीर दुआ के द्वारा प्रस्तुत एक दिलचस्प पुस्तक है। मुझे स्वयं पर एक ज्ञानपिपासु पाठक होने का गर्व है परंतु मुझे यह अवश्य स्वीकार करना होगा कि मेरा सामना ऐसी बहुत कम ही पुस्तकों से हुआ है जो आपको पुनः खोज की यात्रा पर इतने स्पष्ट तरीके से ले जाती हैं और किसी

भी मनुष्य में अंतर्निहित अपार संभावनाओं पर इतनी गहन अंतर्दृष्टि प्रदान करती हैं। हम कुछ अलग विचारों एवं पार्श्विक चिंतन के सम्बन्ध में धाराप्रवाह बातें करते हैं, परंतु यह पुस्तक एक ऐसा रत्न है जो वास्तव में हमारे जीवन, हमारे संघर्षों, हमारे रिश्तों एवं महत्वाकांक्षाओं की खोज सम्बन्धी तर्क को एक अत्यंत ताजे परिप्रेक्ष्य में प्रस्तुत करती है।

सेना के एक अधिकारी के रूप में, जिसने सफलता के मुख्य आधार के रूप में अपना पूरा जीवन शस्त्रों से संबंधित पेशे और नेतृत्व में व्यतीत कर दिया हो, मैं इस पुस्तक को ऐसे समय में, जब हम दिनचर्या तथा यथास्थिति में फंस कर रह जाते हैं, विकल्पों की पुनःखोज किस प्रकार की जाए के सम्बन्ध में स्पष्ट मार्गदर्शन प्रदान करने वाला पाता हूँ। समीर अत्यंत प्रेरक रूप से आपके मस्तिष्क को उस समय जानबूझकर लिए गए एक विराम के विकल्प को अपनाने हेतु खोलते हैं जब हमारी गति धीमी हो जाती है अथवा भविष्य में कोई प्रकाश नजर न आ रहा हो ताकि आकलन किए जा सकें और अगले कदम को निर्धारित किया जा सके। उनके द्वारा उद्धृत यह सुविचारित एवं साभिप्राय ब्रेकडाउन आपके समस्त प्रयासों, चाहे वे निजी हों अथवा पेशेवर, संगठनात्मक अथवा यहाँ तक कि आध्यात्मिक भी, में एक बेहतर परिणाम प्रदान करने के उत्प्रेरक हो सकते हैं।

उनकी लेखन शैली अत्यंत गर्मजोशीपूर्ण एवं सम्मोहक है, और यह एक अच्छी पुस्तक पढ़ने के बजाय प्रभाव डालने वाले संवाद की तरह लगती है। इसे पढ़ते समय मुझे अनुभव होता है कि वे मेरे सामने बैठे हुए हैं। उनके निजी एवं मानवीय गुण तथा अंगदान के प्रति सामाजिक प्रतिबद्धता तथा एक अच्छा इंसान होना इस पूरी पुस्तक में प्रतिबिंबित होता है और आपके हृदय को स्पर्श करता है। इस पुस्तक को लोगों के पढ़ने और आत्मविश्लेषण करने हेतु प्रस्तुत करने के लिए मैं समीर को बधाई देता हूं और उनकी प्रशंसा करता हूं।

लेफ्टिनेंट जनरल सुधीर शर्मा
चेयरमैन, मिटकैट एडवाइजरी सर्विसेज

विराम की घोषणा
एक नए भविष्य का सृजन

विराम की घोषणा
एक नए भविष्य का सृजन

6 सरल चरणों से अर्थपूर्ण भविष्य का निर्माण

समीर दुआ

SAGE | bhasha

Los Angeles | London | New Delhi
Singapore | Washington DC | Melbourne

Originally Published in 2016 in English by
SAGE Publications India Pvt Ltd as *Declaring Breakdowns: Powerfully Creating a Future that Matters, through 6 Simple Steps*

This edition published in 2017 by

SAGE | bhasha

SAGE Publications India Pvt Ltd
B1/I-1 Mohan Cooperative Industrial Area
Mathura Road, New Delhi 110 044, India
www.sagepub.in

SAGE Publications Inc
2455 Teller Road
Thousand Oaks, California 91320, USA

SAGE Publications Ltd
1 Oliver's Yard, 55 City Road
London EC1Y 1SP, United Kingdom

SAGE Publications Asia-Pacific Pte Ltd
3 Church Street
#10-04 Samsung Hub
Singapore 049483

Published by Vivek Mehra for SAGE Publications India Pvt Ltd, typeset in 12/14 pt Kruti Dev 010 by Diligent Typesetter India Pvt Ltd, Delhi and printed at Repro India Ltd., Mumbai.

ISBN: 978-93-866-0268-8 (PB)

Translator: Kuldeep N. Seth
SAGE Team: Syed Husain Naqvi, Vinayak Dubey

यह पुस्तक समर्पित है मेरे परिवार, मेरी शक्ति को
अम्मा, डैडी, मम्मी, पापा, मम्मा, शालिनी, प्रशांत, रश्मि एवं नम्रता को
मेरी खूबसूरत पत्नी टीना और मेरे तीन प्यारे बच्चों आश्ना, अनाया और अयान को

यह पुस्तक उन लोगों के लिए है जो अपनी पसंद के भविष्य का निर्माण करने के लिए प्रतिबद्ध हैं; यह उन लोगों के लिए नहीं है जो अपने बहानों के प्रति प्रतिबद्ध हैं।

विषय वस्तु

चित्रों की सूची

लेखक की ओर से

मैं रचनात्मक नेतृत्व का विद्यार्थी रह चुका हूँ तथा रॉबर्ट (बॉब) डनहम, जो कि इंस्टीट्यूट फॉर जनरेटिव लीडरशिप (आईजीएल) के संस्थापक हैं, का शिक्षार्थी रहा हूँ। बॉब डनहम के साथ साझेदारी में मैंने भारत में आईजीएल की स्थापना की है। बॉब एक उदार व्यक्ति हैं, और अपने ज्ञान को वह अपने छात्रों के साथ खुले दिल से साझा करते हैं। मामला जब मेरा होता है तो उनकी दयालुता के अत्यंत ऊँचे स्तर के बावजूद उनकी उदारता में कोई कमी नहीं आती। मैं बॉब के मेरे प्रति स्नेह से पूर्णतः अभिभूत हूँ जिसके लिए मैं सदैव उनका आभारी रहूँगा।

प्रारंभ में ही जिस बात को मैं स्वीकार करना चाहूँगा वह यह है कि रचनात्मक नेतृत्व के सम्बन्ध में मैंने जो कुछ भी सीखा है उसका अधिकांश भाग मुझे बॉब डनहम एवं आईजीएल से प्राप्त हुआ है। इस पुस्तक में अनेक स्थानों पर मैंने बॉब के पत्रों को संदर्भित किया है, और मैं स्वीकार करता हूँ कि अनेक मामलों में मैं इन्हें प्रभावी रूप से संदर्भित नहीं कर सका हूँ, मात्र इस वजह से कि मैंने बॉब तथा आईजीएल के अनेक पत्रों पर आधारित मेरे स्वयं के द्वारा तैयार की गई टिप्पणियों को संदर्भित किया है।

बॉब के सहयोग तथा उनके पत्रों के उपयोग के बिना यह पुस्तक संभव नहीं हो सकती थी। उन्होंने एक प्राक्कथन के द्वारा भी इस पुस्तक की गरिमा में वृद्धि की है, और उनके अनेक लेखनों की भांति ही मैं आपको इस प्राक्कथन को इस प्रकार से पढ़ने हेतु आमंत्रित कर रहा हूँ जैसे आप बॉब के साथ संवाद कर रहे हों और प्रत्येक वाक्य का रसपान कर रहे हों।

अपने शिक्षार्थी ग्राहकों/परामर्श प्राप्तकर्ता ग्राहकों की गोपनीयता को सुनिश्चित करने हेतु मैंने या तो मात्र उनके उद्योग को संदर्भित किया है

अथवा व्यक्तियों के नामों को परिवर्तित कर दिया है। कुछ मामलों में, कतिपय संस्थानों में यह कर्मचारियों के लिए स्पष्ट न होने पाए, मैंने उदाहरणों में भी थोड़ा–बहुत परिवर्तन कर दिया है परंतु उस शिक्षण के मुख्य बिन्दु को कायम रखा है।

समीर दुआ
संस्थापक एवं सीईओ,
इंस्टीट्यूट फॉर जनरेटिव लीडरशिप, भारत

प्राक्कथन

असफलता सहज रूप से दूसरी शुरुआत का सुअवसर होती है, इस बार और अधिक बुद्धिमत्तापूर्वक।

–हेनरी फोर्ड, अमेरिकी उद्योगपति एवं
फोर्ड मोटर कंपनी के संस्थापक।

हेनरी फोर्ड के ये विद्वतापूर्ण शब्द मेरी एक व्यावसायिक अनुभवहीन युवा उद्यमो के रूप में प्रारंभ की गई और औषधि के क्षेत्र में संपूर्ण विश्व में 100 सर्वाधिक प्रभावशाली लोगों के बीच शामिल होने तक की संपूर्ण यात्रा के दौरान मेरे कानों में जोर–जोर से गूँजते रहे हैं। इस लंबी और दुष्कर यात्रा के प्रत्येक चरण पर मैं असफलताओं से घिरी रही हूँ। और हर बार जब मैं असफल हुई, मैंने पहले की अपेक्षा और जोरदार तरीके से वापसी की। मेरी यात्रा मार्ग की असफलताओं तथा चुनौतियों की परवाह किए बिना नेतृत्व के लिए रही है। सफल होने का सम्बन्ध दृढ़संकल्पित नेतृत्व से रहा है। यह हार मान लेने से सम्बन्धित नहीं रहा है। यह किसी भी उत्तर के लिए न स्वीकार करने से सम्बन्धित नहीं रहा है।

जैसा इस पुस्तक 'विराम की घोषणाः एक नए भविष्य का सृजन' (डिक्लेयरिंग ब्रेकडाउन) में समीर दुआ ने वर्णन किया है, मैं जब वापस अपनी यात्रा पर दृष्टि डालती हूँ तो अनुभव करती हूँ कि अपने जीवन के प्रत्येक महत्वपूर्ण मोड़ पर और ऐसा करते समय घुमाव के बिन्दुओं का सृजन किए जाते समय मैं कितनी अनजान थी। जैसा कि यह विचारोत्तेजक पुस्तक स्पष्ट करती है, मैं रचनात्मक प्रक्रिया में मौजूद होने अथवा अपनी पसंद के भविष्य को डिजाइन करने में सक्रिय रूप से भागीदारी कर रही थी।

यह पुस्तक ब्रेकडाउनों (विरामों) पर एक नई निगाह डालती है। वास्तव में, यह उन मानदंडों एवं नजरियों को धाराशाई करती है जिसके द्वारा हम सामान्यतः ब्रेकडाउनों को देखते रहे हैं। यह पसंद के एक भविष्य का निर्माण

करने के लिए घोषणा करने के एक व्यवहार के रूप में ब्रेकडाउन का परिचय प्रस्तुत करती है। नेतृत्व के दृष्टिकोण से मेरा विश्वास है कि विघटनकारी सोच के बाद अगली महत्वपूर्ण बात होगी सक्रिय रूप से 'ब्रेकडाउन घोषित' करना।

मुझे समीर द्वारा अपनी पुस्तक में प्रस्तुत किया गया यह विचार बहुत पसंद है कि प्रत्येक व्यक्ति, प्रत्येक परियोजना, प्रत्येक दल, प्रत्येक संगठन, प्रत्येक देश के पास अपना एक नियत भविष्य होता है,; एक भविष्य जो संभाव्य है, तथापि लगभग निश्चित है। और यह कि हममें से अधिकांश लोग इस नियत भविष्य की ओर अपनी आँखें बंद किए हुए हैं। नियत भविष्य की यह सहज जानकारी एक आमंत्रण है कि हम अपनी पसंद के एक नए भविष्य का निर्माण करें। दूरंदेशी से, मैं उन सभी अवसरों को स्पष्ट देख सकती हूँ जब मेरा नियत भविष्य मेरे लिए इतना अधिक आकर्षक नहीं रहा था, और प्रत्येक बार जब ऐसा हुआ, मैंने एक नए भविष्य का निर्माण किया और उस भविष्य को हासिल करने हेतु सतत् क्रिया की।

उदाहरण के लिए, जब अपनी श्रेणियों के कारण मुझे मेडिकल कॉलेज में प्रवेश नहीं मिला तो प्रारंभिक तौर पर मैंने पराजय का अनुभव किया। हालांकि, मैंने पराजय का अनुभव कराने वाले अपने अंदर के इन संवादों को लंबे समय तक पनपने नहीं दिया। मैंने स्वयं के साथ किए जा रहे संवादों को बदल दिया और अपने नए भविष्य के प्रति प्रतिबद्ध हो गई।

अपनी प्रतिबद्धता के अंदर रहते हुए, और विज्ञान के प्रति अपने लगाव के कारण मैंने प्राणिविज्ञान के साथ–साथ सहायक विषयों के रूप में रसायनशास्त्र तथा वनस्पतिशास्त्र के साथ बी.एससी. (हानर्स) का अध्ययन करने का निर्णय किया। ये मेरा अपना छोटा सा तरीका था इन कॉलेजों से यह कहने का कि, 'देखो, तुमने क्या खो दिया है–मैं एक अच्छी चिकित्सक बन सकती थी।' मैंने बहाव के साथ बहते रहने के बजाए एक ब्रेकडाउन घोषित किया और अपनी पसंद के एक भविष्य को डिजाइन किया।

और एकबार फिर, जब मेरी स्नातक शिक्षा पूर्ण हो गई तो मेरे पिता के साथ हुए मेरे संवाद के परिणामस्वरूप मेरा भविष्य परिवर्तित हो गया। मेरे पिता ने मेरा ध्यान मद्य–निर्माण विज्ञान (मदिरा–निर्माण) की ओर आकर्षित किया और मद्य–निर्माण की दुनिया में एक भविष्य का निर्माण करने में मेरी सहायता की। उस समय, भारत में मद्य–निर्माण अपनी शैशवावस्था में था और देश में पेशेवर मद्य–निर्माताओं की संख्या बहुत अधिक नहीं थी। कुछ सांस्कृतिक मत थे जो इस पुरुष–प्रधान उद्योग में किसी भी महिला को काम करने से रोकते थे। मैंने इन सांस्कृतिक मतों को कभी भी स्वीकार नहीं किया, उन्हें चुनौती दी, और अपने स्वयं के नए मतों का सृजन किया, और इसके कारण मैंने एक ऐसे पेशे

में स्वयं को सिद्ध कर दिया जो भारतीयों, और महिलाओं के लिए तो पूरे विश्व के लिए अभी भी गैर–अन्वेषित बना हुआ है।

मैं समीर के ब्रेकडाउन घोषित करने की 6–सूत्रीय प्रक्रिया से पूरी तरह से परिचित हूँ क्योंकि मैं देख पा रही हूँ कि अपने जीवन में मैं किस प्रकार से इन चरणों को अपनाती रही हूँ। मैं वर्तमान से इन अर्थों में सदैव ही अवगत रही हूँ कि मैं कहाँ हूँ, और इस बात पर पूरी तरह से स्पष्ट रही हूँ कि मुझे कहाँ (मेरी पसंद का भविष्य) जाना है, और तद्नुसार ही मैंने उन क्रियाओं पर ध्यान केन्द्रित किया है जो मैं आज इसलिए संपन्न कर रही हूँ ताकि मैं जहाँ पहुँचना चाहती हूँ वहाँ पहुँच सकूँ।

इस पुस्तक के बिल्कुल प्रारंभ में ही समीर बात करते हैं कि संवाद हमारी दुनिया को किस प्रकार से बदल देते हैं। इस पुस्तक में आप जितनी गहराई में जाते हैं उतना ही आप परिणाम एवं सफलता हासिल करने के मामलों में संवाद के महत्व का अनुभव करते हैं। मैं स्पष्टतः देख सकती हूँ कि मेरा स्वयं के साथ किया गया संवाद, अपने सहयोगियों के साथ किया गया संवाद, मेरे सहयोगियों के बीच किए गए परस्पर संवाद तथा हमारे द्वारा अपने ग्राहकों के साथ किए गए संवाद–ये प्रत्येक संवाद मेरे संस्थान के परिणामों को प्रभावित करते हैं।

यह पुस्तक सुझाव देती है कि ब्रेकडाउन का अपना स्वयं का कोई अस्तित्व नहीं होता; उन्हें हमारे द्वारा अस्तित्व प्रदान किया जाता है और जब हम ब्रेकडाउन घोषित करते हैं तो हम जिम्मेदारी लेते हैं, अर्थात्, जिस उद्देश्य की घोषणा हमने की है उसे हासिल करने के मामले में निमित्त भी हम ही हैं। मैं इस अवधारणा को अभूतपूर्व एवं महत्वपूर्ण पाती हूँ। किसी भी परिणाम को तभी तक हासिल किया जा सकता है जब तक लोग इस बात पर स्थिर रहें–'मुझे इस परिणाम को हासिल करना है–चाहे जो भी हो जाए।'

वास्तव में, जो कुछ भी समीर इस पुस्तक द्वारा कर रहे हैं वह एक अन्य क्षेत्र, जिसमें वे जुनून के साथ संलिप्त हैं, अर्थात् अंगदान, में प्रतिध्वनित होता प्रतीत हो रहा है।

'गिफ्ट योर ऑर्गन फाउण्डेशन' के एक संस्थापक के रूप में समीर के प्रयासों ने स्वैच्छिक रूप से अपने अंगों को दान में देने की प्रतिज्ञा करने हेतु हमारी जागरूकता में वृद्धि की है ताकि हमारी मृत्यु के बाद उनका उपयोग अनेक अन्य लोगों को जीवन प्रदान करने हेतु किया जा सके।

एक कार्यकर्ता के रूप में, समीर किसी अन्य व्यक्ति को एक बेहतर भविष्य का उपहार देने हेतु कार्य करने को कहते हैं। एक लेखक के रूप में, वे आपको अपने लिए एक बेहतर भविष्य का निर्माण करने हेतु आमंत्रित करते हैं।

ब्रेकडाउन कैसे घोषित किया जाए, इसका ज्ञान तथा ब्रेकडाउन को प्रभावी रूप से घोषित करने तथा उससे निपटने में कुशलता अर्जित करने हेतु पाठक को मंच उपलब्ध कराए जाने में यह पुस्तक क्रिया प्रारंभ करने और उसके परिणामों पर ध्यान केन्द्रित करती है।

याद रखिए, जीवन सदैव ही ठीक उसी प्रकार आगे नहीं बढ़ता जैसे कि आप सोचते हैं। फिर भी, आपके पास *सदैव* ही अपने भविष्य को पुनः डिजाइन करने तथा अपने जीवन में सफलताएं प्राप्त करने का अधिकार मौजूद होता है।

मेरा विश्वास है कि जीवन में सफल होने के लिए किसी को भी चुनौती की एक भावना तथा प्रयोजन की एक गहरी समझ को अपने मन में बैठाना होता है। मैंने एक डॉक्टर बनने के लिए शुरुआत की थी, परंतु एक शोधकर्ता और एक उद्यमी के रूप में मैं अनेक अन्य जीवनों का संसर्ग प्राप्त करने में सफल रही हूँ।

मैं समीर के द्वारा प्रारंभ की गई इस अद्‌भुत यात्रा में तथा प्रत्येक अध्याय के अंत में प्रकाश डाले गए अभ्यासों में संलिप्त होने हेतु आपको आमंत्रित करती हूँ। याद रखें, परिणाम किसी कर्म का फल होते हैं–आप किनारे बैठे रहकर परिणामों के अपने–आप प्रकट होने की आशा करते नहीं रह सकते। इसी प्रकार, नेतृत्व में कुशल बनने हेतु आपको नेतृत्व सम्बन्धी अभ्यासों में भाग लेना होता है, और ऐसा ही एक प्रमुख अभ्यास है ब्रेकडाउन घोषित करने का अभ्यास।

किरण मजूमदार शॉ
अध्यक्षा एवं प्रबंध निदेशिका,
बॉयोकॉन लिमिटेड

प्राक्कथन

समीर दुआ से मेरी मुलाकात 2013 में एक शिक्षण सम्मेलन में हुई थी जहाँ मैंने संस्थानों में शिक्षण के सम्बन्ध में एक लघु–प्रस्तुतीकरण प्रस्तुत किया था। मैंने 1993 में अमेरिका में आईजीएल की स्थापना की थी, और उसने मुझे सूचित किया कि मेरे बारे में जाने बिना और स्वतंत्र रूप से ही उसने हाल ही में भारत में एक संस्था की स्थापना की है जिसका नाम आईजीएल रखा है। स्पष्ट है, हमें एक–दूसरे को जानना ही था!

हम दोनों एक ही यात्रा में सहयात्री हैं। उसके बाद से हम सम्बद्ध कंपनियाँ बन चुके हैं और विचारों एवं अभ्यासों की एकसमान विरासत एवं नींव पर टिके हुए हैं। इस मूल परंपरा को 'तात्त्विकी' कहा जाता है और इसका प्रारंभ 1980 के दशक के प्रारंभ में फर्नाण्डो फ्लोर्स द्वारा किया गया था, और तब से यह 'रचनात्मक' नेतृत्व एवं अभ्यास पर किए गए हमारे कार्यों सहित अनेक दिशाओं में विकसित होती रही हैं। हम दोनों ही मेरे मित्र जूलियो ओलाला, जिन्होंने तात्त्विकी विज्ञान सम्बन्धी शिक्षण की स्थापना की थी, के कार्य के साथ–साथ विश्व में खुलासा करने वाले ऐसे उपदेशों के अनेक अन्य सूत्रों का अध्ययन करते हैं जो लोगों को अपने पसंद के एक भविष्य का निर्माण करने और उसे हासिल करने की अपनी क्षमताओं की खोज करने, उन्हें विकसित करने और उसका उपयोग करने में सक्षम बनाए जाने के हमारे अभियान में योगदान करते हैं।

हममें से अधिकांश लोगों के द्वारा जीवन में किसी–न–किसी असाधारण क्षण का अनुभव किया गया होता है, जागरूकता और नए प्रकाश का एक क्षण जो हमें एक नई दुनिया दिखाता है। उस क्षण के बाद से ही हमारा जीवन पहले जैसा नहीं रह जाता, क्योंकि यह हमारे अस्तित्व के सबसे गहरे भाग को स्पर्श करता है और गहन संभावना तथा जीवंतता की एक समझ को उकसा देता है। कभी–कभी इसे अविर्भाव, एक प्रतिमान परिवर्तन अथवा हमारे जीवन के मार्गों में मोड़ के किसी महत्वपूर्ण क्षण के रूप में संदर्भित किया जाता है। समीर तथा मैं, दोनों ही ने हमारी सीखने की यात्राओं के दौरान ऐसे क्षणों का अनुभव किया

है, और हमने निर्णय किया कि इस अनुभव को साझा करना और इसे लोगों के दैनिक जीवन का एक व्यावहारिक एवं शक्तिशाली भाग बनाना ही हमारे जीवन का कार्य होगा।

डिक्लेयरिंग ब्रेकडाउन में समीर का आमंत्रण आपको अपने भविष्य को परिवर्तित करने हेतु अपनी स्वयं की क्षमता की खोज करने का एक आमंत्रण है, एक ऐसा भविष्य जिसे आप दूसरों के साथ साझा करते हैं, और इसे मूर्त रूप देते हैं। वह साधारण उपायों का एक ऐसा असाधारण समूह प्रदान करते हैं जो हमें हमारी आम सीमाओं, भय तथा सुविधा–क्षेत्रों को तोड़ने में सफलता प्रदान करता है ताकि हम अपने जीवन के साथ बहते रहने अथवा उससे पीड़ित होते रहने के बजाए उसका सृजन करने के अपने जन्मसिद्ध अधिकार का उपयोग कर सकें। इस सरल, परंतु गैर–मामूली, अभ्यास के सम्बन्ध में जो कुछ भी शक्तिशाली है वह यह है कि मामला चाहे हमारे दल की सभाओं को और अधिक प्रभावी बनाने सम्बन्धी परिवर्तन का हो अथवा हमारे सम्बन्धों की गुणवत्ता को बेहतर करने हेतु हमारे समय के प्रबंधन का हो, हमारे पेशेवर कौशलों में वृद्धि करते हुए, एक ऐसे भविष्य का निर्माण करते हुए जहाँ हम अपने सपनों को पूरा करते हैं अथवा विश्व में एक महत्वपूर्ण प्रभाव उत्पन्न करते हुए इसमें हमारे द्वारा प्रस्तुत की जा सकने वाली किसी भी चिंता का मुकाबला करने की योग्यता मौजूद होती है।

यह संभव है क्योंकि मनुष्यमात्र के रूप में हमारे नैसर्गिक चरित्र में सृजन की एक क्षमता विद्यमान होती है–हमारे विचारों, भावनाओं एवं संवेदनाओं के साथ–साथ हमारी प्रतिबद्धताओं, दूसरों के साथ अंतःक्रियाओं (इंटरैक्शन), परवाहों तथा क्रियाओं का सृजन करने की क्षमता। हम सृजन कर सकते हैं, और पहले ही से कर रहे हैं, कि हम कौन हैं, हम क्या बन रहे हैं और हम दूसरों तथा दुनिया को किस प्रकार प्रभावित करते हैं। समस्या यह है कि हममें से अधिकांश यह नहीं जानते कि, इसका विश्वास नहीं है अथवा यह नहीं ज्ञात है कि कैसे।

हम स्वयं के साथ–साथ अपनी दुनिया को किस प्रकार से देखते हैं और इसमें कार्य करते हैं, यह इतिहास, अर्थात्, हमारे स्वयं के निजी इतिहास तथा हमारे परिवारों एवं संस्कृतियों के इतिहास, जिनमें हम पले–बढ़े हैं, का एक उत्पाद है। इतिहास हमारे प्रकार को आकार प्रदान करता है, और यही आकार हमारे शरीर, भावनाओं, भाषा, व्यवहार, धारणाओं एवं व्याख्याओं में समाया रहता है। हम वहीं देखते हैं जो हमें दिखता है, परंतु जो कुछ भी हमें नहीं दिखता उसके प्रति हम अंधे बने रहते हैं। इसी अंधेपन का प्रबोधन करना ही सृजन करने की जन्मजात शक्ति को उन्मुक्त करने की यात्रा का भाग है।

इतिहास में, हम प्रबोधन की प्रक्रिया को देखते हैं। एक समय ऐसा था जब लोग सोचते थे कि विश्व सपाट है, और फिर एक नई व्याख्या ने विश्व को एक नए रूप में स्पष्ट कर दिया। एक ऐसा समय था जब विश्व की गतिशीलता के

सम्बन्ध में रसायनविद्या हमारा सर्वश्रेष्ठ ज्ञान हुआ करती थी, और तब भौतिकी तथा रसायनशास्त्र ने एक नए प्रकार के प्रकाश को उत्पन्न कर दिया। परिवर्तित विश्व नहीं हुआ था, बल्कि व्याख्याएं हुईं थीं जिनमें हम विश्व को परिवर्तित हुआ देखते हैं।

जब हम अपने परिवारों, स्कूलों तथा अनुभवों में अपनी आदतों तथा व्यवहारों को सीख रहे होते हैं तो हम अपने स्वयं के निजी इतिहासों में भी प्रबोधन को देखते हैं।

हम रोजगार के पथ में प्रवेश करते हैं, और हम अपनी रुचियों वाले क्षेत्रों में सीख हासिल कर अपने जीवन को समृद्ध बनाते हैं। परंतु हममें से अधिकांश के लिए सीखने की यह क्रिया अधिगम एवं शिक्षा क्या होती है इसकी एक प्राचीन ऐतिहासिक व्याख्या मात्र बनी रहती है। एक संस्कृति के रूप में, हम हाल ही में प्रश्न करना तथा एक अलग प्रकार के अधिगम (लर्निंग), एक अलग प्रकार का प्रबोधन और एक पृथक संदर्भ को देखना प्रारंभ कर रहे हैं। इस नवीन संदर्भ में, हम मानव होने के नए आधारभूत पहलुओं का प्रबोधन करते हैं, कि कैसे हम अपना भविष्य निर्मित करते हैं, हम क्रिया किस प्रकार करते हैं, हम स्वयं को कहाँ रोकते हैं और कहाँ हम नई खोज करते हैं। कुछ गिने–चुने लोगों के लिए कुछ अस्पष्ट और असाधारण अनुभव के रूप में नहीं, बल्कि किसी के लिए भी उपलब्ध सीख के एक मार्ग के रूप में। हम स्वयं के सम्बन्ध में, जीवन तथा विश्व के साथ हमारे सम्बन्धों के सम्बन्ध में, हमारी संभावनाओं के सम्बन्ध में तथा हम अपने कार्यों, आदतों तथा विश्व में अपने प्रभावों को किस प्रकार से परिवर्तित कर सकते हैं, के सम्बन्ध में अनुभवजन्य रूप से सीखने हेतु अवधारणाओं को समझने से परे चले जाते हैं।

सीखने का यह नया मार्ग अनेक क्षेत्रों में हुए शोध तथा प्रगतियों से नवीन दृष्टिकोणों द्वारा प्रबोधित हो चुका है। इन क्षेत्रों में तंत्रिका विज्ञान, भाषाविज्ञान, अनुभूति, भावनात्मक बुद्धिमत्ता, उच्च–प्रदर्शन, मूर्त अधिगम (लर्निंग) के शरीर विज्ञान तथा सात्त्विकीय अध्ययनों के साथ–साथ नेतृत्व में नवीन अनुप्रयोग तथा संगठनात्मक डिजाइन एवं व्यवहार आदि शामिल हैं। इन सभी प्रगतियों में यदि कुछ भी बुनियादी तथ्य है तो वह यह कि ये इस बात पर नया प्रबोधन कर रहे हैं कि हम किस प्रकार से वह मनुष्य बनते हैं जो कि हम हैं और हम अपने सीखने तथा बनने का मार्गदर्शन किस प्रकार कर सकते हैं ताकि एक व्यक्ति तथा ऐसे नेता, जो हम बनना चाहते हैं, के रूप में हम अपना सर्वश्रेष्ठ दे सकें। हम अपना भूतकाल दोहराने तक सीमित नहीं हैं। हम नए भविष्य के निर्माता हो सकते हैं।

मात्र नवीन अवधारणाओं को समझकर ही इस प्रकार नहीं सीखा जा सकता। इसके लिए ऐसे अधिगम (लर्निंग) की आवश्यकता होती है जहाँ हम अपने विश्व

को अलग तरीके से देखते हैं, हम अलग तरीके से कार्य करते हैं, हम इसे अलग तरीके से समझते और महसूस करते हैं, हम अलग तरीके से व्यवहार करते हैं, हमारे पास अलग प्रकार के कौशल एवं आदतें होती हैं और हम अपनी चिंताओं तथा प्रतिबद्धताओं के साथ अधिक स्पष्ट और सम्बद्ध होते हैं। यह जानने एवं करने के लिए और अधिक बातों को सीखने के बजाए स्वयं से स्वयं से आगे बढ़ना सीखना होता है।

यह सीखने के लिए सर्वश्रेष्ठ अधिगम की आवश्यकता होती है, ताकि हम स्वयं को अभ्यास द्वारा वास्तव में परिवर्तित कर सकें। महारत, अभ्यास, आदतें तथा उच्च–प्रदर्शन के अध्ययन ने यह स्पष्ट कर दिया है कि यह सब कैसे किया जाता है, और मार्ग में आने वाली चुनौतियों का सामना किस प्रकार किया जाए। यह सीखने का वह प्रकार है जिसे *डिक्लेयरिंग ब्रेकडाउन* में आपको उपलब्ध कराया जा रहा है।

ब्रेकडाउन घोषित करने में एक कौशल तथा अभ्यास के रूप में जो कुछ भी बुनियादी तथ्य है वह यह है कि आप देख पाते हैं कि आपके अंदर अपने जीवन के बहाव में हस्तक्षेप करने, अपने जीवन के प्रवाह में आई किसी बाधा का मुकाबला करने तथा किसी भी क्षण पर एक नए भविष्य के निर्माण की ओर मुड़ने सम्बन्धी बिन्दुओं का सृजन करने की एक शक्ति विद्यमान है। यह वास्तव में हम सबके लिए उपलब्ध होता है। फिर भी सामान्यतः हम नहीं समझ पाए हैं कि ऐसा संभव है, न ही यह सीख सके हैं कि ऐसा कैसे करें। यदि आप इस मार्ग के सरल चरणों को अपनाने की इच्छुक हैं तो यही बात आप इस पुस्तक में सीखते हैं।

सीखने के मामले में हम सदैव ही अत्यधिक व्यस्त हो सकते हैं। कुछ भी जोरदार घटित हो सके, ऐसा करने के स्थान पर हम सदैव ही अपने सुविधा–क्षेत्र में लौट जाना पसंद करते हैं। हम डिजाइन और सृजन करने के स्थान पर सदैव ही बहाव में आराम फरमाते रह सकते हैं। अथवा यह मन बना सकते हैं कि हम अपना जीवन खुद लिखेंगे, हम जिस बात की परवाह करते हैं उसके लिए कार्य करेंगे, और यह कि हम बहाव से डिजाइन की ओर बढ़ेंगे, हम अपनी सृजन क्षमता को विकसित करेंगे और हम ऐसा क्यों नहीं कर सके, इसकी कहानियाँ सुनाने के बजाए अन्य लोगों के साथ अपने भविष्य का सृजन करने का उत्तरदायित्व ग्रहण करेंगे।

पसंद हमारी है। यह सदैव मौजूद है। आप अगला कदम उठाने हेतु आमंत्रित हैं, मात्र एक छोटा सा कदम, और फिर उससे अगला, और इसे तरह आगे; अपने भविष्य का निर्माण करते हुए और अपनी जीवनयात्रा प्रारंभ करते हुए।

रह्बर्ट (बॉब) डनहम
संस्थापक,
इंस्टीट्यूट फॉर जनरेटिव लीडरशिप, अमेरिका।

आभार

मैंने सितम्बर 1992 में कार्य करना प्रारंभ किया था और भारत तथा ब्रिटेन में प्रबंधन संस्थानों का संचालन करते हुए मैंने 20 वर्ष व्यतीत कर दिए थे। अपने जीवन और कार्य की यात्रा के दौरान मैं तात्त्विक विज्ञान (*अस्तित्व का अध्ययन*) के संपर्क में आया और यह मुझे पहले न्यूफील्ड नेटवर्क तक और फिर इंस्टीट्यूट फ़ॉर जनरेटिव लीडरशिप (आईजीएल), अमेरिका तक ले गया। मैं आज भी आईजीएल से जुड़ा हुआ हूँ, और यह पुस्तक उन्हीं संस्थानों के कार्यक्रमों के प्रभावों का परिणाम है जो मुझे अपने जीवन में प्राप्त हुए हैं।

यह उल्लेख करना महत्वपूर्ण है कि तात्त्विक विज्ञान के क्षेत्र में अनेक अन्य दिग्गज इस पुस्तक में उल्लिखित अधिकांश बातों का उल्लेख पहले ही कर चुके हैं। यह पुस्तक उनके कार्यों का उपयोग करने तथा ब्रेकडाउन (विराम) घोषित करने के शक्तिशाली नेतृत्व सम्बन्धी कदम को मेरी अपनी वाणी में साझा करने का एक प्रयास भर है। जहाँ यह पुस्तक अनेक अग्रदूतों के कार्यों पर आधारित हो सकती है, वहीं इसमें प्रस्तुत व्याख्याएं मेरी निजी हैं, और मैं उनमें आए विचलनों का उत्तरदायित्व ग्रहण करता हूँ।

इस पुस्तक को लिखते समय, मैं मार्टिन हाइडेगर, जॉन आस्टिन, डॉ. फर्नाण्डो फ्लोर्स, जूलियो ओलाला, राबर्ट (बॉब) डनहम जैसे चिंतकों और अनेक अन्य, जिनका संभवतः मैं नाम भी न ले सकूँ, के उत्कृष्ट कार्यों के प्रति पूर्णतः आभारी हूँ।

मुझे न्यूफील्ड नेटवर्क का एक छात्र होने तथा जूलियो ओलाला से सीधे सीखने का गौरव प्राप्त है। जैसा हेनरी एडम्स उल्लेख करते हैं, 'एक शिक्षक शाश्वतता को प्रभावित करता है; वह कभी नहीं बता सकता कि उसके प्रभाव का अंत कहाँ है'। जूलियो ने मेरी शाश्वतता को प्रभावित किया है, और उनका प्रभाव मेरे जीवन में आज भी वृद्धि कर रहा है।

गत 5 वर्षों से, मैंने अनेक ऐसे शिक्षकों से शिक्षा ली है और अभी भी ले रहा हूँ जिन्होंने मेरे जीवन में एक महत्वपूर्ण भूमिका अदा की है। अपने जीवन में उनके योगदानों हेतु मैं उनका कृतज्ञ हूँ।

एशिया की महिला–व्यवसायियों में एक अग्रणी नाम, बायोकॉन की अध्यक्षा तथा भारतीय प्रबंधन संस्थान, बेंगलुरु की शासी परिषद् की अध्यक्षा किरण मजूमदार शॉ ने इस पुस्तक के लिए एक प्राक्कथन लिखा है। वह मेरे द्वारा 2010 में सह–स्थापित *गिफ्ट योर ऑर्गन फाउण्डेशन* नामक गैर–सरकारी संगठन की ब्रॉड एम्बेसडर हैं और सक्रिय रूप से इसका सहयोग करती रहती हैं। मैं बहुत अधिक सुनिश्चित नहीं हूँ कि वह इस बात से अवगत हैं कि भारत/एशिया में उनके नाम का क्या महत्व है। मुझे प्रसन्नता है कि उन्होंने इस पुस्तक को पढ़ने का समय निकाला और अपने प्राक्कथन के माध्यम से अपने विचारों को साझा किया है।

इस पुस्तक को प्रकाशक के पास प्रेषित करने के पूर्व मैंने अपने अनेक मित्रों से इसकी समीक्षा करने और अपने विचार एवं टिप्पणियाँ देने हेतु कहा था। यह पुस्तक जगदीश चावला, डेनियल न्यूबाई, पैम फॉक्स रोलिन, नीवेल ईटॉन, शैलजा मनाचा और विशेषतौर पर डॉ. क्रिस्टोफर एडम्स एवं बॉब डनहम, जिन दोनों ने इस पुस्तक पर काफी समय दिया है और मुझे पैराग्राफवार विस्तृत टिप्पणियाँ उपलब्ध कराई हैं, के विचारों से समृद्ध बन सकी है।

यह पुस्तक मेरा सर्वप्रथम प्रकाशन है, और मैं सचिन शर्मा एवं 'सेज' के सहयोग की प्रसंशा करता हूँ। मुझमें और मेरे कार्य में विश्वास करने हेतु धन्यवाद, और मैं विश्वास करता हूँ कि हमारा साथ लंबे समय तक चलेगा। मैं इस यात्रा पर आपके साथ आगे बढ़ने हेतु प्रतीक्षारत् हूँ।

मैं सेज भाषा टीम का आभारी हूँ जिन्होंने इसका हिन्दी संस्करण लाने के लिए काफी मेहनत की है। मैं शालिनी सिंह, सुमना कुंडू, विनायक दुबे और उन सभी, जिन्होंने परदे के पीछे इस पर काम किया, के प्रति आभार प्रकट करता हूं। साथ ही मैं पुस्तक के अनुवादक कुलदीप एन. सेठ का भी आभारी हूं। मैं मेरे मित्र मनोरंजन दुबे को भी धन्यवाद देना चाहूंगा जिन्होंने स्वेच्छा से इस संस्करण की समीक्षा करना स्वीकार किया।

मेरी प्रिय मित्र शीजा शाजू का मैं विशेष आभारी हूँ। वह सन् 2013 में आईजीएल की शुरुआत के समय से ही भारत में मेरी सहयोगी रहीं हैं और इस यात्रा में मेरी आजीवन साझेदार हैं। यदि शीजा न रहीं होतीं तो शायद बहुत समय पूर्व ही मैंने इस पुस्तक का विचार त्याग दिया होता। इस पुस्तक के लेखन में उन्होंने अनेक प्रकार से मेरी सहायता की है। इस पुस्तक, हमारे संस्थान, हमारे कार्यक्रम के प्रतिभागियों तथा सामान्यतौर पर मानवता के प्रति उनकी प्रतिबद्धता मुझे प्रेरित करती है। मैं शीजा के स्नेह एवं अनुकम्पा के लिए उनका ऋणी रहूँगा।

मैं आईजीएल, भारत में अपने अन्य सहयोगियों द्वारा संस्थान तथा व्यक्तिगत रूप से मुझे दिए गए असाधारण सहयोग तथा उनकी प्रतिबद्धता

हेतु उनका भी आभारी हूँ। विशेषरूप से इसमें धनश्री, शिल्पा एवं जोए का नाम उल्लेखनीय है।

मेरे जीवन में दो नायक रहे हैं जिनका उल्लेख मैंने अभी तक नहीं किया है। ये वो लोग हैं जिन्हें मैं स्वयं को विकसित होने के दौरान देखता रहा हूँ और पूरा जीवन जिनका अनुकरण करने का प्रयास करता रहा हूँ। ये नायक हैं मेरे पिता और मेरे भाई, प्रशांत। इन दोनों ने ही मेरे हितों को अपने हितों पर सदैव ही प्राथमिकता दी है, मुझे आगे बढ़ाया है, प्रोत्साहित किया है, प्रसन्न किया है और सुनिश्चित किया है कि पराजयों को सदैव स्वयं ग्रहण कर लें और मुझे कष्ट न होने दें। मेरा निडर एवं साहसपूर्ण दृष्टिकोण इस तथ्य से उत्पन्न हुआ है कि यदि कभी भी मुझे किसी चीज की आवश्यकता पड़ी तो मेरे पास मेरे दो ऐसे नायक हैं जो मेरी सहायता करेंगे।

और सबसे बड़ी बात, मुझे अपनी पत्नी टीना, जिसने यह सुनिश्चित करने कि मुझे अपने जीवन में समस्त सहजताएं प्राप्त हो सकें, के स्नेह, निस्वार्थभाव एवं कठोर परिश्रम को वास्तव में 'सुनना' प्रारंभ करने में 12 वर्षों का समय लग गया। वह हमारी चिंताओं, हमारे परिवार, हमारे घर और खूबसूरत बच्चों की असाधारण देखभाल करते हुए मेरे लिए इस पुस्तक को लिखने तथा दुनिया के सामने जाने और अपना काम करने का सुव्यवस्थित वातावरण निर्मित करती रही है। मैं तुम्हें प्यार करता हूँ टीना!

और, अंततः एवं सर्वाधिक महत्वपूर्ण रूप से इस पुस्तक को उठाने और इसका अध्ययन करने के लिए मैं आप पाठकों का धन्यवाद करता हूँ। मुझे आशा है कि आप इसे पढ़ने में आनंद का अनुभव करेंगे।

प्रस्तावना : 5 ए.एम. क्लब

31 अगस्त, 2011 में मेरी पत्नी और मेरी पुत्री द्वारा मुझे त्याग दिए जाने के बाद फरवरी 2012 में मैं बेंगलुरु छोड़ रहा था। मैं वापस पुणे जा रहा था जो कि मेरा घर था। मेरी पत्नी अपने मायके जा चुकी थी जो पुणे में ही था; मेरी तत्कालीन कम्पनी का मुख्यालय भी पुणे में ही था; और मेरे माता–पिता भी पुणे में ही रहते थे। पुणे लौटने के मेरे पास सभी कारण मौजूद थे।

एक चिंता जो मुझे सता रही थी वह यह थी कि मेरा पूरा ढाँचा, मित्रों का एक समूह जिसका मैं भरोसा करने लगा था, जिन्होंने मुझे अपनाए रखा और देखा कि मैं कौन था–'एक संभावना', सबके–सब बेंगलुरु में ही रह रहे थे। मुझे डर लगा कि एक बार मैं पुणे वापस चला गया तो मेरा उनसे संपर्क समाप्त हो जाएगा और फिर वे मुझे सहयोग नहीं दे पाएगें।

बेंगलुरु छोड़ने के पहले मैं अपने दो मित्रों जेरी और दिनेश से रात्रिभोज पर मिला। यह चिंता लगातार मेरे मस्तिष्क में छाई हुई थी, और मैं इस बारे में कुछ करना चाहता था। रात्रिभोज के दौरान मैंने इस चिंता को जेरी और दिनेश के साथ साझा किया। उसके बाद जो कुछ भी हुआ वह एक दिलचस्प संवाद था और उसका परिणाम था – '5 ए.एम. क्लब' का गठन।

जेरी, दिनेश और अपने अलावा हमने 4 अन्य मित्रों राजेश, प्रियंका शैलेन्द्र, साजू जोसेफ और सुमित गुप्ता[1] को आमंत्रित किया, और हम सातों लोगों ने मिलकर 5 ए.एम. क्लब का गठन कर डाला।

हम सभी लोग हर दिन प्रातः 5 बजे कांफ्रेन्स के जरिए परस्पर संपर्क करते थे। ये कालें 20–25 मिनटों की अवधि की हुआ करती थीं।

हमने 5 ए.एम. क्लब को प्रारंभ कर दिया था:

1. हममें से प्रत्येक ने अपनी–अपनी महत्वपूर्ण चिंताओं अथवा अपने जीवन के उन विभिन्न क्षेत्रों की पहचान कर ली थी जो हमारे लिए महत्वपूर्ण थे।
   - मेरा परिवार
   - गिफ्ट योर ऑर्गन फाउण्डेशन

- मेरी संस्था तथा मेरी संस्था की प्रगति
- मेरा व्यक्तिगत विकास

2. एक बार अपनी चिंताओं की पहचान कर लेने के बाद हमने इन क्षेत्रों में से प्रत्येक में एक भविष्य की घोषणा कर दी। हमने अपनी चिंता के प्रत्येक क्षेत्र में स्वयं से पूछा, 'आज से एक वर्ष बाद, अमुक तिथि पर, मैं कहाँ होना पसंद करूँगा?'
3. अगला प्रश्न जो हम सबने अपने आप से किया, यह था, 'आज से 1 वर्ष बाद जहाँ मैं पहुँचना चाहता हूँ वहाँ पहुँच सकूँ, इसके लिए आज से 3 महीनों, 6 महीनों और 9 महीनों बाद मुझे कहाँ तक पहुँचने की आवश्यकता होगी?

एक बार अगले 3, 6 एवं 9 महीनों तथा 1 वर्ष के भविष्य को घोषित कर लेने के बाद हमने स्वयं से प्रत्येक सुबह यह पूछा, 'इस भविष्य को हासिल करने हेतु मुझे आज क्या करना है ताकि मैं अपने द्वारा घोषित किए गए भविष्य को हासिल कर सकूँ?'

अगली सुबह, मेरा समूह प्रत्येक दूसरे सदस्य से पूछेगा कि क्या उसने वास्तव में वह हासिल कर लिया जिसकी उसने घोषणा की थी। इस समूह ने अलग–अलग सदस्यों को सहयोग प्रदान किया और उस भविष्य की पूर्ति करने हेतु ढाँचे के रूप में कार्य किया जिसका निर्माण हममें से प्रत्येक ने किया था।

रोचकतापूर्वक, 5 ए.एम. क्लब में अलग–अलग लोगों की असाधारण उपलब्धियाँ इस प्रकार थीं:

1. जेरी मार्टिन ने 4 माह में अपना वेतन दोगुना कर लिया था।
2. साजू जोसेफ अपने परिवार के साथ अमेरिका जाना चाहता था और उसने ऐसा कर लिया था। आज, वह विश्व के सबसे बड़ी सूचना–प्रौद्योगिकी कंपनियों में से एक में वरिष्ठ कार्यकारी के रूप में कार्यरत् है।
3. गिफ्ट योर ऑर्गन फाउण्डेशन की संचालन निदेशिका के रूप में कार्यरत् प्रियंका शैलेन्द्र ने घोषित किया कि वह कर्नाटक सरकार के साथ कार्य करेंगी और वाहन चालक लाइसेंस के एक भाग के रूप में अंगदान को प्रस्तावित करेंगी। उन्होंने क्लब के प्रारंभ होने के 4 माह के अंदर इस उपलब्धि को हासिल कर लिया था। इस एक कदम का प्रभाव यह हुआ था कि गिफ्ट योर ऑर्गन फाउण्डेशन के पास 6 महीनों में ही इतनी अधिक प्रतिज्ञाएं एकत्रित हो चुकी थीं जो कर्नाटक सरकार द्वारा 7 वर्षों में प्राप्त की गई संख्या का 7 गुना थी। 6 महीनों के समय में कर्नाटक

में करने वाले अंग–प्रत्यारोपणों की संख्या पिछले पूरे वर्ष में किए गए प्रत्यारोपणों की तुलना में दोगुनी हो चुकी थी। कर्नाटक सरकार ने इसमें दिए गए योगदानों के लिए गिफ्ट योर ऑर्गन फाउण्डेशन का आभार व्यक्त किया है।

4. सुमित गुप्ता ने अपने जुनून वाले क्षेत्र–क्रिकेट में अपनी स्वयं की कम्पनी प्रारंभ कर ली।
5. व्हीलचेयर आश्रित राजेश, जो मेरा प्रिय मित्र और शिक्षक है, ने घोषित किया था कि वह 3 महीनों के अंदर–अंदर लाल रंग की ह्युंडाई आई–10 खरीद लेगा। यहाँ मुझे कुछ संदर्भ देने दीजिए–राजेश किसी अमीर परिवार से नहीं है। जहाँ वह आज पहुँचा है इसके लिए उसने कठोर परिश्रम किया है। जब उसने घोषणा की कि वह लाल रंग की ह्युंडाई आई–10 खरीदेगा, वह यह नहीं जानता था कि वह यह कैसे करेगा (याद रखें, वह व्हीलचेयर पर आश्रित है और उसके पाँव काम नहीं करते)। एक बार घोषणा मात्र कर लेने के बाद उसने यूरोप में ऐसी एजेन्सियों की पहचान की जो दिव्यांगजनों के लिए कारों के उपकरणों का निर्माण करती हैं। उसने उपकरण का आयात किया और ह्युंडाई से निवेदन किया कि वह उस उपकरण को कार में फिट कर दें।

निजी तौर पर, मैं भी भारी रूप से सफल रहा था। जैसा कि मैंने पहले उल्लेख किया, मेरी पत्नी एवं पुत्री मुझे छोड़कर जा चुकी थीं। मैंने ब्रेकडाउन (विरान) घोषित किया और यह उल्लेख करते हुए एक भविष्य का सृजन किया कि चाहे कुछ भी क्यों न हो जाए मैं अपनी पत्नी और पुत्री को अपने जीवन में वापस लाऊँगा। अलगाव के 20 महीनों के बाद न केवल वे मेरे जीवन में वापस आ गईं बल्कि उसके बाद मैं जुड़वाँ बच्चों का पिता भी बन चुका हूँ। तो, अब हम 3 बच्चों के साथ 5 लोगों वाला परिवार हैं।

मैंने अपनी पहली संस्था बेच दी और रचनात्मक नेतृत्व के क्षेत्र में एक नई कम्पनी स्थापित कर ली। गिफ्ट योर ऑर्गन फाउण्डेशन, जो कि एक धर्मादा न्यास है, जिसे एक मित्र और सहयोगी टीना बुधरानी और मैंने स्थापित किया था, तब से अनेक ऊँचाइयों को भी तय कर चुका है। मैंने नए अधिगम (लर्निंग) कार्यक्रमों की एक श्रृंखला को पूरा कर लिया है और अपने निजी विकास की ओर अपनी प्रतिबद्धता के अंतर्गत रचनात्मक नेतृत्व के क्षेत्र के किसी न किसी कार्यक्रम में शामिल रहना जारी रखे हुआ हूँ।

मैं आपके साथ यह सब क्यों साझा कर रहा हूँ?

मेरे यह साझा करने का कारण यह है कि ये सभी इस बात के महत्वपूर्ण उदाहरण हैं कि 'ब्रेकडाउन घोषित करने और पसंद के एक भविष्य का सृजन'

करने का क्या अर्थ होता है। 5 ए.एम. क्लब में प्रत्येक ने एक भविष्य का सृजन किया था—एक डिजाइन किया गया भविष्य।

जिन प्रश्नों को हमने पूछा था—जैसे 'आज से 1 वर्ष बाद, अमुक तिथि पर, मैं कहाँ हूँगा?' अथवा ' इस भविष्य को हासिल करने हेतु मुझे आज क्या करना है ताकि मैं अपने द्वारा घोषित किए गए भविष्य को हासिल कर सकूँ?'—ये सब ऐसे साधारण प्रश्न नहीं हैं जिन्हें लोग स्वयं से नियमित तौर पर पूछते हों। वे 'जो कुछ आप बनना चाहते हैं उसका सृजन करने' तथा 'अपने द्वारा सृजित भविष्य को हासिल करने हेतु आज आपको क्या करना चाहिए' के लिए आपको बाध्य करते हैं।

मैं 3 वर्षों से भी अधिक समय से भारत में आईजीएल का संचालन करता रहा हूँ और मैंने अपने कार्यक्रमों में सैकड़ों प्रतिभागियों को अपनी चिंता वाले क्षेत्रों में ब्रेकडाउन घोषित करने तथा अपनी पसंद के नए भविष्यों को डिजाइन करने हेतु आमंत्रित किया है। ये विशिष्टताएं न केवल 5 ए.एम. क्लब के सदस्यों के लिए कारगर रहीं हैं बल्कि मेरे कार्यक्रम के उन प्रतिभागियों के लिए भी जिन्होंने डिजाइन किए गए नए भविष्यों को हासिल कर लिया है।

भाग 1

आरंभ

1

परिचय

मैं शुरुआत इस दावे के साथ करने का इच्छुक हूँ कि 'विराम' (आगे 'ब्रेकडाउन' के रूप में संदर्भित) की घोषणा करना कोई बुरा कदम नहीं है। इसके विपरीत, यह एक अच्छा कदम है। एक बहुत ही अच्छा कदम। '5 एएम क्लब' में हम सबने ठीक यही कदम उठाया था।

जब आप ब्रेकडाउन की घोषणा करते हैं तो आप अपनी पसंद के एक भविष्य का निर्माण करने अथवा उसकी रूपरेखा तैयार करने की प्रक्रिया में अपने ही जीवन के साथ सक्रिय सहभागिता करते हैं। प्रस्तुत पुस्तक आपको अपनी पसंद के भविष्य को डिजाइन करने का कौशल प्रदान करने से सम्बन्धित है। और ऐसा करने के लिए आप ब्रेकडाउन की घोषणा करते हैं।

अंग्रेजी शब्दकोष में 'ब्रेकडाउन' शब्द की परिभाषाओं में से एक है

> किसी स्थापित व्यवस्था को इस प्रकार से विघटित करना कि यह जारी न रह सके।[1]

अधिकांशतः, हम लोग इस बात से अनभिज्ञ होते हैं कि कब और कैसे कोई व्यवस्था निर्मित हो जाती है और फिर हम इस व्यवस्था पर प्रश्न तक नहीं उठाते। ये व्यवस्थाएं वे तरीके होते हैं जिनके अनुसार हम कार्य करते हैं। अनेक बार, यह व्यवस्था हमारे लिए कारगर होती है। और अनेक अन्य अवसरों पर, हम निर्मित हो रही व्यवस्था पर प्रश्न उठाए बिना इस स्वचालित अथवा प्रोग्रामशुदा तरीके से कार्य करना जारी रखते हैं। अब आगे यह हमारे लिए अनुपयोगी हो चुकी है।

इससे निपटने का एक तरीका है ब्रेकडाउन की घोषणा करना।

जब मैं 'ब्रेकडाउन' शब्द का उपयोग करता हूँ तो बहुत से लोग इसका अर्थ तकनीकी रूकावट 'समझते'[2] हैं। 40 अरब डॉलर से भी अधिक का व्यापार कर रहे एक अंतर्राष्ट्रीय संगठन के साथ मेरे एक परामर्शदात्री कार्य के दौरान शीर्ष प्रबंधन के एक सदस्य उस समय हँसने लगे जब मैंने उन्हें सुझाव दिया कि उन्हें एक ब्रेकडाउन घोषित कर देना चाहिए। उन्होंने शीर्ष प्रबंधन के अन्य सदस्यों पर निगाह डाली और हँसते हुए कहा, ''हम तभी ब्रेकडाउन घोषित करते हैं जब लिफ्ट काम न कर रही हो अथवा प्रिंटर काम न कर रहा हो''। बाद में, जब उन्होंने ब्रेकडाउन के महत्व को समझा तो कहा, ''यह इतना अधिक शक्तिशाली है! मैं आश्चर्यचकित हूँ—मुझे तो यह मालूम ही नहीं था!''

यह आज के कारपोरेट जगत की सांस्कृतिक दृष्टिबाधिता है। पूरे विश्व में अनेक कार्यकारी इस बात से अनभिज्ञ हैं कि एक ब्रेकडाउन को कब और कैसे घोषित किया जा सकता है। उनके अनुसार, आम समझ यह कहती है कि आप ब्रेकडाउन घोषित नहीं करते। वास्तव में, बर्ट लाँस, जो जिमी कार्टर के शासन में प्रबंधन एवं बजट कार्यालय के निदेशक थे, को अमेरिकी चैम्बर्स ऑफ कॉमर्स की समाचार—पत्रिका में नेशंस बिजनेस, मई 1977 में यह उल्लेख करते हुए उद्धृत किया गया था, ''यदि इसे तोड़ा नहीं है, तो इसे सुनिश्चित मत करो''।[3]

जहाँ बर्ट लाँस का दावा अनेक अवसरों पर समझदारीपूर्ण लगता है, वहीं ऐसे अनेक अन्य अवसर भी है जब ब्रेकडाउन घोषित करना बुद्धिमत्तापूर्ण होता है और व्यावसायिक समझदारी का निर्माण करता है। व्यवसायों को बंद करने अथवा विघटित होने के ऐसे हजारों लाखों उदारहण भरे पड़े हैं और यदि इन संगठनों के साथ जुड़े लोगों ने सही समय पर ब्रेकडाउन घोषित कर दिया होता तो इनमें से अनेक को बचाया भी गया हो सकता था। इसी प्रकार से, यदि समयानुसार ब्रेकडाउन घोषित किया गया होता तो लोग अपनी नौकरियाँ बचा सकते थे; वार्ताकारों को कुछ सौदे अथवा अनुबंध प्राप्त हुए हो सकते थे; दलों ने अपनी परियोजनाओं को सही समय पर पूरा किया हो सकता था; और शादियों को बचाया गया हो सकता था।

यह पुस्तक आपको एक लगभग निश्चित, संभावित, पूर्वनियत भविष्य से अवगत होने हेतु एक निमंत्रण है (इसका घटित होना लगभग सुनिश्चित है, और फिर भी यह संभावित है)।[4] हममें से हर किसी का हमारे जीवन के प्रत्येक क्षेत्र में एक निश्चित, संभावित, पूर्वनियत भविष्य होता है।

क्या यह भविष्य आपको स्वीकार्य है?

यदि नहीं, तो यह पुस्तक आपको निमंत्रण देती है ताकि आप अपनी पसंद के एक भविष्य का सक्रिय रूप से सृजन कर सकें।

एक ब्रेकडाउन घोषित करना है

इस चरण पर ही, परिचय के इस अध्याय में मैं एक ब्रेकडाउन घोषित करना चाहता हूँ।

1. *ये कैसा ब्रेकडाउन है जिसे मैं घोषित कर रहा हूँ?*
   जिस ब्रेकडाउन की घोषणा मैं करना चाहता हूँ यह है कि ऐसे मात्र कुछ ही लोग हैं जो एक ब्रेकडाउन घोषित करने की आवश्यकता तथा महत्व को समझते हैं। यह पुस्तक 'ब्रेकडाउन' शब्द के अर्थ का पुनर्निर्माण इस शब्द की वर्तमान सांस्कृतिक समझ से अलग करती है।
2. *जो है सो है?*
   'जो है सो है' सम्बन्धित विषय से जुड़े तथ्यों का वर्णन करता है। यदि आपका एक कैमरे के साथ संगठनों के निदेशक–मंडल के सभाकक्षों अथवा वरिष्ठ तथा मध्यवर्ती अथवा कनिष्ठ–स्तरीय प्रबंधकों सभाओं में जाना हो तो कैमरा यही दर्ज करेगा कि लोग समस्याओं का अग्रसक्रिय रूप से समाधान करने से इंकार करते हुए तथा आरोप–प्रत्यारोप के खेल में उलझते हुए समस्याओं में किस प्रकार से 'उलझ' रहे हैं।
3. *पूर्वनियत भविष्य क्या होता है?*
   यदि इस क्षेत्र में कोई क्रिया नहीं की जाती तो कार्यकारीगण, वरिष्ठ प्रबंधक तथा मध्यवर्ती एवं कनिष्ठ प्रबंधक उसी प्रकार से कार्य करते रहेंगे जैसे कि वे करते आ रहे हैं। संगठन को सर्वश्रेष्ठ सेवा प्रदान करने के उनके प्रयासों के बावजूद उनके कार्य संगठन के लिए उपयोगी नहीं होंगे, और वास्तव में ये प्रतिकूल भी हो सकते हैं।
4. *मेरे द्वारा सृजित किया जा रहा नया भविष्य क्या है?*
   ठीक अभी जिस भविष्य का निर्माण मैं कर रहा हूँ, वह यह है कि ये कार्यकारीगण, वरिष्ठ तथा मध्यवर्ती एवं कनिष्ठ प्रबंधक ये समझ सकें कि ब्रेकडाउन किस प्रकार से घोषित करना चाहिए तथा ब्रेकडाउन का महत्व क्या होता है, तथा वे सक्रिय रूप ब्रेकडाउन घोषित करें। ब्रेकडाउन की घोषणा करना आमतौर पर प्रयुक्त करने वाला एक नेतृत्वशाली कदम होगा। नेतृत्वकर्ता तथा प्रबंधक ऐसे भविष्य का निर्माण करने की प्रक्रिया में सचेत रूप से संलिप्त होंगे जो उनके तथा उनके संगठनों के लिए लाभदायक हो।
5. *इसके आज घटित होना प्रारंभ न कर पाने में क्या कमी है?*
   लोग मात्र इसलिए ब्रेकडाउन घोषित नहीं कर रहे हैं क्योंकि वे उसे नहीं जानते जिसे वे नहीं जानते। यदि वे यह जानते कि वे नहीं जानते

हैं तो उनमें से कुछ सीखने के प्रयास करेंगे। परंतु जब वे नहीं जानते कि वे नहीं जानते हैं–तब वे 'अंधेरे' में कार्य कर रहे हैं, अर्थात्, एक विकल्पहीन अवस्था में। जो कुछ भी कमी है वह है समझ और, अधिक महत्वपूर्ण रूप से, ब्रेकडाउन घोषित करने का कौशल। और उनके द्वारा इस समझ और कौशल को प्राप्त करने में जो कुछ कमी है वह है उन्हें प्रस्ताव न प्राप्त होना।

6. *क्रिया करना/कार्यान्वयन*

यह पुस्तक कार्यकारियों, वरिष्ठ प्रबंधकों तथा मध्यवर्ती एवं कनिष्ठ प्रबंधकों के लिए एक प्रस्ताव है। यह किसी भी ऐसे व्यक्ति के लिए एक प्रस्ताव है जो एक प्रवाहित जीवन के बजाए एक डिजाइन किए गए जीवन में रुचि रखता हो।

इस पुस्तक के लेखन की प्रक्रिया में, मैं कार्य कर रहा हूँ और वह कार्यान्वित कर रहा हूँ जिसके कॉरपोरेट जगत (तथा लोगों के निजी जीवन) के लिए समय की एक महान आवश्यकता होने का मुझे विश्वास है।

हालांकि, अभी का प्रमुख कार्य यह है कि आप पहले यह सीखें कि इस पुस्तक में उपलब्ध कराई गई अवधारणाओं एवं अभ्यासों के द्वारा ब्रेकडाउन किस तरह से घोषित किया जाता है।

जो कुछ भी मैंने अभी–अभी किया है वह है एक ब्रेकडाउन घोषित करने की 6–चरणीय सरल प्रक्रिया का अनुसरण करना। एक बार मैंने ब्रेकडाउन घोषित कर देने के बाद मैं छूट गई क्रियाओं की पहचान करने और फिर उन्हें पूरा कर ब्रेकडाउन का प्रबंधन कर रहा हूँ।

यही इस पुस्तक से सम्बन्धित 6–चरणीय प्रक्रिया है। यदि आपको विश्वास है कि ऊपर प्रदर्शित प्रक्रिया को देखने के बाद आप ब्रेकडाउन घोषित करने में कुशल हैं, तो आप सुरक्षित रूप से यहीं पर इस पुस्तक का अध्ययन रोक सकते हैं।

हालांकि, यदि आपको ब्रेकडाउन घोषित करने का ज्ञान नहीं है अथवा आप सोचते हैं कि आपके पास यह ज्ञान है परंतु कौशल नहीं है, तब मैं जोरदार सिफारिश करता हूँ कि आप इस पुस्तक का अध्ययन जारी रखें। हमारा दावा है कि ज्ञान का कोई उपयोग नहीं होता यदि आप यह नहीं जानते कि ज्ञान का उपयोग किस प्रकार किया जाए, और ज्ञान को उपयोगी बनाने के लिए आपको अभ्यास की आवश्यकता होती है।

इस पुस्तक के माध्यम से मैं ब्रेकडाउन घोषित कर एक पसंदीदा भविष्य का निर्माण करने के सरल चरणों को साझा कर रहा हूँ। इस पुस्तक द्वारा,

में अनुसरण करने हेतु साधारण तथापि शक्तिशाली प्रजनक अभ्यासों को भी प्रस्तावित कर रहा हूँ ताकि आप नेतृत्व सम्बन्धी महत्वपूर्ण गुणों के सम्मिलित अधिगम में संलिप्त हो सकें। मात्र इसलिए, क्योंकि मैं इन अभ्यासों को सरल कह रहा हूँ, यह इन अभ्यासों को किसी भी तरह से तुच्छ नहीं बनाता। ये आपके सीखने का अभिन्न अंग हैं।

कोई भी सफलता प्राप्त करने का अर्थ है एक बड़ी एवं नाटकीय सफलता प्राप्त करना, न कि वृद्धिशील सफलता। मेरा दावा है–ब्रेकडाउन की घोषणा करना अपने जीवन में एक सफलता का निर्माण करने तक आपकी पहुँच है।

यह पुस्तक किसके लिए है?

जब आप इस पुस्तक को पढ़ेंगे तो आप मुझे अपने अनुशिक्षार्थियों के निजी उदाहरणों से निकल कर अन्य अनुशिक्षार्थियों के पेशेवर कार्य–सम्बन्धी उदाहरणों की ओर जाते देखेंगे। मैंने अपने निजी तथा कार्यकारी जीवन से अपने स्वयं के अनेक निजी अनुभवों को भी इसमें शामिल किया है। अतः, जो प्रश्न आपके समक्ष खड़ा हो सकता है वह है, 'क्या यह पुस्तक पाठक के निजी जीवन में परिणामों के लिए है, अथवा किसी को कार्य में प्रभावोत्पादक बनाने के लिए?'

इस पुस्तक को ऐसे प्रत्येक व्यक्ति के लिए लिखा गया है जो उसकी देखभाल करना चाहता है जिसकी वह परवाह करता है। जिस बात की आप परवाह करते हों, वह आपके निजी जीवन का मामला हो सकता है, अथवा आपके कार्यजीवन का भी। ऐसा ही दलों के नेतृत्वकर्ताओं, जनसमूहों के प्रबंधकों, विभागाध्यक्षों, कार्याध्यक्षों के साथ–साथ संगठनाध्यक्षों के लिए भी है।

जो कुछ भी महत्व का है वह यह कि आप पहले यह जान लें कि (एक व्यक्ति, किसी दल अथवा संगठन के एक सदस्य के रूप में) आप किस बात के लिए परवाह करते हैं। मेरे शिक्षण कार्य में, उदाहरणों की ऐसी बड़ी प्रदर्शन–सूची है जिसका मैं उपयोग कर सकता हूँ, परंतु मैंने अपने कार्यकारी शिक्षार्थियों द्वारा साझा किए गए कुछ निजी उदाहरणों को जानबूझकर शामिल किया है, क्योंकि समय के उस बिन्दु पर, यही वह बाते थीं जिनकी परवाह मेरे शिक्षार्थियों को थी तथा ये उनकी चिंता के विषय थे। अंतर वहीं बने रहते हैं, चाहे आपके जीवन का क्षेत्र कुछ भी क्यों न हो। आपके लिए स्वीकार करना महत्वपूर्ण है कि आप अपने निजी जीवन तथा कार्य/पेशेवर जीवन के स्रोत पर हैं। यह पुस्तक आप, जो अपने लिए महत्वपूर्ण भविष्य का निर्माण कर रहे हैं, से सम्बन्धित है!

यह पुस्तक आपके लिए है यदि आप वास्तव में अपनी पसंद का भविष्य डिजाइन करने हेतु प्रतिबद्ध हैं। यदि आप अपने बहानों के प्रति प्रतिबद्ध हैं तो यह पुस्तक आपके लिए *नहीं* है।

इस पुस्तक हेतु एक सुझावपूर्ण दृष्टिकोण

हो सकता है मैं आपसे न मिला हूँ और व्यक्तिगत रूप से शायद कभी न भी मिलूँ (यद्यपि मैं चाहूँगा)। हालांकि, इस पुस्तक के माध्यम से, मैं आपसे बातचीत करना चाहूँगा, मैं आपके साथ नेतृत्व की, ब्रेकडाउन घोषित करने तथा पसंद के एक भविष्य के निर्माण की कुछ अभिन्न विशिष्टताओं को साझा करना चाहूँगा।

आपसे मेरी प्रार्थना है कि इस पुस्तक को ऐसे पढ़ें जैसे आप और मैं परस्पर वार्ता कर रहे हों। मेरी एक और प्रार्थना यह है कि जब आप दूसरों के उदाहरण पढ़ रहे हों तो अपने आपको उनके स्थान पर रखकर देखें—इन उदाहरणों को अपना उदाहरण बना लें। कृपया एक खुले दिमाग से, तैयार होकर तथा नवीन गुणों को ग्रहण करने हेतु सुलभ होकर इस संवाद में मेरे साथ भागीदारी करें।

यदि आप उपरोक्त विधियों का अनुसरण करते हैं तो मैं सुनिश्चित हूँ कि आपको इस पुस्तक के अध्ययन से आनंद प्राप्त होगा, और आप इससे अत्यधिक लाभान्वित होंगे।

इस पुस्तक का वादा

यह पुस्तक आपको आपकी उस शक्ति की ओर आमंत्रित करती है जिसमें आपकी सृजनात्मक तथा उस भविष्य को प्राप्त करने की शक्ति भी शामिल है जिसके सम्बन्ध में आप परवाह करते हैं। बाद के अध्यायों में समझाए गए व्यवहारों के माध्यम से इस पुस्तक द्वारा ब्रेकडाउन किस प्रकार से घोषित किया जाए और ब्रेकडाउनों को घोषित करने एवं उनसे निपटने में कुशल बनने हेतु मंच सम्बन्धी ज्ञान प्रदान करने का वादा है।

इसके अलावा, यह पुस्तक आपको अनेक ऐसी प्रजनक नेतृत्व सम्बन्धी विशिष्टताओं की अंतर्दृष्टि प्रदान करेगी, जो अभ्यास करने पर आपके प्रदर्शन पर एक महत्वपूर्ण सकारात्मक प्रभाव डालने की क्षमता रखती हैं। आप मात्र बार—बार अभ्यास 'करने' से ही कुशल बन सकते हैं।

आपसे मेरा निवेदन है कि इस पुस्तक को किसी ऐसी पुस्तक की तरह न पढ़ें जिसे मात्र पढ़ना हो, बल्कि ऐसी पुस्तक की तरह जो आपको उकसाती हो, प्रोत्साहित करती हो, आपको आपके चिंतन की गहराईयों में झांकने के लिए

उत्तेजित करती हो। कृपया प्रत्येक अध्याय के अंत में स्पष्ट किए गए अभ्यासों में संलिप्त हों। मेरा अंदाजा है कि यदि आप 6 महीनों बाद इस पुस्तक को उठाएगें तो जो कुछ भी 6 महीनों पहले प्रासंगिक नहीं प्रतीत होता था वह 6 महीनों बाद प्रासंगिक प्रतीत होने लगेगा।

यह पुस्तक चिंतन के लिए अनेक विरामों का भी सुझाव देती है। कृप्या रुकें नहीं और इन प्रश्नों पर चिंतन करें। इस पुस्तक का वास्तविक महत्व इसके पढ़ने में नहीं होगा; इस पुस्तक का वास्तविक सारयुक्त महत्व इस पुस्तक में पूछे गए प्रश्नों में जो कुछ भी आपको उकसाने वाला हो, के साथ रुकते और आकर्षित होते हुए आप में है। इस पुस्तक का सम्बन्ध आपके जीवन एवं जीवनयापन से है, न कि स्मरण करने तथा समझने योग्य सूचनाओं अथवा उनके साथ सहमत होने या न होने से।

अधिगम (सीखना) क्या होता है?

अनेक लोगों की सामान्य समझ यही है कि आप जानने से सीखते हैं। एक आम मिथक और सांस्कृतिक दृष्टिहीनता यह है कि कुछ संज्ञानात्मक रूप से समझ का अर्थ 'जान लेना' अथवा 'सीख लेना' ही होता है। अधिगम (लर्निंग), सच्चे अधिगम का अर्थ होता है मूर्त रूप में परिवर्तन (जो कुछ भी हमारा शरीर देख सकता है, ध्यान दे सकता है, और कर सकता है तथा आदतन अनुभव कर सकता है), कार्यक्षमता में परिवर्तन तथा जिन परिणामों को उत्पन्न एवं वादा किया जा सकता है, में परिवर्तन। सीखना सिर्फ समझना नहीं है, और न ही यह सिर्फ अकादमिक है। इस पुस्तक की अवधारणा को समझने से आप मात्र यह 'जानेंगे' कि ब्रेकडाउन कैसे घोषित किया जाए। हालांकि, ब्रेकडाउन कैसे घोषित किया जाए यह 'जानने' के लिए आपको इस पुस्तक में उपलब्ध कराए गए गुणों का सक्रिय रूप से अभ्यास करने की आवश्यकता होगी। ''किसी सम्बन्ध में जानना'' तथा ''जानने' में एक अंतर होता है, और यह अंतर है अभ्यास। इस गुण को प्राचीन यूनानी लोगों द्वारा निर्मित किया गया था, परन्तु इसे हमारी वर्तमान अधिगम तथा शिक्षा की आम समझ में भुला दिया गया है। प्रायः ही हममें से अनेक लोग ''किसी सम्बन्ध में जानने' तथा 'जानने' के बारे में भ्रमित हो जाते हैं।

सीखना नियमित अभ्यासों का एक कार्य होता है जो हमें नए कौशलों को धारण करने तथा नए तरीकों से कार्य करने की अनुमति प्रदान करती है। मात्र पुस्तकें पढ़ने, सीडी देखने अथवा ऑडियो टेप सुन लेने भर से आप अपने अस्तित्व के नए तरीकों को धारण नहीं कर लेते। जो कुछ भी आवश्यक है वह है नए अभ्यासों को जन्म दिया जाना तथा नए कर्म करना।

आइए हम तैराकी का एक उदाहरण लेते हैं (आप ड्राइविंग, साइकलिंग, श्रोता–सम्बोधन, सूचना–प्रौद्योगिकी कौशलों, संवादों, दल प्रबंधन अथवा किसी अन्य कौशल को भी ले सकते हैं)। यदि मैं आपको '10 दिनों में तैराकी कैसे सीखें' शीर्षक से एक पुस्तक देता हूँ तो क्या आप 10 दिनों में तैरना सीखने की स्थिति में होंगे? स्वाभाविक रूप से नहीं। तैराकी सीखने के लिए आपको पानी में उतरना होगा और तैराकी के नियमों का अभ्यास करना होगा। किसी भी कक्षा में, अथवा किसी पुस्तक को पढ़ने पर आप मात्र तैराकी के *सम्बन्ध में सीखते* हैं, आप तैराकी नहीं *सीख लेंगे।*

इसी प्रकार से इस पुस्तक की मंशा आपको सूचनाओं का बड़ा जानकार बनाने की नहीं है, जो मेरा प्रयास भी नहीं है। इस पुस्तक का उद्देश्य है आपको ब्रेकडाउन घोषित करने तथा ऐसे भविष्य, जो अर्थपूर्ण हो, का निर्माण करने हेतु 6–चरणीय प्रक्रिया में कुशल बनाने का प्रयास करना। कुशल बनने के लिए आपको वह 'करने' की आवश्यकता होगी जो यह पुस्तक विभिन्न अध्यायों के अंत तथा अध्यायों के बीच–बीच में आपके लिए सिफारिश करती है। और जितना अधिक आप (अभ्यास) करते हैं, ब्रेकडाउनों की घोषणा करने तथा प्रबंधन करने में आप उतने ही कुशल हो जाते हैं। और ऐसा करके, आप अपनी पसंद के भविष्य का चयन करने की अपनी क्षमता में वृद्धि कर लेंगे और इसे पूर्ण करेंगे।

चिंतनशील विराम

1. अभी तक आपके लिए सीखने का अर्थ क्या रहा है?
2. सीखने की ये वाली समझ आपकी पहले वाली समझ से किस प्रकार भिन्न है?
3. हाल ही में आपने कौन से नए सीखने के तरीके (अभ्यास द्वारा) को अपनाया है?

प्रत्येक अध्याय में सारांश एवं पुनर्निर्माण खंड

प्रत्येक अध्याय के उपरांत 'सारांश एवं पुनर्निर्माण' शीर्षक से एक खंड दिया गया है। प्रत्येक अध्याय में, कुछ महत्वपूर्ण विशिष्टताएं हैं जिनका पुनर्निर्माण किया गया है, और इन विशिष्टताओं पर प्रकाश डालने हेतु मैंने उन्हें प्रत्येक अध्याय के सारांश में शामिल किया है। ये पुनर्निमित विशिष्टताएं अंग्रेजी भाषा में प्रयुक्त करने वाले आम शब्दों की रचनात्मक व्याख्याएं हैं। इन नई व्याख्याओं के साथ आपको इन विशिष्टताओं को एक अलग दृष्टि से 'देखने', सरलतापूर्वक उनका

अनुप्रयोग करने तथा जैसा कि रचनात्मक अभ्यासों में इंगित किया गया है, नए अभ्यासों का सृजन करने का अवसर प्राप्त होता है।

आईजीएल के कार्य का संपूर्ण ढाँचा 'रचनात्मक' विशिष्टताओं तथा व्याख्याओं पर आधारित है, जिसका अर्थ यह है कि हम मात्र अवधारणाओं, मॉडलों एवं अवधारणात्मक रूपरेखाओं के साथ ही नहीं बल्कि ऐसे व्यवहारों से भी निपट रहे हैं जो वांछित परिणाम भी प्रदान करते हैं। रचनात्मक होने के लिए किसी भी व्याख्या को अवश्य ही:

- सुस्पष्ट होना चाहिए,
- साध्य होना चाहिए,
- अभ्यास द्वारा सीखनेयोग्य होना चाहिए, तथा
- वांछित परिणाम उत्पन्न करना चाहिए

यह पुस्तक विशिष्टताओं की अवधारणात्मक समझ प्रदान करेगी। हालांकि, अवधारणात्मक समझ मात्र प्रारंभिक बिन्दु है। नए कौशलों को एक मूर्त रूप अवश्य होना चाहिए, और उसके लिए हमने प्रत्येक अध्याय के अंत में ''रचनात्मक अभ्यास'' शीर्षक से एक खंड को भी शामिल किया है।

रचनात्मक अभ्यास क्या है?

रचनात्मक अभ्यास किसी ऐसे व्यवहार को अपनाए जाने का सचेतावस्था में किया गया चयन है जिसका उपयोग प्रत्येक उस परिस्थिति के अंतर्गत किया जा सकता है जिसमें हम स्वयं को पाते हैं। यह दुनिया में मौजूद होने के तरीके की एक प्रतिबद्धता है। यह जीवन की पुष्टि करने वाला एवं रचनात्मक होता है, तथा यह एक वास्तविकता को जन्म देता है कि किस प्रकार हम स्वयं को जीवन की परिस्थितियों के अनुसार ढालते हैं।[5] उदाहरणार्थ, किसी अन्य की परवाह के प्रति 'सुनने' का अभ्यास एक रचनात्मक अभ्यास होता है (इस विषय पर हम अध्याय 9 में और अधिक चर्चा करेंगे)।

दूसरी ओर, टाइप करना सीखना एक विशिष्ट अभ्यास होता है; यह किसी निश्चित संदर्भ में विशिष्ट होता है और किसी विशिष्ट उद्देश्य की पूर्ति करता है। परंतु टाइप करना मात्र तभी उपयोगी होता है जब हम टाइप कर रहे हों।

हम एक रचनात्मक अभ्यास का उपयोग कभी भी, कहीं भी कर सकते हैं, उदाहरणार्थ तब भी जब हम टाइप करना सीख रहे हों। जब आप कोई पत्र टाइप कर रहे हों तो आप उस व्यक्ति की चिंता के सम्बन्ध में 'सुन' सकते हैं

जिसके प्रति आप लिख रहे हैं, और अपने पत्र में आप यह ध्यान रख सकते हैं कि दूसरे व्यक्ति के द्वारा आपके पत्र को किस प्रकार लिया जाएगा।

रचनात्मक अभ्यास जीवन में एक रचनात्मक रवैये से उत्पन्न होते हैं। हमें लगता है कि ऐसा करना संभव है और हम यह राय कायम कर लेते हैं कि हम किसी भी परिस्थिति में रचना कर सकते हैं। हम अपने दृष्टिकोण, अपने भावनात्मक अनुभव, अपनी चिंता से सम्बन्ध, दूसरों के साथ अपने सम्बन्ध, जो कुछ कर्म हम करते हैं और दूसरों को करने के लिए आमंत्रित करते हैं, हमारे संवाद जो नई संभावनाओं, कर्मों एवं परिणामों के द्वार खोलते हैं, की रचना कर सकते हैं। मनुष्य रचनात्मक प्राणी होता है, परंतु हम यह भूल चुके हैं। हम जीवन द्वारा हमें पहले से प्रदत्त आत्मचेतना और शक्ति को पुनः प्राप्त कर रहे हैं।

सारांश एवं हमारी समझ का पुनर्निर्माण

1. ब्रेकडाउन घोषित करना एक नेतृत्वशाली कदम है जिससे अधिकांश लोग अनभिज्ञ हैं। जब आप ब्रेकडाउन घोषित करते हैं तो आप अपने जीवन के भविष्य की रचना करते हैं और/अथवा अपने दल एवं संगठन के भविष्य की रचना में भी सक्रिय सहयोग करते हैं। आप अपनी पसंद के एक भविष्य का सृजन करने अथवा उसे डिजाइन करने की प्रक्रिया के द्वारा अपने जीवन में सक्रिय रूप से भाग लेते हैं।
2. यह पुस्तक सीखने को मात्र समझ लेना अथवा मात्र शैक्षणिक नहीं मानती। यह सीखने को शारीरिक क्रियाकलापों के मूर्त परिवर्तन, हमारी कार्यक्षमता में वृद्धि, तथा उन परिणामों की ओर स्थानान्तरित होने के रूप में मानती है जिनका हम वादा कर सकते हैं और जिन्हें प्राप्त कर सकते हैं।
3. सीखना कर्मों तथा अभ्यासों के द्वारा घटित होता है। इस पुस्तक की अवधारणाओं को समझ लेने से आप मात्र 'यह जान' लेंगे कि ब्रेकडाउन कैसे घोषित किया जाए। हालांकि, ब्रेकडाउन कैसे घोषित किया जाए, यह 'जान' लेने के लिए आपको इस पुस्तक में उपलब्ध कराए गए अभ्यासों और विभेदनों का सक्रिय अभ्यास करने की आवश्यकता होगी। किसी के 'बारे में जान लेने' और 'जान लेने' के बीच में एक अंतर होता है, और यह अंतर है अभ्यास।
4. एक रचनात्मक अभ्यास ऐसा अभ्यास होता है जिसका चयन आप समझबूझकर करते हैं ताकि आप एक ऐसे व्यवहार को अपना सकें (अर्थात् इसमें कुशल बन सकें) जिसका उपयोग हर उस परिस्थिति में

किया जा सके जिसमें आप स्वयं को पा सकते हैं। यह दुनिया में मौजूद होने के तरीके के प्रति एक प्रतिबद्धता है।

रचनात्मक अभ्यास

1. आप सदैव ही कोई न कोई अभ्यास करते रहते हैं। आपने किन अभ्यासों को अपनाया हुआ है उन्हें लिख लीजिए, कुछ ऐसे जैसे अब आप शारीरिक मूर्तरूप में इनके अस्तित्व से अनभिज्ञ हैं। उदाहरणर्थ, आप किसी सभा में किस प्रकार बैठते हैं; जब आपको कोई नकारात्मक पृष्ठपोषण अथवा समाचार प्राप्त होता है तो आपकी पहली प्रतिक्रिया क्या होती है; जब आप अपने अधीनस्थों अथवा अपने परिवार के साथ अंतःक्रिया (इंटरैक्शन) करते हैं तो आपका सुर तथा भाषा कैसी होती है; आप अपनी ई–मेल किस प्रकार से लिखते हैं; और जब आप अपने कार्यालय पहुँचते हैं तो आपकी दैनिक क्रियाएं क्या होती हैं।
2. इस अध्याय में हमने यह चर्चा की है कि अधिगम (लर्निंग) अभ्यासों से सम्बन्धित एक क्रिया होती है। आप कौन से नए नेतृत्व सम्बन्धी कौशल को सीखना चाहेंगे? ऐसा करने के लिए, नए अभ्यासों का सृजन कीजिए और अपने कैलेंडर में उसका समय–निर्धारण कीजिए।
3. एक दैनन्दिनी लिखने का अभ्यास प्रारंभ कीजिए। अपनी दैनन्दिनी में अपने अभ्यासों के प्रतिफलों को दर्ज कीजिए। दैनन्दिनी का प्रयोजन इसे भरना नही है, वरन् स्वयं पर, दूसरों पर तथा जीवन पर और अधिक शक्तिशाली तरीके से ध्यान देने के लिए अपने ध्यान को पैना करना है। जीवन आपके लिए कैसा घटित हो रहा है इस बात का एक बेहतर प्रेक्षक बनने हेतु स्वयं को उकसाने के उद्देश्य से इस अभ्यास का उपयोग कीजिए।

   जब आप दैनन्दिनी लिखते हैं तो आप स्वयं के साथ संवाद करते हैं। और किसी भी भी अन्य व्यक्ति के साथ करने वाले संवाद के समान ही आप इस बात से अनभिज्ञ रहते हैं कि संवाद का परिणाम क्या होगा; इसी प्रकार से, जब आप दैनिकी दर्ज करना प्रारंभ करते हैं तो आप नहीं जानते कि स्वयं के साथ किए गए उस संवाद से क्या अंततः आप क्या परिणाम प्राप्त करेंगे।

   मैंने दैनन्दिनी दर्ज करने को एक शक्तिशाली अभ्यास के रूप में अनुभव किया है और मैं आपको दैनन्दिनी दर्ज करने के एक दैनिक अभ्यास हेतु आमंत्रित करता हूँ–आपके अपने नेतृत्व के लिए।

टिप्पणियाँ

1. http://www.thefreedictionary.com/breakdown, accessed 16 February 2016.
2. सुनने तथा सीखने के बीच एक अंतर होता है। सुनना एक जैविक क्रिया होती है और ध्यान देना एक भाषा–सम्बन्धी क्रिया। ध्यान देना उस बात की व्याख्या करना होता है जिसे आप सुनते हैं। आप जो कुछ सूंघते हैं, जो कुछ देखते हैं और जो कुछ अनुभव करते हैं, उसपर भी ध्यान दे सकते हैं।
3. http://en.wikipedia.org/wiki/Bert_Lance, accessed 16 February 2016.
4. मैंने इस मुहावरे को लैंडमार्क एजूकेशन में संपन्न एक कार्यक्रम में भाग लेने के दौरान सुना था।
5. Richard Strozzi-Heckler, *The Leadership Dojo: Build Your Foundation as an Exemplary Leader* (California: Frog Ltd, 2007).

2

संवादों की केन्द्रीयता

प्रभावी संवाद ब्रेकडाउनों की घोषणा करने, पसंद के एक भविष्य को डिजाइन करने, नेतृत्व के लिए तथा एक अच्छा जीवन जीने में केन्द्रीय भूमिका निभाते हैं। इस पुस्तक में स्पष्ट किए गए 6 चरणों में से पहले 5 चरण संवाद से सम्बन्धित (अथवा रचनात्मक) चरण हैं जिन्हें सीखने और उनमें महारत हासिल करने हेतु हम आपको आमंत्रित करते हैं। ये चरण स्व–निर्णयगत नहीं हैं; ये उस मानवीय क्रिया का एक ढाँचा हैं जिसकी आवश्यकता नए भविष्य को उत्पन्न करने के लिए होती है। सफल नेतृत्वकर्ता, भले ही एक ब्रेकडाउन घोषित करने की विशिष्टता से अवगत न भी हों, इन्हीं चरणों का अनुसरण करते हैं।

ब्रेकडाउनों की घोषणा एवं प्रबंधन संवादों में की जाती है। ब्रेकडाउन की शक्ति वास्तव में प्राप्त करने के लिए हमें 'संवाद' शब्द की पुनः रचना करने, संवादों की शक्ति को समझने और रचनात्मक संवादों में भेद करने की आवश्यकता है।

'संवाद' क्या होता है?

आमतौरपर किसी भी संवाद का अर्थ होता है बोलना और सुनना। अधिकांश लोग मानते हैं कि बोलने और सुनने के अलावा संवाद में और विशेष अधिक कुछ भी नहीं होता। संवाद की यह समझ बहुत ही अपर्याप्त है। संवाद के लिए अंग्रेजी शब्द conversation के लिए यदि हम व्युतपत्ति विज्ञान का उपयोग करें तो *con+versa* का अर्थ 'एक साथ चलना' अथवा 'एकसाथ परिवर्तन' होता है, और फिर इसका अर्थ होगा कि एक सच्चे संवाद में 'हम एक नई समझ की ओर एकसाथ आगे बढ़ते हैं'। संवाद मात्र 'वर्णनात्मक' नहीं होते, बल्कि इन्में

सृजन एवं उत्पत्ति की शक्ति भी होती है। अब मैं संवादों को समझने के एक नए तरीके को प्रस्तुत कर रहा हूँ।

> संवाद मनुष्यों की ऐसी अंतःक्रियाएं (इंटरैक्शन) होती हैं जो कार्य, अर्थ, श्रवण (ध्यान से सुनने की क्रिया), मनोदशा तथा भावनाओं, अन्य लोगों तथा भविष्य के साथ संपर्कों को जन्म देती हैं।
>
> संवाद शब्द मात्र नहीं होते, बल्कि ये संपूर्ण शरीर की प्रतिक्रियाएं होते हैं जो हमारे द्वारा भाषा में अंतःक्रिया करने पर उत्तेजित (उत्पन्न) होते हैं और जब हम अंतःक्रिया करते हैं और भाषा उत्तेजित (उत्पन्न) होती है।
>
> संवाद में भाषा, मनोदशा एवं भावनाएं, शारीरिक प्रतिक्रियाएं एवं अनुभव तथा सुनना शामिल होता है जो संवाद में संलिप्त लोगों के इतिहास पर आधारित होता है। संवाद भाषाई एवं सांस्कृतिक प्रथाओं में ढले होते हैं।[1]

आइए, हम 'संवाद' की इस विशिष्टता की और व्याख्या करते हैं:

- *संवाद मनुष्यों की अंतःक्रियाएं होते हैं।* निस्संदेह। और प्रत्येक प्रतिभागी द्वारा किसी संवाद को ' सुनना' अनूठा होता है।
- *संवाद क्रिया को जन्म देते हैं।* कुछ संवाद क्रिया को जन्म देते हैं। समस्त क्रियाओं का स्त्रोत किसी न किसी संवाद में निहित होता है, कोई ऐसा संवाद जिसे व्यक्ति स्वयं अपने साथ करता है अथवा ऐसा जिसे व्यक्ति दूसरे के साथ करता है। उदाहरणार्थ, जब मैं आपसे कोई निवेदन करता हूँ या प्रस्ताव रखता हूँ और आप निवेदन अथवा प्रस्ताव को स्वीकार करते हैं तो हमारे बीच एक प्रतिज्ञा अथवा प्रतिबद्धता उत्पन्न हो जाती है। एक बार प्रतिज्ञा कर लेने के बाद भविष्य परिवर्तित हो जाता है। भविष्य में जो कुछ कार्यान्वयन आप करेंगे उसका उन प्रतिज्ञाओं/ प्रतिबद्धताओं के साथ गहरा सम्बन्ध होगा जो आपने कर रखी हैं।

  प्रख्यात फ्रांसीसी दार्शनिक जीन–पॉल सार्त्रे का उल्लेख यह उद्धृत करने हेतु किया गया है, 'प्रतिबद्धता एक क्रिया है, न कि एक शब्द'। भरोसेमंद प्रतिबद्धताएं करना तथा दूसरों से भरोसेमंद प्रतिबद्धताओं का आग्रह करना आज की दुनिया से लुप्त हो चुका कौशल है।
- *संवाद अर्थ उत्पन्न करते हैं।* जब आप बोलते हैं तो आप किसी ऐसी बात को अर्थ प्रदान करते हैं जिसका पहले से कोई अर्थ मौजूद नहीं था। उदाहरणार्थ, रमेश कमल से कहता है, 'यह एक लंबी और उबा देने वाली मुलाकात थी'। वहाँ जो कुछ भी था वह यह कि एक मुलाकात की

जा रही थी। अपने संवाद में रमेश ने मुलाकात को अपना अर्थ प्रदान किया, यह उल्लेख करते हुए कि यह 'लंबी' और 'उबा देने वाली' थी। रमेश ने जो अर्थ जोड़े वे थे 'लंबी' और 'उबाऊ'।

- *संवाद सुनने की क्रिया (श्रवण) को जन्म देते हैं।* जब दो लोगों के बीच कोई संवाद जारी हो तो वास्तव में वहाँ 3 संवाद जारी रहते हैं। उदाहरणार्थ, क और ख संवाद कर रहे हैं। एक संवाद क और ख के बीच जारी है; दूसरा संवाद वह है जो क ख के साथ संवाद करने के दौरान स्वयं के साथ कर रहा है; और तीसरा संवाद ख का है जो वह क के साथ जारी संवाद के दौरान स्वयं के साथ कर रहा है।
- अतः, यदि क कहता है, 'आपका गत तिमाही का लक्ष्य पूरा नहीं हुआ है', तो ख क को कहते हुए सुनता है 'आपका गत तिमाही का लक्ष्य पूरा नहीं हुआ है', परंतु उसी कथन को इस प्रकार 'सुनता' है कि 'आप अकुशल हो'। अब ख ने जो कुछ भी सुना है उसके आधार पर क को प्रत्युत्तर नहीं देता, बल्कि उस आधार पर देता है जो उसने 'श्रवण' किया (सुना) है।
- *संवाद मनोदशा एवं भावनाओं को जन्म देते हैं।* जब बॉस कहता है, 'आपको नौकरी से निकाला जाता है', तो यह कथन 'क्रोध' तथा 'दुःख' अथवा 'असंतोष' अथवा संभव है कि 'राहत' की एक भावना को जन्म देता हो।
- *संवाद भविष्य को जन्म देते हैं।* जब बृहस्पतिवार को दोपहर 2 बजे किसी मुलाकात का निर्धारण किया गया हो, अथवा किसी ग्रीष्मावकाश की योजना बनाई गई हो तो एक भविष्य को जन्म दिया जा रहा होता है। जब किसी संगठन का कोई अध्यक्ष अपने संगठन के लिए अपने दृष्टिकोण को अभिव्यक्त करता है तो वह संवाद में अपने संगठन के लिए भविष्य को जन्म दे रहा होता है।
- *संवाद शब्द मात्र नहीं होते, बल्कि वे एक संपूर्ण शारीरिक प्रतिक्रिया होते हैं जो तब उत्तेजित (उत्पन्न) होते हैं जब हम भाषा में अंतःक्रिया करते हैं।* व्यक्तियों का शरीर संवाद में लिप्त रहता है न कि मात्र उनका मस्तिष्क। और इसीलिए आप लोगों द्वारा किए गए कथन के प्रति शरीरों को स्वयं प्रतिक्रिया करते हुए देखते हैं। जब किसी व्यक्ति को कोई बुरा समाचार प्राप्त होता है तो उसका शरीर पेट में एक विशिष्ट हलचल जैसी प्रतिक्रिया करता है; इसी प्रकार से, जब कोई ऐसी बात बोलता है जो आपको छू जाती है तो आप रोंगटे खड़े होने का अनुभव करते हैं।
- *... और जब हम अंतःक्रिया करते हैं और भाषा उत्तेजित (उत्पन्न) होती है।* जब आप किसी अन्य व्यक्ति के साथ अंतःक्रिया करते हैं, और वह

व्यक्ति कुछ कहता है, तो जो कुछ वह व्यक्ति कहता है वह आपमें एक विशिष्ट श्रवण (ध्यान से सुनने की क्रिया) को उत्तेजित (उत्पन्न) करता है। उदाहरणार्थ, राम श्याम को बुलाता है और उससे कहता है कि वह साझेदारों की साप्ताहिक सभा में भाग नहीं ले सकता। राम का यह कथन श्याम के अंदर एक आंतरिक संवाद को उत्तेजित (उत्पन्न) करता है, उदाहरणार्थ जिसका अर्थ है, 'श्याम भरोसेमंद नहीं है'।

- *संवाद में भाषा, मनोदशा एवं भावनाएं, शारीरिक प्रतिक्रियाएं एवं अनुभव शामिल होते हैं।* संवाद मात्र भाषा द्वारा ही संपन्न नहीं किए जाते। कोई भी संवाद भाषा, भावनाओं एवं मनोदशाओं, शारीरिक प्रतिक्रियाओं एवं अनुभवों का संगम होता है।

  - मैं 'धन्यवाद' कृतज्ञता की मनोदशा में, अथवा कटाक्ष में, अथवा क्रोध में, अथवा कुंठाग्रस्त होकर, अथवा अनेक अन्य प्रकार की मनोदशाओं में कह सकता हूँ। दूसरा व्यक्ति जो कुछ भी 'सुनता' है वह न केवल इस बात पर निर्भर करेगा कि क्या कहा गया है बल्कि इस बात पर भी कि इसे कैसे कहा गया है।
  - मैं एक ऐसी शारीरिक स्थिति में 'धन्यवाद' कह सकता हूँ जो दिखाती हो कि मैं कृतज्ञतापूर्ण हूँ (एक मुस्कान के साथ हाथों को जोड़ते हुए), अथवा अपने चेहरे पर ऐसे भावों के साथ 'धन्यवाद' कह सकता हूँ जो बताता हो कि 'मेरा अर्थ आपको धन्यवाद कहने का नहीं है, मैं कहने मात्र के लिए ही कह रहा हूँ', अथवा मेरे चेहरे के भाव कटाक्ष (बनावटी मुस्कुराहट) को प्रदर्शित कर सकते हैं। अतः, महत्वपूर्ण मात्र यह नहीं है कि 'क्या' कहा गया है, और 'कैसे' कहा गया है; बल्कि महत्वपूर्ण यह है कि कहते समय चेहरे के भाव क्या थे और हस्तसंचालन इत्यादि कैसा था।
  - मैं धन्यवाद कहे बिना भी धन्यवाद 'कह' सकता हूँ, मात्र एक मुस्कान और अपने सिर को हिलाते हुए, और यह बता देगा कि मैंने कृतज्ञतापूर्वक दूसरे को धन्यवाद कहा है।

उपरोक्त वर्णित तीन उदाहरण इंगित करते हैं कि संवाद मात्र 'धन्यवाद' कहने की क्रिया नहीं है बल्कि यह उस भावना तथा तद्नुरूपी शारीरिक क्रियाओं को भी शामिल करता है जिसमें इस शब्द को कहा गया है और ये इस बात को तय करता है कि दूसरा व्यक्ति उस बात को किस प्रकार से ग्रहण करता है जिसे आप उस तक प्रेषित करना चाहते हैं।

मैं आशा कर रहा हूँ कि पहले के उदाहरणों के साथ आप यह देखना प्रारंभ कर देंगे कि संवाद आपकी भाषा, भावनाओं एवं शरीर के

सहसंयोजन होते हैं। सदैव ही प्रत्येक पहलू दूसरों को प्रभावित करता है, और हम इस सहसंयोजन कि बिना इस अनुभव को नहीं समझ सकते।

- *...और श्रवण, जो कि संवाद में शामिल लोगों के इतिहास पर आधारित होता है।* और हम सभी मनुष्य प्रत्येक संवाद में अपने इतिहास को बीच में ले आते हैं। किसी संवाद का 'श्रवण' हम किस प्रकार करते हैं इसका महत्वपूर्ण सम्बन्ध हमारे इतिहास और भूतकालीन अनुभवों के साथ होता है।
- उदाहरणार्थ, किसी कार्यशाला में, जो कुछ भी कार्यक्रम का नेतृत्वकर्ता बोलता है वह सभी के लिए एकसमान होता है। हालांकि, प्रत्येक प्रतिभागी अपने भूतकालीन अनुभवों और अपने इतिहास के आधार पर इसका 'श्रवण' भिन्न तरीके से करता है। जब एक प्रबंधक किसी कठिन प्रतीत होने वाले कार्य को सौंपता है तो एक कर्मचारी इसको इस प्रकार से 'सुनता' है जैसे 'प्रबंधक मेरे विरुद्ध किसी बात को सिद्ध करने का प्रयास कर रहा है' और दूसरा इसका 'श्रवण' 'एक सुअवसर' के रूप में करता है।
- *संवाद भाषाई एवं सांस्कृतिक अभ्यासों में ढले होते हैं।* लोग आपके किस प्रकार से सुनते हैं इसका घनिष्ठ सम्बन्ध उनके सांस्कृतिक अभ्यासों के साथ जुड़ा होता है। लोगों के अंदर मूलभूत मतभेद राष्ट्रीयता, जातीयता तथा पारिवारिक पृष्ठभूमि एवं व्यक्तिगत अनुभवों से उत्पन्न होते हैं। ये मतभेद विश्वासों, अभ्यासों एवं व्यवहार को प्रभावित करते हैं और एक–दूसरे से हमारी अपेक्षाओं को भी प्रभावित करते हैं। नीचे कुछ उदाहरण दिए जा रहे हैं :[2]
    - विभिन्न संस्कृतियों द्वारा परिवार को अलग तरीके से परिभाषित किया जाता है।
    - संस्कृति के कारण नेत्र–संपर्क परिवर्तित होता है। लातिनी अमेरिकी तथा एशियाई संस्कृतियों वाले अनेक बच्चे बड़े लोगों के समक्ष निगाह नीची रखकर उनके प्रति सम्मान प्रकट करते हैं।
    - सामाजिक सहक्रियाओं के दौरान शारीरिक दूरियाँ भी संस्कृति के आधार पर अलग–अलग होती हैं। मध्यपूर्व एवं दक्षिण अमेरिका के देशों में लोग संवाद करते समय परस्पर बहुत नजदीक खड़े होते हैं।
    - यूरोपीय अमेरिकी लोग अपने बीच अधिक दूरी रखना पसंद करते हैं, जबकि कुछ अफ्रीकी अमेरिकी लोग इससे भी अधिक अंतर रखने

को प्राथमिकता देते हैं। आप किसी दूसरे व्यक्ति के बहुत अधिक नजदीक खड़े होकर बहुत अधिक असहजता उत्पन्न कर सकते हैं। इससे अवगत न होते हुए आप किसी को उस विचार को समझने अथवा स्वीकार करने से रोक भी सकते हैं जिसे आप उस तक पहुँचाने का प्रयास कर रहे हैं।

- संस्कृति शारीरिक संपर्क के सम्बन्ध में दृष्टिकोणों को बहुत अधिक प्रभावित करती है, चाहे यह हाथ मिलाने का मामला हो, गले लगाने का अथवा पीठ थपथपाने का। एशिया में, महिला मित्र प्रायः हाथों को पकड़ लेती हैं और पुरुष सड़क पर चलते समय एक दूसरे को कम ही गले लगाते हैं। हालांकि, अमेरिकी लोग ऐसे सार्वजनिक व्यवहारों से असहज अनुभव कर सकते हैं। कुछ एशियाई संस्कृतियों में, किसी वयस्क के सिर पर स्नेहपूर्वक हाथ रखा जाना सख्ती से वर्जित है, यद्यपि यह वयस्कों तथा युवा बच्चों के बीच एक स्वीकार्य व्यवहार हो सकता है।
- विभिन्न संस्कृतियाँ भावनाओं के प्रदर्शन को अलग–अलग तरीके से नियंत्रित करती हैं। कुछ संस्कृतियाँ किसी मुद्दे पर बहस करते समय बहुत अधिक भावुक हो जाती हैं। वे चिल्लाते हैं, वे रोते हैं, वे क्रोध, भय, कुंठा एवं अन्य भावनाओं का खुलेआम प्रदर्शन करते हैं। अन्य संस्कृतियाँ परिस्थिति के मात्र 'तार्किक' अथवा वास्तविक पहलुओं को प्रदर्शित करते हुए अथवा उन्हें साझा करते हुए अपनी भावनाओं को गुप्त रखने का प्रयास रखती हैं।
- विभिन्न संस्कृतियाँ आवाज की ऊँचाई, बोलने की गति, मौन, ध्यान दिए जाने तथा दूसरे की बात का प्रत्युत्तर दिए जाने में समय आदि के अलग–अलग मानदंडों का उपयोग कर सकती हैं।

संवाद संवादों का स्वरूप भी ग्रहण कर लेते हैं जिसके अंतर्गत विचारों, सोच, राय, सुझावों, घोषणाओं इत्यादि का आदान–प्रदान किया जाता है।

हम बातों को समझने, साझा समझ हासिल करने, संभावित भविष्यों के लिए दृष्टिकोण निर्मित करने, अवसरों की योजना बनाने, क्रिया में समन्वय करने तथा जो कुछ भी हमें चिंतित कर रहा है उससे निपटने के लिए भी संवाद करते हैं।

संवाद निम्नवत् हो सकते हैं:

- 'रचनात्मक', जब ध्यान किसी कहानी को सुनाने, अथवा भविष्य का निर्माण करने पर केन्द्रित हो;
- 'विवरणात्मक', जब ध्यान वर्णन करने पर केन्द्रित हो;

- 'अटकलबाजीपूर्ण', जब मंशा इस बात की संभावनाओं की खोज करने की हो ताकि यह स्पष्ट किया जा सके कि हम क्या बनना चाहते हैं अथवा हम क्या करना चाहते हैं; अथवा
- 'सक्रियतापूर्ण', जहाँ हम किसी क्रिया की मनोदशा उत्पन्न करते हैं ताकि हम किसी परिणाम को हासिल करने के लिए एक–दूसरे से वादे कर सकें और उन्हें पूरा कर सकें।

संवाद का अर्थ क्या होता है?

"संवाद मनुष्यों की अंतःक्रिया (इंटरैक्शन) होती है जो *क्रिया, अर्थ, श्रवण, मनोदशा एवं भावनाएं* तथा *भविष्य* को जन्म देती है।

संवाद शब्द मात्र नहीं होता, बल्कि संपूर्ण शरीर की प्रतिक्रिया होती है जो तब उत्तेजित (उत्पन्न) होती है जब हम भाषा में अंतःक्रिया करते हैं और जब हम अंतःक्रिया करते हैं तो भाषा उत्तेजित होती है।

संवाद में *भाषा, मनोदशा एवं भावनाएं, शारीरिक प्रतिक्रियाएं एवं अनुभव* तथा सुनना शामिल होते हैं जो संवाद में शामिल लोगों के इतिहास पर आधारित होते हैं। संवाद भाषाई एवं सांस्कृतिक प्रथाओं में ढले होते हैं।"

रचनात्मक संवाद

हमारी आम समझ की प्रवृत्ति यह होती है कि संप्रेषण का अर्थ स्थितियों का वर्णन करना होता है, न कि उन्हें जन्म देना; हम यह विश्वास करने की प्रवृत्ति रखते हैं कि संप्रेषण सुनने सम्बन्धी कौशल के बजाए बेहतर प्रस्तुतीकरण पर जोर दिए जाने के साथ मात्र सूचनाओं के हस्तांतरण का माध्यम होता है। जिस बात पर हम निगाह नहीं डालते अथवा जिससे अनभिज्ञ बने रहते हैं वह यह है कि हमारी भाषा रचनात्मक होती है। भाषा के साथ, हम स्थितियों को उत्पन्न करते हैं अथवा उन्हें अस्तित्व प्रदान करते हैं।

लेरा बोरोडिटस्की, जो स्टैनफोर्ड विश्वविद्यालय की एक संज्ञानात्मक वैज्ञानिक हैं, कहती हैं:

> क्या हमारे द्वारा बोली जाने वाली भाषाएं उन तरीकों को निर्धारित करती हैं जिन तरीकों से हम दुनिया को देखते हैं, जिन तरीकों से हम सोचते हैं, और जिन तरीकों से हम अपना जीवन जीते हैं...? लंबे समय से, इस विचार, कि भाषा विचारों को आकार प्रदान कर सकती है, को सर्वश्रेष्ठ

> रूप से गैर–परीक्षणयोग्य तथा अधिकांशतः गलत माना जाता था। जो कुछ भी हमने सीखा है यह है कि लोग, जो अलग–अलग भाषाएं बोलते हैं, वास्तव में अलग–अलग सोचते हैं और यहाँ तक कि व्याकरण की अनायास सफलता भी इस बात को गहराई से प्रभावित कर सकती है कि हम दुनिया को कैसे देखते हैं। मनुष्य होने के हमारे अनुभव का केन्द्र होते हुए भाषा अनूठे रूप से एक मानवीय उपहार है। हमारे मानसिक जीवन का निर्माण करने में इसकी भूमिका की प्रसंशा करना हमें मानवता की प्रकृति को समझने के एक कदम और नजदीक ले आता है।[3]

ज़ेफरॉन एवं लोगन[4] के अनुसार, 'रचनात्मक भाषा में नए भविष्य का सृजन करने, दृष्टिकोण का निर्माण करने, तथा आँख पर बँधी उस पट्टी को उतार फेंकने की शक्ति होती है जो हमें संभावनाओं को देख पाने से रोकती है। यह इस बात का वर्णन नहीं करती कि कोई स्थिति किस प्रकार उत्पन्न होती है; यह कैसे उत्पन्न होती है इसे रूपांतरित कर देती है। ऐसा यह भविष्य का पुनर्लेखन कर करती है'।

हमारे वर्तमान युग में भाषा को जिस प्रकार से समझा जाता है उसका एक रूप है हमारी दुनिया का वर्णन, हमारे द्वारा वस्तुओं और लोगों का वर्णन करने के लिए प्रयुक्त लेबलों के समूह, सूचना के हस्तांतरण का एक माध्यम। इस रूपरेखा में भाषा में बहुत अधिक शोध किए गए हैं–शब्द दुनिया में संस्थाओं तथा घटनाओं के अनुरूप होते हैं। हम देखते हैं कि 'कुर्सी' जैसा एक शब्द दुनिया में किसी प्राचीन कलाकृति से मेल खाता है।

यह दृष्टिकोण इस बात को छिपाता है कि *भाषा रचनात्मक होती है,* मात्र वर्णनात्मक नहीं। भाषा में निम्नलिखित को उत्पन्न करने की शक्ति होती हैः

- क्रिया,
- क्रिया के परिणाम,
- संभावनाएं,
- प्रतिबद्धताएं,
- पहचान,
- राय एवं और बहुत कुछ।

भाषा वर्णनात्मक होने के साथ–साथ रचनात्मक होती है। इस पुस्तक में, हम भाषा एवं संवाद के उन पहलुओं पर ध्यान केन्द्रित कर रहे हें जो क्रिया को, और उसके द्वारा परिणामों को जन्म देते हैं; हमारे स्वयं के लिए तथा दूसरों के लिए संभावनाओं, अर्थों, मूल्य तथा संतुष्टि को उत्पन्न करते हैं; और यहाँ तक कि हमारे अनुभवों में मनोदशाओं तथा भावनाओं को भी उत्पन्न करते हैं।

सन् 1940 के दशक में, ऑक्सफोर्ड में दर्शनशास्त्री जॉन आस्टिन ने स्पष्ट किया था कि हम अपने कार्य ऐसी भाषा में संपन्न करते हैं जो वर्णनात्मक नहीं होतीं, परंतु वे प्रतिबद्धताओं एवं भविष्य को जन्म देती हैं। उदाहरण के लिए, उन्होंने खोज की कि जब भी हम कोई वादा कर रहे होते हैं तो हम दुनिया में किसी बात का वर्णन नहीं कर रहे होते। इसके बजाए, हम एक क्रिया कर रहे होते हैं, और यह क्रिया एक प्रतिबद्धता का कार्य होता है–यह प्रदर्शित करते हुए कि भविष्य के लिए वक्ता किस बात के प्रति प्रतिबद्ध है। निवेदन भी ऐसा ही एक कार्य होता है जिसके अंतर्गत हम किसी बात का वर्णन नहीं करते बल्कि हम एक क्रिया करते हैं जो बोली, सुनी गई और माँग की गई प्रतिबद्धता के द्वारा भविष्य को परिवर्तित कर देता है। ऑस्टिन ने इन भाषाई कार्यों को 'भाषण कार्य' (स्पीच एक्ट्स) कहा है।

बॉब डनहम ने बोलने सम्बन्धी क्रियाओं का विस्तार श्रवण (सुनने) सम्बन्धी क्रियाओं तक किया और उल्लेख किया कि 'प्रत्येक भाषण किसी श्रोता में श्रवण को जन्म देता है। बोलने सम्बन्धी क्रिया को इतिहास, मानकों, संस्कृति, प्रथाओं, एवं श्रोता की व्याख्याओं से आकार प्राप्त होता है'।[5] अतः, वास्तव में यह श्रवण सम्बन्धी क्रिया है जो बोलने से अधिक महत्वपूर्ण बन जाती है। महत्वपूर्ण वह होता है जिसको सुना गया है, बजाए उसके जो बोला गया है।

सारांश एवं हमारी समझ का पुनर्निर्माण

1. यदि ब्रेकडाउन घोषित करना एक रचनात्मक संवादीय कदम होता है, और नेतृत्व का सम्बन्ध प्रभावी संवाद करने से होता है, तो यह समझना महत्वपूर्ण है कि 'संवाद' का अर्थ क्या है।

   संवाद मनुष्यों की वह अंतःक्रिया होती है जो क्रिया, अर्थ, श्रवण, मनोदशा एवं भावनाओं तथा भविष्य को जन्म देती है।

   संवाद शब्द मात्र नहीं होते, बल्कि संपूर्ण शरीर की वे प्रतिक्रियाएं होती हैं जो तब उत्तेजित (उत्पन्न) होती हैं जब हम भाषा में अंतःक्रिया करते हैं और जब हम अंतःक्रिया करते हैं और भाषा उत्तेजित होती है।

   संवादों में भाषा, मनोदशा एवं भावनाएं, शारीरिक प्रतिक्रियाएं एवं अनुभव तथा वे श्रवण शामिल होते हैं जो संवाद में शामिल लोगों के इतिहास पर आधारित होते हैं। संवाद भाषा एवं सांस्कृतिक अभ्यासों में ढले होते हैं।

2. भाषा की हमारी आम समझ यह है कि भाषा वर्णनात्मक होती है, वर्णन, अभिव्यक्ति, संवाद अथवा सूचना हस्तांतरित करने का एक माध्यम। भाषा

की समझ लोगों को भाषा की रचनात्मक शक्ति के प्रति अंधा बना देती है। भाषा रचनात्मक एवं सृजनात्मक भी होती है, और इसमें क्रियाओं, क्रियाओं के परिणामों, संभावनाओं, अर्थों, प्रतिबद्धताओं, पहचानों, राय एवं और बहुत कुछ उत्पन्न करने की शक्ति विद्यमान होती है।

3. इस पुस्तक के संदर्भ में समझने हेतु मुख्य पहलू यह है कि ब्रेकडाउन घोषित करना एक रचनात्मक क्रिया होती है, जिसे भाषा के रूप में एक शक्तिशाली कदम की भांति उठाया गया होता है। आप अपने कथन से ब्रेकडाउन को अस्तित्व प्रदान करते हैं, और शायद सफलता प्राप्त करने के लिए अगली अप्राप्त क्रिया को पूरा करने हेतु भाषा का उपयोग करते हैं। आप सृजन करने की अपनी शक्ति से सम्बन्ध स्थापित करते हैं।

रचनात्मक अभ्यास

1. लोगों के साथ संवादों के दौरान,

   क. ध्यान दें कि लोग जो कुछ 'सुन' रहे हैं वह उससे भिन्न हो सकता है जो आप वास्तव में उनसे कहना चाह रहे हैं।

   ख. ध्यान दें कि जो कुछ भी आप 'सुन' रहे हैं वह उससे भिन्न हो सकता है जो लोग आपसे वास्तव में कहना चाह रहे हैं।

   दूसरे लोग क्या कह रहे हैं उसे *समझने हेतु सुनने* के बजाए इस बात से अवगत होना प्रारंभ कर दीजिए कि आप और दूसरे लोग किस प्रकार से *प्रत्युत्तर देने हेतु सुन* रहे हो सकते हैं। हम जैसे–जैसे आगे बढ़ेंगे, इस अवधारणा और अभ्यास को विकसित करते जायेंगे।

2. ध्यान दें कि किसी संवाद में आप और दूसरे लोग इतिहास एवं अनुभवों को किस प्रकार शामिल करते हैं। कृपया ध्यान दें कि हम जिस प्रकार से *सुनते* हैं उसका महत्वपूर्ण सम्बन्ध हमारे इतिहास, हमारी संस्कृति, हमारे अनुभवों तथा हमारे अभ्यासों के साथ होता है। मान लीजिए कि यदि आपके पास एक भिन्न इतिहास, सांस्कृतिक पृष्ठभूमि, अनुभव एवं अभ्यास होता, तो उसी संवाद का 'श्रवण' (ध्यान से सुनने की क्रिया) आपने किस प्रकार किया होता।

3. इस बात से अवगत हों कि आपके संवाद किस प्रकार से लोगों में भावनाओं को उत्तेजित करते हैं, और इसी प्रकार, ये संवाद आपमें भावनाओं को किस प्रकार से उत्तेजित करते हैं।

4. किसी भी एक भावना, जैसे, 'उत्साह' का चयन कीजिए और इस भावना के तहत किसी से संवाद कीजिए। 'उत्साह में' किए गए आपके संवाद का प्रभाव उन लोगों और स्वयं अपने आप पर देखिए।

एक अन्य भावना चुनिए, जैसे कि 'कृतज्ञता', और अगला संवाद इस भावना के साथ संपन्न कीजिए। दूसरों तथा स्वयं पर 'कृतज्ञता में' किए गए अपने संवाद के प्रभाव को देखिए।

यह ध्यान दीजिए कि आप किस प्रकार से किसी भावना को चुन सकते हैं, और हर बार जब आप एक अलग भावना को चुनते हैं तो स्वयं संवाद तथा इसके प्रभाव आप पर तथा अन्य लोगों पर अलग–अलग होते हैं।

5. सुनें कि संवाद किस प्रकार से भविष्य का सृजन करते हैं। उदाहरणार्थ, 'हमें शुक्रवार दोपहर 1 बजे भोजन पर मुलाकात करनी चाहिए' इस तथ्य को परिवर्तित कर देता है कि यदि आपने इस अपराह्न भोज के लिए निवेदन न किया रहा होता तो शुक्रवार दोपहर 1 बजे का समय कैसा रहा होता। ध्यान दीजिए आपका भविष्य संवाद में किस प्रकार से परिवर्तित हो रहा है–संवाद जो आपने किया, और संवाद जो आपने नहीं किया (आप किसी ग्राहक को भोजन के लिए आमंत्रित करना चाहते थे, परंतु आपने वह निवेदन नहीं किया–आप एक ऐसे भविष्य की आशा कर रहे थे जिसमें आप वह अपराह्न भोज का आनंद लेते, परंतु चूंकि आपने संवाद नहीं किया, अतः आपका भविष्य निर्मित नहीं हो सका)।
6. अपनी दैनन्दिनी में उपरोक्त वर्णित अभ्यासों की दैनिक प्रविष्टि कीजिए। याद रखें, दैनन्दिनी लेखन स्वयं अपने आप के साथ संवाद में संलिप्त होना होता है। स्वयं के साथ किया गया यह संवाद आपको उन सब बातों को स्पष्ट करने और स्वीकार करने में सहायक होगा जो कुछ भी आप अनुभव कर रहे हैं, सीख रहे हैं और जो कुछ भी आपके लिए प्रासंगिक है।

टिप्पणियाँ

1. 'संवाद' की इस विशिष्टता को आईजीएल के लिए बॉब डनहम द्वारा सृजित किया गया है।
2. इन सांस्कृतिक अंतरों के उदाहरणों को एनी अरुणंडेल काउंटी, मैरीलैंड से लिया गया है। http://www.aacounty.org/Partnership/Resources/Cultural_Differences.pdf, accessed March 2015.
3. Max Brockman, *What's Next? Dispatches on the Future of Science: Original Essays from a New Generation of Scientists* (USA: Vintage Books, 2009)
4. Steve Zaffron and Dave Logan, *The Three Laws of Performance: Rewriting the Future of Your OrganizationAnd Your Life* (San Francisco: Jossey-Bass/Wiley/Times Group Books, 2009).
5. Bob Dunham's sessions in 'Coaching Excellence in Organizations' programme.

3

पारदर्शिता

परिचय

ऑ*क्सफोर्ड शब्दकोष* के अनुसार 'पारदर्शी' शब्द का अर्थ 'उपयोगकर्ता की जानकारी के बिना किसी प्रक्रिया की कार्यशीलता' होता है।[1]

हमारे सामान्य दैनिक जीवन में हमलोग अपनी दिनचर्याओं के आदी हो चुके होते हैं। हम ऐसी अनेक बातों से अवगत नहीं होते अथवा हमें उनपर जागरूकतापूर्वक ध्यान केन्द्रित करने की आवश्यकता नहीं होती जो परिणामों को हासिल करने में सहायक होती हैं। ये वे बातें होती हैं जो हमारे लिए पारदर्शी होती हैं। वे हमारे अवचेतन मस्तिष्क में स्थापित होती हैं और हर समय हमारे ध्यान को केन्द्रित करने की माँग नहीं करतीं।

अपनी पुस्तक *द पॉवर ऑफ हैबिट* में चार्ल्स डूहिग्ग उल्लेख करते हैं, 'ड्यूक विश्वविद्यालय के शोधकर्ता के द्वारा 2006 में प्रकाशित किए गए एक पत्र द्वारा पाया गया है कि लोगों के द्वारा रोजाना संपन्न किए गए कार्यों में से 40 प्रतिशत से भी अधिक वास्तव में निर्णय नहीं होते हैं, बल्कि आदतें होती हैं'।[2]

हमारी बाहरी त्वचा, जो बोध का स्थल होता है, एक सेकेंड में लगभग 40 घटनाओं की दर से संवेदी आगत को संसाधित कर सकती है; इसके विपरीत, हमारा अंग तंत्र, जो हमारी अचेतावस्था का स्थल होता है, एक सेकेंड में लगभग 20 लाख घटनाओं को संसाधित कर सकता है।[3] सचेतन चिंतन अधिकांशतः शृंखलाबद्ध होता है; अचेतन चिंतन अधिकांशतः समानान्तर होता है। इसीलिए, शरीर हमारे अभ्यासों को सचेतन से अचेतन कार्यप्रदर्शन की ओर गतिशील करता है ताकि वे तीव्र गति और बेहतर तरीके से संपन्न हो सकें।[4]

शरीर का अचेतन प्रदर्शन, अथवा हमारे अभ्यासगत कर्म, इस बात का एक महत्वपूर्ण उदाहरण है कि हमारे लिए पारदर्शी क्या है। जो कुछ भी हमारे लिए पारदर्शी है उसका यह अर्थ नहीं है कि यह घटित नहीं हो रहा है।

यह घटित हो रहा है और फिर भी हमारे लिए पारदर्शी है। हम इससे अवगत नहीं हैं। हमारा ध्यान इसकी ओर नहीं है।

'पारदर्शी' शब्द के अन्य अर्थ भी हैं, और ये इस प्रकार हैं : 'अनुभव अथवा खोज में सरल', सहजतापूर्वक दर्शनीय', 'खुला', 'मुखर', 'स्पष्ट' इत्यादि। मैं 'पारदर्शी' शब्द के इन अर्थों का उपयोग नहीं कर रहा हूँ। मैं 'पारदर्शी' शब्द के वैसे अर्थ का प्रयोग कर रहा हूँ जैसे किसी दुकान में काँच का दरवाजा हो और कोई भी ग्राहक दुकान के अंदर बिना यह अनुभव किए हुए प्रवेश कर जाए कि वहाँ एक दरवाजा भी था। काँच का दरवाजा वहाँ सदैव से ही है; यह ग्राहक के लिए मात्र पारदर्शक था। इसी प्रकार, हमारे जीवन के विभिन्न पहलू हैं जो हमारे लिए पारदर्शी हैं। उनका अस्तित्व तो है परंतु एक काँच के दरवाजे की भांति, हम तब तक उन्हें देख नहीं पाते जब तक उनपर ध्यान न दें।

वर्तमान की पारदर्शिता

जीवित प्राणी के रूप में हम श्वांस लेते हैं, और फिर भी जब तक कि विशेषतौर पर और जानबूझकर हम अपना ध्यान इस ओर केन्द्रित नहीं करते, हर समय हमें अपनी श्वसन क्रिया का ज्ञान नहीं होता। हम प्रातः जागते हैं और अपने बिस्तर से उठ जाते हैं। बिस्तर से उतरने की प्रक्रिया में शरीर के अनेक भाग सहायता करते हैं। हम अपने शरीर के इन भागों पर ध्यान नहीं देते। हम बस उठते हैं और अपनी दिनचर्या में लग जाते हैं। हमारे शरीर के सभी भाग, जो गतिशील होने में हमारी सहायता करते हैं, हमारे लिए पारदर्शी होते हैं।

वैज्ञानिकों का कथन है, मनुष्यों के रूप में हम एक दिन में 25,000 बार अपनी पलकों को झपकाते हैं।[5] पलक झपकाने की इस प्रक्रिया में, हमारी पलकें हमारे लिए पूर्णतः पारदर्शी बनी रहती हैं। पलक झपकाने की प्रक्रिया के दौरान हमें जागरूक रूप से उनकी मौजूदगी का अनुभव ही नहीं होता।

ठीक अभी, जब आप इस पुस्तक को पढ़ रहे हैं, आपकी आँखों की क्रिया एवं योगदान आपके पठन के अनुभव को समृद्ध बना रहे हैं और उनकी अबाधित क्रिया, जो आपको निरंतर पढ़ने दे रही है, आपके लिए पूर्णतः पारदर्शी है, ठीक उस क्षण तक जब तक मैंने आपका ध्यान आपके द्वारा इस पृष्ठ को पढ़ने की उस क्रिया की ओर नहीं आकर्षित कर दिया।

मेरी 9 वर्षीया पुत्री और मैं तेजी से समाप्त होते हुए एक प्राकृतिक संसाधन ''जल'' के संरक्षण पर अनेक संवाद कर चुके हैं।

कुछ सप्ताह पूर्व, एक शाम जब वह अपने दाँतों को ब्रश कर रही थी, उसने अपने वॉशरूम के नल को पूरा खोल रखा था। मैं अपने लिविंग रूम, जहाँ मैं बैठा हुआ था, से उसके बाथरूम, जो कि हमारे घर के दूसरे छोर पर स्थित है, के नल की आवाज सुन पा रहा था।

जब वह मुझे शुभरात्रि कहने के लिए बाहर आई तो मैंने उसे जल संरक्षण पर हमारे संवाद को याद दिलवाया। उसने कहा, 'निश्चित रूप से मुझे याद है, डैड! मैं जल संरक्षण के लिए सब कुछ करती हूँ।'

वह झूठ नहीं बोल रही थी—यह उसके लिए मात्र पारदर्शिता थी कि उसने नल पूरा खुला छोड़ रखा था। उस क्षण उसका ध्यान अपने विचारों पर था, और उसका 'वर्तमान' (पूरे जोर से बह रहा नल) उसके लिए पारदर्शी था।

प्रत्येक क्षण बहुत कुछ तेजी से घट रहा है। सामान्यतः, हमारा ध्यान किसी एक मामले पर केन्द्रित रहता है अथवा अधिक से अधिक कुछ मामलों पर। शेष सभी हमारे लिए पारदर्शी होते हैं।

दुनिया, जिसे आप देखते हैं

एक मछली के लिए पूरी दुनिया जल के अंदर होती है। मेरी धारणा है कि वह यह जानती तक नहीं कि जल के बाहर भी एक दुनिया है। मछलियाँ जल से बाहर आ सकने और एक नई दुनिया की खोज कर सकने में असमर्थ हैं। और इसीलिए, उनका यह विश्वास करना कि पूरी दुनिया जल के अंदर ही होती है, स्वीकारणीय हो सकता है।

हालांकि, मनुष्यों के रूप में हमारे लिए ऐसी कोई सीमाएं नहीं होती।

और इसके बावजूद, हम अंत तक यह विश्वास करते रहते हैं कि दुनिया को हम जिस तरीके से देखते हैं दुनिया वैसी ही है। हम *अपनी स्वयं की दुनियाओं* में फंसे हुए हैं, अर्थात्, वह दुनिया जिसे हम देखते हैं, इस प्रकार कि हम यह तक नहीं जानते कि हम नहीं जानते कि उससे परे भी एक दुनिया है, एक दुनिया जिसे हम साफ देखते हैं। प्रत्येक व्यक्ति की एक दुनिया अथवा कई दुनियाएं होती हैं, जो किसी भी दूसरे की दुनिया से भिन्न होती है। जब हम अपनी दुनिया को साझा करना प्रारंभ करते हैं तो यह विविधता, संस्कृति तथा संभावना की शक्ति एवं समृद्धता प्रदान करती है।

'दुनिया' शब्द का शब्दकोशों के अर्थों में से एक अर्थ है 'एक क्षेत्र अथवा मंडल जिसे एक संपूर्ण वातावरण माना जाता हो'। मैं जब 'हमारी अपनी दुनिया'

कहता हूँ तो इसी परिभाषा की ओर आकर्षित होता हूँ। हम अपने दायरे को एक संपूर्ण वातावरण मानते हैं। मछली की तरह मेरी धारणा भी है जो अपने जल के अंदर के भौतिक दायरे को अपना संपूर्ण वातावरण मानती है।

हालांकि, हमारा दायरा एक *वास्तविक* जलमग्न दुनिया नहीं है। हमारी दुनिया हमारे आकलनों, हमारे निर्णयों और प्रश्नों के प्रति हमारे उत्तरों द्वारा निर्मित है। हम अपनी दुनिया, अपने दृष्टिकोण स्वयं बनाते हैं और फिर उसकी इस कदर रक्षा करते हैं कि कोई भी इसे चुनौती न दे सके। दूसरे शब्दों में, हममें से अधिकांश के पास एक आकलन उपलब्ध नहीं होता; आकलन ने हमें पकड़ रखा है!

हाल ही के एक अधिगम सम्मेलन, जिसका मैं नेतृत्व कर रहा था, में एक अग्रणी जर्मन बहुराष्ट्रीय निगम के एक व्यावसायिक इकाई के निदेशक ने मुझसे उल्लेख किया:

> मैं देख सकता हूँ कि मेरा आकलन मात्र एक आकलन है न कि कोई सत्य। हालांकि, जबकि मैं अवधारणात्मक रूप से इसे समझ रहा हूँ, मैं इस आकलन को त्याग पाने में भी कठिनाई अनुभव कर रहा हूँ। मैं यह भी देख सकता हूँ कि मेरा यह आकलन नए कर्म करने से मुझे किस प्रकार से रोक रहा है। इसके बावजूद, मैं इस आकलन को त्याग पाने में कठिनाई का अनुभव कर रहा हूँ। यह मेरे लिए अपने किसी ऐसे हिस्से को त्यागने जैसा है जिसे मैंने एक सत्य के रूप में कई वर्षों से धारण किया हुआ है।

जब मैं यह कहता हूँ कि, 'हममें से अधिकांश के पास अब कोई आकलन उपलब्ध नहीं है; आकलन ने हमें पकड़ रखा है' तो मेरा अर्थ भी यही होता है। (आकलन पर हम अधिक विस्तार से चर्चा बाद में अध्याय 6 में करेंगे)।

इस बात की एक बेहतर समझ हासिल करने के लिए दो ऐसे लोगों के बारे में सोचिए जो किसी एक ही संगठन (बेहतर हो कि आपके अपने संगठन) में कार्य करते हों। इनमें से एक व्यक्ति चिढ़ा हुआ और संतोषी हो सकता है जबकि उसी संगठन में दूसरा उत्साहित और प्रेरित हो सकता है। ये दोनों 'जो है सो है' की एक समान भौतिक दुनिया में रह रहे हैं, तथापि ये दोनों ही 'जो है सो है से उन्हें क्या लाभ' की पूर्णतः अलग–अलग भाषाई दुनियाओं में रह रहे हैं।

भाषाई दुनिया से तात्पर्य उस दुनिया से है जिसे आप अधिकांशतः अवचेतन अवस्था में अपनी भाषा में जन्म देते हैं। जिस भाषाई दुनिया में आप रहते हैं वही आपके आकलन, आपकी कहानियों, आपके निर्णयों तथा आपके निष्कर्षों की दुनिया होती है। यह पानी में रहने वाली उस मछली के समान ही है, जो बाहर किसी अन्य दुनिया के होने को स्वीकार करने से इंकार कर देती है।

हालांकि, अंतर यह है कि आपके आकलन की यह भाषाई दुनिया आपका सृजन है, अर्थात्, वह *दायरा जिसे हम संपूर्ण वातावरण मानते हैं।*

'आकलन' पर हम अध्याय 6 में और विस्तार से चर्चा करेंगे।

एक लघु अभ्यास

मैं आपसे एक सरल प्रश्न पूछने जा रहा हूँ जिसका उत्तर देने में मात्र कुछ सेकेंड लगेंगे। आपसे मेरा निवेदन है कि इस प्रश्न का उत्तर दें। जितना अधिक सरल यह आपको प्रतीत हो सकता है, उतना ही इसमें आपको यह दिखा पाने की क्षमता मौजूद है कि इसके प्रति आप अभी तक दृष्टिहीन रहे हो सकते हैं। कृपया इस प्रश्न को पढ़ने के बाद तुरंत फौरन उत्तर दें।

तो प्रश्न हैः

अपने आसपास देखिए और कमरे में सारी 'हरी' वस्तुओं को खोजिए। प्रयास कीजिए और पहले 10 सेकेंड में जितनी अधिक से अधिक हरी वस्तुओं को खोज सकते हैं खोजिए।

अब अभ्यास कीजिए।

आपके लिए प्रश्नः

क. क्या कमरे में आपको कोई नई 'हरी' वस्तु मिली जिसपर आपने पहले ध्यान न दिया हो?

ख. हरी वस्तु को खोजते समय क्या आपने किसी अन्य रंग को भी देखा?

एक प्रौढ़ महिला थी जो सिंगापुर स्थित उस संगठन में कार्यरत् थी जिसे मैंने हाल ही में परामर्श प्रदान किया था। वह सहमत थीं कि उनके सहयोगी, जिसमें उनके वरिष्ठ और समवर्ती शामिल हैं, उन्हें बाहर निकालना चाहते थे। (*'दुनिया जिसमें आप रहते हैं' से मेरा तात्पर्य इसी बात से है*) वह एक ऐसी दुनिया में *जीवित थीं* जिसमें वे विश्वास करती थीं कि दूसरे लोग उन्हें पसंद नहीं करते और चाहते हैं कि वे संगठन को छोड़ दें।

उनके साथ अपराह्न भोज के मेरे अनौपचारिक संवादों में से एक के दौरान मैंने उनके साथ इसी संक्षिप्त अभ्यास को दोहराया, जैसा कि ऊपर दिया गया है।

मैंने उनसे कहा कि वे कैफेटेरिया में चारों ओर देखें और हर उस वस्तु की पहचान करें जो हरी थी। प्रश्न पर एक प्रारंभिक निगाह डालने के बाद वह काम में लग गई और उन सभी हरी वस्तुओं को मेरे से स्पष्ट करने लगीं जो वे देख सकीं: कृत्रिम पौधे, उनकी कम्पनी के कर्मचारियों में से एक के भोजन के डिब्बे का रंग, लैंपशेड पर हरी रेखा, एक गुजरते हुए व्यक्ति की हरे रंग की चारखानेदार शर्ट, काउंटर पर रखी काफी मशीन पर कुछ हरे रंग की डिजाइनें इत्यादि, इत्यादि।

फिर मैंने उनसे निम्नलिखित वही दो प्रश्न पूछे जो मैंने आपसे पूछे थे:

1. क्या मेरे द्वारा कमरे में हरी वस्तुओं को देखने के लिए कहने के पूर्व उन्होंने इन हरी वस्तुओं पर ध्यान दिया था?
   उनका उत्तर था – 'नहीं'।
2. क्या उन्होंने हरे रंग को देखने का प्रयास करते समय किसी अन्य रंग को भी देखा?
   एक बार फिर से उत्तर था – 'नहीं'।

आप क्या सोचते हैं कि उन्होंने (अथवा यदि आपने यह अभ्यास किया तो आपने) हरा पाया?

उन्होंने (और आप) ने हरा पाया क्योंकि आप इसे खोज रहे थे।

इस अभ्यास का आमंत्रण आपके लिए था ताकि आप देखें कि *आप वह पा लेते हैं जो आप खोज रहे हैं।* यह इतना ही सरल है।

यह महिला इस पूरे समय के दौरान 'हरा' अर्थात् यह साक्ष्य ढूँढती रही थी कि उसके सहयोगी उसे बाहर करने पर आमादा हैं। और अंदाज लगाइए कि उन्होंने क्या पाया! उन्हें हरा मिल गया–अर्थात् प्रत्येक छोटी क्रिया को ऐसा साक्ष्य मान लिया गया कि कार्यालय में उनकी आवश्यकता नहीं रह गई है। उन्होंने ऐसे समस्त अन्य साक्ष्यों पर 'ध्यान' नहीं दिया जो दूसरी बात कहते थे, ठीक उसी प्रकार जैसे कि हरे रंग की ओर देखते समय उन्होंने (और हो सकता है कि आपमें से कुछ लोग) अन्य रंगों की ओर 'ध्यान' नहीं दिया।

मैंने उनसे यह कहते हुए उस अपराह्न भोज से विदा ली कि वे अब एक 'नया हरा' देखें–अर्थात्, अपने सहयोगियों में महानता को। मैंने उनसे निवेदन किया कि हर व्यक्ति में महानता देखने का पूरा प्रयास करें। और जब आप हरा रंग देखने के लिए जाते हैं तो आप अन्य रंगों पर ध्यान देने में विफल रहते हैं। कहानी को छोटी करने हेतु, प्रारंभ में, उन्हें ऐसा करने में परेशानी हुई; हालांकि, थोड़े अभ्यास के बाद, उन्होंने काम करने तथा अन्य प्रत्येक जगह पर मौजूद लोगों में महानता खोज ली। उन्होंने और किसी भी बात पर ध्यान नहीं दिया, अथवा ऐसी किसी भी बात को नहीं छोड़ा जो लोगों की महानता की ओर इशारा न करती हो।

अतः, यह एक नया दावा है:

दुनिया, जिसे आप देखते हैं, उस प्रेक्षक का कामकाज है जो कि आप हैं।[6]

और यह आपके लिए पारदर्शी है। आम–समझ वाली समझ है–*दुनिया वैसी ही है जैसी हम दुनिया को देखते हैं।*

ज़ैफरॉन एवं डेव[7] के अनुसार, हममें से कोई भी बातों को उस प्रकार से नहीं देखता जैसी कि वे होती हैं। हम बातों को उसी प्रकार से देखते हैं जैसे कि

वे हमारे लिए घटित होती हैं। जो कुछ भी हम देखते हैं उसकी व्याख्या अपने पूर्वाग्रहों, अपने विश्वासों, अपने निजी इतिहास, अपनी संस्कृति, अपनी मनोदशा और अपने अभ्यासों के आधार पर करते हैं।

लीजिए मैं एक उदाहरण देता हूँ:

मेरी एक शिक्षार्थी अपने साथ काम करने वाले अधिकांश लोगों के साथ बहुत अच्छे सम्बन्ध रख रही थी अथवा उनके साथ अंतःक्रिया कर रही थी। उनके ग्राहक संस्थान में मात्र एक महिला ऐसी थी जिनके साथ उनकी पट नहीं रही थी। मुझे (और अधिक महत्वपूर्ण रूप से स्वयं को) दिया गया उनका औचित्य था, 'मैं दूसरे लोगों के साथ अच्छे से कार्य कर रही हूँ। मात्र यही व्यक्ति ऐसा है जिसके साथ मुझे समस्या है'। जो बात इसमें नहीं कही गई थी वह यह थी कि 'समस्या उसके साथ है, न कि मेरे साथ'।

उसके लिए यह पारदर्शी था कि जितनी बार भी इस ग्राहक महिला का नाम सामने आता था, उसका शरीर अकड़ने लगता था। उसने इस महिला का आकलन अपने साथ होने वाले प्रत्येक संवाद में अनुचित होने के रूप में किया था, और अंदाजा लगाइए कि उसे क्या मिला। वही हरा! उसे इस महिला में अविवेकपूर्णता का अनुभव हुआ।

मैंने उन्हें यह विचार करने हेतु आमंत्रित किया (ताकि वह यह देखना प्रारंभ कर सकें) कि इस ग्राहक महिला के साथ सम्बन्धों के इस मुद्दे की जड़ में वह ही थी। हम हर उस मामले की जड़ में होते हैं जिसपर हम ध्यान देते हैं, जिसपर हम जोर देते हैं, जिन संभावनाओं को हम खुली अथवा बंद रूप में धारण करते हैं और जो क्रिया करने के हम इच्छुक अथवा अनिच्छुक होते हैं। हम किसी सम्बन्ध को इस प्रकार बनाए रख सकते हैं कि 'यही तरीका है, यह नहीं बदलेगा और मैं इसी व्याख्या के आधार पर कार्य करूँगा', अथवा हम इसे इस प्रकार बनाए रख सकते हैं, 'मैं प्रारंभिक तौर पर सम्बन्ध को एक तरीके से देखता हूँ, अन्य तरीके भी हैं, और मैं जिस प्रकार से देखता हूँ, इसका अनुभव करता हूँ और यह सहक्रिया के दौरान किस प्रकार से कार्य करती है, उसी प्रकार से परिवर्तन की क्रिया कर सकता हूँ'।

> जब आप देखते हैं कि आप किसी सम्बन्ध विशेष अथवा किसी परिणाम की जड़ में हैं जो आपके पास है, उसके परिणामस्वरूप आप स्वयं को उस सम्बन्ध अथवा परिणाम को रूपांतरित करने का अधिकार प्रदान कर देते हैं।

यह जीवन को देखने का एक संदर्भ स्थानान्तरण वाला तरीका है तथा अत्यधिक शक्तिशाली है। जब लोग दूसरों पर आरोप लगाते हैं तो वास्तव

में वे उस अधिकार को त्याग देते हैं जिससे दूसरे व्यक्ति की ओर परिवर्तित हुआ जा सकता है।

यह मेरी शिक्षार्थी के लिए पारदर्शी था। परंतु जिस क्षण उसने देखा कि स्थिति इस प्रकार की थी कि वह इस निष्क्रिय सम्बन्धों की जड़ में थी, और यह कि यह वह स्वयं थी जो इस महिला में अविवेकपूर्णता की खोज करती रही थी, उसके लिए नए कर्म उत्पन्न हो गए–ऐसे कर्म जो हमारे संवाद के पूर्व उसके पास उपलब्ध नहीं थे। उसने उस महिला को संदेह का लाभ देते हुए औचित्य 'खोजना' प्रारंभ कर दिया। शीघ्र ही, उसने यह अनुभव कर लिया कि जितना श्रेय वह उस महिला को दे रही थी वास्तव में उससे वह कहीं बेहतर थी। उसने उसके साथ अंतःक्रिया करने के नए तरीकों को भी देख लिया ताकि एक भिन्न परिणाम प्राप्त किया जा सके।

यह दुनिया किसी संगठन के सीईओ के लिए जिस प्रकार से उत्पन्न होती है वह उसी संगठन के किसी अग्रिम–पंक्ति के कर्मचारी के लिए उत्पन्न दुनिया से भिन्न होती है। 'बाहर' की भौतिक दुनिया वही पुरानी होती है। यह दो लोगों की व्याख्याओं एवं आकलनों की भाषाई दुनिया होती है जो अलग–अलग होती है (देखें चित्र 3.1)।

चिंतनशील विराम

एक गहरी श्वांस लीजिए और इस बात से अवगत हो जाइए कि आप इस पूरे समय श्वांस लेते रहे हैं।

अपने आसपास देखिए और उन वस्तुओं पर ध्यान दीजिए जो आपके कमरे में रखी हुई हैं, जिनपर आपने पहले ध्यान नहीं दिया है। अपने आसपास के जीवन पर ध्यान दीजिए, अपने कमरे में, खिड़की/दरवाजे के बाहर, वहाँ से जहाँ आप बैठे हुए हैं।

अब अपना ध्यान अपने पैरों पर घुमाइए जो जमीन को छू रहे हैं (और यदि वे जमीन को नहीं छू रहे हैं तो बिस्तर, सोफा अथवा जो कुछ भी वह छू रहे हैं उसका अनुभव कीजिए)। अपने पैरों में संवेदना का अनुभव कीजिए। आपके शरीर को स्पर्श करने वाले अपने वस्त्रों पर ध्यान ले जाइए। शरीर को स्पर्श करते रहने वाले अपने वस्त्रों की संवेदनशीलता का अनुभव कीजिए।

यह सब कुछ, और भी बहुत कुछ, उस समय जारी था जब आप यह पुस्तक पढ़ रहे थे। जब आप यह पुस्तक पढ़ने के प्रवाह में थे तब संवेदनशीलता आपके लिए पारदर्शी थी।

आपके विचारार्थ एक प्रश्न है–'जैसे–जैसे आप अपने जीवन को आगे बढ़ाते जा रहे हैं आपके लिए और क्या कुछ पारदर्शी हो सकता है?'

इसपर चिंतन करने हेतु कुछ क्षण व्यतीत कीजिए।

भविष्य की पारदर्शिता

परिचय नामक प्रथम अध्याय में मैंने संक्षेप में लगभग निश्चित, संभावित भविष्य की चर्चा की थी। मैंने इसे पूर्वनियत भविष्य के रूप में संदर्भित किया था। यह पूर्वनियत भविष्य, जो कि लगभग निश्चित होता है, आपके लिए पारदर्शी होता है। यह आपकी सचेत जागरूकता में नहीं होता कि वर्तमान में आपकी कर्म अथवा अकर्म (आपके कर्म आपके लिए पारदर्शी हो अथवा नहीं हो सकते हैं) आपको एक भविष्य की ओर ले जा रहे हैं। और यह पूर्वनियत भविष्य आपके लिए पारदर्शी हो सकता है।

चित्र 3.1 दो दुनियाएं जिनमें आप रहते हैं

एक दुनिया वो भौतिक दुनिया है जिसमें आप रहते हैं।	दूसरी दुनिया वह दुनिया है जिसे आप अभिव्यक्त करते हैं। आप इस दुनिया में भी उसी प्रकार से रहते हैं जैसे कि आप भौतिक दुनिया में रहते हैं।
यह दुनिया समस्त जीवित प्राणियों के लिए एक समान होती है।	इस दुनिया में रहने वाले आप ही एकमात्र प्राणी हैं। यह दुनिया मात्र आपके लिए है।
आप इस दुनिया का वर्णन करते हैं।	इस दुनिया का सृजन आप (अपने विचारों एवं कथनों में) करते हैं।
इस दुनिया का वर्णन करते समय आप बात कर रहे होते हैं कि वहाँ 'बाहर क्या कुछ है'।	इस दुनिया का सृजन करते समय आप अपने देखने के तरीके को प्रकट करते हैं।
यहाँ, दुनिया पहले स्थान पर है और फिर आप अपने शब्दों में दुनिया का वर्णन करते हैं।	यहाँ, शब्द पहले आते हैं और फिर इस दुनिया का सृजन होता है (आप बोलते हैं और यह सृजित हो जाती है)।
आपकी मनोदशा और भावनाएं इस दुनिया को प्रभावित नहीं करतीं।	आपकी मनोदशा और भावनाएं इस दुनिया को भारी रूप से प्रभावित करती हैं।

यह दुनिया 'एक सत्य' है।	यह दुनिया 'आपका सत्य' है।
यह दुनिया आपके अस्तित्व को प्रभावित नहीं करती।	आपके द्वारा सृजित की गई दुनिया उस तरीके का निमित्त होती है जिससे आप बनते हैं।
इस क्षण में, यही वह तरीका है जिससे यह दुनिया है, और यह कैसे है इसमें आपके पास कोई विकल्प उपलब्ध नहीं है।	यहाँ, आपके पास समस्त विकल्प उपलब्ध हैं। वास्तव में, यह दुनिया वह तरीका है जैसी यह है क्योंकि आप विकल्प का उपयोग करते हैं और इसे इस तरीके से सृजित करते हैं (चाहे आप इसे जाने अथवा न जाने)।
यह दुनिया जैसी है–है।	जिस तरीके से आप इस दुनिया को सृजित करते हैं वह उन संभावनाओं का निर्धारण करता है जो आपके पास होती हैं।
यह दुनिया आपको किसी कर्म की ओर प्रवृत्त नहीं करती।	यह दुनिया न केवल आपको पहले से प्रवृत्त करती है, यह प्रायः आपको कर्म की ओर आगे बढ़ाती है।
इस दुनिया का आपके परिणामों पर कोई प्रभाव नहीं पड़ता।	इस दुनिया का आपके परिणामों पर गहरा प्रभाव पड़ता है। क्योंकि यह वह दुनिया है जो आपके कर्म की ओर प्रवृत्त करती है, और ये कर्म आपको परिणाम प्रदान करते हैं।

स्रोत: © समीर दुआ, संस्थापक, इंस्टीट्यूट ऑफ जनरेटिव लीडरशिप, भारत

प्रेक्षक के रूप में आप होशोहवास में इस पूर्वनियत भविष्य को नहीं 'देख' रहे हो सकते हैं।

एक बहुराष्ट्रीय ऑटो कंपनी में अधिगम (लर्निंग) एवं विकास की उपाध्यक्षा के साथ मेरी एक मुलाकात हुई थी। गत दो वर्षों के दौरान भारत में उनकी बिक्री क्रमशः 5 तथा 7 प्रतिशत तक गिर चुकी थी। उनका दावा यह था कि उनके विपणन दल के पास बिक्री में गिरावट के कारण मौजूद थे। हालांकि, उनकी चिंता यह थी कि वे सभी इन कारणों से संतुष्ट थे और हालात को बदलने हेतु कुछ भी नहीं कर रहे थे। उन्होंने उल्लेख किया कि इस वर्ष भी वे बिक्री में लगभग 7–8 प्रतिशत गिरावट की ओर बढ़ रहें हैं। तब हिचकिचाते हुए उन्होंने यह कहा, 'परंतु अच्छा समाचार यह है कि हमारी मूल कम्पनी हमारा समर्थन जारी रखे हुए है, और क्योंकि कुछ देशों में हम अच्छा प्रदर्शन कर रहे हैं, अतः, हमें कोई बड़ी आर्थिक हानि नहीं होने वाली है'।

मैंने उनसे पूछा, 'यदि आप 7–8 प्रतिशत प्रतिवर्ष की हानि उठाती रहेंगी तो क्या आपकी मूल कंपनी 3 वर्षों के बाद आपको समर्थन देना जारी रखेगी?'

उनके चेहरे पर एक प्रश्नचिह्न उपस्थित हो गया, यह जानते हुए कि अंततः, यदि 3 वर्षों बाद न भी सही तो हो सकता है कि 5 वर्षों के बाद मूल कंपनी कह दे 'बहुत हो चुका'। हम हानि देने वाले क्षेत्र का समर्थन नहीं करते रह सकते। हालांकि, वह यही विश्वास करती रहना चाहती थीं कि वे समर्थन देते रहेंगे। उनके चेहरे के भावों ने उनके मस्तिष्क में चल रहे आंतरिक संघर्ष को दर्शा दिया था।

यह संभावित पूर्वनियत भविष्य उनके लिए पारदर्शी था। इस संक्षिप्त संवाद के दौरान, पूर्वनियत भविष्य उसके सामने स्पष्ट हो गया। हम 'पूर्वनियत भविष्य' पर बाद में इसे समर्पित अध्याय 7 में चर्चा करेंगे। यहाँ बिन्दु यह है कि आपका पूर्वनियत भविष्य आपके लिए पारदर्शी हो सकता है–मात्र इसलिए क्योंकि प्रेक्षक आप हैं। आप ऐसे प्रेक्षक होने का चयन कर सकते हैं जो पूर्वनियत भविष्य पर से पारदर्शिता का पर्दा हटा सकता है।

एक बार पारदर्शिता का पर्दा उठ जाने पर आप के पास नया ज्ञान उपलब्ध होता है।

और जब आपके पास नया ज्ञान उपलब्ध होता है तो आपके पास नए विकल्प उपलब्ध होते हैं–एक नए कर्म के लिए एक नया विकल्प। यह विकल्प उस समय आपके पास उपलब्ध नहीं था जब पूर्वनियत भविष्य आपके लिए पारदर्शी था।

मात्र समझने के प्रयोजनों हेतु, जब मैं 'भविष्य' शब्द का उपयोग करता हूँ, मैं इस विशिष्ट क्षण के उपरांत हर वस्तु को संदर्भित कर रहा होता हूँ। एक बार एक कंपनी के सीईओ ने मुझसे उल्लेख किया, 'प्रत्येक बार जब आप भविष्य कहते हैं तो मैं कल्पना करता हूँ कि एक ऐसा भविष्य जो वहाँ से दूर है जहाँ हम आज खड़े हैं–संभव है 2–3 वर्ष बाद का। जब आपने भविष्य कहा तो मैंने अनुभव नहीं किया कि यह अभी से 5 मिनट बाद के समय को भी शामिल करता है'।

उदाहरणार्थ, यदि कोई ड्राइवर अच्छी–खासी मात्रा में शराब पी लेता है और 120 किलोमीटर प्रतिघंटा की रफ्तार से गाड़ी चलाता है तो उसका पूर्वनियत भविष्य यह है कि वह कोई दुर्घटना कर सकता है। ऐसा पूर्वनियत भविष्य 2, 3 अथवा 5 वर्ष दूर नहीं होता। यह भविष्य में मात्र 5 मिनट दूर हो सकता है। इसी प्रकार से, यदि सोने के ठीक पूर्व मैं कॉफ़ी पीता हूँ तो मुझे अवगत होना चाहिए कि मेरा पूर्वनियत भविष्य यह है कि उस रात्रि मैं शीघ्र सो नहीं सकूँगा। कैफीन की खुराक मेरे मस्तिष्क की रसायनक्रिया को परिवर्तित कर देगी और मस्तिष्क की उस सहज क्रिया को बाधित कर देगी जिसका सम्बन्धी नींद के साथ होता है।

बहुत समय नहीं हुआ, मैंने एक अंतर्राष्ट्रीय सूचना प्रौद्योगिकी कंपनी के एक उपाध्यक्ष (वित्तीय उत्पाद) को शिक्षण प्रदान किया था। 6 महीनों के बाद, उनसे अमेरिका स्थानान्तरित होने तथा एक बड़े भौगोलिक क्षेत्र का उत्तरदायित्व ग्रहण करने का निवेदन किया गया। बेंगलुरु से एक अन्य व्यक्ति को मेरे शिक्षार्थी की इस भूमिका को संभालने हेतु पुणे भेजा गया। मुझे इन नए सज्जन के शिक्षक के रूप में भी नियुक्त किया गया।

मेरे लिए यह देखना दिलचस्प था कि वे दोनों एक ही संस्थान में कार्यरत् थे, दोनों की भूमिका भी पूरी तरह से एकसमान थी, उनकी टीम भी लगभग एकसमान थी, वही बॉस, वही बाजार जिसमें वे संचालन कर रहे थे और वहीं ग्राहक। 'बाहरी दुनिया' में सबकुछ वही पुराना था।

हालांकि, दुनिया को देखने का उनका नजरिया अलग था। दोनों में से प्रत्येक ने नई चुनौतियों को देखा, प्रत्येक ने भिन्न–भिन्न अवसरों को देखा और प्रत्येक ने अपने दल नें सुधार के अलग–अलग क्षेत्रों को देखा।

दोनों में से प्रत्येक ने जो देखा उसके आधार पर प्रत्येक ने अलग–अलग कदम उठाए। और चूंकि प्रत्येक ने अलग–अलग कदम उठाए, अतः उनके परिणाम भी अलग–अलग रहे। मैं इस बात पर टिप्पणी नहीं कर रहा हूँ कि ये परिणाम एक–दूसरे से बेहतर थे अथवा नहीं। निश्चित रूप से ये परिणाम एक दूसरे से पूर्णतः अलग थे।

सारांश एवं हमारी समझ का पुनर्निर्माण

1. कोई भी प्रक्रिया तब पारदर्शी होती है जब हम उस प्रक्रिया के संचालन, अथवा मौजूदगी से अनभिज्ञ होते हैं। जैसे प्रेक्षक हम हैं इस बात पर निर्भर करते हुए हमारा ध्यान सदैव ही किसी न किसी बात पर केन्द्रित होता है, और उस क्षण पर, अन्य सभी बातें हमारे लिए पारदर्शी हो जाती हैं, अर्थात्, हम उस प्रक्रिया के संचालन अथवा मौजूदगी से अवगत नहीं होते।
2. जो कुछ भी हम 'देखते' हैं वह हमारे द्वारा की जा रही 'खोज' सम्बन्धी कार्य होता है। एक अत्यंत ही अवचेतन स्तर पर, यदि आप किसी कार्य की असंभाव्यता की खोज कर रहे होते हैं तो जो कुछ भी आप पाते हैं वह उस कार्य की असंभाव्यता का साक्ष्य होता है। इसी प्रकार से, यदि आप कार्य की संभाव्यता की खोज कर रहे हों तो जो कुछ भी आप पाते हैं वह कार्य की संभाव्यता का साक्ष्य होता है। और इसीलिए, एक नेतृत्वकर्ता के रूप में, दो बुनियादी प्रश्न हैं:
   - आप क्या खोज रहे हैं?
   - जो कुछ भी आप खोज रहे हैं आपके लिए लाभदायक है?

3. हमारी संस्कृति की आम–समझ यह है कि दुनिया, जिसे आप देखते हैं, 'बाहर' जो कुछ है उसका एक क्रियाकलाप है। हालांकि, इस पुस्तक का दावा है, 'जिस दुनिया को आप देख रहे हैं वह उस प्रेक्षक का क्रियाकलाप है जोकि आप हैं'। आप दो दुनियाओं में जीते हैं, एक है भौतिक दुनिया, और दूसरी है भाषाई दुनिया जिसका आप सृजन और अभिव्यक्ति करते हैं। भौतिक दुनिया तो प्रत्येक के लिए एकसमान है। हालांकि, आपके द्वारा सृजित यह भाषाई दुनिया है जो निर्धारित करती है कि
   - आप स्वयं को दुनिया में किस प्रकार प्रस्तुत करते हैं,
   - आप क्या क्रियाएं करते हैं, और
   - आपको क्या परिणाम प्राप्त होते हैं।
4. एक नेतृत्वकर्ता के रूप में, जब आप एक ऐसा प्रेक्षक बनने का चयन करते हैं जो प्रत्येक सम्बन्ध का स्त्रोत होने हेतु स्वयं आपका प्रेक्षण (ऑब्ज़र्वेशन) करता है, और इसी बात के लिए, वर्तमान में आपको उपलब्ध प्रत्येक परिणाम का भी, तो बदले में आप स्वयं को प्रत्येक सम्बन्ध तथा परिणाम को रूपांतरित करने का अधिकार प्रदान करते हैं। यह जीवन पर निगाह डालने का एक संदर्भ परिवर्तन तरीका है, और बहुत शक्तिशाली है। जब लोग दूसरों पर आरोप लगाते हैं तब वास्तव में वे एक परिवर्तन उत्पन्न करने की शक्ति को त्याग देते हैं।
5. किसी संस्थान के एक सीईओ के लिए जिस प्रकार से दुनिया उत्पन्न होती है वह उसी संस्थान के किसी अग्रिम–पंक्ति के कर्मचारी के लिए उत्पन्न होने वाली दुनिया से भिन्न होती है। 'बाहर' मौजूद भौतिक दुनिया एक समान है। यह दोनों लोगों की व्याख्याओं एवं आकलनों की भाषाई दुनिया है जो अलग–अलग है। यह दुनिया सीखना, अनुभव एवं अभ्यासों के एक पृथक इतिहास द्वारा निर्मित हुई है।
6. आपका पूर्वनियत भविष्य आपका संभावित, लगभग निश्चित भविष्य होता है और यह आपकी उन मान्यताओं पर आधारित होता है जो आपके लिए पारदर्शी हो सकती हैं। यह आपकी सचेतन जागरूकता नहीं होती कि वर्तमान समय में आपके कर्म अथवा आपके अकर्म (आपके कर्म आपके लिए पारदर्शी हो अथवा नहीं हो सकते हैं) आपको एक भविष्य की ओर ले जा रहे हैं। यही पूर्वनियत भविष्य है। और यह पूर्वनियत भविष्य आपके लिए पारदर्शी हो सकता है।
7. इस अध्याय का उद्देश्य यह था कि आप देखें कि आपकी दुनिया में बहुत सारी ऐसी बातें घटित हो रही हैं जो आपके लिए पारदर्शी हैं। जब उस पारदर्शिता में कोई व्यवधान आता है तो ब्रेकडाउन घोषित करने

का एक अवसर स्वयं को प्रस्तुत करता है। अगले अध्याय में, हम उन व्यवधानों पर चर्चा करेंगे जिनका सामना करने की आवश्यकता होती है।

रचनात्मक अभ्यास

1. इस अध्याय के द्वारा एक दावा किया गया है कि 'आप वही पाते हैं जो आप खोजते हैं', और 'हरे की खोज' करने के एक अभ्यास को भी साझा किया गया है। इसके आधार पर, अपनी दैनन्दिनी में एक टिप्पणी लिखिए कि 'आज आपने क्या हरा देखा? क्या यह हरा वही है जो आप खोज रहे थे?'
2. पिछले बिन्दु से आगे, दैनन्दिनी में दर्ज कीजिए, 'हरे की खोज' करते समय आप क्या देखना भूल गए?
3. 'दुनिया, जिसे आप देखते हैं, उस प्रेक्षक का कामकाज है जो कि आप हैं' इस दावे का आपके लिए क्या अर्थ है? इस क्षण में आपके लिए क्या पारदर्शी है इससे अवगत हों।
4. उस भाषाई दुनिया में मौजूद रहें जिसका सृजन आप कर रहे हैं और जिसका सृजन आप कर चुके हैं।
5. उन सभी कामों पर विचार कीजिए जो आप अपने दिन में करते हैं और उन क्रियाओं में मौजूद रहिए और उनसे अवगत रहिए जो आपके लिए पारदर्शी है।
6. अपने चारों ओर देखिए और विभिन्न लोगों तथा उनके द्वारा आपके जीवन में किए गए उन योगदानों के बीच मौजूदगी बनाइए जो वर्तमान समय में आपके लिए पारदर्शी हैं।
7. 'अपने प्रेक्षण का पता लगाने' तथा स्वयं के लिए नई संभावनाओं की खोज करने के एक भाग के रूप में पूर्ववर्ती अभ्यासों की अपनी दैनन्दिनी में दैनिक प्रविष्टि कीजिए।

टिप्पणियाँ

1. http://www.oxforddictionaries.com/definition/english/transparent, accessed 16 February 2016.
2. चार्ल्स ड्यूहिग्ग, *The Power of Habit* (New York: Random House, 2012).
3. पीटर जे डेनिंग एवं राबर्ट डनहम ने अपनी पुस्तक *The Innovator's Way* में इस रूप को निम्नलिखित पुस्तक से संदर्भित किया है: ब्रूस एच. लिप्टन, *The Biology of Belief* (Santa Rosa, CA: Mountain of Love/Elite Books, 2005).
4. पीटर जे डेनिंग एवं राबर्ट डनहम, *The Innovator's Way: Essential Practices for Successful Innovation* (Cambridge, MA: MIT Press, 2010).

5. http://www.thehealthsite.com/diseases-conditions/top-8-interesting-facts-about-the-human-eye/, accessed 16 February 2016.
6. मैंने न्यूफील्ड नेटवर्क, अमेरिका के ऑण्टोलॉजिकल कोचिंग के द आर्ट एवं प्रैक्टिस कार्यक्रम में भाग लिया था और यही वह जगह थी जहाँ मैंने पहली बार इस दावे को सुना था। मुझे यह बहुत शक्तिशाली लगा, और तब से यह मेरे साथ बना हुआ है। कार्यक्रम के एक भाग के रूप में, हमें चामर्स बंधुओं द्वारा लिखित *लैंग्वेज एंड द परसुइट आप हैप्पीनेस* नामक एक पुस्तक दी गई थी। यह दावा इस पुस्तक में भी किया गया है।
7. स्टीव ज़ैफरॉन एवं डेव लोगन, *The Three Laws of Performance: Rewriting the Future of Your Organization and Your Life* (San Francisco: Jossey-Bass/Wiley/Times Group Books, 2009).
8. पारदर्शिता का पर्दा : पारदर्शिता का पर्दा वह आवरण है जो पारदर्शिता को ढँक लेता है। पारदर्शिता के पर्दे को उठाने का अर्थ होगा पारदर्शिता को घोषित अथवा अनावृत करना–यह पहले जो कुछ आपके लिए पारदर्शी था, उसे स्वाभाविक बनाना है।

4

व्यवधान जिनका सामना करना आवश्यक है

हमारा जीवन व्यवधानों से भरा पड़ा है। ये व्यवधान किसी भी प्रकार के हो सकते हैं, निजी अथवा पेशेवर, स्वास्थ्य, पैसे, रिश्तों अथवा किसी भी ऐसे क्षेत्र में जो किसी व्यक्ति, संस्था, परिवार, लोगों के किसी समूह अथवा किसी देश के लिए महत्वपूर्ण हों। जब कार्यवाहियों के पारदर्शी प्रवाह में कोई रुकावट इस प्रकार से उत्पन्न हो कि हमें इस व्यवधान पर ध्यान देने की आवश्यकता हो तो हम इसे एक ऐसा व्यवधान कहते हैं जिसका सामना करने की आवश्यकता होती है। हमारे पास चुनने के लिए विकल्प तथा करने हेतु संभावित क्रियाएं उपलब्ध होती हैं।

जो कभी हमारे लिए अदृश्य था वह सहज बन गया है और व्यवधानों के द्वारा हमारी वर्तमान जानकारी में ले आया गया है। जो कुछ क्रियाएं हम संपन्न कर रहे हैं और जो कुछ हमारे चारो ओर घट रहा है और हमें चिन्तित कर रहा है की ओर व्यवधान हमारे ध्यान और जानकारी को आकर्षित करते हैं। ये वे क्रियाएं अथवा घटनाएं होती हैं जो व्यवधान उत्पन्न होने के पूर्व हमारे लिए अदृश्य थीं।

यह हमारी दुनिया को अपनी समस्त गूढ़ताओं एवं अपनी समस्त जटिलताओं के साथ प्रस्तुत होती प्रतीत करवाती हैं। उदाहरणार्थ, यदि कीबोर्ड पर एक बार स्पेस बार कार्य करना बंद कर देता है तो अचानक ही यह कंप्यूटर को एक गूढ़ और जटिल मशीन सा प्रतीत कराने लगता है।

ये व्यवधान भविष्य सम्बन्धी हमारी क्रियाओं को भी बाधित करते हैं। उदाहरणार्थ, जब कोई व्यवसायी न्यूयॉर्क से सैन–फ्रांसिस्को की उड़ान भर रहा हो तो उस व्यक्ति का पारदर्शी भविष्य यह है कि वह सैन–फ्रांसिस्को पहुँचेगा और अपने ग्राहक से मुलाकात करेगा। यदि उसकी सैन–फ्रांसिस्को की उड़ान छूट जाती है तो जिस भविष्य की वह अपेक्षा कर रहा था वह परिवर्तित हो चुका है और

उसके इस पारदर्शी भविष्य में एक व्यवधान आ चुका है। कुछ प्रेक्षक व्यवधानों का आकलन समस्याओं अथवा नकारात्मक घटनाओं के रूप में करते हैं।

हमारा दावा है कि व्यवधान कुछ और नहीं बल्कि आपकी पारदर्शिता में एक विराम हैं। व्यवधान एक 'स्थापित व्यवस्था' को भंग करते हैं, और यह स्थापित व्यवस्था तब तक पारदर्शी थी जब तक 'व्यवधान' उत्पन्न नहीं हुआ था।

मुझे 7 वर्ष की आयु से ही दमा का रोग रहा है। जब कभी भी मुझपर दमे का हमला होता है, यह मेरी श्वसन क्रिया की पारदर्शिता में व्यवधान उत्पन्न कर देता है। यह मेरे ध्यान को वापस मेरे श्वसन पर केन्द्रित कर देता है जो कि तब तक पारदर्शी बना हुआ था जबतक मुझपर दमे का हमला नहीं हुआ था।

यहाँ एक अन्य उदाहरण हो सकता है कंप्यूटर के कीबोर्ड पर टाइप करना, जोकि एक आदतन एवं स्वचालित कार्य होता है, अर्थात् एक पारदर्शी क्रिया, जिसमें हम यह भी देखते कि हम क्या कर रहे हैं; यह मात्र आदत के द्वारा संपन्न होता जाता है। यदि टाइप करते समय, स्पेस बार कार्य करना बंद कर दे तो यह टाइपिंग की गति में व्यवधान उत्पन्न कर देता है। इसका किसी न किसी प्रकार से सामना करना होता है क्योंकि जो व्यक्ति टाइप कर रहा होता है वह देखता है कि प्रस्ताव पत्र को उस ग्राहक को आज का दिन समाप्त होने के पूर्व ही प्रेषित करना है।

यदि कुछ ऐसा घटित होता है जो हमें इस बात का एक अलग आकलन प्रदान करता है कि भविष्य में हम क्या अपेक्षा कर सकते हैं तो हम इसे एक व्यवधान कहेंगे। किसी व्यवधान का *अर्थ होता है हमारी संभावनाओं के अंतराल में एक परिवर्तन।* जो कुछ भी पहले हमारी कल्पना थी वह संभव थी परंतु अब और अधिक संभव नहीं हो सकती है अथवा जो कुछ भी हमारी कल्पना पहले संभव न रही हो अचानक ही संभव बन सकती है। जब कभी भी कोई प्रेक्षक आकलन करता है कि संभावना का अंतराल परिवर्तित हो चुका है, चाहे यह सकारात्मक हो अथवा नकारात्मक, प्रेक्षक एक व्यवधान का सामना कर रहा होता है।[1]

यह व्यवधान पूर्वनियत भविष्य के प्रति गतिशीलता का भी एक व्यवधान होता है, अल्पावधि तथा दीर्घावधि दोनों ही में। यह पूर्वनियत भविष्य की ओर हमारी गतिशीलता को बिलंबित कर सकता है, अथवा यहाँ तक कि उस भविष्य को बदल भी सकता है। यह उस नए भविष्य को डिजाइन करने और उसका सृजन करने की संभावना को भी उत्पन्न करता है।

यह व्यवधान बाधित कर सकता हैः

- हमारे ध्यान को,
- हमारे व्यवहार को,
- हमारे अभ्यास को,

- हमारी वर्तमान की अपेक्षाओं को और/अथवा
- जिस भविष्य की दिशा में हम बढ़ रहे हैं उससे सम्बन्धित हमारी व्याख्याओं को।

एक कर्मचारी, जो काम के समय पर बीमार हो जाता है, को एक ऐसे व्यवधान के रूप में देखा जा सकता है जिसका सामना करने की आवश्यकता हो सकती है, अथवा नहीं, यह उस प्रेक्षक के विचार में उस कर्मचारी की भूमिका के महत्व पर निर्भर करता है जो बीमार हो गया है। यह व्यवधान उपरोक्त सूचीबद्ध किए गए सभी मानदंडों में से किसी एक अथवा सभी, अर्थात्, हमारे ध्यान, उस दिन के हमारे व्यवहार, हमारे अभ्यास, हमारी वर्तमान की अपेक्षाओं तथा हमारे उस भविष्य की अपेक्षाओं को बाधित कर सकता है जिसकी ओर हम गतिशील हैं।

इन व्यवधानों के अनेक कारण हो सकते हैं, दुर्घटनाएं, सुखद आश्चर्य, विश्व में होने वाली घटनाएं अथवा उत्पन्न होने वाले हमारे आकलन आदि। इनसे निपटने की हमारी प्रतिक्रिया पक्षाघात से लेकर ब्रेकडाउन घोषित करने हेतु कोई क्रिया न करने और अग्रसक्रिय रूप से इसके साथ निपटने तक भिन्नतापूर्ण हो सकती है।

हालांकि, यहाँ यह स्पष्ट करना दिलचस्प है कि अंग्रेजी में प्रायः हम नए अवसरों को ही 'ब्रेक' (सफलता) के रूप में संदर्भित करते हैं। उदाहरणार्थ, जब किसी व्यक्ति को कोई नई नौकरी मिलती है अथवा प्रोन्नति मिलती है, अथवा कोई नया ग्राहक प्राप्त होता है तो हम प्रायः कहते हैं 'उसे एक ब्रेक मिला है!' किसी अवसर को हमारे द्वारा सफलता कहने का कारण यह होता है कि यह हमारे वर्तमान की पारदर्शिता को भंग करता है। और कोई भी ब्रेक किसी व्यवधान के समान ही होता है।

लोग सामान्यतः 'सकारात्मक' अथवा 'नकारात्मक' जैसे शब्दों का उपयोग करते हैं; हालांकि, 'सकारात्मक' अथवा 'नकारात्मक' हमारी व्याख्या मात्र होते हैं, और सकारात्मक तथा नकारात्मक के ये आकलन स्वयं व्यवधान के अंगभूत तत्व नहीं होते।

प्रेक्षक की भूमिका

जैसी कि पहले चर्चा की जा चुकी है, कोई भी व्यवधान तब उत्पन्न होता है जब संभावनाओं के अंतराल में परिवर्तन होता है। कुछ ऐसा जिसकी घटित होने अथवा संभव होने की कल्पना की गई थी वह घटित नहीं हुआ अथवा अब आगे के लिए संभव नहीं रह गया। इसी प्रकार से, कुछ ऐसा जिसकी कल्पना घटित न होने अथवा संभव न होने हेतु की गई थी वह घटित हो गया अथवा संभव हो गया।

अधिकांशतः, इन सभी संदर्भित कल्पनाओं में से प्रत्येक किसी न किसी व्यक्ति विशेष, व्यक्तियों के समूह, संगठनों अथवा यहाँ तक कि राष्ट्रों के द्वारा एक अत्यंत ही अवचेतन स्तर पर की जाती हैं।

यहाँ बिन्दु यह है कि ये कल्पनाएं 'वहाँ बाहर' दुनिया में मौजूद नहीं है। एक प्रेक्षक ये कल्पनाएं कर रहा होता है, अर्थात्, कोई व्यक्ति अथवा व्यक्तियों का कोई समूह किसी विशिष्ट दृष्टिकोण से देख रहा होता है। कोई भी घटना एक व्यवधान बन जाती है जब इससे संलिप्त कोई प्रेक्षक यह आकलन करता है कि इस घटना ने उस स्थिति में परिवर्तन कर दिया है जो कि अन्यथा रूप से अपेक्षित थी। प्रत्येक प्रेक्षक इस स्थिति के साथ अपने–अपने आकलन के अनुसार निपटेगा। इसी स्थिति में, दो अलग–अलग प्रेक्षकों के पास दो अलग–अलग आकलन हो सकते हैं और ये दो विभिन्न क्रियाओं का आधार बनेंगे।

पारदर्शिता प्रेक्षक में विद्यमान होती है। जो कुछ भी किसी एक प्रेक्षक के लिए पारदर्शी हो वह दूसरे के लिए पारदर्शी नहीं भी हो सकता है। और चूंकि पादर्शिता प्रेक्षक में विद्यमान होती है, अतः, व्यवधान भी प्रेक्षक में ही विद्यमान होता है। प्रेक्षक यह दृष्टिकोण अपनाता है कि जो कुछ घटित हुआ है अथवा घटित हो रहा है वह उस बात से पृथक है जिसकी कि अपेक्षा थी।

एक शिक्षार्थी, जो पहले एक कॉल सेंटर में निदेशक के रूप में कार्य कर चुकी थी, ने अपने प्रेक्षण को मुझे सुनाते हुए अपने कार्यस्थल की एक परिस्थिति का वर्णन किया। उन्होंने कहा, 'कभी–कभार, जब मंदी का समय हो (सर्वर में किसी खराबी के कारण पूर्णतः काम बंद होना) तो कर्मचारियों की मिली–जुली प्रतिक्रिया देखने लायक होती है'।

'कुछ टेली–कालर्स गहरी श्वांस लेते हैं और बुदबुदाते हैं "भगवान का धन्यवाद"। फिर वे अपने सबसे समीप वाले व्यक्ति पर उसकी प्रतिक्रिया देखने हेतु निगाह डालते हैं और यदि उसकी प्रतिक्रिया भी समान ही है तो वे गपशप करना प्रारंभ कर देते हैं। इसी बीच, दल के कुछ नेतृत्वकर्ता अलग प्रकार के प्रेक्षक बन जाते हैं, वे तुरंत दल की एक सभा बुला लेते हैं ताकि उस समय का प्रभावी उपयोग किया जा सके।'

उन्होंने इस सरल परिदृश्य का उपयोग व्यवधान की अपनी समझ को तथा यह स्पष्ट करने हेतु किया कि इसका आकलन इस बात पर निर्भर करते हुए कि वे कैसे प्रेक्षक हैं, किस प्रकार से कुछ लोगों के द्वारा एक सकारात्मक और कुछ के द्वारा नकारात्मक व्यवधान के रूप में किया जा सकता है। जैसे प्रेक्षक वे थे, इसपर निर्भर करते हुए उनमें से प्रत्येक ने अलग–अलग कदम उठाए।

यहाँ हमारे द्वारा 'प्रेक्षक' शब्द उपयोग करने का कारण यह भी है कि जिस प्रकार से आप किसी एक क्षण में किसी बात को देख रहे होते हैं वह किसी दूसरे क्षण में अलग तरीके से देखा गया हो सकता है।

प्रकटनात्मक अंतराल (डिस्क्लोसिव स्पेस) क्या होता है?

कोई भी व्यवधान उस संदर्भ से सम्बद्ध होता है जिसमें आप रहते हैं और वह संदर्भ उस बात से सम्बद्ध होता है जिसे प्रकटनात्मक अंतराल (डिस्क्लोसिव स्पेस) कहा जाता है। चार्ल्स स्पिनोसा, फर्नाण्डो फ्लोर्स एवं ह्यूबर्ट ड्रेफस के अनुसार प्रकटनात्मक अंतराल 'स्वयं, अन्य लोगों तथा ऐसी वस्तुओं के साथ निपटने के अभ्यासों का एक ऐसा व्यवस्थित समूह होता है जो सापेक्षिक तौर पर अर्थों का एक आत्मनिहित जाल उत्पन्न करता है'।[2]

आपका प्रकटनात्मक अंतराल वह तरीका होता है जिसके अनुसार दुनिया आपको नजर आती है। यह वैसा नहीं है जैसी दुनिया है, यह वैसा है जैसी दुनिया आपको लगती है।

आपका प्रकटनात्मक अंतराल आपकी व्यावहारिक समझ है, अर्थात्, आपकी व्याख्याओं की संपूर्णता, आपके आकलन और आपकी आदतें जो आपके समक्ष एक दुनिया को प्रकट करती हैं। यह अंतराल उस दायरे में विद्यमान होता है जिसे *आप जानते तक नहीं कि आप नहीं जानते।*

आपका प्रकटनात्मक अंतराल दुनिया की ओर आपका *पहले से सदैव का उन्मुखीकरण* है। यह पहले से विद्यमान है और यह आपके लिए अदृश्य है; और, फिर भी यह उस तरीके को प्रभावित करता है जिससे दुनिया आपको दिखाई पड़ती है।

यह दिलचस्प है कि स्पिनोसा, फ्लोर्स एवं ड्रेफस ने 'अंतराल' शब्द का उपयोग किया है, क्योंकि ऐसा इसी अंतराल द्वारा है, अथवा इस सुविधाजनक बिन्दु के द्वारा, कि एक विशिष्ट दुनिया आपके सामने प्रकट होती है।

आपके भविष्य को आकार देने वाले प्रकटनात्मक अंतराल के मुख्य तत्व हैं:

- आपकी देखभाल और चिंताएं
- आपकी क्रिया एवं सामना करने सम्बन्धी मानक एवं अभ्यास
- आपकी मनोदशाएं एवं भावनाएं
- आपके द्वारा देखी जाने वाली संभावनाएं
- आपके प्रयोजन तथा 'खेल जो आप खेलते हैं'
- आपकी शैली

चित्र 4.1 आपके लिए उद्घाटित अंतराल के प्रमुख तत्व

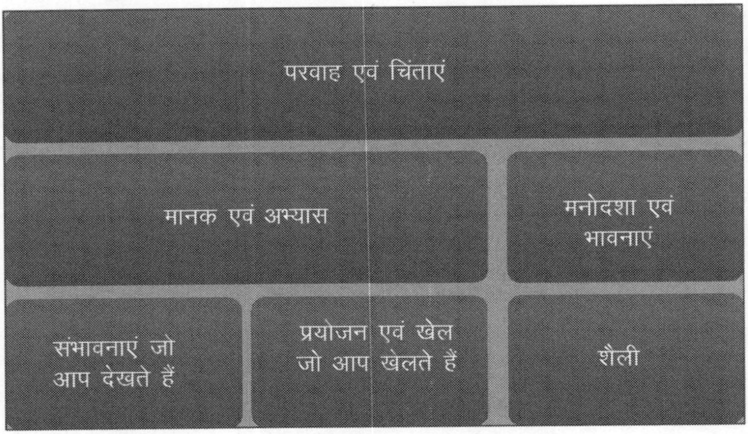

उपरोक्त वर्णित तत्वों में से प्रत्येक यह निर्धारित करता है कि दुनिया आपके समक्ष क्या प्रकट अथवा उद्घाटित करती है। यही मुख्य बिन्दु है–इस शब्द की समझ महत्वपूर्ण है क्योंकि यह उल्लेख करती है कि किस प्रकार से *हम इस दुनिया में जो कुछ देखते हैं उसे आकार प्रदान करते हैं।* यही वह प्रारंभ है जो हममें से प्रत्येक के द्वारा दुनिया को उस तरीके से उत्पन्न होने के लिए प्रदान किया गया होता है जिसके अनुसार यह हममें से प्रत्येक के लिए उत्पन्न होती है। जैसे–जैसे हम गहराई में जाते हैं, आप देखेंगे कि किस प्रकार इन तत्वों में से प्रत्येक इस बात को निर्धारित करते हैं कि हम दुनिया को कैसे देखते हैं (चित्र 4.1)।

आइए देखें कि इन तत्वों में से कुछ किस प्रकार से आपके प्रकटनात्मक अंतराल को प्रभावित करते हैं।

परवाह एवं चिंताएं

व्यक्तिगत तौर पर, मुझे भारत में अंगदान की स्थिति के सम्बन्ध में परवाह है। लाखों लोग अंगों की आवश्यकता पूरी न होने से मर जाते हैं, और इसी के साथ–साथ, अंगों को दफना और जला दिया जा रहा है–ये सभी अंग अनेक जीवनों की रक्षा कर सकते हैं। यह मानते हुए कि यह मेरी परवाह है, जो दुनिया मुझे तब दिखाई देती है जब मैं समाचारपत्रों को पढ़ता हूँ, अथवा अस्पतालों में जाता हूँ, अथवा तब भी जब मैं इंटरनेट अथवा सोशल मीडिया पर सर्फ करता

हूँ तो मेरी दुनिया उन लोगों को दिखने वाली दुनिया से भिन्न होती है जो ऐसी परवाह नहीं करते।

इसी प्रकार से, मेरे एक प्रिय मित्र, दिलीप कुकरेजा को बच्चों में होने वाले मधुमेह (डायबिटीज) की परवाह है। उन्हें जिस प्रकार की दुनिया दिखती है वह मेरी दुनिया से भिन्न है। उदाहरणार्थ, जब वह समाचारपत्र पढ़ते हैं तो वे मधुमेह एवं बाल–मधुमेह सम्बन्धी समाचार सामग्रियों को 'देखते' हैं, जबकि मैं उसी समाचारपत्र में इन सामाग्रियों को बिल्कुल भी नहीं देखता। इसी प्रकार से, मैं अंगदान पर प्रकाशित लेखों पर सदैव ध्यान देता हूँ और वे अंगदान सम्बन्धी लेखों को नहीं देखते।

हम दोनों एक ही समाचारपत्र पढ़ रहे होते हैं, परंतु हमारी परवाह एवं चिंता के क्षेत्र में हमारा प्रकटनात्मक अंतराल अलग–अलग होता है, और इसीलिए हम एक ही समाचारपत्र को पढ़ते समय अलग–अलग लेखों को चुनते हैं और दूसरों को छोड़ देते हैं।

जब मैं परवाहों की बात करता हूँ, तो मैं मात्र सामाजिक उद्देश्यों के सम्बन्ध में बात नहीं कर रहा होता हूँ। एक महिला, जिसे मैं जानता था, के मामले में उसकी चिंता अपनी नौकरी बचाए रखने की थी, क्योंकि वह अपने संगठन के प्रतिस्पर्धात्मक वातावरण से खतरे का अनुभव कर रही थी। चूंकि उसकी यही चिंता थी, अतः, उसे दिखने वाली दुनिया अलग थी। उसने कभी भी उपहार देने, किसी वरिष्ठ सहयोगी को कार्ड अथवा शुभकामनाएं भेजने के अवसर को हाथ से नहीं जाने दिया ताकि वह उनकी निगाहों में चढ़ी रहे। यही वह तरीका था जिससे उसकी परवाह एवं चिंताओं पर आधारित उसके प्रकटनात्मक अंतराल के अंदर उसकी दुनिया दिख रही थी।

आपके मानक एवं अभ्यास

प्रत्येक मामले में प्रत्येक व्यक्ति का मानक अलग होता है। हाल ही मेरी मुलाक़ात एक लेखिका से हुई। मैं उस कैफे, जहाँ हमारी मुलाकात होनी थी, में निर्धारित समय से 10 मिनट पहले पहुँच गया। वह मुझसे पहले से वहाँ मौजूद थीं। मैंने उनसे कहा कि मैं आशा कर रहा था कि मैं उनसे पहले कैफे में पहुँच जाऊँगा ताकि उन्हें मेरी प्रतीक्षा न करनी पड़े। उनका प्रत्युत्तर था, 'आप किसी भी मुलाकात के लिए मुझे कभी भी लेट नहीं पाएगें। मैं विश्वास करती हूँ कि जो लोग समय पर नहीं आते वे पेशेवर नहीं होते और मैं ऐसे लोगों के साथ कभी काम नहीं करना चाहूँगी'।

जबकि मैं उनके कथन के गुण–अवगुण में नहीं जा रहा हूँ, मेरे लिए यह देखना महत्वपूर्ण है कि यदि मैं उस मुलाकात में देरी से पहुँचा होता तो उनके

समयपूर्व पहुँचने के मानक एवं अभ्यास के आधार पर मैं उनकी दुनिया में गैर–पेशेवर के रूप में देखा गया होता।

ऐसे अभ्यास न केवल यह निर्धारित करते हैं कि दुनिया में हम कैसे दिखते हैं बल्कि यह भी हम दुनिया को कैसे देखते हैं।

आपकी मनोदशा एवं भावनाएं

एक काल्पनिक परिस्थिति की कल्पना कीजिएः

राबर्ट और उसकी पत्नी में प्रातः कुछ विवाद हो गया। उनकी पुत्री राबर्ट से दुखी है क्योंकि गत शाम उसने अपनी पुत्री को उसकी पसंदीदा फिल्म नहीं देखने दी और जोर दिया कि वह अपने नियत समय पर सो जाए। इस घर की ऊर्जा इतनी शक्तिशाली है कि कोई भी एक–दूसरे से बात नहीं करने दे रहा, और हर व्यक्ति किसी न किसी से गुस्सा है।

इस भावना के साथ, राबर्ट अपनी पुत्री को स्कूल छोड़ने निकलता है। वह कार का म्यूजिक चालू करना भूल जाता है और अपनी पत्नी के साथ हुए विवाद तथा यह सोचना जारी रखता है कि वह कितनी गलत है। वह पुत्री को स्कूल छोड़ता है और अपने कार्यस्थल की ओर बढ़ जाता है। गाड़ी चलाते समय, एक मोटरसाइकिल आकर पीछे से उसकी कार को टक्कर मार देती है।

राबर्ट वास्तव में क्रोधित हो जाता है और बाइक सवार पर चिल्लाता हुआ अपनी कार से बाहर निकलता है। वह उसे अपने मन का एक हिस्सा दे देता है और जुबानी तौर पर गालियाँ देता है।

अब, आइए हम उनके घर पर स्थिति को बदलते हैं :

राबर्ट और उसकी पत्नी की सुबह अत्यंत सुखद रही है। उन्होंने एकसाथ बैठकर चाय पी, पूरे दिन के लिए अपनी हर योजना के बारे में बातें कीं और यहाँ तक कि शनिवार और रविवार के सप्ताहांत के लिए एक छोटा अवकाश मनाने की अपनी योजना भी बना डाली। उनकी पुत्री अपनी पसंदीदा फिल्म देखने के बाद समय पर सो गई थी और बहुत अच्छे मूड में समय पर स्कूल जाने के लिए उठ गई। राबर्ट और उसकी पुत्री खुशी–खुशी घर से विदा हुए।

जैसे ही राबर्ट अपनी कार में बैठता है, वह म्यूजिक चालू कर देता है और साथ ही उसकी बेटी गुनगुनाने लगती है। राबर्ट अपनी पुत्री को स्कूल छोड़ देता है और अपना मनपसंद म्यूजिक सुनते हुए अपने कार्यस्थल की ओर बढ़ जाता है। गाड़ी चलाते समय एक मोटरसाइकिल आकर पीछे से उसकी कार को टक्कर मार देती है।

राबर्ट क्रोधित नहीं होता; वह मोटरसाइकिल चलाने वाले युवा को देखता है और मोटरसाइकिल चलाने के अपने दिनों की याद करता है। वह मोटरसाइकिल

चालक को सावधान रहने के लिए कहता है और अपने कार्यस्थल की ओर बढ़ जाता है।

दोनों ही मामलों में, घटित हुई घटनाएं सटीक रूप से एकसमान थीं : *गाड़ी चलाते समय एक मोटरसाइकिल आती है और राबर्ट की कार को पीछे से टक्कर मारती है।*

हालांकि, घटना होने के समय वह जिन मनोदशा अथवा भावनाओं में था उन्होंने यह निर्धारित किया कि उस समय दुनिया उसे कैसी दिख रही थी। *घटनाएं नहीं बदलीं; दुनिया को उसे दिखने का तरीका बदल गया।* राबर्ट का प्रकटनात्मक अंतराल परिवर्तित हो गया।

संभावनाएं जो आप देखते हैं

यदि आप कुछ विशिष्ट संभावनाओं की खोज नहीं कर रहे हैं तो दुनिया, जो आप पर प्रकट होगी, ऐसी संभावनाओं से युक्त एक दुनिया होगी। बहुत हाल ही में, मैं अपने एक ऐसे शिक्षार्थी के साथ शिक्षण संवाद कर रहा था जो अपने अधीनस्थ में किसी भी संभावना को नहीं देख पा रहा था। अपने अधीनस्थ के सम्बन्ध में जो दुनिया उसके सामने निरंतर प्रकट हो रही थी वह ऐसी दुनिया थी जिसमें उसका अधीनस्थ गलत था और मेरे शिक्षार्थी की समस्याओं को नहीं समझ रहा था। जब मैंने उसे इस सम्बन्ध में संभावनाओं को खोजने हेतु आमंत्रित किया तो मेरे शिक्षार्थी के लिए बहुत कुछ खुलकर सामने आ गया, और उसके लिए एक *नया* अधीनस्थ उभर आया। मेरे शिक्षार्थी के समक्ष उस अधीनस्थ के व्यक्तित्व के भिन्न पहलू प्रकट (अथवा उद्घाटित) हो गए, जो कि उसके समक्ष पहले प्रकट नहीं थे।

मेरे साले पराग संभावनाओं को बारीकी से देखने वाले हैं। वह निरंतर रूप से नई संभावनाओं की 'खोज करते रहते' हैं। और अंदाज लगाइए उन्हें बार–बार क्या दिखाई देता रहता है! नई संभावनाएं। एक वरिष्ठ सहयोगी, जिनके साथ मैंने कार्य किया था, प्रत्येक अवसर में 'समस्याओं' की खोज किया करते थे। और अंदाज लगाइए कि इस सहयोगी के समक्ष दुनिया किस प्रकार प्रस्तुत हुई होगी। उन्होंने मात्र नवीन अलंघ्य समस्याओं को देखना ही जारी रखा हुआ था।

आपका प्रयोजन तथा 'खेल जो आप खेलते हैं'

आप कौन सा खेल खेल रहे हैं? क्या आप अपनी निजी प्रगति का खेल खेल रहे हैं? क्या आप किसी सहयोगी को नीचे गिराने का खेल खेल रहे हैं? क्या

आप अपने दल की उन्नति एवं सफलता के लिए कोई खेल खेल रहे हैं? अथवा संस्था की प्रगति के लिए खेल खेल रहे हैं?

यहाँ जिसे हम 'खेल' कह रहे हैं उसका प्रयोजन किसी मनोरंजन की वस्तु का नहीं है। हम अपने जीवन में अत्यंत गंभीर खेल खेलते हैं, नौकरी का, शादी का, अपने जीवन को जीने का खेल। अधिकांश खेल, जिनमें हम संलिप्त होते हैं, सचेतन रूप से हमारे द्वारा नहीं चुने गए होते, और यहाँ तक कि हो सकता है कि हम उससे अवगत भी न हों।

आपके प्रयोजन और उस खेल, जो आप खेल रहे हैं, पर निर्भर करते हुए एक दुनिया आप पर प्रकट होती है। यदि आप निजी प्रगति का खेल खेल रहे हैं तो आप निजी प्रगति के अवसरों को 'देखेंगे'। यदि आप किसी सहयोगी को नीचे गिराने का खेल खेल रहे हैं तो आप ऐसा करने के अवसरों को 'देखेंगे'। अथवा इसके बजाए, ये अवसर आपको 'दिखाएगें' अथवा आपके समक्ष उद्घाटित होंगे, क्योंकि यही वह खेल है जिसे आप सचेतन अथवा अवचेतन रूप से खेल रहे हैं।

आपकी शैली

आपकी शैली का बहुत बड़ा सम्बन्ध आपके अभ्यासों के साथ होता है। उदाहरणार्थ, स्थानीय चैम्बर्स ऑफ कॉमर्स की सभाओं में से एक में एक काफी बड़ी रियल इस्टेट कंपनी के सीईओ ने देरी से आने पर मुझसे कहा : मैं कभी भी समय पर नहीं पहुँचता। यह मुझे हताश सा कर देता है, और मैं यह प्रभाव भी नहीं पड़ने देना चाहता कि मैं दुनिया के समक्ष हताश हूँ'।

लेखक, जिसका उल्लेख मैं पहले इस खंड के अंतर्गत कर चुका हूँ, की तुलना में जिस प्रकार से यह दुनिया इस सीईओ के समक्ष उद्घाटित होती है वह पूर्णतः भिन्न है।

यदि आप वास्तव में पिछले अध्याय में किए गए दावे को समझ पाए हैं, *दुनिया, जिसे आप देखते हैं, उस प्रेक्षक का कामकाज है जो कि आप हैं,* तो आप देखना प्रारंभ कर देंगे कि आपके प्रकटनात्मक अंतराल का बहुत बड़ा सम्बन्ध उस बात से है जो दुनिया आपके समक्ष प्रकट करती है। वास्तव में, *आप मात्र उसी दुनिया को देखते हैं जो आपके समक्ष प्रकट होती है, क्योंकि प्रेक्षक आप ही हैं।*

यदि आप अपने प्रकटनात्मक अंतराल से अवगत हो जाते हैं तो आपके लिए एक नई दुनिया सामने आ सके, इसके लिए आपके पास अपने प्रकटनात्मक अंतराल को पुनः निर्मित करने तथा उन संभावनाओं को उत्पन्न करने का विकल्प उपलब्ध होता है जो पहले आपको उपलब्ध नहीं थीं।

व्यवधान जो संभावनाओं को प्रभावित करते हैं

कुछ व्यवधान संभावनाओं को उत्पन्न करते हैं और इनका आकलन सकारात्मक व्यवधान के रूप में किया जा सकता है। फिर ऐसी व्यवधान भी हैं जो संभावनओं को समाप्त कर देते हैं और उन्हें नकारात्मक व्यवधान माना जा सकता है।

उदाहरण के लिए, किसी शिशु का जन्म अधिकांश माता–पिता के जीवन में प्रसन्नता का क्षण होता है। इससे उनके जीवन में भारी परिवर्तन हो जाता है। उस समय तक माता–पिता एक विशिष्ट दिनचर्या के आदी हो चुके होते हैं जैसे हर शाम एकसाथ बैठकर चाय पीना अथवा सप्ताह में एक बार सिनेमा देखने जाना, और यहाँ तक कि वे अपने घर में सभी चीजों को एक विशिष्ट तरीके से व्यवस्थित करने के भी आदी हो जाते हैं और जानते हैं कि हर चीज ठीक–ठीक कहाँ रखी गई थी।

किन्तु एक नए शिशु के आगमन के साथ ही उनकी दिनचर्या में एक व्यवधान उत्पन्न हो जाता है। जो विशिष्ट दिनचर्या मौजूद थी वह माता–पिता हेतु पारदर्शी थी। अब देखभाल करने हेतु उनके पास एक शिशु है। संभव है अब एक–दूसरे के साथ गुजारने के लिए उतना समय न मिल सके; वे अब इन बातों से भी अवगत नहीं रह गए हैं कि कौन सी वस्तु कहाँ रखी हुई थी क्योंकि अब उनका पूरा ध्यान अपनी संतान पर केन्द्रित है और वे वस्तुओं को उनके सटीक स्थान पर रखने को अब उतना महत्वपूर्ण नहीं मानते जितना कि पहले मानते थे। अब उन्हें सबकुछ रोककर अपना ध्यान अपनी संतान पर केन्द्रित करने में अधिक आनंद आता है।

एक शिशु का आगमन माता–पिता के लिए वर्तमान तथा भविष्य की भी पारदर्शिता में व्यवधान उत्पन्न कर देता है। यह कुछ मामलों में नई संभवानाओं को जन्म दे सकता है और कुछ मामलों में संभावनाओं को समाप्त कर सकता है। उदाहरणार्थ, मेरी पहली पुत्री के आगमन के साथ ही, प्रेक्षक, जो कि मेरी पत्नी थीं, ने अपने शिक्षण–कार्य से एक ब्रेक ले लिया, और इस प्रकार एक संतान को जन्म देने के इस व्यवधान ने रोजगार के क्षेत्र की संभावनाओं को समाप्त कर दिया। और फिर भी, वह अत्यधिक उत्साहित थी क्योंकि इसने उसके लिए और माता–पिता के रूप में हमारे लिए संभावनाओं का पूरी तरह से एक नया क्षेत्र खोल दिया था। इसने हमारे पूर्वनियत भविष्य को परिवर्तित कर दिया था।

इसी प्रकार से, कोई नई नौकरी प्राप्त होना अथवा वर्तमान रोजगार नें ही कोई नया काम मिलना, अथवा कोई नया ठेका मिलना आदि सभी बातों को व्यवधान के रूप में देखा जा सकता है। जहाँ ये सभी आपकी वर्तमान पारदर्शिता में निश्चित रूप से व्यवधान हो सकते हैं, वहीं ये आपके जीवन को सकारात्मक रूप से प्रभावित कर सकते हैं।

शारीरिक रोग को एक नकारात्मक व्यवधान माना जा सकता है, जो संभावनाओं को समाप्त करता है। सम्बन्धित व्यक्ति की दिनचर्या बाधित हो जाती है और उसका शरीर असहजता और दर्द से घिर जाता है, जो कि उसके जीवनयापन के सामान्य स्वस्थ्य तरीके में एक व्यवधान होता है। हालांकि, एक बच्चे के रूप में मैं जब स्कूल गया तो उस समय मैंने शारीरिक रोग को एक सकारात्मक व्यवधान के रूप में पाया क्योंकि इसका अर्थ होता था कि मुझे स्कूल नहीं जाना होगा (उस समय मैं व्यवधान की अवधारणा को नहीं समझता था अतः मैं बीमार होने पर प्रसन्न होता था)।

रंजीत नायर 5 सितारा होटलों की एक श्रृंखला के लिए मानव संसाधन प्रबंधक के रूप में कार्य करते थे। उन्हें पदोन्नति प्रदान की गई और साथ ही उपाध्यक्ष का पद भी। रंजीत नायर के लिए यह एक ऐसा व्यवधान था जिसने उनके लिए नई संभावनाएं खोल दी थीं। जब आपको काम पर कोई पदोन्नति प्रदान की जाती है तो सामान्यतः इसे ऐसा व्यवधान माना जाता है जो आपके कार्यजीवन में नई संभावनाओं को खोलता है। आपकी जवाबदेही बढ़ जाती है, और आपको नए अधीनस्थ (रिपोर्ट करने वाले) मिलते हैं। रंजीत नायर इससे कदापि अलग नहीं थे।

हालांकि, अन्य सुविधाओं के साथ–साथ उनका कार्यस्थल भी परिवर्तित हो गया। रंजीत को अब रोजाना कार्य के लिए आने–जाने में 4 घंटे व्यतीत करने होंगे। प्रारंभ में रंजीत खुश थे, परंतु शीघ्र ही उन्होंने इस दैनिक यात्रा को नापसंद करना प्रारंभ कर दिया और अपने काम में उनकी दिलचस्पी कम होने लगी। जो कुछ भी उनके रोजगार में एक प्रगति की तरह प्रारंभ हुआ था वह अब उनकी असहजता का एक कारण बनता जा रहा था। कुछ ही महीनों में रंजीत ने दूसरी नौकरी खोजना प्रारंभ कर दिया। एक ही व्यवधान ने रंजीत के लिए संभावनाओं को प्रस्तुत भी किया और अब उन्हीं के लिए संभावनाओं को समाप्त भी कर दिया। अब वे पहले, जब उन्हें पदोन्नति दी गई थी, की तुलना में एक अलग प्रकार के प्रेक्षक बन चुके थे।

पहले, पदोन्नति उनके लिए एक ऐसे व्यवधान के रूप में उत्पन्न हुई जिसने नई संभावनाएं प्रस्तुत कीं (उनकी नौकरी में)। बाद में, पदोन्नति का वही व्यवधान ऐसा प्रतीत होने लगा जिसने संभावनाओं को समाप्त कर दिया (उनके स्वास्थ्य एवं पारिवारिक समय के मामले में)।

'बाहर' की दुनिया में कुछ भी नहीं बदला था। जो कुछ भी बदला वह था रंजीत नायर का चीज़ों को देखने का नज़रिया।

किसी तलाक को कुछ प्रेक्षकों के द्वारा एक नकारात्मक व्यवधान और कुछ के द्वारा एक सकारात्मक व्यवधान के रूप में देखा जा सकता है।

विभिन्न संस्कृतियों के द्वारा कतिपय व्यवधानों को सकारात्मक अथवा नकारात्मक माना जाता है। उदाहरणार्थ, भारत की कुछ संस्कृतियाँ मानती है

कि यदि कोई 25 वर्षीय व्यक्ति शादी करता है और अपने माता–पिता का घर छोड़ देता है तो इसे माता–पिता के लिए एक नकारात्मक व्यवधान माना जा सकता है। इसी बात को भारत, अथवा पश्चिमी संस्कृति में नकारात्मक व्यवधान के रूप में नहीं भी माना जा सकता है।

यहाँ जो बिन्दु मैं स्थापित कर रहा हूँ वह इस प्रकार हैं:

1. व्यवधान उस प्रेक्षक के अंदर होते हैं जो कि आप हैं।
2. कुछ प्रेक्षकों के लिए, कोई घटना एक व्यवधान हो सकती है, कुछ दूसरों के लिए, यह एक व्यवधान नहीं हो सकती है क्योंकि वे उस घटना के घटित होने की अपेक्षा कर रहे थे।
3. आप जैसे प्रेक्षक हैं इस बात पर निर्भर करते हुए कोई भी व्यवधान आपके लिए संभावनाएं खोल सकता है अथवा आपके लिए संभावनाओं को समाप्त कर सकता है तथा उसके आधार पर आप इसे 'सकारात्मक' अथवा 'नकारात्मक' ठहरा सकते हैं।
4. कोई व्यवधान संभावनाओं को खोलता है अथवा समाप्त करता है इसका निर्धारण आप किस प्रकार करते हैं इस बात का सम्बन्ध आपकी सांस्कृतिक एवं ऐतिहासिक पृष्ठभूमि, आपकी परवाह, आपकी प्रतिबद्धताओं तथा आपके जीवन में समय पर आपकी चिंताओं की देखभाल करने के आपके मानकों के साथ जुड़ा होता है।

'व्यवधान' ही क्यों, 'समस्याएं' क्यों नहीं?

मैं इस बात पर अधिक जोर नहीं दे सकता कि प्रेक्षक आप हैं, अथवा जिस तरीके से आप घटनाओं को देखते हैं अथवा किसी घटना के घटने पर जो कुछ आंतरिक संवाद आप स्वयं अपने साथ करते हैं, वह आपके भविष्य की क्रियाओं को उत्प्रेरित करेगा, जो बदले में आपके परिणामों पर एक प्रभाव डालेगा।

समस्याओं अथवा अवसरों के बजाए इस पुस्तक में व्यवधान की अवधारणा का उपयोग करने के कारणों में से एक यह है कि क्योंकि हमारी संस्कृति की आम समझ यह है कि समस्याएं और अवसर स्वयं अपने आपमें मौजूद रहते हैं। समस्याओं को मुसीबतों, बाधाओं अथवा गड़बड़ियों के रूप में भी जाना जाता है और सृजित किए गए आंतरिक संवादों पर इनका एक नकारात्मक प्रभाव पड़ता है। व्यवधान स्वयं से अस्तित्व में नहीं आते, और वे वहीं होते हैं जहाँ कि वे हैं, मात्र इसलिए क्योंकि प्रेक्षक हम हैं।

आइए, हम 'व्यवधान' तथा 'समस्या' जैसे दो शब्दों में अंतर करते हैं और जब हम इसे एक समस्या कहते हैं अथवा जब हम इसे एक व्यवधान कहते हैं

तो जिस प्रकार से यह मुद्दा हमारे लिए उत्पन्न होता है हम उसमें अंतर का एक विशाल समुद्र देखते हैं।

1. जब किसी बात की अपेक्षा होती है और वह नहीं घटित होती, और आपके लिए यह वैसी नहीं होती जैसी कि होनी चाहिए, तो यह एक समस्या होती है। एक व्यवधान वह होता है जब किसी क्रिया का पारदर्शी प्रवाह इस प्रकार से बाधित होता है कि आपको इसपर ध्यान देना पड़ता है, और यह विचार करना पड़ता है कि आपको इसके लिए क्या कदम उठाना आवश्यक है।
2. समस्याओं को सदैव ही नकारात्मक माना जाता है। व्यवधानों को नकारात्मक अथवा सकारात्मक माना जा सकता है, जो प्रेक्षक पर निर्भर करता है। किसी समस्या के प्रति प्रतिक्रिया करने की मुद्रा किसी व्यवधान के प्रति प्रतिक्रिया करने की मुद्रा से भिन्न होती है चाहे इन्हें नकारात्मक अथवा सकारात्मक में से कुछ भी क्यों न समझा गया हो।
3. समस्याओं को 'मौजूद' होना माना जाता है (सामान्यतः यह उल्लेख इस प्रकार किया जाता है कि 'मुझे एक समस्या है' जैसे कोई ऐसी बात है जो आपसे और जो आपके पास है परस्पर पृथक करने योग्य है)। *व्यवधानों की अवधारणा हमें यह देखने की अनुमति प्रदान करती है कि हमारे द्वारा स्थिति को 'देखे' जाने के तरीके के कारण कठिनाईयाँ एवं अवसर वही होते हैं जो कि वे हैं। प्रेक्षक से पृथक उनका कोई अस्तित्व नहीं होता।*

यह मात्र शब्दार्थ–विज्ञान का एक मुद्दा नहीं है (*और यह मानते हुए कि यह शब्दार्थ–विज्ञान का एक मुद्दा है, तब भी, हमें शब्दार्थ–विज्ञान का सम्मान करने की आवश्यकता है। शब्दार्थ–विज्ञान निर्धारित करते हैं कि हम दुनिया को किस प्रकार देखते हैं*)। यह तुलना की बात है कि जब आप किसी बात को एक व्यवधान के रूप में देखते हैं तो दुनिया आपको कैसी दिखाई देती है और जब आप किसी बात को एक समस्या के रूप में देखते हैं तो दुनिया आपको कैसी दिखाई देती है।

व्यवधानों में, आप उस आकलन का चयन करते हैं जो कि आप करना चाहते हैं, बजाए इसके कि किसी स्वयमेव होने वाले आकलन का अंधानुसरण करें। आप किसी आकलन का चयन करते हैं क्योंकि यह आकलन ही होता है जो क्रियाओं को उत्पन्न करता है और क्रियाएं परिणामों को उत्पन्न करती हैं। और अंततः, यह सबकुछ परिणाम से ही तो सम्बन्धित होता है। (हम आकलन की विशिष्टताओं पर अध्याय 6 में विस्तारपूर्वक चर्चा करेंगे)।

व्यवधान के स्त्रोत

व्यवधान के अनेक स्त्रोत हो सकते हैं। चित्र 4.2 एक चतुर्थांश को प्रदर्शित करता है जो व्यवधानों के स्त्रोतों को स्पष्ट करता है।

चित्र 4.2 व्यवधान के स्त्रोत

बाह्य अनैच्छिक	बाह्य सुविचारित
आंतरिक अनैच्छिक	आंतरिक सुविचारित

बाह्य स्त्रोत

व्यवधान के बाहरी स्त्रोत वहाँ होते हैं जहाँ व्यवधान के उत्पन्न होने पर आपका कोई नियंत्रण नहीं होता, अर्थात्, व्यवधानों की उत्पत्ति का स्त्रोत आप नहीं होते। ये आपकी बिना किसी सक्रिय सहभागिता के उत्पन्न होते हैं।

1. व्यवधानों का सर्वप्रथम बाह्य स्त्रोत प्राकृतिक घटनाएं होती हैं (इसकी इच्छा किसी के भी मन में नहीं होती) जो घटित होती हैं और आपकी पारदर्शिता में एक व्यवधान उत्पन्न करती हैं। इसके उदाहरणों में शामिल हैं परिवार में किसी का देहान्त हो जाना, कोई सूनामी, कोई तूफ़ान इत्यादि। मैं इन्हें व्यवधानों के बाह्य अनैच्छिक स्त्रोत कहता हूँ।
2. दूसरे प्रकार के किसी बाह्य व्यवधान तब उत्पन्न होते हैं जब दूसरों लोगों का कार्य आपकी किसी पारदर्शिता में एक व्यवधान उत्पन्न करता है। उदाहरणार्थ, आपके दल का कोई सदस्य संगठन त्याग देता है, किराएदार नियत समय पर आपको किराया भुगतान नहीं करता, आपको कोई अनपेक्षित विरासत प्राप्त हो जाती है इत्यादि। मैं इन्हें मनुष्यों द्वारा उत्पन्न की गई बाह्य घटनाएं कहता हूँ जो व्यवधानों को बाह्य–सुविचारित स्त्रोत के रूप में उत्पन्न करती हैं।

आंतरिक स्त्रोत

व्यवधान के आंतरिक स्त्रोत तब उत्पन्न होते हैं जब आप व्यवधान उत्पन्न करने के स्त्रोत पर होते हैं।

3. आप सक्रिय रूप से व्यवधान उत्पन्न करने की इच्छा के बगैर भी व्यवधान के स्त्रोत पर हो सकते हैं। उदाहरण के लिए, तेज गाड़ी चलाना एक दुर्घटना का कारण हो सकता है। हालांकि आप व्यवधान उत्पन्न करना नहीं चाहते, तथापि *आपके* तेज गति से गाड़ी चलाने ने व्यवधान उत्पन्न कर दिया। आप व्यवधान के स्त्रोत पर थे, फिर भी यह एक दुर्घटना थी और आप यह दुर्घटना करना नहीं चाहते थे। मैं इन्हें व्यवधानों के आंतरिक–अनैच्छिक स्त्रोत कहता हूँ।
4. शायद सर्वाधिक महत्वपूर्ण व्यवधान वे होते हैं जो इसलिए उत्पन्न होते हैं क्योंकि आप डिजाइन की एक जानबूझकर की गई क्रिया के रूप में ब्रेकडाउन घोषित करते हैं। जब आप किसी बात से असंतुष्ट होते हैं और आप उस व्यवस्था को परिवर्तित करना चाहते हैं तो आपके पास ब्रेकडाउन घोषित करने का एक विकल्प उपलब्ध होता है, और जब ऐसा करते हैं, आप पारदर्शिता में एक व्यवधान उत्पन्न करते हैं। ये आपके द्वारा उत्पन्न किए गए सुविचारित–व्यवधान होते हैं। ऐसा तब होता है जब आप पूर्वनियत भविष्य के समक्ष आत्मसमर्पण करने के बजाए रचनात्मक बनते हैं और अपनी पसंद का एक भविष्य उत्पन्न करते हैं, जो स्वयं आपके लिए हो अथवा आपके परिवार, आपके दल, आपके संगठन, आपके देश, अथवा दुनिया के लिए हो।

अपने परामर्श, शिक्षण एवं प्रशिक्षण के समस्त कार्य में तथा विभिन्न पदानुक्रमों एवं राष्ट्रीयताओं वाले लोगों के साथ अंतःक्रियाएं करने के दौरान मैं एक निष्कर्ष पर पहुँच चुका हूँ : *यह कि प्रत्येक व्यक्ति, जो चाहे स्वयं अपने ही मानक के अनुसार मामूली रूप से सफल रहा हो, सफल होता है क्योंकि समय के किसी न किसी बिन्दु पर, वह ब्रेकडाउन घोषित करने का चयन करता है–उन्होंने निर्णय किया होता है कि पूर्वनियत भविष्य उन्हें स्वीकार्य नहीं था, और उन्होंने एक नए भविष्य का सृजन किया, और उसके द्वारा जीवन के अपने पारदर्शी प्रवाह में व्यवधान उत्पन्न किया।* अंततः इन लोगों ने ऐसा कुछ कर डाला अथवा हासिल कर लिया जिसे दूसरों के द्वारा असामान्य समझा गया।

एक महत्वपूर्ण नेतृत्व कदम के रूप में ब्रेकडाउन की घोषणा

आप अपने जीवन के साथ क्या करते हैं? क्या आप अपने जीवन के साथ *चलते* हैं? क्या आप अपने जीवन के साथ *कसरत* (जागिंग) करते हैं?

अपने जीवन के साथ जो आप करते हैं वह क्या है?

आप अपने जीवन का *नेतृत्व* करते हैं। यह सही बात है। यही हमेशा कहा भी जाता है। आप अपने जीवन का 'नेतृत्व' करते हैं!

मेरा दावा है कि हम सभी नेतृत्वकर्ता हैं। हालांकि, हममें से कई लोग स्वयं अपने ही जीवन में पूर्ण–विकसित नेतृत्व का उपयोग नहीं करते, शायद इसलिए क्योंकि हम स्वयं को अपने जीवन के नियंत्रणकर्ता के रूप में नहीं 'देख' पाते।

फिर, आप अपने नेतृत्व का उपयोग किस प्रकार करते हैं? इसे समझने के लिए आइए यह समझें कि कौन एक नेतृत्वकर्ता होता है।

एक नेतृत्वकर्ता वो होता है जो–

- किसी असाधारण भविष्य का *सृजन* करता है,
- जो इस नए असाधारण भविष्य के प्रति दूसरों को *प्रतिबद्ध* करवा लेता है, और
- इस भविष्य को हासिल करने के लिए दूसरों के साथ *क्रियाओं को उत्पन्न एवं समन्वित करता है।*[3]

एक असाधारण भविष्य का सृजन करने से क्या आशय है?

इस पुस्तक के प्रयोजन से, किसी असाधारण भविष्य से आशय एक ऐसे भविष्य से होता है जो पूर्वनियत भविष्य से भिन्न हो। यह एक ऐसा भविष्य होता है जो सामान्य से परे हो। जब आप किसी असाधारण भविष्य का निर्माण करते हैं तो इसका अर्थ होता है कि एक नेतृत्वकर्ता के रूप में आपने एक ब्रेकडाउन घोषित करने का विकल्प चुना है। आप कहते हैं कि यदि घटनाओं को सामान्य क्रम में घटित होना ही था, और यदि आप ने इस इस क्रम को परिवर्तित करने में सक्रियतापूर्वक भाग नहीं लिया, तो अंततः आप एक विशिष्ट भविष्य को ही प्राप्त होंगे। यह भविष्य आपके लिए ठीक नहीं है। आप किसी और गंतव्य पर होना चाहते हैं, और वर्तमान कथित परिस्थितियों को ध्यान में रखते हुए वह गंतव्य असाधारण है।

अतः, इस पुस्तक का दावा है : *अपने पूर्ण विकसित नेतृत्व का उपयोग करने हेतु आपको अपने जीवन में ब्रेकडाउन घोषित करने में कुशल होना होगा।*

इंग्लैण्ड में अपने परामर्शदात्री कार्यों में से एक के दौरान मेरी मुलाकात रोजर वेदरनैन से हुई। वह वहाँ एक मध्यम आकार वाली विनिर्माण कंपनी के उत्पादन–प्रमुख थे। इस संगठन में अधिकांश कार्य पुरानी तकनीक के उपयोग द्वारा किया जा रहा था। कर्मचारी रोजाना कार्य पर आते थे और अपनी दैनिक गतिविधियाँ पूरी करते थे जिससे इस इकाई की विनिर्माण क्षमता का लगभग 90–95 प्रतिशत उत्पादन पूरा हो जाता था। अंशधारक संतुष्ट थे, उनका प्रबंधन दल संतुष्ट था और कर्मचारी भी संतुष्ट थे। हालांकि, उनके

लिए यह पारदर्शी था कि नई तकनीक को लागू कर वे अपनी क्षमता में 70 प्रतिशत की वृद्धि कर सकते थे।

व्यापार बढ़ रहा था, हाल ही के समय में उनके उत्पादों की माँग बढ़ चुकी थी, और फिर भी विनिर्माण इकाई की क्षमता पर निर्भर करते हुए आपूर्ति सीमित ही थी।

हालांकि, रोजर वेदरमैन संतुष्ट नहीं थे। वे अपने उत्पादों की बढ़ती हुई माँग का लाभ उठाना चाहते थे। उन्होंने एक ब्रेकडाउन घोषित करने का विकल्प चुना। उन्होंने प्रबंधन दल से सिफारिश की 20 लाख पाउंड के पूँजीगत व्यय के द्वारा नई तकनीक को अपनाया जाए। उन्होंने प्रबंधन दल के समक्ष वित्तीय आँकड़ें प्रदर्शित किए और बताया कि किस प्रकार से यह नई तकनीक उनकी क्षमता को 70 प्रतिशत तक बढ़ा देगी और उनके लाभों को दोगुना कर देगी।

रोजर वेदरमैन की ब्रेकडाउन घोषित करने की क्रिया ने संपूर्ण संस्थान के लिए एक व्यवधान उत्पन्न कर दिया। संस्थान के प्रबंधन एवं कर्मचारियों के लिए वर्तमान तथा भविष्य की पारदर्शिता में व्यवधान आ चुका था। रोजर ने नई तकनीक को लागू किया और कर्मचारियों को इसके उपयोग में सक्षम बनाया। कर्मचारियों ने अपने कौशल में सुधार किए, और परिणामस्वरूप, अब उनका समय एवं प्रयास दोनों का उपयोग कहीं अधिक उत्पादकतापूर्ण तरीके से किया जा रहा है।

रोजर वेदरमैन ने समय, धन एवं प्रयासों में हो रही हानि को कम करने के लिए जानबूझकर एक ब्रेकडाउन घोषित किया था, यद्यपि पहले से जारी प्रक्रिया पारदर्शी थी। उनके संस्थान का वह संभावितः और लगभग सुनिश्चित भविष्य, जिसमें उत्पादन के आँकड़ों और लाभों में कोई महत्वपूर्ण वृद्धि नहीं होनी थी, उन्हें स्वीकार्य नहीं था।

नई तकनीक लागू करने का अर्थ थाः

- ऋणदाता संस्थानों से निधिकरण प्राप्त करना,
- समस्त प्रक्रिया सम्बन्धी टिप्पणियों का पुनर्लेखन,
- नई तकनीक के उपयोग के लिए कर्मचारियों को प्रशिक्षित करना, और
- अनेक अन्य संचालन सम्बन्धी चुनौतियों पर विजय पाना।

अपनी उत्पादन क्षमता और लाभदायकता को दोगुना करने जैसे हित को ध्यान में रखते हुए संस्थान ने इस तकनीक को अपना लिया और इससे भारी लाभ अर्जित किया, न केवल आर्थिक बल्कि अपने कर्मचारियों को अधिक मात्रा में कार्य संतुष्टि प्रदान करने का भी।

नई संभावनाओं को देख पाने और यथास्थिति पर प्रश्न उठाने की आपकी योग्यता जितनी अधिक होती है उतने ही अधिक आप सफल हो सकते हैं। यथास्थिति पर प्रश्न उठाने का अर्थ है जानबूझकर व्यवधान उत्पन्न करना, ताकि काल–प्रवाह वाले भविष्य के स्थान पर पसंद के एक भविष्य को हासिल किया जा सके।

आईजीएल, भारत, वह संस्थान जिसकी मैंने आईजीएल, अमेरिका के साथ साझेदारी में स्थापना की है, को एक संस्थान, जो कि 70 अरब डॉलर का जर्मन समूह है, से एक निवेदन प्राप्त हुआ। यह संस्थान अपनी संस्कृति को

परिवर्तित करना और एक नई बेहतर कार्य–प्रदर्शन संस्कृति को प्राप्त करने का इच्छुक था।

जो कुछ भी यह संस्थान कर रहा था वह एक ब्रेकडाउन घोषित करना था, और एक व्यवधान उत्पन्न करना भी। उन्होंने स्वीकार किया कि उनकी वर्तमान संस्कृति अब उनके लिए उपयोगी नहीं रह गई थी। ऐसा इस तथ्य के बावजूद था कि कुछ क्षेत्रों में इस संस्थान को विश्वस्तरीय माना जा रहा था।

लोग नियमित रूप से ब्रेकडाउन उत्पन्न करते हैं और उसके द्वारा व्यवधान भी–यह मात्र ऐसा ही होता है कि हम बस नहीं जानते कि हम ऐसा कर रहे हैं। यह पुस्तक इसी बात को हमारी जागरूकता के दायरे में लाने का एक प्रयास है ताकि हम ऐसा करना जारी रख सकें, पूर्वनियत तरीके से नहीं, बल्कि अपनी पसंद से। और इसे प्रभावी ढंग से कीजिए।

असंगतियाँ अवसरों को जन्म देती हैं

जब कोई व्यवधान उत्पन्न होता है तो आपको इससे निपटने की आवश्यकता होती है। हमारा दावा है कि एक तरीका, जिससे आप किसी व्यवधान से निपट सकते हैं, यह है कि एक ब्रेकडाउन घोषित कर दिया जाए (अध्याय 5 ब्रेकडाउन घोषित करने से सम्बन्धित है)।

जब आप कुछ असंगतियों (सामंजस्य न होना) को महसूस करते हैं तो आपके पास ब्रेकडाउन घोषित करने का एक विकल्प होता है। इस मामले में, जब आप बिना किसी व्यवधान के ब्रेकडाउन घोषित करते हैं तो ब्रेकडाउन एक ऐसा व्यवधान उत्पन्न करता है जिससे सम्बन्धित लोगों के लिए निपटने की आवश्यकता होती है। यह एक शक्तिशाली नेतृत्वकर्ता का कदम होता है, और आपके जीवन के प्रवाह में परिवर्तन लाए जाने का एक शक्तिशाली कदम भी। (चित्र 4.3)।

असंगति को महसूस[4] करने से आशय:

- आप महसूस करते हैं कि कुछ ठीक नहीं है;
- आप महसूस करते हैं कि कुछ गायब है;
- आपके मन में कोई कहता है कि बात उस दिशा में नहीं जा रही है जिधर आप इसके जाने की इच्छा कर रहे थे; अथवा
- आप कुछ और करने, कुछ अधिक हासिल करने हेतु बेताबी का अनुभव करते हैं।

महसूस करना[5] प्रारंभ करने का एक बिन्दु मात्र है। एक बार आपने व्यक्त कर दिया कि कौन सा काम आपके लिए उपयोगी नहीं है तो आपके पास एक ब्रेकडाउन घोषित करने का विकल्प उपलब्ध हो जाता है। ब्रेकडाउन उत्पन्न करना एक

चित्र 4.3 व्यवधान एवं घोषणाएं

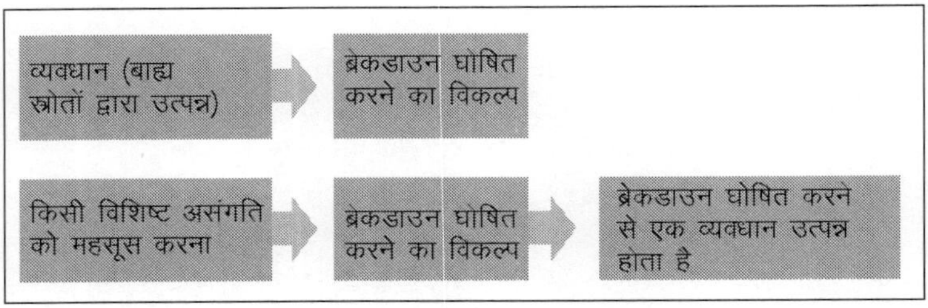

कौशल है जो आपके द्वारा अभ्यास करने के साथ विकसित हो जाता है। यह एक ऐसा अभ्यास है जिसमें आप वातावरण में असंगतियों को सुनना प्रारंभ कर देते हैं, और देखते हैं कि आप किस प्रकार से पारदर्शी प्रवाह के प्रति एक ब्रेकडाउन घोषित कर सकते हैं ताकि एक नई व्यवस्था की स्थापना कर सकें–एक ऐसी व्यवस्था जो आपके, आपके दल अथवा आपके संस्थान के लिए कारगर हो। ये असंगतियाँ ब्रेकडाउन घोषित करने के लिए विचार करने का बिन्दु होती हैं।

कभी–कभी आपको इन असंगतियों के साथ जीना पड़ता है और उन्हें विकसित होने की अनुमति देनी पड़ती है ताकि सबकुछ स्पष्ट हो सके। लोग अत्यंत सहजता से इन असंगतियों की उपेक्षा कर देते हैं और स्वयं अपने तथा अपने संस्थानों के लिए नए भविष्य का सृजन करने के अवसरों को गवाँ बैठते हैं।

मेरी पुत्री, जब 8 वर्ष की थी, कहीं से आई और मुझसे बोली, 'डैड, आप जानते हैं, मुझे अभी–अभी पता लगा है कि मैं शर्मीली हूँ!' यहाँ मुझे एक संदर्भ उत्पन्न करने दीजिए। मेरी पुत्री पाठ्येत्तर गतिविधियों तथा खेल–कूद में सक्रियतापूर्वक भाग लेते हुए अपने शिक्षण में औसत से बेहतर छात्रा रही है। अचानक, अपने संवाद में उसने दावा किया कि उसे 'पता लगा है' कि वह शर्मीली है। कुछ ऐसा कि वह शर्मीली थी यह बात उस क्षण तक उससे भी छिपी हुई थी! वह अनभिज्ञ थी कि उसे यह नहीं पता लगा कि वह 'शर्मीली' थी; उसने इस बात को उत्पन्न किया कि अपनी घोषणा में वह शर्मीली थी (हम घोषणा के बोलने एवं श्रवण सम्बन्धी कार्य पर अध्याय 5 में चर्चा करेंगे)।

जब उसने ऐसा कहा तो मुझे अपने शरीर में एक घबराहट का अनुभव हुआ। मैंने सोचा, 'यह ''मैं शर्मीली हूँ'' का संवाद जिसे मेरी पुत्री ने स्वयं के साथ किया हुआ था, अब उसके स्कूल तथा पाठ्येत्तर गतिविधियों में उसकी भविष्य की प्रतिभागिता के लिए संदर्भ बन सकता है। कुछ दिनों के बाद मैंने देखा कि वास्तव में यह उसके लिए वास्तविकता बनता जा रहा था। उसने अपने इस सृजन के साथ सम्बद्धतापूर्वक व्यवहार करना प्रारंभ कर दिया था। जब मेरे मित्र आए, वे जिन्हें वो बहुत पसंद करती थी, तो उसने उनसे छिपना प्रारंभ कर

दिया और उनसे मिलना नहीं चाह रही थी। वो मुझसे बोली, 'डैड, आप जानते हैं कि मैं शर्मीली हूँ, ठीक है?'

मुझे अपने शरीर में इस असंगति का अनुभव होना प्रारंभ हो गया। मेरे दिमाग में कुछ प्रश्न खड़े हो गए:

- मुझे स्कूल में 4 भाषाएं सिखाई गई थीं। ऐसा कैसे हुआ कि किसी ने भी मुझे भाषा की सृजनात्मक शक्ति के बारे में नहीं पढ़ाया अथवा उसे नहीं प्रदर्शित किया?
- ऐसा कैसे हुआ कि किसी ने भी मुझे यह नहीं पढ़ाया कि आप यह खोज नहीं करते कि *आप शर्मीले हैं,* बल्कि आप यह सृजन करते हैं कि *आप शर्मीले हैं?*

लगभग एक वर्ष तक यह असंगति मेरे साथ बनी रही, जो कि मेरे अंदर बढ़ रही थी। इस असंगति से, मैंने एक ब्रेकडाउन घोषित किया। एक नई कंपनी, सीआरईओ लर्निंग एलएलपी अस्तित्व में आई, जिसे मेरे भाई प्रशांत दुआ और मैंने साझेदारी में गठित किया था। मैंने निर्णय किया कि चूंकि मुझे भाषा की सृजनात्मक शक्ति के बारे में नहीं पढ़ाया गया इसका यह अर्थ नहीं है कि मेरी पुत्री की पीढ़ी, और उसके बाद की पीढ़ियों को भी यह नहीं पढ़ाया जाएगा। रेड ट्री डिजाइन स्टूडियो नामक संस्था के साथ साझेदारी में मिल्क एंड हनी नामक चरित्रों के साथ हमने कहानी की एक नई पुस्तक तैयार की, और *मिल्क एंड हनी* का उपयोग करते हुए हमारी मंशा स्कूलों में प्रवेश करने तथा छात्रों को भाषा की अपार शक्ति के सम्बन्ध में शिक्षा देने की है।

यहाँ जिस बात को मैं स्पष्ट कर रहा हूँ वह यह है कि जब आप किसी असंगति का अनुभव करते हैं तो वास्तव में आपको एक अवसर मिलता है कि उस अनभिज्ञता को दूर करें जिसके साथ आप जीते रहे हैं। हम इस बात से अनभिज्ञ थे कि हम स्कूलों तक रचनात्मक नेतृत्व की शिक्षा को पहुँचाने, छात्रों को भाषा की शक्ति, अथवा भाषा की प्रवृत्ति से शिक्षित करने का संसाधन भी बन सकते हैं।

अतः, इस अध्याय के निष्कर्ष के तौर पर, मैं यह दावा कर रहा हूँ कि आप एक ब्रेकडाउन की घोषणा करें इसके पूर्व दो में से कोई एक बात घटित होनी होती है:

- कोई ऐसा व्यवधान उत्पन्न हुआ है जिससे निपटने की आवश्यकता है, अथवा
- आपको अपनी परवाह वाले मामले में किसी असंगति का अनुभव हुआ है।

इस पुस्तक का भाग–2 ब्रेकडाउन घोषित करने और उससे निपटने की प्रक्रिया से सम्बन्धित है।

सारांश एवं हमारी समझ का पुनर्निर्माण

1. हमारा जीवन व्यवधानों से भरा होता है, और उनमें से कुछ का सामना करने की आवश्यकता होती है। जब किसी कार्य के पारदर्शी प्रवाह में कोई रुकावट इस प्रकार से आती है कि हमें इस व्यवधान पर ध्यान देना आवश्यक हो जाता है, हम इसे ऐसा व्यवधान कहते हैं जिसका सामना करने की आवश्यकता है।
2. हमारा दावा है कि व्यवधान और कुछ नहीं बल्कि आपकी पारदर्शिता में एक रुकावट होते हैं। कोई भी व्यवधान किसी 'स्थापित व्यवस्था' को बाधित करता है, और यह स्थापित व्यवस्था उस 'व्यवधान' के उत्पन्न होने तक पारदर्शी बनी रहती है।
3. किसी भी व्यवधान का अर्थ होता है हमारी संभावनाओं के अंतराल में किसी परिवर्तन का होना। जिस बात को हमने पहले से संभव माना हुआ होता है वह आगे के लिए संभव नहीं रह सकती है अथवा जिसे हमने असंभव माना हुआ होता है वह संभव बन सकती है।
4. कोई भी व्यवधान हमारे ध्यान, हमारे व्यवहार, हमारे अभ्यास, हमारी अपेक्षाओं तथा जिस भविष्य की दिशा में हम बढ़ रहे हैं उसके प्रति हमारी व्याख्या को बाधित कर सकता है। यह हमारे पूर्वनियत भविष्य के हमारे आकलन को प्रभावित करता है।
5. जो कुछ भी हमारे लिए कभी अदृश्य था वह व्यवधानों के द्वारा स्वाभाविक बन जाता है और हमारी वर्तमान जानकारी में ले आया जाता है। व्यवधान उन क्रियाओं की ओर हमारे ध्यान और जागरूकता उत्पन्न करते हैं जिन्हें हम संपन्न कर रहे होते हैं और उन घटनाओं की ओर भी जो हमारे चारो ओर घट रही होती हैं और हमें चिंतित कर रही होती हैं–ये वे क्रियाएं अथवा घटनाएं होती है जो व्यवधान उत्पन्न होने के पूर्व हमारे लिए अदृश्य थीं।
6. अंग्रेजी भाषा में प्रायः हम अवसरों को ब्रेक कह कर संदर्भित करते हैं। ये ब्रेक और कुछ नहीं बल्कि व्यवधान ही होते हैं।
7. पारदर्शिता प्रेक्षक में होती है। जो कुछ भी किसी एक व्यक्ति के लिए पारदर्शी हो वह दूसरे के लिए पारदर्शी नहीं हो सकता है। और चूंकि पारदर्शिता प्रेक्षक में होती है अतः व्यवधान भी प्रेक्षक में ही मौजूद रहता है। प्रेक्षक यह विचार बनाता है कि जो कुछ भी घटित हुआ है अथवा घटित हो रहा है वह उस घटना से भिन्न है जिसकी अपेक्षा थी।
8. आपका प्रकटनात्मक अंतराल आपकी आम समझ होती है, अर्थात्, आपकी व्याख्याओं, आपके आकलनों की संपूर्णता तथा आपकी आदतें

जो एक दुनिया को आपके समक्ष उद्घाटित करती हैं। यह अंतराल *आप जानते तक नहीं कि आप नहीं जानते* के दायरे में मौजूद रहती हैं।

9. आपका प्रकटनात्मक अंतराल दुनिया की ओर आपका *पहले से सदैव का उन्मुखीकरण* होता है। यह पहले से मौजूद रहता है और यह आपके लिए अदृश्य होता है; और, फिर भी यह उस तरीके को प्रभावित करता है जिससे दुनिया आपको दिखाई पड़ती है।
10. आपका प्रकटनात्मक अंतराल वह तरीका होता है जिससे आपकी दुनिया उत्पन्न होती है। यह वह तरीका नहीं है जिससे दुनिया उत्पन्न होती है; यह वह तरीका है जिससे दुनिया आपके लिए उत्पन्न होती है।
11. कुछ व्यवधान संभावनाओं को प्रस्तुत करते हैं तथा इन्हें सकारात्मक व्यवधान माना जा सकता है। फिर कुछ ऐसे व्यवधान भी होते हैं जो संभावनाओं को समाप्त करते हैं जिन्हें नकारात्मक व्यवधान माना जा सकता है। यह निर्णय एक प्रेक्षक करता है कि कोई व्यवधान संभावनाओं को समाप्त करता है अथवा प्रस्तुत करता है।
12. इस पुस्तक का एक महत्वपूर्ण दावा है: अपने पूर्ण–विकसित नेतृत्व का उपयोग करने हेतु आपको अपने जीवन में ब्रेकडाउन घोषित करने में कुशल होना चाहिए।
13. नई संभावनाओं को देख पाने तथा यथास्थिति पर प्रश्न खड़े करने की जितनी अधिक योग्यता आपमें होगी उतने ही अधिक सफल आप हो सकते हैं। यथास्थिति पर प्रश्न खड़े करने से आशय जानबूझकर ब्रेकडाउन घोषित करने से है ताकि भाग्य द्वारा निर्धारित भविष्य के स्थान पर पसंद के एक भविष्य को हासिल किया जा सके।
14. समस्या एवं व्यवधान के बीच का अंतर मात्र शब्दार्थ–विज्ञान का एक मुद्दा मात्र नहीं है। यह तुलना की बात है कि जब आप किसी बात को एक व्यवधान के रूप में देखते हैं तो दुनिया आपको कैसी दिखाई देती है और जब आप किसी बात को एक समस्या के रूप में देखते हैं तो दुनिया आपको कैसी दिखाई देती है। व्यवधानों में, आप उस आकलन का चयन करते हैं जो कि आप करना चाहते हैं, बजाए इसके कि किसी स्वयमेव होने वाले आकलन का अंधानुसरण करें।
15. ब्रेकडाउन घोषित करना एक ऐसा कौशल है जो आपके अभ्यास करने के साथ विकसित होता है। यह एक ऐसा अभ्यास होता है जहाँ आप वातावरण में असंगतियों को सुनना आरंभ करते हैं, और देखते हैं कि किस प्रकार से आप एक नई व्यवस्था स्थापित करने के लिए पारदर्शी प्रवाह में एक व्यवधान उत्पन्न कर सकते हैं, एक नया प्रवाह–एक ऐसा जो आपके लिए, आपके दल अथवा आपके संस्थान के लिए लाभदायक

हो। यह एक शक्तिशाली नेतृत्वकर्ता वाला कदम होता है, और जीवन में एक शक्तिशाली कदम ताकि आप उसकी देखभाल कर सकें जिसके सम्बन्ध में परवाह आप करते हैं।

रचनात्मक अभ्यास

1. इस बात की खोज कीजिए कि जिन व्यवधानों को उत्पन्न करने का चयन आपने किया उन्होंने किस प्रकार से आपकी वहाँ पहुँचने में सहायता की जहाँ अपने जीवन में आज आप हैं।
2. हाल ही में गुजरे किसी ऐसे समय के बारे में सोचिए जब आपके जीवन में कोई बाहरी व्यवधान उत्पन्न हुआ हो। यदि वही व्यवधान आपके लिए अभी घटित होता तो आप उस व्यवधान को किस प्रकार से देखते?
3. उपरोक्त अभ्यासों की दैनिक प्रविष्टि अपनी दैनन्दिनी में कीजिए ताकि जिन संभावनाओं के सम्बन्ध में आप परवाह करते हैं उनका प्रेक्षण (ऑब्ज़र्वेशन) करने और उन्हें उत्पन्न करने की आपकी क्षमता और अधिक व्यापक और गहन हो जाए।
4. कृपया पिछले अध्यायों के अभ्यासों में संलिप्त रहना जारी रखें। प्रत्येक अध्याय के अंत के अभ्यासों को पुराने अध्यायों में सिफारिश किए गए अभ्यासों का स्थान न लेने दें, बल्कि पिछले अभ्यासों के आधार पर ही नए अभ्यासों का निर्माण करें।

टिप्पणियाँ

1. इसे न्यूफील्ड नेटवर्क के रफैल इशेवेरिया के पत्र 'मूड्स एंड इमोशंस' से लिया गया है। जहाँ वे इसे पारदर्शिता में एक रुकावट कहते हैं, मैंने इसे एक व्यवधान कहा है, जैसा कि हम आईजीएल में कहते हैं। न्यूफील्ड नेटवर्क में, पारदर्शिता में रुकावट और ब्रेकडाउन के बीच कोई अंतर नहीं है। आईजीएल में, हम पारदर्शिता में रुकावट को एक व्यवधान के रूप में अंतर करते हैं, और फिर प्रेक्षक पर निर्भर करता है कि वह ब्रेकडाउन घोषित करे (अथवा न करे)।
2. C. Spinosa, F. Flores, and H.L. Dreyfus, *Disclosing New Worlds: Entre-preneurship, Democratic Action, and the cultivation of Solidarity* (Cambridge, MA: MIT Press, 1997)।
3. वर्नर एर्हार्ड एवं माइकल जेन्सन के कार्यों से लिया गया है।
4. असंगतियाँ शब्द मूलतः स्पिनोसा, ड्रेफस एवं फ्लोर्स की पुस्तक *Disclosing New Worlds: Entrepreneurship, Democratic Action, and the cultivation of Solidarity* से लिया गया है।
5. एक शब्द के रूप में 'महसूस करना' का उपयोग राबर्ट डनहम एवं पीटर डेनिंग द्वारा अपनी पुस्तक *The Innovator's Way* में किया गया है। इस पुस्तक में 'महसूस करने' पर एक अध्याय को समर्पित किया गया है।

भाग 2

एक दृष्टि में 6–चरणों वाली प्रक्रिया

यहाँ स्वयं आपके तथा आपके संस्थान के लिए आपकी पसंद के एक भविष्य को डिजाइन करने हेतु उठाए जाने वाले 6 चरणों का विवरण प्रस्तुत है। यही इस पुस्तक के द्वारा किया गया वादा है–कि आपको एक ऐसे भविष्य का सृजन करने और उसे हासिल करने का साधारण तरीका बताया जाए जो आपके लिए लाभदायक हो। जब मैं 'साधारण' कहता हूँ तो उससे मेरा आशय 'सरल' से नहीं है। ये समझने में साधारण हो सकते हैं, परंतु इनमें महारत हासिल करने के लिए आपको निरंतर इन चरणों का अभ्यास करते रहने की आवश्यकता है।

इसके अलावा, जब मैं 'साधारण' कहता हूँ तो मेरा आशय तुच्छ अथवा महत्वहीन से नहीं होता। वास्तव में, ये इतने अधिक महत्वपूर्ण हैं कि मैं यह कहने का दुःस्साहस कर रहा हूँ कि ये गैर–विवेकाधीन हैं। किसी न किसी रूप में, आपको इन 6–चरणों का अनुसरण करने की आवश्यकता होती है। आप या

तो भाग्य पर निर्भर कर सकते हैं, अथवा अपनी पसंद के भविष्य को हासिल करने हेतु इन चरणों का अनुसरण कर सकते हैं।

एक बार किसी व्यवधान के उत्पन्न हो जाने, अथवा आपके द्वारा उत्पन्न कर दिए जाने, अथवा बाहरी परिस्थितियों के कारण उत्पन्न होने के बाद आपके पास ब्रेकडाउन घोषित करने का एक विकल्प उपलब्ध होता है।

ब्रेकडाउन घोषित करने हेतु 6-कदमों वाली प्रक्रिया एवं अपनी पसंद के भविष्य का सृजन

यह एक साधारण 6–चरणों वाली प्रक्रिया है जिसने अनेकों व्यक्तियों एवं संगठनों को अपने कार्यप्रदर्शन में सफलता प्राप्त करवाई है (चित्र पी II.1)। इसने कई दलों को अपनी समस्याओं का समाधान करने और उस प्रतिबद्धता के साथ कार्य करने में सहायता प्रदान की है जिसकी वे परवाह करते हैं।

नेतृत्वकर्ताओं के लिए ब्रेकडाउन घोषित करना संवाद सम्बन्धी एक चरण होता है तथा यह दिन–प्रतिदिन की सफलताओं को सृजन करने का एक प्रभावी तरीका है। चाहे यह कार्यालय जाते समय आपके कार्य में किसी गड़बड़ी का उत्पन्न होना हो अथवा दो संगठनों के विलय में सामने आने वाली अथवा अनुमानित बाधा हो, यह तकनीक परिवर्तन का सामना करने तथा मौजूदा परिस्थिति के साथ प्रभावी रूप से निपटने में सहायक है।

चित्र पी II.1 ब्रेकडाउन घोषित करने हेतु 6–चरणों वाली प्रक्रिया एवं अपनी पसंद के भविष्य का सृजन

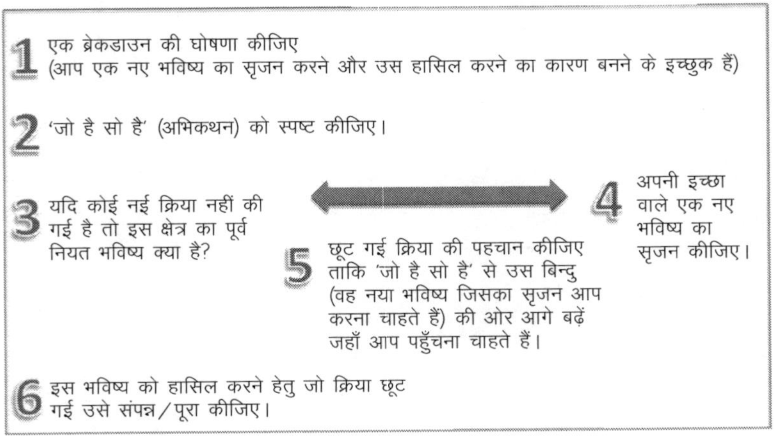

चरण–1 : एक ब्रेकडाउन घोषित कीजिए

एक ब्रेकडाउन घोषित करना एक निर्णय लिया जाना होता है। यह एक घोषणा होती है कि आप किसी भविष्य, जिसका आप सृजन कर सकते हैं, को हासिल करने के लिए जो कुछ भी आवश्यक होगा सबकुछ करेंगे।

जब आप एक ब्रेकडाउन घोषित करते हैं तो आप घोषणा करते हैं कि आप अपने जीवन के मामलों में अपनी पसंद का उपयोग करना चाहते हैं।

एक ब्रेकडाउन घोषित करना यह घोषित करना है कि आप अपने जीवन के किसी विशिष्ट मामले का उत्तरदायित्व स्वीकार कर रहे हैं।

और अंततः, आप एक ब्रेकडाउन घोषित कर देते हैं। कोई दूसरा आपके लिए इसकी घोषणा नहीं कर सकता।

चरण–2 : 'जो है सो है' (अभिकथनों) को समझिए

अगला चरण है कि आप अपने ध्यान को 'जो है सो है' पर केन्द्रित करें। ऐसा आप मामले में किए गए अभिकथनों को समझने पर कर सकते हैं। अभिकथन तथ्यों के आधार पर किए गए होते हैं जो कि सत्य अथवा झूठे हो सकते हैं। जब आप 'जो है सो है' पर निगाह डाल रहे होते हैं तो आप उस क्रिया पर निगाह डाल रहे होते हैं जो या तो की जा चुकी है अथवा नहीं की गई है। आप ऐसे तथ्यों, जो प्रेक्षणीय अथवा मापनीय हैं अथवा जिन्हें साक्ष्य द्वारा समर्थित किया जा सकता है, को स्थापित करने के लिए स्थिति पर उद्देश्यपूर्ण तरीके से निगाह डालते हैं।

सर्वाधिक महत्वपूर्ण रूप से, जब आप 'जो है सो है' पर निगाह डाल रहे होते हैं, तो कोई भी कहानी, औचित्य, स्पष्टीकरण अथवा कारण कुछ भी मौजूद नहीं होता। मात्र तथ्य (अभिकथन) मौजूद होते हैं। दुनिया में जो कुछ भी एक तथ्य के रूप में प्रेक्षणीय है वह एक राय नहीं होती है।

चरण–3 : यदि कोई नई क्रिया नहीं की गई है तो इस क्षेत्र में पूर्वनियत भविष्य क्या है?

परिचय नामक अध्याय में हमने पूर्वनियत भविष्य का संक्षिप्त परिचय प्रस्तुत किया था। यदि कोई क्रिया नहीं की गई है, तो संभावना क्या है, इस माम्ले में लगभग निश्चित भविष्य? आपका पूर्वनियत भविष्य आपके समक्ष तब तक स्पष्ट नहीं होता जब तक आप उद्देश्यपूर्वक स्वयं से यह प्रश्न नहीं करते कि : 'इस मामले में क्रिया के वर्तमान क्रम और मामले की स्थितियों को ध्यान में रखते हुए मेरा संभावित, लगभग निश्चित भविष्य क्या है?'

इस प्रश्न का उत्तर ही यह पहचान कराता है कि यदि कोई नई क्रिया नहीं की गई तो आपका परिणाम क्या होगा। हममें से प्रत्येक के पास हमारे जीवन के अलग–अलग क्षेत्रों में एक पूर्वनियत भविष्य मौजूद होता है। हममें से अधिकांश अपने पूर्वनियत भविष्य से अनभिज्ञ होते हैं। कुछ ऐसे लोग, जो अपने पूर्वनियत भविष्य से पारदर्शिता का पर्दा उठाने की इच्छा रखते हैं, प्रेक्षक बन जाना पसंद कर लेते हैं। जो भी ऐसा करता है वह इस पूर्वनियत भविष्य को परिवर्तित करने हेतु क्रिया करने का चयन कर सकता है।

चरण–4 : एक नए भविष्य का सृजन कीजिए

आप एक नए भविष्य का सृजन किस प्रकार करते हैं? इस विषय पर हम इस प्रक्रिया के चौथे चरण में चर्चा करेंगे। आप एक नए भविष्य का सृजन करते हैं क्योंकि पूर्वनियत भविष्य आपको स्वीकार्य नहीं है।

चरण–5 : 'जो है सो है' से अब 'जहाँ आप पहुँचना चाहते हैं' (आप द्वारा सृजित नया भविष्य) की ओर आगे बढ़ने में छूट गई क्रिया की पहचान करें

यदि एक बार आपने अपने पूर्वनियत भविष्य को पहचान लिया और एक नए भविष्य का सृजन कर लिया तो छूट गई क्रिया आपके समक्ष स्पष्ट हो सकती हैं। ये 'आज जो है सो है' से 'जहाँ मैं पहुँचना चाहता हूँ' के बीच छूटी हुई क्रियाएं हैं। ये छूटी हुई क्रियाएं रचनात्मक संवादात्मक चरण/संवादात्मक क्रियाएं हैं।

चरण–6 : निष्पादन

ऊपर कही गई सारी बातें अर्थहीन हो जाती है यदि 'आज जो है सो है' तथा 'नए भविष्य' के बीच की खाईं को पाटने के लिए आप अपनी प्रतिबद्धताओं को पूरा नहीं करते। अंततः, ये मात्र क्रियाएं ही होती हैं जो आपको परिणाम प्रदान करती हैं। आपको स्वयं ही क्रिया करने के उद्देश्य से कुशल बनना आवश्यक होगा, तथा साथ ही अपने नेटवर्क से क्रियाओं के समन्वय में सहायता प्रदान करने का आह्वाहन करने में भी ताकि नया भविष्य/साझा भविष्य हासिल किया जा सके।

5

ब्रेकडाउन की घोषणा

परवाह का महत्व

ब्रेकडाउन परवाह वाले क्षेत्रों में घोषित किए जाते हैं। उदाहरणार्थ, एक सुबह मैंने समाचारपत्र में पढ़ा कि एक अग्रणी सूचना प्रौद्योगिकी कंपनी ने अपने राजस्व में 7 प्रतिशत की गिरावट सूचित की है। यह कंपनी भारत में एक बड़ी सूचना प्रौद्योगिकी कंपनी है, और मैं इससे सम्बन्धित समाचारों में रुचि रखता हूँ, परंतु निश्चित रूप से यह मेरी परवाह का हिस्सा नहीं है। मैं इस कंपनी के लिए काम नहीं करता, मैंने इस कंपनी में निवेश नहीं किया हुआ है और न ही मैं इस कंपनी के साथ कोई व्यापार करता हूँ।

मैंने इस कंपनी के मामले में कोई भी ब्रेकडाउन न करने का चयन किया, मात्र इसलिए क्योंकि यह मेरी परवाह का विषय नहीं है।

मैंने इस पुस्तक में 'परवाह' शब्द का उपयोग 203 बार किया है। और परवाह शब्द को इतना अधिक महत्व दिए जाने का कारण यह है कि यह नेतृत्व के केन्द्र में होती है। आप मात्र अपनी परवाह वाले क्षेत्र में ही अपने नेतृत्व का उपयोग कर सकते हैं। आप अपनी परवाह वाले किसी क्षेत्र मात्र में ही अर्थपूर्ण ब्रेकडाउन घोषित कर सकते हैं।

मनुष्य परवाह करने वाले प्राणी होते हैं। हमारी अनेक परवाहें होती हैं, और हम सभी इन परवाहों, जो हमारे पास हैं, की देखभाल करने के लिए जी रहे होते हैं। जब हम अपने द्वारा की जा रही परवाह की देखभाल करने के लिए कोई क्रिया करते हैं तो हम उस क्रिया को अर्थ प्रदान करते हैं। ऐसी क्रियाएं, जो आपकी परवाह की देखभाल नहीं करती, अर्थहीन क्रियाएं होती हैं।

परिणाम, जो हमें संतुष्ट करते हैं, हमारी परवाह से सम्बन्धित परिणाम होते हैं। यदि आपको कोई परिणाम प्राप्त हुआ है और फिर भी आपको संतुष्टि का अनुभव नहीं हो रहा तो आपको प्रश्न करने की आवश्यकता है कि क्या यह परिणाम आपकी परवाह वाले क्षेत्र से सम्बन्धित था।

हम अपनी परवाह से सम्बद्ध अथवा असम्बद्ध हो सकते हैं। हमारी आज की संस्कृति में, हम उन बाहरी परिणामों को प्रस्तुत करने के उद्देश्य से ऐसे प्रदर्शन करने हेतु शिक्षित किए जाते हैं जिनका मूल्यांकन दूसरों द्वारा किया जाता है। हमें हमारी अपनी परवाह की खोज करने हेतु अपने अंदर झांकने के लिए प्रशिक्षित नहीं किया जाता। जिन ग्राहकों अथवा प्रतिभागियों के साथ हम काम करते हैं उनमें से अधिकांश के समक्ष यह प्रश्न, कि 'आप किस बात की परवाह करते हैं', एक आश्चर्य का विषय होता है। किसी ने भी उन्हें यह नहीं बताया है कि यह एक महत्वपूर्ण प्रश्न है और न ही यह कि उनका उत्तर महत्वपूर्ण होता है।

यह एक महत्वपूर्ण प्रश्न है। यह हमारे मनुष्य के रूप में एक प्राणी होने के हमारे आधार, जीवन के हमारे अनुभव की नींव, को प्रकट करता है।

चूंकि परवाह मूल्य और संतुष्टि का आधार होती है, अतः यह व्यवसायों एवं संस्थानों के लिए भी आधार ही होती है। यह हमारी संस्कृति का एक ऐसा अनदेखा बिन्दु है जो मामलों की आधारभूत रूप से परवाह करता है। हमें बताया गया है कि मात्र बाहरी परिणाम ही महत्वपूर्ण होते हैं। परंतु ऐसा तभी होता है जब कोई परवाह करता है। किसी को भी बाहरी परिणामों की परवाह करने की आवश्यकता होती है, और इसी के बाद ही इनका महत्व होता है।

आप जिस बात की परवाह करते हैं उसकी देखभाल करने हेतु आपकी क्षमता विकसित करने के एक भाग के रूप में निश्चित रूप से एक प्रमुख प्रश्न यह है कि : *आप किस बात की परवाह करते हैं?*

आप किस बात की परवाह करते हैं स्वयं से यह प्रश्न पूछना जारी रखने में एक महत्वपूर्ण अवसर यह होता है कि आप इस तथ्य में भेद करना प्रारंभ कर सकते हैं कि जो है सो है जिसकी आप सच में परवाह करते हैं तथा वह जिसके बारे में परवाह करने के लिए दूसरों ने आपसे कहा है। इसके बाद आप इस तरीके से पुनः चयन कर सकते हैं जो इस चयन को वास्तव में आपका चयन बनाता हो, बजाए इसके कि ऐसा 'होना चाहिए'। क्या किसी निश्चित जीवनशैली, जिसका चयन आपने किया है अथवा दूसरी, जिसे बिना परीक्षण किए आपको पकड़ा दिया गया है, को जीना ही जीवन है? फिर शिक्षा का स्तर अथवा कुछ उपाधियों को प्राप्त कर लेना क्या होता है? क्या ये वे बातें हैं जिन्हें आपने चुना था अथवा आपने यह अनुभव किया था क़ि चूंकि दूसरे आपसे ऐसी अपेक्षा करते हैं, अतः ऐसा करना 'चाहिए'?

'हम किस बात की परवाह करते हैं' इस प्रश्न को पूछकर हम यह देखना प्रारंभ कर देते हैं कि हमारे कार्य अथवा परवाह कहाँ पर असम्बद्ध अथवा असंगत हो सकते हैं। उदाहरणार्थ, क्या हम यह कहते हैं कि हम अपने कर्मचारियों की परवाह करते हैं परंतु फिर भी हर समय आप उनके साथ ऐसा संवाद करते हैं जो उन्हें नीचा दिखाता है और उन्हें गलत ठहराता है? प्रायः ऐसा होता है कि हमें किसी बात की परवाह तो होती है परंतु हमने स्वयं से कभी भी यह प्रश्न नहीं पूछा होता : इस बात की परवाह करना कैसा प्रतीत होगा?

यदि आप इस प्रश्न से घबड़ाते हैं और आपका पहला उत्तर है 'मुझे नहीं मालूम कि मैं किस बात की परवाह करता हूँ', तो चिंता मत कीजिए। मनुष्य के रूप में हम परवाह करने वाले प्राणी हैं। पहला बिन्दु जिसपर निगाह डाली जा सकती है वह यह हो सकता है कि आप अपना समय किस प्रकार व्यतीत करते हैं–रोजगार में, परिवार के साथ, समुदाय में, स्वास्थ्य पर, पर्यावरण पर, संगीत पर अथवा आध्यात्मिकता में? आप अपना अधिकाधिक समय कहाँ और कैसे व्यतीत करते हैं? यह तरीका हमें यह दिखाना प्रारंभ कर सकता है कि हम किस बात की परवाह करते हैं, जिसमें वह भी शामिल हो सकता है जिसकी परवाह आप मात्र अवचेतन रूप से करते हों (जैसे अच्छा दिखना, आरामदायक रूप से रहना और जोखिम उठाना अथवा बहुत अधिक जोखिम न उठाना)।

परवाह ब्रेकडाउन घोषित करने का आधार होती है। आप किसी ऐसे मामले में ब्रेकडाउन घोषित क्यों करेंगे जिसकी आप परवाह ही नहीं करते? जब आप यह जान लेते हैं कि आपके लिए क्या अर्थपूर्ण है अथवा इसका परिणाम क्या होगा, अथवा आपकी परवाह कौन–कौन सी हैं, मात्र तभी यह प्रश्न उत्पन्न होता है कि 'क्या मैं जिस बात की परवाह करता हूँ उसकी देखभाल कर रहा हूँ?' और यदि नहीं, तो आपके पास उस क्षेत्र में एक ब्रेकडाउन घोषित करने का विकल्प मौजूद होता है।

हम आपको यह समझने, कि जो है सो है जिसकी आप वास्तव में परवाह करते हैं, और फिर अपनी परवाह के विषय में ब्रेकडाउन घोषित करने पर विचार करने हेतु आमंत्रित करते हैं ताकि आप अपनी परवाह वाले मामले की देखभाल करने में सक्षम हो सकें।

चिंतनशील विराम

कुछ क्षण निम्नलिखित पर चिंतन करें:

आपकी परवाह वाले विभिन्न क्षेत्र क्या हैं?

एक बार आपके द्वारा परवाह वाले विभिन्न क्षेत्रों की पहचान कर लिए जाने के बाद चिंतन करने हेतु आपके लिए अगला प्रश्न है:

क्या आप अपनी परवाहों की देखभाल कर रहे हैं?
मैं आपको अपनी विभिन्न परवाहों को दैनन्दिनी में दर्ज करने हेतु आमंत्रित करता हूँ; और फिर इस बात पर चिंतन कीजिए कि आप अपनी परवाहों की कितनी अच्छे तरीके से देखभाल कर रहे हैं।

बोलने एवं श्रवण (सुनने) सम्बन्धी क्रिया : घोषणा

विगत अध्यायों में हमने यह खोज की थी कि ब्रेकडाउन क्या होता है। हालांकि, प्रभावी रूप से ब्रेकडाउन घोषित करने में सक्षम होने हेतु हमें अब यह खोज करने की आवश्यकता है कि एक 'ब्रेकडाउन' क्या होता है।

विभिन्न लेखकों ने 'घोषणा' शब्द को परिभाषित किया है, और मैं उनमें से कुछ को नीचे शामिल कर रहा हूँ:

> घोषणाएं किसी वक्ता की बोलने सम्बन्धी क्रियाएं होती हैं जिसके अंतर्गत वक्ता शून्यता में से संभावनाओं की नई दुनिया, बातों को देखने के एक नए नजरिए, खेलने के लिए खेल के एक नए मैदान को सामने लाता है।
>
> —चामर्स ब्रदर्स[1]

> भाषा के माध्यम से किसी बात को अस्तित्व प्रदान करने सम्बन्धी क्रिया; भविष्य का सृजन करने की क्रिया।
>
> —बॉब डनहम[2]

> घोषणा मात्र लक्ष्य बनाना नहीं—बल्कि भविष्य के स्वामित्व को प्राप्त करना है।
>
> —बॉब डनहम[3]

> एक घोषणा एक उच्चारण होती है जिसके अंतर्गत ऐसा कर सकने के अधिकार से संपन्न एक व्यक्ति किसी ऐसी बात को अस्तित्व प्रदान करता है जिसका पहले अस्तित्व नहीं था।
>
> —मैथ्यू बड एवं लैरी रॉथस्टीन[4]

मैं जिस प्रकार से 'घोषणा' शब्द को परिभाषित करना चाहूँगा वह निम्नवत् है:

> घोषणा, ऐसा कर सकने के किसी अधिकार संपन्न व्यक्ति के द्वारा बोलने एवं श्रवण की एक क्रिया होती है जिसके अंतर्गत वह शून्यता में से एक

नई संभावना को प्रस्तुत करता है, एक नए भविष्य को अस्तित्व प्रदान करता है जो कि उसका है।

कोई भी घोषणा चीज़ों को प्रारंभ, समाधान अथवा समाप्ति कर सकती है।

आप देखेंगे कि मैंने उपरोक्त सभी परिभाषाओं की महत्वपूर्ण विशेषताओं को लेकर एक नई परिभाषा सृजित कर दी है जो कि सभी को शामिल करने वाली है।

आइए, हम ऐसे महत्वपूर्ण तत्वों का सार प्राप्त करते हैं जो इस परिभाषा, तथा पहले दी गई परिभाषाओं से निकलते हैं:

1. *घोषणाएं बोलने एवं श्रवण सम्बन्धी क्रियाएं होती हैं।* आप किसी भाषा में कोई घोषणा करते हैं और इस कथन के माध्यम से किसी भविष्य को अस्तित्व प्रदान करते हैं। विभिन्न संस्थान अपने–अपने दृष्टिकोण घोषित करते हैं, न्यायालयों में न्यायाधीश अपने निर्णय घोषित करते हैं, खेल संघ खेल के अपने नियमों को घोषित करते हैं और माता–पिता बच्चों के सोने के समय की घोषणा करते हैं।

   ये सभी बोलने सम्बन्धी ऐसी क्रियाएं हैं जो प्रतिबद्ध श्रवण (ध्यान से सुनने की क्रिया) के द्वारा किसी भविष्य को अस्तित्व प्रदान करती हैं। किसी भी भविष्य का निर्माण किसी के द्वारा बोलने पर हो जाता है। ऐसे किसी भी समय तक इसका कोई अस्तित्व मौजूद नहीं होता। यह मात्र बोलने एवं श्रवण की क्रिया के द्वारा ही अस्तित्व ग्रहण करता है।

   किसी भी घोषणा में, आपके शब्द दुनिया के सामने प्रकट होते हैं, अर्थात्, आप पहले अपने शब्दों में अपने भविष्य का सृजन कर लेते हैं और फिर यह दुनिया निर्मित हो जाती है। उदाहरणार्थ, भारत के संविधान की प्रस्तावना में कहा गया है:

   हम, भारत के लोग, भारत को एक **संपूर्ण प्रभुत्व-संपन्न समाजवादी पंथनिरपेक्ष लोकतंत्रात्मक गणराज्य** बनाने के लिए, तथा उसके समस्त नागरिकों को:

   सामाजिक, आर्थिक एवं राजनीतिक **न्याय;**

   विचार, अभिव्यक्ति, विश्वास, धर्म और उपासना की **स्वतंत्रता;**

   प्रतिष्ठा और अवसर की **समता;**

   प्राप्त कराने के लिए तथा उन **सब में**

   व्यक्ति की गरिमा और **राष्ट्र की एकता और अखंडता** सुनिश्चित करने वाली बंधुता बढ़ाने के लिए;

दृढसंकल्प होकर **अपनी इस संविधान सभा में** आज तारीख 26 नवम्बर, 1949 को **एतद्द्वारा इस संविधान को अंगीकृत, अधिनियमित और आत्मार्पित करते हैं।**

भारत का संविधान पहले सृजित किया गया था (*पहले शब्द सृजित किए गए थे*), और फिर इस संविधान (*शब्द*) के द्वारा भारत में भविष्य के कानूनों के लिए संदर्भ प्रदान किया गया। भारत के नागरिकों के मूलभूत अधिकारों को संविधान में *घोषित* किया गया था, और चूंकि इन्हें भारत के सर्वोच्च कानून में घोषित किया गया है, मैं, भारत के एक नागरिक के रूप में, इन मूलभूत अधिकारों को प्राप्त करने हेतु दावा कर सकता हूँ।

2. *घोषणाएं शून्यता में से की जाती हैं।* जब कोई व्यक्ति जानबूझकर कोई घोषणा करता है तो मेरे दृष्टिकोण से एक महत्वपूर्ण मानदंड यह है कि उसका सम्बन्ध किसी ऐसे स्थान से है जहाँ उस घोषणा को दूषित करने वाला अतीत का कोई भी आकलन, निर्णय अथवा निष्कर्ष मौजूद नहीं है।

उदाहरणार्थ, मेरे एक शिक्षार्थी ने अपने 30 करोड़ रुपए मूल्य वाले अपने संस्थान के भविष्य की घोषणा करते समय घोषित किया कि वह अगले वर्ष में अपने संस्थान के राजस्व में 20 प्रतिशत की वृद्धि कर लेगा। जहाँ अनेक विशेषज्ञ इसे एक पूर्ण रूप से स्वीकार्य घोषणा के रूप में पाएगें, मेरा विश्वास है कि यह उसकी गतवर्ष की बिक्री के कारण सीमित होगा। शिक्षार्थी के पास अपने व्यवसाय का अनुभव है, और इसीलिए अपने व्यवसाय के आधार पर उसने 20 प्रतिशत वृद्धि की घोषणा की है।

अनुभव का आधार भूतकाल में निहित होता है और भविष्य के किसी परिणाम को उत्पन्न करने हेतु भूतकाल पर भरोसा करना एक गलती हो सकती है। लोगों का विश्वास होता है कि उनके पास 'अनुभव' है और यह 'अनुभव' उन्हें बताता है कि क्या संभव है। और यही वह केन्द्रीय बिन्दु है जिसे मैं सीमित करने वाला पाता हूँ! क्या संभव है इसे बताने के लिए आपको किसी अनुभव की आवश्यकता नहीं होती। आप उस बात को संभव बनाना चाहते हैं जिसे आप संभव बनाने की इच्छा रखते हैं। फिर वह सबकुछ अपनाने की तर्कशीलता और साहस रखिए ताकि उसे संभव बनाया जा सके जिसे आप संभव बनाना चाहते हैं।

क्या इसका अर्थ यह है कि अनुभव बेकार होता है? ऐसा आवश्यक नहीं है! किसी भविष्य को घोषित करने में अनुभव का उपयोग करना

बाध्यकारी हो सकता है; हालांकि, एक बार किसी भविष्य को घोषित कर दिए जाने के बाद उस भविष्य को हासिल करने हेतु क्रिया करने में आपका अनुभव अत्यधिक उपयोगी होगा।

जब आप किसी भविष्य का सृजन करने हेतु अपने अनुभव का उपयोग करते हैं तो आप अपने अतीत से निकल रहे होते हैं और संभव है कि आप एक साधारण से भविष्य का सृजन कर रहे हों। हालांकि, यदि आप पसंद के भविष्य की घोषणा करते हैं, और फिर उस भविष्य को हासिल करने में अपने अनुभव का उपयोग करते हैं, तब उस भविष्य तक पहुँच पाने की आपकी संभावनाएं अपेक्षाकृत अधिक होती हैं।

थिंक लाइक ए फ्रीक[6] नामक अपनी पुस्तक में स्टीवेन लेविट एवं स्टीफेन डूबनर ने कोबी नामक एक व्यक्ति का उदाहरण प्रस्तुत किया है जो एक साधारण कदकाठी और मुश्किल से 5'8'' लंबा था। कोबी ने न्यूयॉर्क शहर स्थित कोनी द्वीप में सामान्य रूप से आयोजित करने वाले 'नाथन्स फेमस फोर्थ ऑफ जुलाई इंटरनेशनल हॉट–डॉग ईटिंग कन्टेस्ट' में भाग लिया। आधिकारिक रेकार्ड विलक्षण था जो इस प्रकार था : 12 मिनटों में 25–1/8 हॉट–डॉग बन्स (एचडीबी)।

कोनी द्वीप में अपनी सर्वप्रथम प्रतिस्पर्धा में कोबी ने 12 मिनटों में 50 हॉट–डॉग बन्स का एक नया विश्व कीर्तिमान स्थापित कर दिया! यदि आप गत विश्व कीर्तिमान से 20 प्रतिशत की वृद्धि कर सकें तो यह अभी भी 12 मिनटों में मात्र 30 हॉट–डॉग बन्स से कुछ अधिक का ही होगा।

भूतकाल से बाधित हुए बिना घोषणा करने से मेरा अर्थ यही है। कोबी अपने पिछले रेकार्ड से बाधित नहीं था और उसने अपने पहले के रेकार्ड को दोगुना कर लिया था।

3. *घोषणाएं ऐसी नई संभावनाओं को सामने लाती हैं (संभावनाओं को उत्पन्न करती है अथवा संभावनाओं को समाप्त करती हैं) जो पहले अस्तित्व में नहीं थीं।* जब कोई संस्थान अपना दृष्टिकोण घोषित करता है तो यह संस्थान के लिए नई संभावनाओं को उत्पन्न करता है। जब कोई माता–पिता सोने के समय की घोषणा करते हैं तो बच्चे के लिए संभावनाएं समाप्त हो जाती हैं। जब अंतर्राष्ट्रीय क्रिकेट काउंसिल (आईसीसी) किसी एक पारी में पूरे समय के दौरान 30 गज के दायरे में 5 खिलाड़ियों को रखे जाने सम्बन्धी एक नए नियम की घोषणा करती है तो क्रिकेट खिलाड़ियों के लिए यह कुछ संभावनाओं को समाप्त करता है तो कुछ अन्य संभावनाओं को खोलता भी है।

4. *जब आप घोषणा करते हैं तब आप मात्र कुछ लक्ष्य निर्धारित करने के बजाए भविष्य का स्वामित्व ग्रहण करते हैं।* कोई भी घोषणा किसी भविष्य को हासिल करने हेतु किसी क्रिया का एक संदर्भ होती है।

   जब भारत के संविधान में हमारे मूलभूत अधिकारों की घोषणा की गई थी तो यह सामान्यतः हासिल करने वाला एक लक्ष्य मात्र नहीं था। यह इस देश में भविष्य में की जाने वाली समस्त कानूनी, कार्यपालिका एवं न्यायपालिका सम्बन्धी क्रियाओं हेतु संदर्भ बन गया था।

   जब आईसीसी किसी नए नियम की घोषणा करती है तो यह उस नियम का अनुसरण करने हेतु एक लक्ष्य नहीं होता–इस नए नियम को अस्तित्व प्रदान किया जा चुका होता है, और अब इस नए नियम के अधीन ही खेल खेला जा सकेगा। इसी प्रकार से, जब आप कोई घोषणा करते हैं तो यह कोई लक्ष्य नहीं होता–यह आपकी भविष्य की क्रिया का संदर्भ होता है। इस भविष्य के स्वामी आप हैं, और यह भविष्य घटित हो इसके लिए क्रियाएं करते हैं।

5. *घोषणा करने हेतु आपको ऐसा करने के अधिकार की आवश्यकता होती है।* किसी क्रिकेट टीम के गेंदबाज के रूप में मैं किसी ऐसे नियम की घोषणा नहीं कर सकता जो मेरे लिए फायदेमंद हो। मेरे पास ऐसा करने का अधिकार उपलब्ध नहीं होता।

   क्रिकेट के खेल में नियम निर्धारित करने का अधिकार आईसीसी में निहित होते हैं।

   किसी संस्थान के दृष्टिकोण को घोषित करने के अधिकार निदेशक मंडल में निहित होते हैं।

   किसी व्यक्ति का विवाह संपन्न होने की घोषणा करने का अधिकार पुजारी में निहित होता है।

   किसी तलाक की घोषणा करने, अथवा किसी को दोषी सिद्ध अथवा घोषित करने का अधिकार न्यायाधीश में निहित होता है।

   क्रिकेट में किसी नियम को परिवर्तित करना मात्र इसलिए महत्वपूर्ण होता है क्योंकि आईसीसी ऐसा कहता है, अथवा कोई विवाह तभी संपन्न होता है जब मंत्री, लोक अधिकारीगण अथवा पुजारीगण ऐसा घोषित करते हैं। कोई भी तलाक अथवा दोषसिद्धि मात्र इसलिए पूरी होती है क्योंकि न्यायाधीश ने ऐसा घोषित किया होता है। अतः, यह उन लोगों की घोषणा होती है जिनके पास ऐसी घोषणा करने का अधिकार हो जिससे दुनिया परिवर्तित होती है।

   ऐसे लोगों को राज्य अथवा समुचित समूहों के द्वारा ऐसी घोषणाएं करने के अधिकार प्रदान किए जाते हैं।

नेतृत्व किसी समुदाय में कतिपय ऐसी घोषणाएं करने के अधिकार रखने से सम्बन्धित होता है जो इनका उच्चारण करने के बाद किसी तथ्य को अस्तित्व प्रदान करते हैं। ये अधिकार औपचारिकता हो सकते हैं; उदाहरणार्थ, यह घोषित करने हेतु अत्यंत ही औपचारिक एवं सुस्पष्ट प्रक्रियाएं हैं कि कौन एक न्यायाधीश, अंपायर अथवा किसी संस्थान का सीईओ है। अपेक्षाकृत कम औपचारिक रूप से, किसी वक्ता के तर्क, उपस्थिति तथा श्रोताओं की चिंताओं को समझ सकने की योग्यता की सहज शक्ति के आधार पर घोषणाओं को श्रोताओं अथवा किसी समुदाय के द्वारा अधिकृत किया जा सकता है। दोनों में से किसी भी मामले में, घोषणाओं का सार यह है कि किसी भी घोषणा के वक्ता को किसी समुदाय के द्वारा घोषणा करने हेतु अधिकृत किया जाता है, और उनके द्वारा की गई घोषणाएं तब तक के लिए प्रभावी रहती हैं जबतक के लिए समुदाय वक्ता को अधिकृत करता है और उसकी घोषणाओं का सम्मान करता है।

जब कोई व्यक्ति किसी समुदाय द्वारा अधिकृत नहीं किया गया होता अथवा उसे अधिकार नहीं दिया गया होता, तब उसकी घोषणा प्रभावी नहीं होगी और लोग उसका सम्मान नहीं करेंगे। उदाहरणार्थ, मैं एक न्यायाधीश नहीं हूँ, और क्योंकि मैं एक न्यायाधीश नहीं हूँ अतः मैं किसी को भी कारावास की सजा नहीं दे सकता। और यदि किसी कंपनी के प्रबंधक को अपने अधीनस्थों के द्वारा अधिकार नहीं प्रदान किया गया है तो उनके आदेशों का अनुसरण नहीं किया जा सकता है और उनकी घोषणाओं का सम्मान नहीं किया जा सकता।

एक महत्वपूर्ण प्रश्न है, 'आपके जीवन के मामले में अधिकार किसके पास होता है?'

आपके जीवन के मामले में, घोषणाएं करने का अधिकार आपमें निहित होता है। अपने स्वयं के जीवन के मामले में अधिकार आपके पास होता है। यह अलग बात है कि हम अत्यंत सहजता से ये अधिकार अपने माता–पिता, बच्चों, बॉस, ग्राहकों, कनिष्ठों, मित्रों और कई बार तो, अनजान लोगों को भी सौंप देते हैं।

जहाँ आपके जीवन के मामले में अधिकार निश्चित रूप से आपके पास होता है, वहीं अगला प्रश्न है, 'क्या आप अपने जीवन के मामले में यह अधिकार स्वयं को प्रदान करते हैं?'

अधिकार विचारों को प्रभावित अथवा शासित करने की शक्ति होती है, और 'अधिकार' शब्द की उत्पत्ति 'रचनाकार' में निहित है जिसका अर्थ होता है 'सृजनकर्ता'। अतः, उपरोक्त प्रश्न को दूसरे शब्दों में इस प्रकार कहा जा सकता है, '*आपके* जीवन का सृजन कौन कर रहा है'।

नेतृत्व शिक्षक के रूप में मेरा अनुभव रहा है कि बहुत ही कम लोग—

1. अवगत होते हैं कि उनके जीवन के मामले में घोषणाएं करने हेतु अधिकार उनमें ही निहित होते हैं, और
2. कतिपय मामलों में, जब वे अवगत होते भी हैं, वे स्वयं को यह अधिकार नहीं प्रदान करते।

यह बहुत कुछ उसी प्रबंधक के समान है जिसे उसके अधीनस्थों के द्वारा अधिकार न प्रदान किए गए हों। जहाँ प्रबंधक के पास संस्थान में अपने पद के कारण अधिकार उपलब्ध प्रतीत होते हैं, वहीं उसके अधीनस्थ उसकी पहचान अथवा संस्थान में उसकी विश्वासपात्रता के अभाव के कारण उसे अधिकार नहीं प्रदान करते।

इसी प्रकार, अनेक लोगों के पास अपने—अपने जीवनों में अधिकार उपलब्ध प्रतीत होते हैं, फिर भी उनके पास स्वयं की पहचान उपलब्ध नहीं होती अथवा वे स्वयं पर इतना विश्वास नहीं करते कि कोई घोषणा करने का अधिकार स्वयं को प्रदान कर सकें।

चिंतनशील विराम

1. अभी तक, आपके जीवन के विभिन्न क्षेत्रों के मामलों में अधिकार किसके पास मौजूद रहे हैं?
2. क्या आपने अपने जीवन के मामले में स्वयं को अधिकार प्रदान किए हैं?

कुछ क्षण निकालिए और इस प्रश्न पर चिंतन कीजिए।

एक अंतिम महत्वपूर्ण प्रश्न, 'आपके पास अपने स्वयं के जीवन के मामले में अधिकार क्यों उपलब्ध होता है?'

और उत्तर है, 'क्योंकि आप ऐसा कहते हैं!'

जी हाँ! यह इतना ही सरल है। आपके पास अपने जीवन के मामले में अधिकार मौजूद होता है, मात्र इसलिए क्योंकि आप ऐसा कहते हैं। आप कह सकते हैं कि आपके पास अधिकार उपलब्ध नहीं है और आप सही हैं—आपके पास अधिकार नहीं है। आप कह सकते हैं कि आपके पास अधिकार है और आप सही हैं—आपके पास आपके अपने जीवन के मामले में अधिकार उपलब्ध है।

कुछ लोग अपने जीवन के कुछ क्षेत्रों में स्वयं को अधिकार प्रदान करते हैं और कुछ में नहीं। यह अभ्यास की एक क्रिया है, और हो सकता

है कि आपको स्वयं की वाणी एवं पसंद के लिए स्वयं को अधिकार प्रदान करने हेतु अपने शरीर को प्रशिक्षित करने की आवश्यकता हो।

6. *एक घोषणा बात का प्रारंभ, समाधान अथवा अंत कर सकती है*

घोषणाओं के साथ ही आप प्रारंभ करते हैं अथवा खोलते हैं, आप समाप्त करते हैं अथवा बंद करते हैं और आप समाधान करते हैं। आइए, हम इन घोषणाओं में से प्रत्येक के उदाहरणों पर निगाह डालते हैं:

घोषणाएं जो प्रारंभ करती अथवा खोलती हैं:

- *हमारे संस्थान का दृष्टिकोण है.....*निदेशक मंडल अथवा सीईओ संस्थान के लिए एक (नए) दृष्टिकोण की घोषणा कर सकता है, और यह उस संस्थान के कर्मचारियों के द्वारा क्रिया करने हेतु एक संदर्भ को खोलता है।
- *अब आप पति एवं पत्नी हैं* – यह एक ऐसी घोषणा है जिससे पुजारी एक नए सम्बन्ध के प्रारंभ की घोषणा करता है।
- *इस तिमाही के लिए हमारे दल के लिए लक्ष्य है.......*लक्ष्य नई क्रियाओं के लिए संभावनाओं को भी खोलता है।

घोषणाएं जो समाधान करती हैं:

- जब कोई न्यायाधीश अपना निर्णय पारित करता है तो वह ऐसी घोषणा करता है जिससे किसी विवाद का समाधान होता है, अथवा वह किसी के दोषी अथवा निर्दोष होने का निर्णय पारित करता है।
- क्रिकेट में, जब अंपायर 'आउट' अथवा 'नाट आउट' कहता है तो यह एक घोषणा होती है जो दो टीमों के बीच के विवाद का समाधान करती है।
- 'हाँ/ना' भी ऐसी घोषणाएं होती हैं जो समाधान करती हैं।

घोषणाएं जो समाप्त अथवा बंद करती हैं:

- 'मुझे क्षमा कीजिएगा' एक ऐसी सामान्य घोषणा है जो किसी अध्याय को समाप्त अथवा बंद कर देती है। यह पूर्णता प्रदान करती है, और एक नई शुरुआत के लिए एक अवसर भी।
- 'धन्यवाद' शब्द घोषित करता है कि मैं संतुष्ट हूँ और यह प्रतिबद्धता के एक चक्र को बंद कर देता है।
- 'सम्बन्ध समाप्त हुए' एक ऐसी घोषणा है जो सम्बन्धों को समाप्त कर देती है।

जो कुछ भी आप कहते हैं उसमें एक शक्ति होती है और यह महत्त्वपूर्ण है कि आप इस शक्ति को सीखें और इसका अभ्यास करें (चित्र 5.1)।

चित्र 5.1 घोषणाओं के तत्व

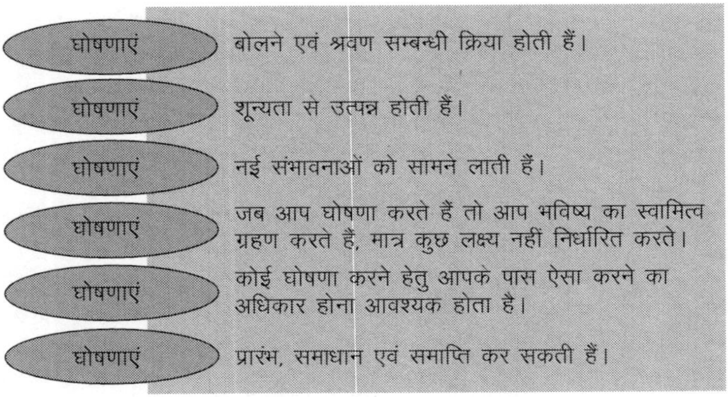

ब्रेकडाउन घोषित करना एक निश्चित निर्णय लेना होता है

कई वर्षों पूर्व मैंने कहीं पर एक सूक्ति पढ़ी थी जिसमें कहा गया था, ' यदि आप किसी बात के प्रति निर्णय नहीं ले सकते तो आप सभी मामलों में परास्त होंगे'। जब आप एक ब्रेक की घोषणा करते हैं तो आप एक नए भविष्य को हासिल करने का निर्णय लेते हैं (अध्याय 8 में हम नए भविष्य का सृजन करने के सम्बन्ध में चर्चा करेंगे)। रोचक बात यह है कि जब आप कोई निर्णय कर लेते हैं तो इसके विरोध में जितनी भी बातें हैं सब उठ खड़ी होती हैं। प्रत्येक प्रतिबद्धता अथवा भविष्य, जिसकी परिकल्पना एक नेतृत्वकर्ता के रूप में आप करते हैं, में विरोध करने की संभावना निहित होती है, और आपको इस विरोध का सामना करने के लिए अवश्य ही तैयार रहना चाहिए।

जब कभी भी मेरे मन में किसी निर्णय के सम्बन्ध में विचार आता है तो मुझे यह छवि स्मरण हो आती हैः

जिस प्रकार से मैं इस छवि को देखता हूँ वह यह है कि एक खाली बंजर भूमि में तूफान का सामना करते हुए एक वृक्ष अकेला खड़ा हुआ है। यह संकटों से घिरा हुआ है, जिसकी जड़ें धरती में मजबूती से जमी हुई हैं।

'मैं एक निर्णय ले रहा हूँ' इस बात की घोषणा करने का एक अन्य तरीका यह उल्लेख करना है कि 'मैं प्रतिबद्ध हूँ' और शायद यह युद्धभूमि की उपमा से लिया गया है जहाँ इसका उल्लेख उन सांकेतिक कारणों हेतु किया जा सकता है जिनके लिए कोई व्यक्ति अथवा समूह विपत्तियों का सामना करते हुए धरती के किसी विशिष्ट टुकड़े पर कब्जा जमाए रहते हैं। सामान्यतः, आप कोई

स्रोत : मिशेल क्रॉग।[7]

निर्णय उस समय लेते हैं जब कोई विपत्ति उत्पन्न हुई हो अथवा भारी विरोध किया जा रहा हो, और जिस बात के प्रति आप प्रतिबद्ध नहीं हैं उसके समक्ष हथियार डाल देना सरल प्रतीत होता है। जिस नजरिए से मैं उपरोक्त छवि को देखता हूँ, वृक्ष के लिए यह सरल प्रतीत होता है कि तूफान की स्थिति में वह एक निर्णय के रूप में हथियार डाल दे।

मार्टिन लूथर किंग जूनियर ने लोक अधिकारों के मुद्दे पर एक निर्णय लिया था, महात्मा गाँधी ने भारत की स्वतत्रंता का निर्णय लिया था, मेरे एक शिक्षार्थी ने अपने संस्थान की एक शाखा ब्रिटेन में स्थापित करने का निर्णय किया था और मेरे प्रिय मित्र सुनील जैन ने भारत में खेलकूद में दिव्यागों के लिए समान अवसर उपलब्ध कराए जाने का एक निर्णय ले रखा है।

जब आप कोई निर्णय कर लेते हैं तो आप महत्वपूर्ण बात करने से बचने का प्रयास नहीं करते, आप उपहास, घृणा अथवा हँसी के भय से स्वयं को मुक्त कर लेते हैं। आप बस अपना चयन करते हैं और इसे कह डालते हैं! और आपका आशय भी यही होता है। इसका उल्लेख इस प्रकार से कीजिए कि यह एक सत्य है, भले ही यदि यह सत्य न भी हो। यदि आप चाहते हैं कि यह सत्य बन जाए तो आपको इसे सत्य ही मानना होगा। और जब कोई असहमत होता है तो आप 'तुम्हें खेद है' नहीं कहते। आप इस बात को स्पष्ट कर देते हैं कि यही भविष्य है और आप इसके अंतर्गत ही क्रिया करेंगे।

और आप दूसरे ऐसे लोगों के लिए एक खुला आमंत्रण हैं जो उस भविष्य को वास्तविकता प्रदान करने में आपके साथ जुड़ना चाहते हों।

ब्रेकडाउन घोषित करना उत्तरदायित्व लेना है

ऑक्सफोर्ड शब्दकोष में 'उत्तरदायी' शब्द के लिए कई परिभाषाएं दी गई हैं।[8] इनमें शामिल हैं:

> कुछ करने का दायित्व ग्रहण करना, अथवा किसी पर नियंत्रण करना अथवा रोजगार अथवा भूमिका के एक भाग के रूप में किसी की देखभाल करना; किसी (वरिष्ठ) को रिपोर्ट करना और किसी क्रिया के लिए उनके प्रति जवाबदेह होना; किसी बात का मूल कारण बनना और इसके लिए आरोपी बनने अथवा इसका श्रेय लेने में सक्षम होना।

हम 'उत्तरदायी' शब्द के उस अर्थ पर ध्यान केन्द्रित करने जा रहे हैं जो इन अनुकूलनों में से कुछ को शामिल करता है, परंतु इस अभिव्यक्ति के साथ : 'उत्तरदायी होना इस मुद्रा को अपनाना है कि आप किसी बात के स्रोत अथवा कारण हैं, आप परिणामों के लिए जवाबदेह बनाए जाने हेतु तैयार हैं, आप स्वयं को परिणामों के लिए जवाबदेह मानते हैं, और ये परिणाम आपकी क्रिया के कारण परिवर्तित हो सकते हैं'।

उत्तरदायित्व स्वीकार करने का अर्थ क्या होता है?

यह व्याख्या करना होता है कि जब आप यह आकलन करते हैं कि कोई बात है जो काम नहीं हो रहा है, तो आप वह उपलब्ध कराएगें जिससे काम होने लगे। यह किसी और के द्वारा क्रिया करने की प्रतीक्षा न करते हुए एकबार फिर से आपको क्रिया करने की मुद्रा में ला देता है। यह आपको एक नेतृत्वकर्ता की मुद्रा में ला देता है। हो सकता है आपको यह न मालूम हो कि क्या करना चाहिए, परंतु इस मुद्रा में आपको पता लगेगा, अथवा आप पाएगें कि किस बात की आवश्यकता है। यदि आप दूसरों की प्रतीक्षा करते हैं अथवा मात्र तभी क्रिया करते हैं जब आप यह जानते हों कि क्या करने की आवश्यकता है तो आप एक शिकार बन जाते हैं और स्वयं को अपनी अकर्मण्यता एवं प्रदर्शन के अभाव जैसे कारणों के साथ पंगु बना लेते हैं।

उदाहरणार्थ, आप अपने वित्तीय मामलों का उत्तरदायित्व स्वीकार कर सकते हैं, और उस 'स्वामित्व' के साथ क्रिया कर सकते हैं कि जिसके परिणाम आपकी क्रियाओं से उत्पन्न होंगे। एक ऐसा निर्णय लिया जाना जिसे आप प्रभावित कर सकते हों, रच सकते हों और क्रियाओं के परिणामों के लिए जवाबदेह बन सकते हों, यही एक नेतृत्वकर्ता, एक प्रभावी प्रबंधक अथवा कार्यपालक की मौलिक मुद्रा होती है।

हमारे पास हमारे वादों तथा हमारे दल के वादों का उत्तरदायित्व स्वीकार करने का भी विकल्प उपलब्ध होता है; अन्यथा हम क्रिया के प्रवाह के एक अंश मात्र बन कर रह जाते हैं न कि उनके रचयिता।

उत्तरदायित्व का विलोम 'आरोप' होता है। ऑक्सफोर्ड शब्दकोष 'आरोप'[9] को इस प्रकार परिभाषित करता है : '*अनुभव* अथवा *घोषित करना* कि (कोई व्यक्ति अथवा बात) किसी *गलती* अथवा *त्रुटि* के लिए *उत्तरदायी* है; किसी *बुरी* अथवा *दुर्भाग्यपूर्ण परिस्थिति* अथवा *प्रवृत्ति* के प्रति (किसी व्यक्ति अथवा बात) को *उत्तरदायी ठहराया* जाना; किसी *गलती* अथवा *त्रुटि* का *उत्तरदायित्व* '।

आरोप के पहले वाले अर्थ से हम यह अभिव्यक्ति निर्मित कर सकते हैं कि आरोप 'उत्तरदायित्व स्वीकार न करना, अथवा किसी बात का स्त्रोत अथवा कारण न होना' होता है। आरोप दर्द का निर्वहन करना होता है; यह असहाय होना होता है; यह कहता है कि आप किसी बात का कारण बनने का चयन *नहीं* कर रहे हैं; यह आशा करता है कि कहीं पर कोई क्रिया करेगा ताकि स्थितियों को बदला जा सके। यह नपुंसकता की आत्म–व्याख्या के समक्ष समर्पण करना है।

किसी भी ब्रेकडाउन को घोषित करने की एक प्रमुख पूर्ववर्ती शर्त होती है उसका *कारण होना न कि परिणाम।* आप परिणाम की स्थिति से किसी ब्रेकडाउन की घोषणा नहीं कर सकते; किसी भी ब्रेकडाउन को घोषित करने के उद्देश्य से आपको उस मामले का कारण होना आवश्यक है। यदि आप परिणाम बनने जा रहे हैं तो आप उस मामले के सम्बन्ध में कुछ भी नहीं कर सकते जो आपसे सम्बन्धित है और, वास्तव में, वांछित परिणाम हासिल न कर पाने के लिए स्वयं को बहाने प्रदान करना जारी रखेंगे।

> एक स्विस बैंक के शाखा प्रबंधक ने एकबार मुझसे कहा, 'मैं हमारे द्वारा योजना बनाए गए इस नए विभाग में कर्मचारियों की भर्ती में एक ब्रेकडाउन घोषित करता हूँ। 5 सदस्यों वाला मेरा नया दल अगले 30 दिनों में कार्यभार संभाल लेगा। मैं ऐसा होने का कारण बनूँगा। मेरे लिए इसे हासिल न कर पाने का एकमात्र कारण यह हो सकता है कि भर्ती दल मुझे साक्षात्कार के लिए अच्छे अभ्यर्थी न उपलब्ध करवाए'।
>
> यह एक परिणाम की स्थिति से की गई घोषणा का प्रकार है, जहाँ वह भर्ती दल को स्वयं उसी का भविष्य निर्धारित करने का अधिकार प्रदान कर रहा है।

बहुत सारे लोग किसी निश्चित निर्णय का दावा करते हैं परंतु वास्तव में कोई निर्णय नहीं करते–वे बाहर निकलने के लिए पिछला दरवाजा खुला छोड़ देते

हैं। यह शाखा प्रबंधक भी ठीक ऐसा ही कर रहा है। सामने से वह कारण होने का दावा करता है, और फिर भी वह भर्ती दल के परिणाम पर निर्भर है।

जब आप घोषणा करते हैं तो आप इसका कारण बनने का एक निर्णय लेते हैं चाहे कुछ भी क्यों न हो जाए। आप उसी तरह से वहाँ मौजूद होने को तैयार होते हैं जैसे कि बंजर भूमि में वह वृक्ष था जो तूफान के बाद भी वहाँ से नहीं हिला। आप केन्द्रित होते हैं [10] और आपने अपना आधार पा लिया होता है।[11] किसी भी विरोध अथवा समर्थन के अभाव में आप हथियार नहीं डालते। उपरोक्त प्रकरण में शाखा प्रबंधक के पास भर्ती दल के साथ मिलकर काम करने, उनकी परवाहों को सुनने और एक सुदृढ़ योजना बनाने का विकल्प उपलब्ध है ताकि वह अपना लक्ष्य प्राप्त कर सके। फिर वह यह सुनिश्चित करने के लिए जाँच करे कि उसकी योजना क्रियान्वित की जा रही हो। यदि ऐसा नहीं है तो वह हस्तक्षेप करे और जो कुछ भी आवश्यकता हो वह करे ताकि जो कुछ उसे हासिल करना था उसे वह हासिल कर सके।

हम प्रायः ही अपना जीवन परिस्थितियों के शिकार के रूप में व्यतीत करते हैं। हम स्वयं पर परिस्थितियों एवं हमारे आसपास के लोगों के विचारों को नियंत्रण प्राप्त करने की अनुमति प्रदान करते हैं। जब आप ब्रेकडाउन घोषित करते हैं तो आप यह अनुमति नहीं प्रदान करते और एक निर्णय बनने का संकल्प लेते हैं।

जॉन एक बहुराष्ट्रीय कंपनी में वरिष्ठ परियोजना प्रबंधक थे। उनकी दल को आने वाले सप्ताहों में एक बड़ी परियोजना को पूरा करना था। हमेशा की तरह, जॉन तरोताजा थे और उन्होंने अपने सहयोगियों को प्रोत्साहित करने तथा समयसीमाओं को पालन करने के लिए तैयारी में कोई कमी नहीं छोड़ी थी। तथापि, जॉन ने देखा कि उनके सर्वश्रेष्ठ प्रयासों के बावजूद, वे इसे समयसीमा में पूरा नहीं करने जा रहे थे। उनके कनिष्ठ प्रबंधकों और गुणवत्ता आश्वासन दल ने यह कहते हुए अपना पल्ला झाड़ लिया कि वे जितना अच्छा कर सकते थे कर रहे थे, और फिर भी परियोजना जारी की गई समयसीमा का उल्लंघन करने वाली है।

इस अवस्था में, जॉन के पास एक विकल्प था। उसने ब्रेकडाउन घोषित कर दिया। उसने कहा कि यदि स्थितियाँ नहीं बदलतीं तो परियोजना को नियत तिथि तक पूरा नहीं किया जा सकेगा। उसने स्वयं से पूछा, 'क्या मैं अपने बहानों के प्रति प्रतिबद्ध हूँ अथवा नियत तिथि के प्रति?'

पूछे जाने हेतु यह एक दिलचस्प प्रश्न था, और यही वे प्रश्न होते है जिन्हें आप पूछते हैं जोकि महत्वपूर्ण है। मेरा दावा यह है कि उत्तर आपके द्वारा पूछे गए प्रश्नों के आधार पर प्रकट हो जाते हैं। जो कुछ भी आप पाते हैं वह वही क्रिया है जिसे आप खोज रहे थे। जो कुछ भी आप खोज रहे थे वह वही है

जो आपके समक्ष प्रकट हो जाता है। जॉन के समक्ष जो उत्तर प्रकट हुआ वह यह था कि वह नियत तिथि के प्रति प्रतिबद्ध था।

यदि वह नियत तिथि के प्रति प्रतिबद्ध था और देख रहा था कि स्थिति में प्रगति किस प्रकार से हो रही है–नियत तिथि पर कार्य पूरा नहीं हो सकेगा–उसे चरण उठाने की आवश्यकता है। उसने अपने संस्थान में एक अन्य वरिष्ठ परियोजना प्रबंधक से बात की और एक सप्ताह के लिए दो सॉफ्टवेयर विकसित करने वाले कर्मचारी देने का निवेदन किया। जॉन ने उस वरिष्ठ प्रबंधक को आश्वासन दिया कि भविष्य में जब कभी भी उन्हें सहायता की आवश्यकता होगी, वह हर आवश्यक सहायता उपलब्ध कराएगें।

वह देर रातों तक और भोर से ही उन नए सॉफ्टवेयर विकसित करने वाले कर्मचारियों के साथ विवरण–विनिमय और कार्य करते रहे। उन्होंने सुनिश्चित किया कि परियोजना नियत समय पर जारी हो सके।

जॉन ने नियत तिथि पर परियोजना जारी होने को संभव बनाए जाने का कारण बनने का विकल्प चुना था। वह इस घटना के घटित होने के स्रोत पर खड़े थे। उन्होंने आरोप के उत्तरदायित्व को चुना था।

श्रेष्ठता उत्तरदायित्व

उत्तरदायित्व किसी मामले का कारण बनने का इच्छुक होना होता है!

उत्तरदायित्व के तत्व

- पसंद
- कारण बनना
- परवाह
- क्या कमी है इसकी खोज का निर्णय लेना
- कैसे निपटना है यह नहीं जानते हुए भी क्रिया करना

उत्तरदायित्व के लिए संवाद

क. क्या होगा यदि मैं कोई नहीं क्रिया नहीं करता (पूर्वनियत भविष्य)?
ख. मेरी परवाह क्या है? क्या मैं पूर्वनियत भविष्य के साथ संतुष्ट हूँ?
ग. यदि नहीं, तब वह कौन सा नया भविष्य है जिसका मैं सृजन करना चाहता हूँ?
घ. क्या उस नए भविष्य को हासिल करने के लिए एक निर्णय लेने के लिए तैयार हूँ?

उत्तरदायित्व न स्वीकार करने के खतरे

क. अंततः आप एक शिकार/पीड़ित हो सकते हैं।
ख. आप अपनी परवाहों की देखभाल नहीं कर रहे हैं।
ग. आपने नेतृत्व के अवसर को गवाँ दिया है।
घ. यह लोगों के आपको 'सुनने' के तरीके को प्रभावित कर सकता है।

चिंतनशील विराम

अपने जीवन के किन क्षेत्रों में आप कारण न बनकर परिणाम बन रहे हैं? इसका आपकी परवाहों, आपके नेतृत्व पर क्या प्रभाव पड़ रहा है और लोग आपको किस प्रकार 'सुन' रहे हैं?

आपके पास एक विकल्प है—क्या आप इन क्षेत्रों में उत्तरदायित्व स्वीकार करना चाहते हैं? ऐसा करने के लिए आपको क्या करना होगा? ऐसा न करने की लागत/परिणाम क्या हो सकता है?

कृपया अपने विचारों को दैनन्दिनी में दर्ज करें।

कोई दूसरा आपके लिए ब्रेकडाउन घोषित नहीं कर सकता, यह आपको ही करना है

अतः, जब आपको अपने जीवन में अधिकार प्राप्त होता है तो यह *आप* होते हैं जो घोषणा कर सकते हैं और अपने जीवन की प्रत्येक परिस्थिति की जिम्मेदारी ले सकते हैं। जब आप कहते हैं कि आप ब्रेकडाउन घोषित कर रहे हैं तो आप कह रहे होते हैं कि आप अपनी पसंद के एक भविष्य को हासिल करने के लिए एक सुनिश्चित निर्णय ले रहे हैं।

एक घोषणा आपको उस भविष्य को हासिल करने की मुद्रा में ला देती है। आप क्रियाओं के लिए तैयार हो जाते हैं और आपका शरीर भी उसी भावना को प्रतिध्वनित करता है। आपके अंदर ऊर्जा का संचार हो रहा है और जब आप घोषणा करते हैं, और तब वह संक्रमणकारी ऊर्जा उस घोषणापूर्ति की दिशा में आपके विचारों तथा क्रियाओं में प्राण डालती है। आपके द्वारा इस ऊर्जा को प्राप्त किए बिना अधिकांश संभावना यही है कि यह दूसरों के लिए भी उपलब्ध नहीं होगी। नए भविष्य के लिए आप दूसरों के साथ समन्वय कर पाने में सक्षम नहीं रहेंगे।

आप अपने लक्ष्यों को हासिल करने, अपने सहयोगियों के साथ सम्बन्ध, अपनी परियोजना के निर्धारित समय पर पूरा होने, वर्ष के अंत तक यूरोप यात्रा की अपनी योजना अथवा अपने लिए महत्वपूर्ण किसी भी मामले में ब्रेकडाउनों की घोषणा कर सकते हैं।

यदि आप अपनी पत्नी के साथ एक तनावग्रस्त सम्बन्ध व्यतीत कर रहे हैं और अपनी पत्नी से पृथक होने वाला जो अपरिहार्य भविष्य है वह ऐसा नहीं है जो आपको आकर्षित करता हो, तो आपके पास एक ब्रेकडाउन घोषित करने का विकल्प उपलब्ध है। जिस क्षण आप किसी सुनिश्चित निर्णय लेने का निर्णय

करते हैं और अपने जीवन में शांति और प्यार को दोबारा प्राप्त करने हेतु प्रतिबद्ध होते हैं, फिर आप वह सबकुछ कर डालेंगे जो इसे हासिल करने के लिए आवश्यक होगा।

ये सबकुछ मात्र तभी घटित हो सकता है जब आप ब्रेकडाउन घोषित करने का विकल्प चुनते हैं। कोई दूसरा आपके लिए ब्रेकडाउन घोषित नहीं कर सकता।

सोनम जब मेरे पास आई तो वह मायूस थीं। अपने पति, आशीष, की सहायता के लिए किसी की खोज करने के अपने प्रयास में उसने महसूस किया कि उसे कोचिंग से लाभ मिल सकता था और वह अपने पति को वापस पटरी पर लाने में सक्षम बन सकेगी। आशीष कारपोरेट जगत में बहुत अच्छा कार्य करता रहा था। वह सफलतापूर्वक 'कारपोरेट जगत की सीढ़ियाँ चढ़ रहा' था, कहा जाए तो दिखाने के लिए उसके पास बहुत कुछ था। उसके दो बच्चे एक अंतर्राष्ट्रीय निजी स्कूल में पढ़ रहे थे और सोनम भी एक विख्यात विश्वविद्यालय में लेक्चरर के पद पर कार्यरत् थीं। हालांकि, काफी समय से, वह अपने काम में रुचि खोता जा रहा था।

अचानक उसे अनुभव हुआ कि उसने अपने जीवन का आनंद तो लिया ही नहीं है और अपनी जवानी के अधिकांश समय को पैसा कमाने और एक बड़ा पद हासिल करने की प्रतिस्पर्धा में गवाँ दिया है। तो अब वह हर समय काम से दूर भागने के बहानों की तलाश करता रहता था। उसने अपने लिए एक नाव खरीद ली और कई–कई दिनों के लिए अकेले नौकायन पर निकल जाता है। उसने स्वयं को विलासिता में डुबोना प्रारंभ कर दिया और अपने लिए एक सुन्दर कार भी खरीद ली। वह अपनी वित्तीय स्थिति के हिसाब से समझदारी से अधिक पैसे खर्च कर रहा था।

सोनम देख रही थी कि क्या हो रहा है परंतु वह आशीष के साथ बैठकर सभ्यतापूर्वक बातचीत कर पाने में असमर्थ रही थी जो उसके सामने रक्षात्मक हुए बिना अपना आपा खो बैठता था। कोचिंग से सोनम ने अनुभव किया कि वह स्वयं भी अपनी आर्थिक समस्याओं का समाधान करने के लिए किसी निर्णय के प्रति प्रतिबद्ध नहीं थी। उसने देखा कि वह लगातार ही उसके पैसे खर्च करने के तरीकों के मामले में उसके साथ कलह और नुक्ताचीनी करती रही है और इस बात पर बिल्कुल ध्यान नहीं दे रही है कि उसे कौन सी बात चिंतित कर रहो है।

हमारे संवादों के कुछ सत्रों के उपरांत, उसने फिर से आशीष से बात की और उसे दिखाया कि जिस आर्थिक स्थिति में वे लोग थे उसके समाधान के लिए यदि वे दोनों लोग काम नहीं करते तो उसका समाधान नहीं हो सकेगा। उसने कहा कि वह समस्या का निवारण करने हेतु प्रतिबद्ध थी और कॉलेज में अतिरिक्त कक्षाएं लेगी अथवा यदि आवश्यकता होगी तो सप्ताहांत में आने वाले आमंत्रित व्याख्यानों के निमंत्रणों को स्वीकार कर लेगी। आशीष ने उसकी

बात पर ध्यान नहीं दिया और वह अपने–आप में बहुत अधिक तल्लीन था, वह सिर्फ अपने लिए जीने का इच्छुक था। शीघ्र ही उसने अपनी आमदनी से अधिक खर्च कर डाला और अगले 5 वर्षों तक के लिए अनेक प्रकार के कर्जों में डूब चुका था।

सोनम एक निर्णय के प्रति प्रतिबद्ध हो चुकी थी और उसने इस दिशा में कठोर मेहनत प्रारंभ कर दी थी; परंतु अकेले जो कुछ भी वह हासिल कर पा रही थी वह उस समय की उनकी आर्थिक स्थितियों के अनुसार उनकी आवश्यकताओं से बहुत ही कम था। वह हारे हुए एक युद्ध को अकेले ही लड़ रही थी।

परंतु उसने हार नहीं मानी, और आशीष के साथ अपने संवाद को जारी रखा, और फिर एक दिन जब क्रेडिट कार्ड कंपनी ने महँगी खरीदों और खराब भुगतान के कारण उसके कार्ड को अवरूद्ध कर दिया, तो आशीष को एक झटका लगा। अब उसने देखा कि सोनम निरंतर उससे क्या कहती रही थी। यही वह क्षण था जब आशीष शिक्षण (कोचिंग) के लिए तैयार हो गया।

सोनम आशीष के लिए ब्रेकडाउन घोषित नहीं कर सकी थी। आशीष को ही अपने ब्रेकडाउन की घोषणा करनी पड़ी। जब उसने ब्रेकडाउन घोषित किया, वह एक नए भविष्य के लिए प्रतिबद्ध हो चुका था। *एक नए भविष्य का सृजन करना* ऐसा विषय है जिसपर हम अध्याय 8 में चर्चा करेंगे।

दलीय ब्रेकडाउन

पहला प्रश्न : 'दल क्या होता है'?

कोई भी दल लोगों का एक ऐसा समूह होता है जो किसी प्रतिज्ञा को साझा करते हैं।[12] किसी भी दल का गठन एक साझा प्रतिज्ञा से होता है। बिना किसी साझा प्रतिज्ञा के कोई भी दल एक दल नहीं होता; यह मात्र लोगों का एकसाथ जुटा हुआ समूह होता है। दलीय कार्य, चाहे वह प्रभावी हो अथवा नहीं, दल के सदस्यों के संवादों से उत्पन्न होता है। आपके दल की संस्कृति आपके द्वारा करने वाले संवादों तथा उनके द्वारा उत्पन्न किए गए परिणामों में प्रकट होती है।

आईजीएल में हमारी व्याख्या यह है कि किसी भी दल का अस्तित्व किसी प्रतिज्ञा को पूरा करने में होता है, और दल के सदस्यों के द्वारा साझा की गई एकसमान प्रतिज्ञा ही इस दल को अस्तित्व प्रदान करती है। प्रभावी होने के लिए, दल को अपनी प्रतिज्ञा पूर्ति के लिए क्रिया करनी होती है, दल के ग्राहकों एवं दल के सदस्यों में संतुष्टि उत्पन्न करनी होती है और उस साझा क्रिया के सभी पहलुओं को प्रभावी रूप से सम्बोधित करना होता है जिसमें दल का संलिप्त होना अनिवार्य हो।

किसी भी दल का अस्तित्व अपेक्षाकृत ऐसी बड़ी प्रतिज्ञा करने हेतु होता है जिसे कोई अकेला व्यक्ति पूरा न कर सकता हो।

प्रभावी दल

प्रभावी दल वे होते हैं जो किसी क्रिया के सफल समन्वय के लिए आवश्यक प्रतिबद्धताओं को उत्पन्न करने वाले संवादों के लिए सक्षम होते हैं और उनमें संलिप्त होते हैं। प्रभावी दलों के पास इस बात की स्पष्ट समझ होती है कि ये संवाद क्या हैं और इन्हें किस प्रकार संपन्न करना है। सभी प्रकार के दलीय संवाद इस पुस्तक का विषय नहीं हैं, और इसीलिए हम मात्र 'ब्रेकडाउन घोषित करने' सम्बन्धी संवाद पर ही ध्यान केन्द्रित कर रहे हैं।

दलीय ब्रेकडाउन की घोषणा

किसी भी दल में, यह महत्वपूर्ण होता है कि दल का प्रत्येक व्यक्ति समुचित ब्रेकडाउन घोषित करे। यदि प्रतिज्ञाओं को हासिल करना संकटग्रस्त है तो यह आवश्यक होता है कि प्रत्येक व्यक्ति ब्रेकडाउन घोषित करे अथवा दल के ब्रेकडाउन के प्रति प्रतिबद्ध रहे, ताकि वे सब लोग दल की समग्र प्रतिबद्धता के लिए एकजुट बने रहें। यदि मात्र एक व्यक्ति ब्रेकडाउन घोषित करता है तो अकेला वह पूरे दल तथा इस प्रक्रिया में संलग्न प्रत्येक व्यक्ति के लिए एक भविष्य का स्वप्न देख रहा होता/होती है।

यदि दल के सदस्य दल की प्रतिबद्धताओं का दायित्व स्वीकार करते हैं, और अपनी क्रियाओं के पूर्वनियत भविष्य को 'देख' सकते हैं, जो कि यह हो कि दल अपने ग्राहकों के साथ की गई प्रतिबद्धताओं को पूरा नहीं कर सकेगा—तब दल का कोई भी सदस्य ब्रेकडाउन घोषित कर सकता है। इसके दलीय ब्रेकडाउन होने के लिए ब्रेकडाउन की घोषणा करने वाले सदस्य को ब्रेकडाउन घोषित करने हेतु दल के सभी सदस्यों में एक प्रतिबद्धता उत्पन्न करने की आवश्यकता होती है।

> हाल ही में मैंने एक सॉफ्टवेयर निर्माता कंपनी, जिसका मुख्यालय टेक्सॉस के ह्यूस्टन में स्थित था, के लिए एक अर्द्धवार्षिक प्रशिक्षण कार्यक्रम संपन्न किया था। मैं ग्राहक सहायता के वरिष्ठ निदेशक तथा उनके प्रबंधन दल के साथ कार्य कर रहा था। जब उन्होंने इस कार्यक्रम को प्रारंभ किया तब उनके दल का ग्राहक संतुष्टि प्राप्तांक 82 प्रतिशत था। कार्यक्रम प्रारंभ होने के समय, दल के नेतृत्वकर्ता के रूप में, वरिष्ठ निदेशक ने एक ब्रेकडाउन की घोषणा कर दी। उन्होंने उल्लेख किया कि यदि कोई नया चरण नहीं उठाया

जाता तो ग्राहक संतुष्टि प्राप्तांक 82 प्रतिशत पर ही बना रहेगा, अथवा इससे नीचे भी जा सकता है। उन्होंने घोषित किया कि वे इस अर्द्धवार्षिक कार्यक्रम की समाप्ति के पूर्व इस प्राप्तांक को 87 प्रतिशत तक लाना चाहते हैं।

इस घोषणा ने दल की संचालन के तरीके में एक व्यवधान उत्पन्न कर दिया था। यदि दल के अन्य लोग इस घोषणा को स्वीकार करते हैं तो उन्हें अपने कामकाज के तरीकों को परिवर्तित करना होगा। इसका अर्थ होगा अपने पुराने तौर–तरीकों को त्याग दिया जाना, और नए तरीकों का सृजन करना–वे तरीके जो संस्थान के लिए बेहतर तरीके से काम कर सकें।

जब वरिष्ठ निदेशक ने इस विचार को अपने दल के साथ साझा किया तो पूरे प्रबंधन दल ने इस भविष्य के प्रति प्रतिबद्धता जाहिर कर दी। इसी क्रम में उनके प्रबंधन दल ने अपने अधीनस्थों से प्रतिबद्धता की आग्रह किया। लगभग 250 से अधिक कर्मचारियों वाली पूरी इकाई इस भविष्य के प्रति प्रतिबद्ध हो गई। एक बार यह प्रतिबद्धता कर लिए जाने के बाद इस व्यावसायिक इकाई के प्रबंधन दल ने क्रियाओं की रूपरेखा तैयार की ताकि इस भविष्य को हासिल किया जा सके।

यहाँ नोट करने योग्य दिलचस्प बात यह है कि इस दल ने इस भविष्य को मात्र 4 महीनों में ही हासिल कर लिया था। यदि नेतृत्वकर्ता ने इस ब्रेकडाउन की घोषणा न की होती, और यदि दल के प्रत्येक सदस्य ने ब्रेकडाउन का स्वामित्व न स्वीकार किया होता तो संभावना थी कि दल अभी भी 82 प्रतिशत वाले ग्राहक संतुष्टि प्राप्तांक पर ही बना रहता।

सारांश एवं हमारी समझ का पुनर्निर्माण

1. परवाह ब्रेकडाउन घोषित करने का मूल तत्व है। 'आप किस मामले की परवाह करते हैं' और 'क्या आप अपनी परवाह की देखभाल कर रहे हैं' के संदर्भ में स्वयं को स्पष्ट रखना महत्वपूर्ण है। यदि नहीं, तो आपके पास ब्रेकडाउन घोषित करने का विकल्प उपलब्ध होता है।
2. घोषणाएं बोलने तथा श्रवण (सुनने) सम्बन्धी शक्तिशाली कार्य होती हैं, और घोषणा को विशिष्ट बनाने वाले तत्व निम्नवत् होते हैं:

   क. घोषणाएं शून्यता में से की जाती हैं।

   ख. घोषणाएं नई संभावनाओं को सामने लाती हैं।

   ग. जब आप कोई घोषणा करते हैं तो आप मात्र कुछ लक्ष्य नहीं निर्धारित करते बल्कि भविष्य का स्वामित्व ग्रहण करते हैं।

   घ. कोई भी घोषणा करने के पूर्व आपको ऐसा करने के अधिकार की आवश्यकता होती है।

   ङ. घोषणाएं मामलों का प्रारंभ, समाधान अथवा समाप्ति कर सकती हैं।

3. घोषणाएं नए भविष्य को अस्तित्व प्रदान करती हैं। यह नया भविष्य किसी के बोलने द्वारा सृजित होता है। बोलते समय तक, इस नए भविष्य का कोई अस्तित्व नहीं होता। यह मात्र बोलने की क्रिया से ही अस्तित्व में आता है।
4. किसी भी घोषणा में आपके शब्द दुनिया के समक्ष प्रकट होते हैं, अर्थात्, आप पहले दुनिया को अपने शब्दों में सृजित करते हैं और फिर वह दुनिया सृजित हो जाती है।
5. अनुभव भूतकालीन होता है, और एक नए भविष्य की घोषणा हेतु भूतकाल पर भरोसा करना एक गल्ती हो सकती है। लोगों का विश्वास है कि उनके पास 'अनुभव' होता है और यह कि 'अनुभव' उन्हें बताता है कि क्या कुछ संभव है। जीवन का यह दृष्टिकोण सीमित करने वाला होता है। इसके द्वारा एक नए भविष्य को उत्पन्न करने के बजाए भूतकाल को दोहराए जाने की संभावना होती है।
6. किसी भविष्य की घोषणा करने में अनुभव का उपयोग करना सीमित करने वाला हो सकता है; एक बार आपने किसी भविष्य की घोषणा कर दी तो उस भविष्य को हासिल करने हेतु की जाने वाली क्रियाओं के लिए आपका अनुभव अत्यधिक उपयोगी हो सकता है।
7. नेतृत्व किसी समुदाय में अधिकार प्राप्त करने से सम्बन्धित होता है ताकि कुछ ऐसी घोषणाएं की जा सकें जो बोलकर किसी बात को अस्तित्व प्रदान करती हो। जब कोई व्यक्ति किसी समुदाय के द्वारा अधिकृत नहीं किया गया होता अथवा उसे अधिकार नहीं प्रदान किया गया होता तो उसके द्वारा की गई घोषणा प्रभावकारी नहीं होती।
8. एक महत्वपूर्ण प्रश्न है, 'आपके जीवन के मामले में अधिकार किसके पास होता है?' आपके जीवन के मामले में कोई भी घोषणा करने का अधिकार आपमें निहित होता है। अपने स्वयं के जीवन के मामले में अधिकार आपके पास होता है। ऐसा हो सकता है कि आप सहजतापूर्वक इस अधिकार को अपने माता–पिता, बच्चों, बॉस, ग्राहकों, कनिष्ठों, मित्रों तथा कई बार अनजान लोगों तक को सौंप दें।
9. जहाँ अपने जीवन के मामले में निश्चित रूप से अधिकार आपके ही पास होता है, वहीं अगला प्रश्न है, 'क्या आप स्वयं को अपने जीवन के मामले में इस अधिकार को प्रदान करते हैं?'
10. 'आपके पास स्वयं अपने जीवन के मामले में अधिकार क्यों उपलब्ध होता है?' उत्तर है, 'क्योंकि आप ऐसा कहते हैं!' यह इतनी ही सरल बात है। यहाँ तक कि आप घोषित कर सकते हैं कि आपके पास अपने जीवन के मामले में अधिकार उपलब्ध है।

11. उत्तरदायित्व ग्रहण करना इस मुद्रा को ग्रहण करना है कि आप किसी बात के स्त्रोत पर हैं अथवा उसके कारण हैं, और आपकी क्रियाओं के द्वारा परिणामों को परिवर्तित किया जा सकता है। यह ऐसी व्याख्या करने के समान है कि जब आप समझते हैं कि 'कुछ' काम नहीं कर रहा है तो आप ऐसा कुछ करेंगे जिससे यह काम करने लगे। यह आपको क्रिया की प्रतीक्षा न करते हुए उत्पादक मुद्रा में ला देता है। यह आपको एक नेतृत्वकर्ता की मुद्रा में ला देता है। हो सकता है कि आपको यह न पता हो कि क्या करना चाहिए, परंतु इस मुद्रा में, आप पता लगा लेंगे, अथवा खोज लेंगे कि किस बात की आवश्यकता है। यदि आप दूसरों की प्रतीक्षा करते हैं अथवा मात्र तभी क्रिया करते हैं जब आपको मालूम हो कि क्या करना है, तो आप एक शिकार बन जाते हैं और अपनी अकर्मण्यता तथा प्रदर्शन के अभाव में स्वयं को पंगु बना लेते हैं।
12. दूसरी ओर, आरोप 'उत्तरदायित्व न ग्रहण करने, अथवा किसी बात के स्त्रोत पर न होने अथवा उसका कारण न होने' पर लगा दिया जाता है। आरोप दर्द का निर्वहन करना होता है; यह असहाय होना होता है; यह कहना होता है कि आप किसी बात का कारण न बनने का चयन कर रहे है; यह कर्मण्यता के बजाए अकर्मण्यता का चुनाव करना होता है; यह ऐसी आशा करना होता है कि कहीं–न–कहीं कोई–न–कोई स्थिति को परिवर्तित करने के लिए काम करेगा।
13. किसी भी ब्रेकडाउन को घोषित करने की एक प्रमुख पूर्ववर्ती शर्त होती है *कारण बनना न कि परिणाम।* आप परिणाम के बिन्दु से ब्रेकडाउन की घोषणा नहीं कर सकते; किसी भी ब्रेकडाउन को घोषित करने हेतु, आपको उस मामले का कारण होना अनिवार्य होता है। यदि आप परिणाम के बिन्दु पर खड़े होने जा रहे हैं तो आप उस मामले में कुछ भी नहीं कर सकते जो आपको चिंतित करता है और, वास्तव में, आप वांछित परिणाम हासिल न कर पाने के लिए स्वयं को बहाने प्रदान करना जारी रखेंगे।
14. हम प्रायः ही अपना जीवन परिस्थितियों के शिकार के रूप में व्यतीत कर देते हैं। हम अपने आसपास की परिस्थितियों एवं लोगों को अपने ऊपर नियंत्रण प्राप्त करने की अनुमति प्रदान कर देते हैं। ब्रेकडाउन घोषित करने से तब तक शक्ति नहीं प्राप्त होती जबतक आप किसी निर्णय का संकल्प नहीं कर लेते।
15. स्वयं से पूछने हेतु एक दिलचस्प प्रश्न यह है : 'क्या आप अपने बहानों के प्रति प्रतिबद्ध हैं अथवा अपने परिणामों के प्रति?' यही वे प्रश्न हैं जिन्हें आप पूछते हैं जो कि महत्वपूर्ण हैं। मेरा दावा है कि जो प्रश्न आप

पूछते हैं उनके उत्तर उन्हीं के आधार पर प्रकट हो जाते हैं। जो कुछ भी आप पाते हैं वह वही क्रिया है जिसे आप खोज रहे थे। जो कुछ भी आप खोज रहे थे वह वही है जो आपके समक्ष प्रकट हो जाता है।

16. मात्र आप ही ब्रेकडाउन घोषित करने का चयन कर सकते हैं। कोई दूसरा आपके लिए ब्रेकडाउन घोषित नहीं कर सकता। जब दल का नेतृत्वकर्ता ब्रेकडाउन घोषित करता है तो आपको दल का सदस्य होने के नाते उस ब्रेकडाउन को स्वीकार करने का चयन करना होता है।

रचनात्मक अभ्यास

1. चिंतन कीजिए कि आप बात की परवाह करते हैं। अपनी दैनन्दिनी में लिखिए कि जीवन में आप किन परवाहों अथवा चिंताओं का महत्वपूर्ण होना घोषित करते हैं।
2. प्रत्येक परवाह के लिए, आकलन कीजिए कि जिस प्रकार से आप इस परवाह की देखभाल कर रहे हैं उससे आप संतुष्ट हैं अथवा नहीं।
3. ऐसी कौन सी घोषणाएं छूट गई हैं जिन्हें आप अपनी परवाह वाले क्षेत्रों में कर सकते थे?
4. क्या आप एक निर्णय लेने और उस भविष्य को हासिल करने का उत्तरदायित्व ग्रहण करने का चयन करते हैं जिसकी घोषणा आपने अपनी प्रत्येक परवाह के मामले में की है? यदि ऐसा है तो जिस भविष्य की घोषणा आपने की है उसे हासिल करने में कौन सी क्रियाएं छूट गई हो सकती हैं? जैसे–जैसे आप इस पुस्तक को पढ़ते जाएंगे, छूटी हुई ये क्रियाएं आपके समक्ष आती जाएंगी–हम छूट गई क्रियाओं को समर्पित अध्याय में भी प्रस्तुत कर रहे हैं। हालांकि, यहाँ पर, हम आपसे इन छूट गई क्रियाओं का अनुमान लगाने का निवेदन करते हैं।
5. क्या आपका दल किसी साझा प्रतिज्ञा द्वारा गठित है? यदि नहीं, तो आपके दल की साझा प्रतिज्ञा क्या हो सकती है? और अपने दल की किसी साझा प्रतिज्ञा के प्रति दूसरों के प्रतिबद्ध होने के लिए आपको क्या करने की आवश्यकता होगी?
6. यदि आपका दल पहले से ही किसी साझा प्रतिज्ञा के प्रति प्रतिबद्ध है तो प्रत्येक उस समय पर, जब आपके दल की प्रतिज्ञा को खतरा अथवा जोखिम हो, ब्रेकडाउन घोषित करने पर विचार कीजिए।
7. अपने विचारों एवं अभ्यासों को दैनन्दिनी में दर्ज कीजिए। अपने जीवन तथा कार्य में संभावनाओं को उत्पन्न करने के अभ्यास के भाग के रूप में कम–से–कम एक प्रविष्टि रोज कीजिए।

टिप्पणियाँ

1. Chalmers Brothers, *Language and the Pursuit of Happiness* (Florida: New Possibilities Press, 2005)।
2. बॉब डनहम द्वारा आईजीएल के जनरेटिव लीडरशिप कार्यक्रम हेतु लिखे गए अप्रकाशित पत्रों से।
3. पूर्वोक्त।
4. मैथ्यू बड एवं लारी रोथेस्टीन, *You Are What You Say You Are* (New York: Three Rivers Press, 2000).
5. http://india.gov.in/sites/upload_files/npi/files/coi_part_full.pdf, accessed 16 February 2016.
6. Steven D. Levitt and Stephen J. Dubner, *Think Like a Freak* (USA: William Morrow, an imprint of Harper Collins, 2014).
7. Mitchell Krog Photography: http://mitchellkrog.com.
8. http://www.oxforddictionaries.com/definition/english/responsible?q=Responsible&searchDictCode=all, accessed 16 February 2016.
9. http://www.oxforddictionaries.com/definition/english/blame, accessed 16 February 2016.।
10. केन्द्रित होना पसंद की शारीरिक, मानसिक तथा भावनात्मक स्थिति में होना होता है। जब हमारा शरीर, मस्तिष्क और भावनाएं ऐसी स्थिति में हो जब हम अपनी क्रियाओं का चयन कर सकें, तो हम केन्द्रित होते हैं। जब हम अपनी क्रियाओं का चयन करने की स्थिति में नहीं होते तो हम 'केन्द्र से परे' होते हैं; हमारी प्रतिक्रियाएं एवं प्रवृत्तियाँ हमारे लिए चयन करती हैं। केन्द्र से परे की स्थिति में हम एक साथ मिल नहीं सकते। केन्द्रित होने में हम संपूर्ण संतुलन को प्राप्त करते हैं तथा अपनी स्थितियों को दरकिनार करते हुए ध्यान केन्द्रित करते हैं:
    - हमारा मस्तिष्क चौकन्ना है, हम उस बात से जुड़े हुए हैं जिसकी हम परवाह करते हैं और हम मानसिक कुतर्क द्वारा ध्यान भंग करने से मुक्त हैं।
    - हमारी मनोदशा स्थिर तथा वर्तमान परिस्थिति के प्रति खुली हुई है।
    - हमारी शारीरिक स्थिति गतिशील रूप से तनावमुक्त, चौकन्नी, हमारे गुरुत्वाकर्षण केन्द्र के चारो ओर संतुलित तथा क्रिया के लिए तैयार है।

    ये तीनों पहलू साझा रूप से सम्बद्ध होते हैं।
11. घोषणा करने समय अपने आधार को प्राप्त करना यह है कि आप अपनी घोषणा पर विश्वास कर सकते हैं। आप अविश्वास अथवा हिचकिचाहट की स्थिति के बजाए एक निश्चितता की स्थिति से संचालन कर रहे होते हैं।
12. बॉब डनहम के पास अभी भी 'टेन कन्वर्शेसंस ऑफ टीम' नामक एक अप्रकाशित पत्र है। मैं इस पत्र के संपर्क में आईजीएल, अमेरिका में अपनी शिक्षा के दौरान आया था। इस खंड में मैंने उपरोक्त पत्र को संदर्भित किया है।

6

'जो है सो है' (अभिकथनों) को समझिए

ब्रेकडाउन घोषित कर दिए जाने के बाद दूसरा चरण है यह समझना कि 'वास्तव में क्या घटित हुआ है' अथवा 'जो है सो है'। एक बार जब आप ब्रेकडाउन घोषित कर देते हैं तो आप 'जो है सो है' तथा 'मैंने जो है सो है से क्या समझा' के बीच अंतर करना आरंभ कर देते हैं।

'जो है सो है' यह अभिकथनों (तथ्य आधारित दृढ़ कथन) का क्षेत्र होता है। 'जो है सो है से मैंने क्या समझा है' से आशय उन आकलनों अथवा निर्णयों से है जो आप स्वचालित रूप से और, अधिकांशतः, अवचेतन रूप से करते हैं।

बोलने एवं श्रवण (सुनने) सम्बन्धी क्रिया : अभिकथन (असर्शन) अथवा 'जो है सो है'

कोई भी अभिकथन तथ्यों के लिए किया गया दावा होता है, जो किसी समुदाय के द्वारा स्थापित मानक के अनुसार या तो सच्चा अथवा झूठा होता है।

अभिकथनों की पुष्टि अथवा खंडन अवलोकन एवं साक्ष्य के द्वारा किया जा सकता है (चित्र 6.1)।

बोलने एवं श्रवण सम्बन्धी क्रिया : आकलन अथवा 'जो है सो है से मैंने क्या समझा है'

कोई भी आकलन किसी मूल्यांकन, राय अथवा निर्णय का एक कथन होता है। आकलन न तो सच्चे होते हैं और न ही झूठे। इसके बजाए, वे आधारयुक्त (साक्ष्य समर्थित) अथवा आधारहीन हो सकते हैं (चित्र 6.2)।

चित्र 6.1 अभिकथनों के महत्वपूर्ण तत्व

अभिकथन	तथ्यों के दावे होते हैं।
अभिकथन	या तो सच्चे अथवा झूठे होते हैं।
अभिकथन	समुदाय द्वारा स्थापित मानक के अनुसार होते हैं।
अभिकथन	बोलने सम्बन्धी ऐसी क्रिया होते हैं जो मापनीय अथवा साक्ष्य–समर्थनीय होते हैं; और जिनकी पुष्टि अथवा खंडन अवलोकन तथा साक्ष्य द्वारा किया जा सकता है।
अभिकथन	जिस तथ्य का अवलोकन किया जा रहा है उसे प्रकट करते हैं।
अभिकथन	भूतकाल अथवा वर्तमान से सम्बन्धित होते हैं।
अभिकथन	में भाषा सर्वाधिक वर्णनात्मक होती है किन्तु यह न्यूनतम रचनात्मक होती है।
अभिकथन	मनोदशाओं एवं भावनाओं द्वारा प्रभावित नहीं होते। वे वही बने रहते हैं जो कि वे हैं; और वे वह नहीं होते जो वे नहीं हैं।

चित्र 6.2 आकलनों के महत्वपूर्ण तत्व

आकलन	निर्णय, राय अथवा निष्कर्ष होते हैं।
आकलन	कभी भी सच्चे अथवा झूठे नहीं होते। हालांकि, आकलन आधारयुक्त अथवा आधारहीन हो सकते हैं।
आकलन	परवाह अथवा किसी चिंता के प्रति संभावनाओं को खोल अथवा समाप्त कर सकते हैं।
आकलन	बोलने सम्बन्धी क्रिया होते हैं तथा इनमें सदैव ही एक वक्ता तथा एक श्रोता शामिल होते हैं (जब कोई स्वयं के साथ कोई आंतरिक संवाद कर रहा हो तब वक्ता तथा श्रोता एक ही व्यक्ति हो सकता है)।
आकलन	सर्वाधिक महत्वपूर्ण रूप से श्रवण सम्बन्धी क्रिया होते हैं, और इन्हें श्रवण सम्बन्धी क्रिया कहने का कारण यह है कि किसी आकलन को आप जिस प्रकार से सुनते हैं वह आपके द्वारा की जाने वाली क्रिया को निष्पादन के समय प्रभावित करेगा और इससे आपको प्राप्त होने वाला परिणाम भी प्रभावित होगा।
आकलन	प्रेक्षक से सम्बन्धित होते हैं, और इसीलिए वे अवलोकन की जा रही बात की अपेक्षा प्रेक्षक के सम्बन्ध में अधिक खुलासा करते हैं। अलग–अलग प्रेक्षक अलग–अलग आकलन करते हैं।
आकलन	भविष्य को प्रभावित करते हैं।
आकलन	वहाँ होते हैं जहाँ भाषा अत्यधिक रचनात्मक और सृजनात्मक होती है।
आकलन	मनोदशा (मूड) और भावनाओं से काफी प्रभावित होते

अभिकथन (असर्शन) एवं आकलन (असेस्मेंट) - एक तुलना

जब लोग बोलते अथवा सोचते हैं तो उन्हें अभिकथनों तथा आकलनों के बीच भ्रम हो जाता है, और यह बहुत सामान्य बात है कि लोग अपने आकलनों को अभिकथन तथा अपनी राय को तथ्य बना लें। यही कठिनाई का केन्द्रबिन्दु है। जैसा कि मैंने पिछले अध्यायों में उल्लेख किया है, हम अपनी दुनिया को अपने आकलनों द्वारा निर्मित करते हैं, और तब हम भूल जाते हैं कि इस दुनिया को हमने ही बनाया है–क्योंकि हम अपने आकलनों को दृष्टिकोण अथवा निर्णय के स्थान पर सच के रूप में अभिकथन मानने लगते हैं।

अभिकथनों तथा आकलनों अथवा 'जो है सो है' और 'मैंने जो है सो है से क्या समझा' के बीच का यह भेद महत्वपूर्ण होता है। अनेक ऐसे कथन होते हैं जो हम आते–जाते ओर बिना ध्यान दिए बोल जाते हैं और वे हमारे जीवन को संचालित करने के तरीके पर प्रभाव डालते हैं, जैसे–

- 'मैं यह कार्य नहीं कर सकता',
- 'यह एक असंभव लक्ष्य है',
- मेरे सफल होने का एकमात्र तरीका ऐसा... और ऐसा...... करना है',
- 'यह एक चुनौतीपूर्ण कार्य है',
- यदि मेरे पास (यह) होता तो ही मैं (उसे) हासिल कर सकता था',
- 'मुझे प्रातःकाल उठना पसंद नहीं है', और
- 'वह बहुत खिझाने वाली है'।

उपरोक्त सभी कथन आकलन हैं, और फिर भी हम इन्हें इस प्रकार बोलते हैं जैसे कि वे अभिकथन हों (और भी अधिक महत्वपूर्ण यह है कि हम इन अभिकथनों पर विश्वास करना प्रारंभ कर देते हैं)

थोड़ा और अधिक कठोर होने के लिए आइए हम इस अंतिम कथन पर ध्यान देते हैं और चर्चा करते हैं –'वह बहुत खिझाने वाली है'

इस कथन की संरचना 'वह बहुत खिझाने वाली है' इसकी अभिव्यक्ति 'खिझाने वाली' होने के रूप में करती है जो कि उस व्यक्ति के सम्बन्ध में एक तथ्य है। हम इसे उससे सम्बन्धित अन्य तथ्यों के समान प्रतीत होने वाला ही बना देते हैं, जैसे–

- वह 5 फिट 8 इंच लंबी है,
- वह अपने माता–पिता की एकमात्र पुत्री है,

- वह 2 भाईयों की एकमात्र बहन है,
- वह 1 पुत्र की माँ है, और
- वह एक बैंक की महाप्रबंधक है।

उपरोक्त कथनों को महिला से सम्बन्धित तथ्य होने का दावा किया जा सकता है। अभिकथन प्रेक्षक पर आश्रित नहीं होते, और प्रेक्षक चाहे कोई भी हो, उपरोक्त कथन अभिकथन बने रहते हैं।

हालांकि, जब आप कहते हैं 'वह बहुत खिझाने वाली है', आप इस बात को एक अभिकथन के रूप में कहते हैं, जो कि तथ्य के दावे के समान होता है। यह लगभग ऐसा कहने के समान ही है जैसे 'वह 5 फिट 8 इंच लंबी है'।

इन दोनों ही कथनों का प्रारंभ 'वह.............', के साथ होता है जो 'वह' के बाद आने वाले शब्दों को उस महिला के सम्बन्ध में एक तथ्य बना देता है। ये सभी वाक्य एकसमान रूप से रचे गए हैं, फिर भी 5 फिट 8 इंच का होना वास्तव में एक तथ्य है, और खिझाने वाली होना एक तथ्य नहीं है; यह उस महिला के सम्बन्ध में आपका आकलन है।

जब आप कहते है 'वह बहुत खिझाने वाली है', तो आप वास्तव में कह रहे होते हैं कि 'मेरे जैसे प्रेक्षक के लिए अभी इस क्षण में मैं इस महिला का आकलन खिझाने वाली के रूप में कर रहा हूँ'।

जब आप इसे इस प्रकार से कहते हैं तो अब आप यह कह रहे होते हैं कि खिझाने वाली होना उसका गुण नहीं है। आप कह रहे हैं कि यह *आप* ही हैं जो उन क्षणों में यह उसके खिझाने वाली होने का आकलन कर रहे हैं और यह कि आप उससे सम्बन्धित इस आकलन को बाद की किसी तिथि और समय पर बदल सकते हैं।

यह अति आवश्यक है कि अभिकथन और आकलन के बीच विशिष्टताओं में अंतर किया जाए और यह पहचान की जाए कि इनमें से एक तथ्यों का दावा होता है और दूसरा मात्र एक राय होती है। प्रायः, हम इन्हें परस्पर मिश्रित कर देते हैं, और इन दोनों ही विशिष्टताओं के बीच कोई भी भेद नहीं करते।

आइए, हम दावों एवं आकलनों के बीच की गई तुलना पर निगाह डालते हैं।

अभिकथन	आकलन
अभिकथन (असर्शन) तथ्यों के दावे होते हैं। उदाहरणार्थ–*राम एएए कॉरपोरेशन का प्रबंध निदेशक है।*	आकलन (असेस्मेंट) राय, निर्णय अथवा व्यक्तिपरक कथन होते हैं। उदाहरणार्थ–राम अपने कार्य में बहुत प्रतिभावान है।

(जारी)

(जारी)

अभिकथन	आकलन
अभिकथन संप्रेषण किए जा रहे विषय/वस्तु से सम्बन्धित होते हैं। उदाहरणार्थ–*राम एएए कारपोरेशन का सीईओ है।* यहाँ आप राम के पद तथा उस संगठन के सम्बन्ध में बोलते हैं जिसमें राम कार्य कर रहा है।	आकलनों का सम्बन्ध प्रेक्षक से होता है। अलग–अलग प्रेक्षकों की राय अलग अलग होगी। (यहाँ तक कि प्रेक्षकों का समूह किसी मामले का प्रेक्षण (ऑब्ज़र्वेशन या अवलोकन) किसी विशिष्ट तरीके से करता है, तो वह आकलन उस समूह का होता है न कि प्रेक्षण करने वाली बात/वस्तु का। यह एक सामूहिक आकलन बन जाता है) उदाहरणार्थ–*राम कार्य में प्रतिभावान है,* यह राम के प्रति *आपका* आकलन है। दूसरे ऐसे लोग हो सकते हैं जो संभव है कि आपके समान ही आकलन न करते हों।
अभिकथन या तो सच अथवा झूठ हो सकते हैं। उदाहरणार्थ–*रोहित कल की गोष्ठी में 30 मिनट की देरी से आया था।* यदि मुलाकात की रेकार्डिंग करने वाला कोई कैमरा लगा होता तो यह सिद्ध किया जा सकता था कि रोहित देरी से आया था अथवा नहीं।	आकलनों के सच्चे अथवा झूठे होने का सत्यापन नहीं किया जा सकता। हालांकि, आकलन आधारयुक्त अथवा आधारहीन हो सकते हैं। उदाहरणार्थ–*रोहित भरोसेमंद नहीं है।* रोहित के भरोसेमंद न होने को सामान्यीकृत नहीं किया जा सकता और इसे सही अथवा गलत सिद्ध नहीं किया जा सकता। हालांकि, आप सभी गोष्ठियों में रोहित के देरी से आने के साक्ष्य प्रस्तुत कर सकते हैं और इसी आधार पर आधारयुक्त आकलन करते हैं कि जहाँ तक गोष्ठियों रोहित के आने का सम्बन्ध है, रोहित भरोसेमंद नहीं है।
अभिकथन प्रेक्षण (ऑब्जर्व) की जा रही बात/वस्तु के बारे में खुलासा कर देते हैं। उदाहरणार्थ–*जॉन ने सोमवार की सुबह पीटर अथवा एना को 'गुडमार्निंग' नहीं कहा।*	आकलन प्रेक्षण की जा रही बात/वस्तु के बजाए प्रेक्षक तथा उसके मानकों के सम्बन्ध में अधिक खुलासा करते हैं। उदाहरणार्थ–*पीटर जॉन को अक्खड़ मानता है क्योंकि उसने उसे गुडमार्निंग नहीं कहा।* तो, पीटर के मानक के हिसाब से यह अक्खड़ होना हो गया। जॉन ने एना को भी 'गुडमार्निंग' नहीं कहा और ऐना के अनुसार इसका अर्थ यह नहीं है कि जॉन अक्खड़ है।
अभिकथनों का सम्बन्ध भूतकाल तथा वर्तमान से होता है। उदाहरणार्थ–*कल की गोष्ठी में राम 30 मिनट की देरी से आया था।*	आकलनों का सम्बन्ध पूरी तरह से भविष्य के साथ होता है। उदाहरणार्थ–*राम भरोसेमंद नहीं है, और एक बार जब आप किसी को गैर–भरोसेमंद मान लेते हैं तो भविष्य में आप उस व्यक्ति को गैर–भरोसेंमंद के रूप में देखते हैं।*

(जारी)

(जारी)

अभिकथन	आकलन
अभिकथन वहीं होते हैं जहाँ भाषा सर्वाधिक वर्णनात्मक एवं न्यूनतम रचनात्मक होती है (एकमात्र बोलने सम्बन्धी कार्य जिसमें भाषा वर्णनात्मक हो)। उदाहरणार्थ–*डाइनिंग टेबल का आकार 10 गुणे 4 फिट है।* इस मामले में मैं टेबल के गुण का वर्णन कर रहा हूँ।	आकलन वहाँ किए जाते हैं जहाँ भाषा अत्यधिक उत्पादक एवं रचनात्मक होती है। उदाहरणार्थ–*टेबल बड़ी है और हम इसपर टेबल टेनिस खेल सकते हैं।* मेरी भाषा में, मैंने डाइनिंग टेबल को टेबल टेनिस की टेबल बना दिया है और यह इतनी बड़ी भी है कि इसपर टेबल टेनिस खेला जा सकता है।
अभिकथन मनोदशाओं एवं भावनाओं से प्रभावित नहीं होते। उदाहरणार्थ–*क्रिस को एक अजनबी की कोहनी छू गई।*	आकलन मनोदशाओं एवं भावनाओं से बहुत अधिक प्रभावित होते हैं। उदाहरणार्थ–*आवेशपूर्ण मनोदशा में क्रिस आकलन करती है कि 'अजनबी को एक सुरक्षित दूरी बनाए रखनी चाहिए थी' और वह दूरी न बनाए रखने के लिए अजनबी पर चीखती है। एक प्रसन्न मनोदशा में, क्रिस आकलन करती है 'कोई बात नहीं, गल्ती से हो गया होगा', और अजनबी पर मुस्करा देती है।*
अभिकथन 'जो है सो है' होते हैं। उदाहरणार्थ–*टेबल 10 गुणे 4 फिट की है।*	*आकलन 'जो है सो है से आप क्या समझते हैं' होते हैं।* उदाहरणार्थ–*मैंने इस टेबल का इतना बड़ा बना दिया है कि हम इसपर टेबल टेनिस खेल सकते हैं।*

आइए, हम अभिकथनों एवं आकलनों के कुछ उदाहरणों पर निगाह डालते हैं।

अभिकथन (जो है सो है)	आकलन (जो है सो है से मैं क्या समझता हूँ)
पीटर काम पर 1 घंटा देरी से आया है।	पीटर एक अनुशासित प्रबंधक नहीं है।
मेरी कार दुर्घटनाग्रस्त हो गई।	अब मुझे असुविधा होगी और मुझे काम पर जाने में कठिनाई होगी।
जॉन ने बोतल गिरा दी।	जॉन फूहड़ है।
सूसन की लंबाई 5 फिट 10 इंच है।	सूसन एक लंबी महिला है।
आज तापमान 10 डिग्री सेल्सियस है।	आज बहुत ठंडा दिन है।
केरेन एंजेलिका से : 'इस तिमाही के लिए आपका लक्ष्य 2 मिलियन डॉलर का है'।	एंजेलिका अपने विचारों में आकलन करती है 'यह असंभव है'।

(जारी)

(जारी)

अभिकथन (जो है सो है)	आकलन (जो है सो है से मैं क्या समझता हूँ)
मैं मंच पर अपनी लाइनें ही भूल गया।	मैं शर्मीला हूँ इसीलिए मंच पर अपनी लाइने भूल गया।
पति पत्नी से : 'मेरी किताब कहाँ है?'	पत्नी सोचती है, 'आप बहुत अव्यवस्थित हो'।
एंजेलिना ने समय पर अपनी परियोजना पूरी नहीं की।	एंजेलिना असक्षम है।

ऐसी अनेक घटनाएं होती है जो हमारे दैनिक जीवन में घटित होती रहती हैं। मनुष्य के रूप में हम स्वाभाविक रूप से कुछ घटनाओं का चयन करते हैं और उनके सम्बन्ध में अपनी व्याख्याएं अथवा आकलन कर डालते हैं। सरल शब्दों में, हम मनुष्य कहानी बनाने की मशीने हैं। जब भी कोई घटना घटती है, हम तुरंत इसके बारे में एक कहानी गढ़ डालते हैं और जिस जाल में हम सहजता से फंस जाते हैं वह यह विश्वास करने लगना होता है कि यह कहानी ही 'सच है'।

सबसे बुरी स्थित तो यह होती है कि हम यह याद रखना भूल जाते हैं कि इस 'सच' का निर्माण हमने ही किया है।

आइए, हम एलन के काम वाले एक विशिष्ट दिन पर निगाह डालते हैं। एलन एक बहुराष्ट्रीय बैंक में वरिष्ठ प्रबंधक हैं। एक शुक्रवार के दिन वह अपने फोन पर अपनी ई–मेल देखने में तल्लीन रहते हुए अपने कार्यालय में प्रवेश करते हैं। हालांकि, वह सुरक्षाकर्मी के द्वारा अपने सहयोगी को किए गए नमस्कार और उसे 'गुडमार्निंग' कहते हुए सुनते हैं। सुरक्षाकर्मी एलन को नमस्कार नहीं करता। उस क्षण, अत्यन्त अवचेतन रूप से, एलन आकलन करते हैं कि सुरक्षाकर्मी उनकी इज्जत नहीं करता। वह सुरक्षाकर्मी पर एक क्रोधपूर्ण निगाह डालते हैं।

जो है सो है (अभिकथन) : *सुरक्षाकर्मी ने दूसरे प्रबंधक को 'गुडमार्निंग' कहा।*

एलन ने जो है सो है से क्या समझा (आकलन) : *सुरक्षाकर्मी उनकी इज्जत नहीं करता।*

एलन, एक लगभग बुरी लगने वाली बात से पल्ला झाड़ते हुए, अपने कार्यालय की ओर बढ़ जाते हैं। कॉफी स्टेशन पर वह दो महिला कर्मचारियों को एक–दूसरे से बात करते देखते हैं। उस क्षण में, वह अपने मस्तिष्क में आकलन करते हैं : 'उनके लिए सप्ताहांत की शुरुआत पहले ही हो गई है और वे काम का अपना उत्पादक समय नष्ट कर रही हैं'। उन्होंने बस अपना सिर हिलाया

और मानसिक रूप से उस विषय को तय कर लिया जिसपर उन्हें साप्ताहिक कार्यालय सभा में अनुत्पादकता पर चर्चा करनी है, और आगे बढ़ गए।

> जो है सो है (अभिकथन) : *कॉफी स्टेशन के बगल में दो कर्मचारी बातें कर रहीं थीं।*
>
> एलन ने जो है सो है से क्या समझा (आकलन) : *उनके लिए सप्ताहांत की शुरुआत पहले ही हो चुकी है और वे काम का अपना उत्पादक समय नष्ट कर रही हैं।*

और दिन जारी रहता है।

यह पुस्तक एलन के कल्पित उदाहरण से सम्बन्धित नहीं है। यह पुस्तक आपके लिए और आपसे सम्बन्धित है। मेरा दावा है कि मनुष्य इसी प्रकार से कार्य करते हैं जैसा कि मैंने एलन के बारे में वर्णन किया है।

> एक घटना होती है (जो है सो है)।
> जो है सो है के सम्बन्ध में मनुष्य एक कहानी की रचना कर लेता है,
> वह कहानी को सच मान लेता है और
> यह भूल जाता है कि इस सच को उसी ने गढ़ा है।

फिर वे अपना जीवन उसी सच के दायरे में व्यतीत करना प्रारंभ कर देते हैं जिसे उन्होंने स्वयं गढ़ा है, वे पूरी तरह से यह भूल जाते हैं कि वे ही इन कहानियों के रचयिता हैं। उन्हें इन कहानियों से शक्ति प्राप्त होती है, और कभी–कभी, इन कहानियों से वे शक्तिहीन भी हो जाते हैं। अपनी गढ़ी गई कहानियों से वे प्रसन्न, दुखी, नाराज, कुंठित, परास्त, क्रोधित और न जाने क्या–क्या हो जाते हैं।

चिंतनशील विराम

इस अवस्था में, मैं आपको एक चिंतनशील विराम लेने तथा उन कहानियों पर विचार करने के लिए आमंत्रित करता हूँ जो आपने गढ़ी हैं और जिन्हें आप सच मान रहे हैं।

आकलनों का महत्व

अपनी कार्यशालाओं में जब मैं अभिकथनों एवं आकलनों के बीच अंतर करता हूँ तो लोग एक कहानी यह बनाना प्रारंभ कर देते हैं कि आकलन महत्वपूर्ण नहीं होते और यह कि आकलन किए ही नहीं जाने चाहिए। मैंने ऐसा नहीं कहा है,

न ही कहीं पर भी मेरा ऐसा आशय था। इसके विपरीत, आकलन करना अत्यंत महत्वपूर्ण होता है।

अभिकथन तथ्य होते हैं, और वे 'यह ऐसा है' से पृथक कोई भी दूसरा अर्थ नहीं रखते। निम्नलिखित अभिकथनों के कथनों में से कोई भी अपने आपमें कोई विशेष अर्थ नहीं रखता:

- पीटर काम पर 1 घंटे देरी से आया था।
- जॉन ने बोतल गिरा दी।
- इस तिमाही के लिए आपका लक्ष्य 20 लाख डॉलर का है।

इन कथनों का अर्थ आपके द्वारा किए गए आकलनों से प्राप्त किया गया है। आप ही वह रचयिता हैं जिसने इन अर्थों को जन्म दिया है : उपरोक्त अभिकथनों के आधार पर एक प्रेक्षक निम्नलिखित कथन कर सकता है:

- पीटर एक अनुशासित प्रबंधक नहीं है।
- जॉन फूहड़ है।
- यह लक्ष्य असंभव है।

उपरोक्त अभिकथनों के आधार पर कोई दूसरा प्रेक्षक इन सभी के लिए एक पूरी तरह से पृथक आकलन कर सकता है। अलग–अलग प्रेक्षक इसके अलग–अलग अर्थ निकालेंगे।

अभिकथनों से क्रिया को जन्म नहीं मिलता। जैसा मैंने पहले भी उल्लेख किया है, अपने आपमें और स्वयं से अभिकथनों का कोई विशिष्ट अर्थ नहीं होता। आप जो भी क्रिया करते हैं वह आपके द्वारा किए गए आकलनों द्वारा शासित होती है।

यदि परिणाम आपके द्वारा की गई क्रियाओं की क्रिया होते हैं तो क्रियाएं आपके द्वारा किए गए आकलनों की क्रियाएं होती हैं–तब यदि आप वास्तव में परिणाम प्राप्त करना चाहते हैं तो आपको अपने द्वारा किए जा रहे आकलनों पर प्रश्न करने की आवश्यकता होती है। परिणाम प्राप्त करने के लिए लोग प्रायः ही अपनी क्रियाओं में इतना अधिक खो जाते हैं कि वे अपनी क्रियाओं के स्रोत के सम्बन्ध में भी प्रश्न नहीं करते (चित्र 6.3)।

चित्र 6.3 आकलनों, क्रियाओं एवं परिणामों के बीच सम्बन्ध

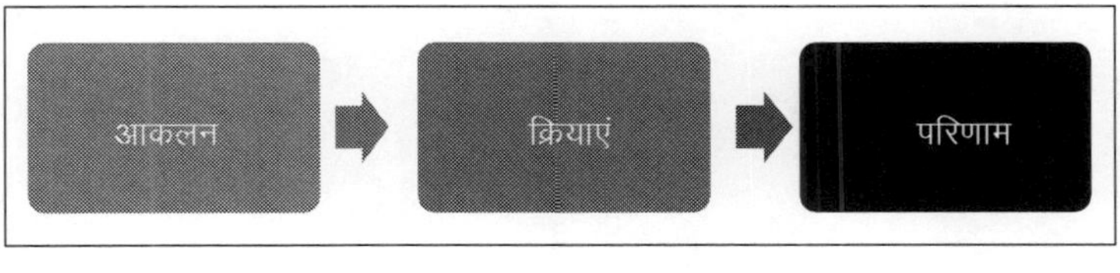

सेड्रिक : सर्वश्रेष्ठ प्रदर्शनकर्ता

मेरे शिक्षार्थियों में से एक तथा एक सूचना प्रौद्योगिकी संगठन के डिलेवरी प्रमुख विवेक ने आकलन किया कि उसकी इकाई में कर्मचारी असंतुष्ट हैं और उनकी उत्पादकता कम हो चुकी है। वह अपने कर्मचारियों को प्रसन्न और संतुष्ट रखने हेतु प्रतिबद्ध थे। हमारे संवाद के समय सामने आने वाले मुद्दों में से एक था कि वे अपने कर्मचारियों पर विश्वास नहीं करते थे।

उन्होंने यह कहते हुए एक उदाहरण दियाः

> सेड्रिक मेरे दल के सर्वश्रेष्ठ प्रदर्शनकर्ताओं में से एक है, परंतु मात्र तब जब वह ऐसा बनना चाहता है। मैं पाता हूँ कि उसमें कार्य के प्रतिबद्धता का अभाव है और अचानक ही अवकाश लेने के पूर्व कभी भी पुनर्विचार नहीं करता। जब वह काम करने की अच्छी मनोदशा में हो तो वह उपद्रवी बन जाता है और अकेले उसका कार्य 3 कर्मचारियों से भी अधिक हो जाता है। गत सप्ताह उसने फोन किया कि वह बीमार है और मैंने क्रोधित हो गया, क्योंकि एक महत्वपूर्ण सॉफ्टवेयर को जारी करने में मेरे दल के पास मात्र एक सप्ताह का समय शेष रह गया था और यह एक ऐसी परियोजना थी जिसपर मैं एक वर्ष से भी अधिक समय से कार्य कर रहा था। मैं फोन पर उससे बहुत रुखेपन से बात की और मैं लगभग उसे गालियाँ देने वाला था जब मैंने अपने आपको रोक लिया। मैं उसके आने का इंतजार करता रहा कि वह आए और समयसीमा के अंदर अधूरे कार्य को पूरा करे।

आगे की जाँच में विवेक ने कहना जारी रखाः

> जब सेड्रिक ने अवकाश के लिए फोन किया तो मैंने अनुभव किया कि मेरे दाँत पिस रहे थे और मेरी आँखें असामान्य हो गई हैं, मैं समझता हूँ कि मेरी श्वासें भी तेज हो गई थी। मेरे मस्तिष्क में विचारों के तूफान हिलोरें ले रहे थे। सबसे पहला विचार जो मेरे मस्तिष्क में आया वह था हमारी परियोजना को जारी करने का और समयसीमा में काम पूरा न होने पर आसन्न आपदा का, अप्रसन्न और नाराज ग्राहकों का, क्रोध से भरी हुई ई–मेलों का, और देर रात तक काम करते रहने का जैसे तमाम दृश्य मात्र कुछ ही सेकेंडों के समय में मेरी आँखों के आगे से गुजर गए।

परंतु जिस दृश्य ने मुझे सबसे ज्यादा क्रोधित किया वह था जब मैंने उसे एक सिनेमाहॉल में देखा और यह दृश्य स्वयं को शांत रखने के मेरे स्वभाव के साथ मेल नहीं खा रहा था। वास्तव में, मेरी जवानी के दिनों में, मैं भी ऐसे ही कारणों से अपने कॉलेज तथा कार्यालय से 'गोल' हो जाया करता था और मैं कल्पना कर सकता हूँ कि मेरे कर्मचारी भी ऐसा ही कर रहे हैं। आखिरकार, मेरा अर्थ यही है कि जब आप प्रतिबद्ध हैं तो फिर छोटी–मोटी बीमारी (सर्दी–खाँसी) आपको अपने काम से दूर किस प्रकार रख सकती है। जो कुछ भी घटित हुआ था उसे लेकर उस पूरे दिन मैं अत्यधिक खिन्न रहा था और मैंने अपनी भड़ास अपने अन्य कनिष्ठों पर निकाली, और ये सब सेड्रिक के कारण हुआ था। अगले दिन जब सेड्रिक काम पर आया, मैं पिछले दिन अनुपस्थित रहने के लिए उसपर फट पड़ा और यह सुनिश्चित किया कि वह अपनी अनुपस्थिति के कारण उत्पादकता में हो चुकी हानि की भरपाई करे।

आइए, हम इस उदाहरण का जरा नजदीकी परीक्षण करते हैं:

घटना के सम्बन्ध में अभिकथन	सेड्रिक ने बीमार होने का फोन किया
विवेक के द्वारा आकलन (उसने जो है सो है से क्या समझा)	• सेड्रिक बीमार नहीं है और वह एक फिल्म देख रहा है, और उसकी अनुपस्थिति के कारण समयसीमा में काम पूरा नहीं हो सकेगा। • एक आपदा आसन्न थी। • ग्राहक अप्रसन्न और नाराज होंगे। • उसे ढेरों की संख्या में क्रोधपूर्ण ई–मेल प्राप्त होंगे। • काम पूरा करने के लिए उसे और उसके दल को रात–दिन काम करना होगा।
क्रियाएं	सेड्रिक को डाँटना और अगले दिन उससे दोगुनी मेहनत से कार्य करवाना।
मनोदशा	पूरे दिन खिन्न रहना।
परिणाम	कर्मचारियों (सेड्रिक तथा वे दूसरे कर्मचारी जिनपर विवेक चिल्लाया था) की अप्रसन्नता।

उपरोक्त अभिकथनों को ऐसा ही बनाए रखते हुए विवेक अनेक अन्य प्रकार के आकलन कर सकता था। आइए, हम यह देखें कि यदि उसने अलग प्रकार के आकलन किए होते तो इसका क्या प्रभाव होता:

घटना के सम्बन्ध में अभिकथन	सेड्रिक ने बीमार होने का फोन किया
एक अन्य आकलन जो विवेक के द्वारा किया जा सकता था (उसने जो है सो है से क्या समझा)	सेड्रिक वास्तव में बीमार है।
मनोदशा जो इस स्वीकरण से उसे प्राप्त हो सकता था	समयसीमा में कार्य पूरा करने हेतु नवीकृत ऊर्जा और प्रतिबद्धता।
कुछ अन्य क्रियाएं जो वह कर सकता था	• अन्य सभी कर्मचारियों की एक सभा बुला सकता था। • उन सभी के समक्ष समयसीमा में कार्य पूरा न होने की अपनी आशंका प्रकट कर सकता था। • समयसीमा में कार्य पूरा करने के लिए उन सबसे पुनः प्रतिबद्धता हासिल कर सकता था। • यह पता लगा सकता था कि क्या किसी दूसरे दल में ऐसा कोई कर्मचारी है जो उसकी सहायता कर सकने हेतु उपलब्ध हो। • यदि तकनीकी विशेषज्ञता उसे अनुमति देती हो तो वह स्वयं भी कार्य में संलिप्त हो सकता था।
परिणाम	संभवतः समयसीमा में कार्य पूरा हो जाता और कर्मचारियों में अपने बॉस के प्रति विश्वास की एक नई भावना जाग्रत हो जाती।

नाओमी एवं उसका पुत्र

नाओमी एक समर्पित माँ है। यह सुनिश्चित करने के लिए कि उसके 7–वर्षीय पुत्र को सबकुछ अच्छे–से–अच्छा मिल सके, वह अपनी क्षमता से बाहर भी चली जाती है। एक दिन जब उसके पुत्र ने अपने स्कूल की कक्षा में सबके सामने कहानी सुनाने के अपने शिक्षक के आमंत्रण को स्वीकार करने से इंकार कर दिया तो नाओमी के दिमाग में एक कहानी पनपने लगी कि यदि उसके पुत्र ने अपनी कक्षा के सामने कहानी नहीं सुनाई तो उसे परीक्षाओं में कम अंक प्राप्त होंगे, उसके शिक्षक उसपर कम ध्यान देंगे, हो सकता है उसके मित्र उससे कम सम्बन्ध रखें, वह आत्मविश्वास खो बैठेगा और वह एक शर्मीला बालक बन जाएगा!

इन सारी कहानियों ने उसे अपने पुत्र को डाँटने पर मजबूर कर दिया जो यह नहीं समझ सका कि आमतौर पर शांत रहने वाली उसकी माँ क्यों उत्तेजित हो रही थी, वह भी ऐसे तुच्छ से मामले पर!

घटना के सम्बन्ध में अभिकथन (जो है सो है)	बच्चे ने कक्षा के सामने एक कहानी सुनाने से इंकार कर दिया।
नाओमी के द्वारा जो आकलन किया गया (उसने जो है सो है से क्या समझा)	उसके पुत्र को परीक्षाओं में कम अंक प्राप्त होंगे, उसके शिक्षक उसपर कम ध्यान देंगे, हो सकता है उसके मित्र उससे सम्बन्ध न रखें, वह आत्मविश्वास खो बैठेगा और वह एक शर्मीला बालक बन जाएगा!
क्रियाएं	नाओमी ने अपने पुत्र को डाँटा।
परिणाम	एक अप्रसन्न और भ्रमित 7 वर्षीय बालक।

नाओमी अनेकों प्रकार के आकलन कर सकती थी। आइए हम इस बात पर निगाह डालते हैं कि यदि उसने कुछ अलग आकलन किया होता तो क्या हुआ होता।

घटना के सम्बन्ध में अभिकथन	बच्चे ने कक्षा के सामने एक कहानी सुनाने से इंकार कर दिया।
एक अन्य आकलन जो नाओमी के द्वारा किया जा सकता था (उसने जो है सो है से क्या समझा)	• वह एक बच्चा है, उम्र बढ़ने के साथ–साथ सीख जाएगा। • संभवतः यह समझ नहीं सका कि उसके शिक्षक का आशय क्या था। • जिस शीर्षक पर उसे बोलना था उसके बारे में उसे आत्मविश्वास नहीं था। • उसे और अभ्यास की आवश्यकता है
कुछ अन्य क्रियाएं जो वह कर सकती थी	• इसे होने दे और अपने बच्चे को सीखने और विकसित होने दे। • अपने बच्चे से शांतिपूर्वक बात करे और यह समझने का प्रयास करे कि कक्षा के समक्ष बोलने का क्या अर्थ होता है। • उसे ऐसे उदाहरण बताए जब स्वयं उसने श्रोताओं के समक्ष बोलने की हिचकिचाहट पर विजय पाई हो और इस प्रकार बच्चे में आत्मविश्वास की भावना को पुनः जाग्रत करे। • अपने बच्चे से बात करे और उस शीर्षक को स्पष्ट करे जिसपर बोलने की आवश्यकता है और अपने संपूर्ण संवाद को बच्चे के लिए दर्शनीय एवं उत्साहवर्द्धक बनाए।
परिणाम	एक प्रसन्न, आत्मविश्वास से परिपूर्ण बालक (जो नाओमी की अंतिम प्रतिबद्धता है)

मेरा शर्मीलापन मेरे जीवन को संचालित करता है

'मेरी समस्या यह है कि मैं शर्मीला हूँ' यह वाक्य मेरे एक शिक्षार्थी के द्वारा मेरे सत्रों के दौरान कहा गया था। उनका नाम तनवीर है जो सॉफ्टवेयर विकसित करने वाली एक अंतर्राष्ट्रीय संस्था के वरिष्ठ निदेशक हैं। उन्होंने यह कहते हुए उल्लेख कियाः

> मैं श्रोताओं के सम्मुख बोलना पसंद नहीं करता; मैं स्वयं तक सीमित रहना पसंद करता हूँ चाहे फिर मैं घर में हूँ अथवा कार्यालय में। मेरी पत्नी भी मेरे विरुद्ध निरंतर यही शिकायत करती रहती है कि मैं बहुत ही कम बोलता हूँ। कभी–कभी वह सोचती हैं कि मैं भावशून्य हूँ! मैं इसमें कुछ नहीं कर सकता। मैं लंबे समय से ऐसा ही रहा हूँ। मैं महसूस करता हूँ कि यह शर्मीलापन मुझे बहुत से बातों/लक्ष्यों से दूर कर देता है जिन्हें मैं संभवतः हासिल कर सकता हूँ अथवा जीवन में शायद अब तक हासिल कर चुका होता। मैं इतना अधिक शर्मीला था कि मैं अपने बॉस के पास जाने और यह कहने कि हिम्मत नहीं जुटा पाता था कि मैं अमुक परियोजना पर कार्य करना चाहता हूँ और इसके वांछित परिणामों को हासिल करने हेतु आवश्यक कौशल मेरे पास मौजूद है। मैंने सोचा कि मैं अपना ही राग अलापता रहूँगा और इसीलिए मैं चुप रहा। अंततः, वह परियोजना किसी दूसरे को सौंप दी गई और मैं बस बैठ कर इसे हाथ से जाते हुए देखता रहा।
>
> मुझे अपने बच्चों से भी यह कहने में बहुत शर्म आती है कि मैं उन्हें कितना प्यार करता हूँ, मैं नहीं चाहता कि वे यह सोचें कि मैं एक भावुक व्यक्ति हूँ। मैं चाहता हूँ कि वे मुझे एक शक्तिशाली और कठोर पिता के रूप में देखें। परंतु अब मैं सोचता हूँ कि उन्होंने स्वयं को मुझसे दूर कर लिया है और मैं सोचता हूँ कि ऐसा इसलिए हो सकता है क्योंकि मैं अपने प्यार को जताने में शर्माता रहा हूँ। परंतु मैं इसमें कुछ नहीं कर सकता, मैं शर्मीला हूँ!

तनवीर अपने जीवन में हाथ से फिसल चुकी उपलब्धियों के लिए अपने शर्मीलेपन को दोष दे रहे थे। वह घटनाओं का रुख अपने पक्ष में न कर पाने का कारण नहीं बन पा रहे थे। वह अपने सहज क्षेत्र (*यह कहना, कि 'मैं शर्मीला हूँ', और फिर इस शर्मीलेपन की वजह से कुछ भी न करना सहज होता है*) में संचालन कर रहे थे, और उन्होंने अपना जीवन अपनी पसंद के एक भविष्य का सृजन करने का उत्तरदायित्व लिए बिना ही व्यतीत होने दिया।

मैंने देखा कि तनवीर अपने शर्मीलेपन की कहानी से बाहर निकलने के लिए तैयार हैं। यह तथ्य, कि उन्होंने इसके बारे में बोला है, दर्शाता है कि वह इस कहानी से निजात पाना चाहते हैं। मैंने उनसे पूछा कि उन्हें पहली बार कब पता लगा कि वह शर्मीले हैं। उन्होंने बताया कि ऐसा उनके जूनियर कॉलेज के दिनों में हुआ था। उन्होंने किसी नाटक में भाग लिया था और वह मंच तक गए और फिर अपनी सारी लाइनें भूल गए। वह नाटक उसके कारण बेकार हो गया। उन्होंने कहा, 'उसी समय मैंने अनुभव किया कि मैं शर्मीला हूँ'।

मैंने उनसे पूछा, 'आप शर्मीले हो–यह कथन एक अभिकथन है अथवा एक आकलन?' वह भ्रमित से दिखे। उन्होंने कहा, 'यह एक आकलन सा प्रतीत होता है, परंतु यह सत्य है'।

क्या आप ऐसे लोगों को खोज सकते हैं जिन्होंने कोई आकलन किया हो और उसे इतने प्यार के साथ चिपके रहते हों? तनवीर इस आकलन से स्वयं को अलग नहीं करना चाहते थे, और उन्होंने इसे एक 'सच' बना लिया था। वह लंबे समय से इस आकलन के साथ जी रहे थे, इस आकलन के बिना वह असुरक्षित सा महसूस करते थे।

तनवीर एक सॉफ्टवेयर विकसित करने वाली अंतर्राष्ट्रीय कंपनी के वरिष्ठ निदेशक के पद पर पहुँच चुके थे; मैंने उससे पूछा, 'इस पद पर पहुँचने के लिए आपको कुछ साहसिक चरण उठाने पड़े होंगे?'

तुरंत उनका उत्तर मिला, 'ओ हाँ, निश्चित रूप से!'

मैंने मुस्कराते हुए उनपर निगाह डाली, और उन्होंने महसूस कर लिया कि मैं कहाँ से प्रारंभ कर रहा हूँ। ऐसा लगा कि उस क्षण में उनके लिए कुछ परिवर्तित सा हो गया है। उन्हें शर्म नहीं आ रही थी; अनेक मौकों पर वे साहसी रह चुके थे। यह मात्र इतनी सी बात थी कि वे उस जगह शर्मीले हो जाते थे जहाँ ऐसा होना उनके अनुकूल होता था।

'मैं शर्मीला हूँ' यह बहुत ही आम कहानी है जिसे मैंने बहुत से लोगों में स्वयं के लिए मौजूद पाया है। यह मात्र *एक कहानी, एक आकलन* है न कि कोई अभिकथन। यह उनका एक सच है जिसके अंदर उन्होंने अपना जीवन व्यतीत कर दिया है। तनवीर ने *इस कहानी* के अंदर जीते हुए 20 वर्षों का समय गुजार दिया था।

एक बार यह नई जानकारी तनवीर पर प्रकट हो जाने के बाद उन्होंने निर्णय किया कि अब आगे से वे आरोप लगाने का काम नहीं करेंगे और अपने उन संवादों पर कार्य करेंगे जो उन्हें रोक रहे थे। अभ्यास के साथ, तनवीर ने घटनाओं एवं लोगों के सम्बन्ध में कहानियाँ बनाने से स्वयं को रोकना प्रारंभ

कर दिया। प्रायः, उन्होंने स्थिति अथवा लोगों के सम्बन्ध में अपने आकलनों के कारण स्वयं को किसी व्यक्ति से संपर्क करने अथवा उससे बात करने से रोकते हुए पकड़ा।

एक दिन, उन्होंने अप्रत्याशित रूप से मुझे फोन किया और उत्साहपूर्वक कहाः

> मैं हमेशा से अपने संस्थान के अंतर्राष्ट्रीय सीईओ के साथ बात करना चाहता था। मैं सभाओं के दौरान उनसे छोटी–मोटी मुलाकात तो करता रहता था परंतु उनके पास जाने और बात करने में सदैव ही बहुत शर्मीलेपन का अनुभव करता था, परंतु आज मैं बस रुका और अपने मन में यह सोचा कि वो मेरे बारे में क्या सोचेंगे और मैंने उन्हें एक ई–मेल भेज दी कि मैं उनसे बात करना चाहता हूँ। मुझे आश्चर्य हुआ कि उन्होंने प्रत्युत्तर दिया और मुझे कुछ दिनों बाद काफी अवकाश के समय मिलने के लिए कहा। मैं अभी–अभी उनके साथ एक घंटे की काफी वाली मुलाकात समाप्त कर लौटा हूँ! इस संवाद के बाद मेरे लिए संभावनाओं का एक पूरा पिटारा सा खुल गया है।

और जो कुछ भी इसके पीछे था वह था तनवीर के द्वारा स्वयं के सम्बन्ध में किए गए आकलनों से सृजित की गई स्व–आरोपित बाधाओं को तोड़ना।

चिंतनशील विराम

ऐसे कौन से आकलन हैं जो आपने स्वयं अपने बारे में कर रखे हैं और जो आपको सफलता से रोक रहे हैं। ऐसे कौन से आकलन हैं जो आपने दूसरों के सम्बन्ध में कर रखे हैं? इन आकलनों का आपके परिणामों पर क्या प्रभाव पड़ रहा है?

इन कहानियों को समझने का प्रयास करें।

आधारयुक्त आकलन

सामान्यतः हम अपने आकलनों के सम्बन्ध में आकलन नहीं करते। हम बस आकलन मात्र करते हैं और अपनी अपरिहार्य राय एवं क्रिया के साथ आगे चरण बढ़ा देते हैं। किन्तु जब कोई महत्वपूर्ण विषय दाँव पर लगा हो तो हम बेहतर परिणाम उत्पन्न कर सकते हैं यदि हम यह प्रश्न पूछें कि, 'यह ध्यान में रखते हुए कि मुझे किस बात की परवाह है, और मेरी पसंद के परिणाम का महत्व क्या है, क्या यही आकलन मेरे लिए सर्वश्रेष्ठ है?'

पीछे अभिकथनों तथा आकलनों के बीच अंतर करते समय मैंने उल्लेख किया था कि अभिकथन तथ्यों के दावे होते हैं और वे या तो सच्चे अथवा झूठे होते हैं; और आकलन राय, निर्णय अथवा निष्कर्ष होते हैं और वे सच्चे अथवा झूठे न होकर आधारयुक्त अथवा आधारहीन होते हैं।

मैंने आकलन करने के महत्व का भी उल्लेख किया था। यदि आप कोई आकलन नहीं करते तो आप कोई क्रिया भी करेंगे। क्रिया करने के लिए आपको आकलन करने की आवश्यकता होती है। फिर, आप यह कैसे जानेंगे कि कौन सा आकलन आधारयुक्त है और कौन सा नहीं है? किस आकलन पर आप विश्वास कर सकते हैं और किस पर नहीं? कौन सा आकलन आपके लिए बेहतर उपयोगी होगा?

आधारयुक्त आकलन वे आकलन होते हैं जिनके द्वारा प्रश्नों के एक ऐसे समूह का उत्तर प्रदान किया जा चुका होता है जिन्हें श्रोता के द्वारा आकलन को स्वीकार करने के पूर्व स्पष्टीकरण की आवश्यकता होती है। इन प्रश्नों का सम्बन्ध परवाह, मानकों, क्षेत्र तथा साक्ष्य से होता है।

आधार तैयार करना आकलनों के सम्बन्ध में आकलन करने का एक अभ्यास होता है। यदि कोई आकलन 'आधारयुक्त' है तो इसमें एक स्वीकार्य मानक तक साक्ष्य निहित होता है और किसी 'आधारहीन' आकलन, जिसमें मानकों, साक्ष्य अथवा सम्बन्धित क्षेत्र के विवरण का अभाव हो, की तुलना में इसके द्वारा एक वांछित परिणाम प्रदान करने में अधिक प्रभावी होने की संभावना होती है। आधार तैयार करना किसी आकलन को सच्चा नहीं बनाता; यह मात्र साक्ष्य एवं तर्क प्रदान करता है कि यह हमारे प्रयोजन के लिए एक अच्छा आकलन है। किसी भी आधारहीन आकलन का अर्थ मात्र यह होता है कि आकलन का विश्वास करने हेतु आकलन में साक्ष्य के साथ एक प्रासंगिक कहानी का अभाव है। आधार तैयार करने में, हमारी सिफारिश है कि आप कुछ प्रश्न पूछें। हमारी माँग है कि आप कठोर उत्तरों की माँग करें, और उन उत्तरों का उपयोग आकलन का आकलन करने के लिए करें।

- *किस बात के लिए?*
  जब आप अपने आकलनों पर दृष्टि डालना प्रारंभ करेंगे तो मेरा दावा है कि आपके बहुत सारे स्वचालित आकलन आधार प्रदान करने सम्बन्धी इस प्रथम परीक्षा में उत्तीर्ण नहीं हो सकेंगे : 'आप यह आकलन किस बात के लिए कर रहे हैं?' आप देखेंगे कि बहुत सारे आकलन किसी भी वास्तविक कारण अथवा भविष्य सम्बन्धी क्रिया के लिए किए जा रहे हैं, और फिर भी ये आकलन आगे बढ़ जाते हैं और भविष्य में स्थान ले लेते हैं, इस बात को प्रभावित करते हुए कि आप किसी दूसरे व्यक्ति को, स्वयं को अथवा, इसी प्रकार सामने मौजूद स्थिति को किस प्रकार से देखते हैं।

चित्र 6.4 आकलनों का आधार तैयार करना

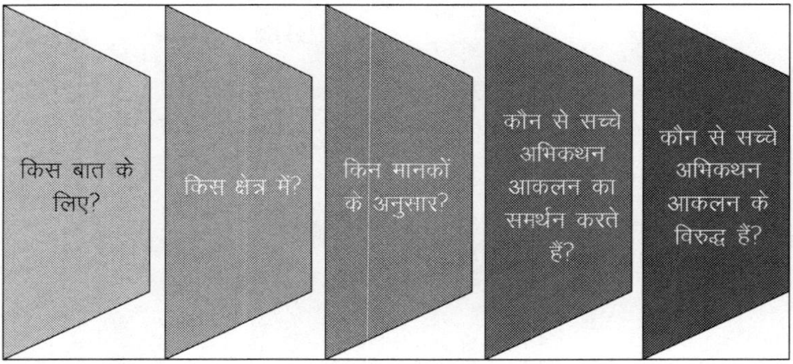

- *किस क्षेत्र में?*
  मनुष्य कहानी (आकलन) रचने की मशीनें हैं। वे कहानियाँ रचते हैं और उस क्षेत्र को भूल जाते हैं जिसमें उन्होंने कहानी अथवा आकलन की रचना की होती है। उदाहरणार्थ, यदि आप गणित की एक परीक्षा देते हैं और उत्तीर्ण होने योग्य अंक नहीं प्राप्त कर पाते तो आप गणित की परीक्षा में फेल हो जाएंगे। जिस क्षेत्र में आप फेल हुए वह गणित था। परंतु आप जो आकलन करते हैं वह यह है कि 'मैं फेल हो गया'।
- *किन मानकों के अनुसार?*
  उन मानकों की पहचान करना महत्वपूर्ण होता है जिनके आधार पर आप आकलन कर रहे हैं। मैं इस्रायल में स्थित मुख्यालय वाली एक कंपनी में कार्यशाला में प्रस्तुति कर रहा था, और एक व्यावसायिक इकाई (बीयू) का नेतृत्व संस्थान के सूचना सम्बन्धी ढाँचे पर चर्चा कर रहा था। वे इस सम्बन्ध में चर्चा कर रहे थे कि उनके पहले बॉस अर्थात् उस व्यावसायिक इकाई के प्रमुख का गुणवत्ता सम्बन्धी मानक बिल्कुल अलग है और उनके सीईओ का मानक बिल्कुल अलग। अतः, जिस उत्पाद को विकसित किया जा रहा था वह व्यावसायिक इकाई के प्रमुख के मानक के अनुसार स्वीकार्य था, परंतु सीईओ के मानके अनुसार बहुत अच्छा नहीं था। व्यावसायिक इकाई के प्रमुख और सीईओ ने एकसमान मानकों को साझा नहीं किया था।
- *कौन से सच्चे अभिकथन आकलन का समर्थन करते हैं?*
  आकलनों को अभिकथनों पर आधारित होना होता है। हालांकि, यदि आप देखें, हमारे अनेक आकलन दूसरे आकलनों पर आधारित होते हैं, जो हमारे आकलनों का आधारहीन बना देते हैं। अपने आकलनों को

आधार प्रदान करने के लिए देखें कि क्या कोई ऐसा सच्चा अभिकथन भी मौजूद है जो आकलन का समर्थन करता हो।

- *कौन से सच्चे अभिकथन आकलन के विरुद्ध हैं?*
  पिछले बिन्दु का एक विस्तार यह है कि ऐसे कौन से अभिकथन हैं जो किसी आकलन के विरुद्ध तर्क प्रस्तुत करते हैं? आधरयुक्त आकलन तैयार करने में यह आपकी सहायता करेगा।

इस प्रकार, सामान्यतः, आधार तैयार करना किसी आकलन में और अधिक विश्वास उत्पन्न करने का एक तरीका होता है। वास्तव में, किसी भी आकलन को आधार प्रदान करने के पीछे संपूर्ण विचार यह है कि आप आने आकलन पर विश्वास कर सकें, और अपनी क्रियाओं को इस आकलन पर आधारित कर सकें। जो कुछ भी नोट करना महत्वपूर्ण है वह यह है कि जब आप अपने आकलन को आधार प्रदान करते हैं तब भी आपका आकलन मात्र आपका ही आकलन बना रहता है। यह कोई अभिकथन नहीं बन जाता। हो सकता है कि दूसरे आपके आधार को स्वीकार न करें क्योंकि उन्होंने आकलन का समर्थन करने अथवा न करने के लिए किसी अलग क्षेत्र, अलग मानक, अलग अभिकथनों का चयन किया हो सकता है, अथवा उनका प्रयोजन ही अलग हो सकता है। मामला मात्र 'आधार प्रदान करने' का नहीं है बल्कि आधार की ऐसी श्रेणियों को डिजाइन करने का है जो उस बात के लिए अत्यंत मूल्यवान हों जिसके सम्बन्ध में परवाह की जा रही है।

हमारे पास इसका एक अपवाद है, एक सम्बद्ध परवाह, और एक बड़ा अवसर। अपवाद यह है कि क्षमता, कला प्रवीणता अथवा महारत संपन्न उच्चस्तरीय लोग अपने आकलनों को सुस्पष्ट 'आधार प्रदान' करने में सक्षम नहीं हो सकते हैं—ऐसा इसलिए है क्योंकि वास्तव में उन्होंने अंतर्ज्ञान और संवेदनशीलता की एक ऐसी भावना विकसित कर रखी है जो एक औचित्यपूर्ण बहस से परे है। हालांकि, उनके पास उपलब्धियों का एक ट्रैक रेकार्ड होगा जो दूसरों को इस बात के लिए एक तर्क तैयार करने की अनुमति प्रदान करता है कि उनके अंतर्ज्ञान पर विश्वास क्यों नहीं करना चाहिए। अभी भी आधार तैयार करना लागू हो रहा है, परंतु एक अन्य प्रेक्षक के द्वारा। इस मामले में आधार तैयार करने का उत्तरदायित्व (आकलन का आकलन करना) वक्ता से श्रोता, अथवा मूल्यांकन करने वाले व्यक्ति की ओर चला जाता है कि क्या वह उनके आकलनों का विश्वास करे।

हमारे आकलन कहाँ से उत्पन्न होते हैं?

हमारे स्वचालित आकलन हमारे अपने निजी इतिहास, हमारी संस्कृति तथा हमारे अभ्यासों से जन्म लेते हैं। संस्कृति से आशय उन मानक एवं आदत आधरित क्रियाओं, व्यवहारों तथा दृष्टिकोणों से है जो किसी संस्थान अथवा समुदाय की

साझा व्याख्याओं, मानकों, मूल्यों मानक अभ्यासों की पृष्ठभूमि से उत्पन्न होते हैं। किसी एकसमान स्थिति के सम्बन्ध में एक संस्कृति एवं ऐतिहासिक पृष्ठभूमि से आने वाले लोग कुछ अलग प्रकार के आकलन कर सकते हैं जबकि किसी दूसरी संस्कृति अथवा ऐतिहासिक पृष्ठभूमि वाले लोगों का आकलन पूरी तरह से भिन्न हो सकता है।

उदाहरणार्थ, जय, जो एक ऐसे संस्थान, जिसमें जीन्स एवं सामान्य वस्त्र पहनने की संस्कृति रही है, से निकल कर किसी दूसरे संस्थान में जा रहा है जहाँ औपचारिक ड्रेस कोड लागू है। वह प्रवेश कर रहे इस नए संस्थान का आकलन *कर्मचारी के कार्य की गुणवत्ता के बजाए अनावश्यक बातों से चिपके रहने और उनमें रुचि बनाए रखने वाले* संस्थान के रूप में करता है।

इसी प्रकार, मार्शल एक ऐसे संस्थान से निकलता है जहाँ औपचारिक ड्रेस कोड लागू था और ऐसे संस्थान में प्रवेश करता है जहाँ वह अपनी पसंद के वस्त्र पहन सकता है, और अधिकांश कर्मचारी काम पर सामान्य वस्त्र पहन कर आते हैं। मार्शल ने अपने नए कार्यस्थल का आकलन *बहुत अधिक सामान्य* तथा *गैरपेषेवर* के रूप में किया (क्योंकि उसके औपचारिक वस्त्र पेशेवर होने के चिह्न थे)।

संस्कृति के समान ही, लोग अपने ऐतिहासिक अभ्यासों के आधार पर भी आकलन करते हैं। कोई भी अभ्यास क्रियाओं का एक मानक समूह होता है जो आवर्ती परिस्थितियों से निपटने के लिए प्रयुक्त किया जाता है। लोगों ने अपने द्वारा किए गए आकलन के प्रकार का अभ्यास कर लिया होता है। यह इतने लंबे समय से जारी रहता है कि अब यह उनके लिए एक सच बन चुका होता है।

स्वीकारना

ब्रेकडाउन घोषित किए जाते समय स्वीकरण एक महत्वपूर्ण विशिष्टता होती है। मेरा अनुभव रहा है कि लोग 'अपने आकलनों' को सच के रूप में स्वीकार कर लेते हैं, और अपनी घोषणाएं कर डालते हैं। यह एक आधारभूत गलती है जो कि आमतौर पर कार्यरत् कार्यकारी लोगों के द्वारा की जाती है। कोई भी घोषणा करने हेतु आपको 'जो है सो है' तथा 'जो है सो है से मैं क्या समझ रहा हूँ' के बीच अंतर करना होता है। और फिर जो कुछ भी है उसे 'जो है सो है' के रूप में स्वीकार करें।

स्वीकरण 'जो है सो है' को स्वीकार करना होता है। यह घटनाओं से सम्बन्धित तथ्यों को स्वीकार करना होता है। अधिकांशतः, हम स्थितियों से सम्बन्धित हमारे आकलनों को सच के रूप में स्वीकार कर लेते हैं। हम स्वीकार करते हैं कि गोष्ठियाँ उबाने वाली थीं; हम स्वीकार करते हैं कि कोई बॉस कठोर

है; हम स्वीकार करते हैं कि हमारे लक्ष्य इतने कठिन है कि पूरे नहीं हो सकते। यह स्वीकारण *नहीं* है। ये सभी आकलन हैं। आप आकलनों को स्वीकार नहीं करते; आप अभिकथनों को स्वीकार करते हैं।

'जो है सो है' वही है जो इस क्षण में ऐसा है, और इस क्षण में, इस मामले में आपके पास कोई विकल्प उपलब्ध नहीं है (ठीक अभी, आपके पास जो धन है अथवा नहीं है; ठीक अभी, आपको पदोन्नति देने से इंकार कर दिया गया है; ठीक अभी, आपका वजन 100 किलोग्राम है; इत्यादि)। इसे स्वीकार करना ही स्वीकरण होता है।

यह इस बात को स्वीकार करना नहीं होता कि मैं गरीब हूँ और मेरे पास कभी भी पर्याप्त धन नहीं होगा, अथवा मैं बहुत अच्छा नहीं हूँ, अथवा मैं मोटा हूँ और हमेशा ऐसा ही बना रहूँगा।

स्वीकरण में, हम दैहिक[1] रूप से अपने शरीर तथा हमारे आकलनों दोनों में ही आधारयुक्त होते हैं। हमारा स्वीकरण हमारी महत्वाकांक्षाओं को *शामिल करता है।* हम स्वीकार करते हैं कि हम महत्वाकांक्षी हैं, और जैसे–जैसे ये सामने आती जाती हैं हम दुनिया में अपनी महत्वाकांक्षाओं से आगे बढ़ते जाते हैं।

स्वीकरण से आशय सहमति अथवा स्वीकृति से नहीं होता। इसका अर्थ है कि हम स्थिति के अभिकथनों को अपने प्रारंभिक बिन्दु के रूप में स्वीकार करते हैं।

ब्रेकडाउन घोषित करते समय आप अभिकथनों अथवा 'जो है सो है' को *स्वीकार* करते हैं, और अपनी प्रतिबद्धता के अंदर क्रिया करने हेतु तैयार रहते हैं।

नीचे 'स्वीकरण' के कुछ महत्वपूर्ण तत्वों का उल्लेख किया जा रहा है:

- स्वीकरण *जो है* उसे स्वीकार करना होता है। स्वीकरण आपके आकलनों को 'सत्य' के रूप में स्वीकार *न* करना होता है।
- स्वीकरण का अर्थ है कि हम प्रयुक्त होने तथा *स्थिति के सम्बन्ध में हमारे आकलनों अथवा* प्राथमिकताओं के साथ अकेन्द्रित होने के बजाए *जैसी यह है* उस दुनिया में केन्द्रित हैं और क्रिया के लिए तैयार हैं।
- हम अपनी मनोदशा और संवादों में लगे रहने के बजाए *उपस्थित* हैं और क्रिया कर सकते हैं।
- हम इस मनोदशा कि 'मैं इसका इस प्रकार होना पसंद नहीं करता, और मैं सक्रिय और परेशान हो जाऊँगा' में होने के बजाए इस मनोदशा में हैं कि 'यही वह तरीका है–जिसके प्रति अब मैं प्रतिबद्ध हूँ, और इस बात का कि अपनी प्रतिबद्धताओं को पूरा करने के लिए मैं क्या क्रिया करूँगा?'
- स्वीकरण का बहुत बड़ा सम्बन्ध आकलनों को त्याग देने के साथ होता है।

- स्वीकरण सहमति अथवा प्राथमिकता नहीं होता; यह 'क्या है' के लिए खुले रहने की मनोदशा होती है और वहाँ से प्रारंभ करते हुए भविष्य का एक मार्ग होता है, बजाए इसके कि यह आकलन एवं मनोदशाओं [2] के साथ 'क्या है' के प्रति कोई प्रतिक्रिया हो।

चिंतनशील विराम

चिंतनशील विराम के कुछ क्षणों का आनंद लीजिए।

1. यदि आप किसी मामले में अधिकारविहीन होने का अनुभव कर रहे हैं तो अभिकथनों में अंतर करें और अभिकथनों को 'स्वीकार' करें।
2. अपनी पसंद के उन क्षेत्रों की पहचान कीजिए जिनमें आप अपने 'आकलनों' को स्वीकार करने का प्रदर्शन कर रहे हैं।

उपस्थिति

जैसा कि पहले चर्चा की जा चुकी है, ब्रेकडाउन घोषित करने हेतु आपको अभिकथनों को यथावत् स्वीकार करने की आवश्यकता होती है। हमारी चिंता यह है कि लोग अभिकथनों एवं आकलनों के बीच अंतर नहीं करते और अंततः अपने आकलनों को ही सच के रूप में स्वीकार कर लेते हैं।

अभिकथनों को *स्वीकार* करने के लिए, और कहानियों अथवा आकलनों की दुनिया में न जीते रहने के लिए आपको उस क्षण में मौजूद रहने की आवश्यकता होती है।

जब आप अपनी प्रतिबद्धताओं के प्रति जागरूक हों और अपनी इच्छानुसार सृजन करने की अपनी पसंद के साथ अपनी क्रियाओं को उस प्रयोजन की दिशा में आगे बढ़ा रहे हों तब उपस्थिति आपके अस्तित्व की एक अनिवार्य अवस्था होती है। उपस्थिति क्षण में जीना और जो कुछ भी हमारे चारों ओर घटित हो रहा है उसके प्रति जीवंत होने का अनुभव करना होता है। उपस्थिति उन बातों को देखना होता है जो अन्यथा हमारे लिए अदृश्य होती हैं। उपस्थिति हमें उस क्षण को पूरी गंभीरता से जीने में सहायता प्रदान करती है। उपस्थिति सम्बन्धों का पोषण करने और वृद्धि करने के लिए एक महत्वपूर्ण उत्प्रेरक होती है।

बुरा समाचार यह है कि आपका आंतरिक संवाद, जो आपकी कहानियाँ होती हैं, में आपको एक कठपुतली की तरह नचाने की शक्ति होती है। ये संवाद आपका ही एक अंग होते हैं और कभी रुकते नहीं। अच्छा समाचार यह है कि आप इन आंतरिक संवादों पर नियंत्रण प्राप्त कर सकते हैं। इन संवादों में उपस्थित रहना ही इन संवादों में परिवर्तन करने हेतु आपकी पहुँच है। एक बार जब आप इन

आंतरिक संवादों में उपस्थित हो जाते हैं तो आपके पास इन संवादों को जारी रहने देने अथवा उन्हें परिवर्तित कर देने की विकल्प उपलब्ध हो जाता है।

एक ऐसी स्थिति की कल्पना कीजिए कि आप अपने काम पर जाते समय एक ट्रैफिक जाम में फंस गए हैं। आप सब कुछ कर डालते हैं और कुंठित हो जाते हैं और स्थिति को गाली देते हैं। आप अनुभव कर सकते हैं कि आपकी आँखें कठोर हो गई हैं, आपकी भौंहें तनावग्रस्त हैं, आपका पेट में ऐंठन हो रही है और आपकी श्वासें तेज हो गई हैं। इस अवस्था में आप उन पूरे 30 मिनटों तक बने रहते हैं जिसके दौरान आप सड़क पर उस स्थान में फंसे हुए हैं। आपका मस्तिष्क अपनी पहली मुलाकात छूट जाने तथा अपने ग्राहक के साथ सभी महत्वपूर्ण वीडियो–कॉल में देरी होने के प्रभाव का आकलन करने में व्यस्त है।

अब एक ऐसी स्थिति की कल्पना कीजिए जब आप उस क्षण में उपस्थित हैं। आप केन्द्रित हैं और आप स्वीकार करते हैं कि ट्रैफिक जाम लगा हुआ है और आप इसमें फंसे हुए हैं। यदि इस परिदृश्य में आप अपने शरीर की कल्पना करते हैं तो आप अनुभव करेंगे कि आपकी आँखें तनावमुक्त हैं, आपके जबड़े भिंचे हुए नहीं हैं, आपकी भौंहें सहज हैं और कुल मिलाकर आप सहजता तथा स्थिति के नियंत्रण में होने का अनुभव कर रहे हैं। मस्तिष्क और शरीर की ऐसी अवस्था में यह कहीं अधिक सरल है कि तार्किक रूप से विचार किया जाए और यह सुनिश्चित करने हेतु उपाय अपनाए जाएं कि कार्य से आपकी अनुपस्थिति से एक बड़ी सीमा तक आपकी उत्पादकता दुष्प्रभावित न होने पाए।

यह मानवीय प्रवृत्ति होती है कि जब कभी भी हम किसी घटना को घटित होते हुए देखते हैं तो हम अपने मस्तिष्क में कहानियों को संजो लेते हैं। अपने आंतरिक संवादों को शीघ्रता से समझ लेना अभ्यास का विषय होता है। यह जागरूकता आपको उन शक्तिशाली संवादों को जन्म देने के विकल्प प्रदान करती है जो आपके लिए महत्वपूर्ण होते हैं।

ब्रेकडाउनों के साथ निपटने के लिए उपस्थित रहना अत्यंत आवश्यक होता है। यह अभिकथनों के समक्ष उपस्थित होना तथा उन विकल्पों के समक्ष उपस्थित होना भी होता है जो आकलनों के करने में आपके पास उपलब्ध होते हैं जो आपकी क्रियाओं को और परिणामस्वरूप परिणामों को भी प्रभावित करेंगे।

यदि उपस्थिति वास्तव में इतनी अधिक महत्वपूर्ण है तो आइए सबसे पहले हम इस बात से प्रारंभ करते हैं कि उपस्थिति का अर्थ क्या है।

उपस्थित रहने के लिए इस क्षण में *जीना* होता है, *यहाँ* और *अभी में।* अपने भूतकाल में नहीं, और न ही अपने भविष्य में। उपस्थित रहना इस क्षण में शारीरिक रूप से सतर्क रहना होना होता है। यह आपकी भावनात्मक अवस्था से अवगत होना होता है, इसका प्रभाव इस बात पर पड़ता है कि आप दुनिया को कैसे देखते हैं और यह आपके आसपास दूसरों को भी प्रभावित करता है।

उपस्थित रहने के लिए इस प्रश्न के साथ प्रत्येक क्षण जुड़े रहना होता है : 'जो कुछ भी मैं कर रहा हूँ वह किसलिए कर रहा हूँ'। यह आपके प्रयोजन से सम्बद्ध होना होता है, और अपने प्रयोजन की पूर्ति हेतु क्रिया करना होता है।

मैंने पहले जो उल्लेख किया है वह उपस्थिति का आंतरिक पहलू है। उपस्थिति का एक अन्य पहलू भी है जो कि उपस्थिति का बाहरी पहलू है।

साधारण तरीके से कहा जाए तो आप दूसरों पर किस प्रकार छा जाते हैं यही उपस्थिति है। दूसरे शब्दों में, उपस्थिति दूसरों के द्वारा अपने ऊपर पड़ने वाले आपके प्रभावों का आकलन करना होता है। यहाँ तक कि कुछ बोलने के लिए आपके द्वारा मुँह खोलने के पूर्व ही लोग आपके सम्बन्ध में आकलन कर सकते हैं। यह आकलन, कुछ विशेष क्षणों में, आपके द्वारा की गई अपनी शारीरिक प्रस्तुति तथा सामान्यतौर पर आपके द्वारा उत्सर्जित की जाने वाली भावनात्मक ऊर्जा पर आधारित होती है। निश्चित रूप से, एकबार जब आप बोलना प्रारंभ कर देते हैं तो *जो कुछ* आप बोलते हैं और *जिस प्रकार* बोलते हैं वह भी दूसरों के द्वारा आपका आकलन करने के तरीके को प्रभावित करता है।

मैंने उपस्थिति के 3 तत्वों की पहचान की है जो आपकी नेतृत्वशाली उपस्थिति को महत्वपूर्ण रूप से ऊँचा उठा सकते हैं।

विकल्प

आईजीएल में, हम दावा करते हैं 'आपके पास सदैव एक विकल्प उपलब्ध होता है'। हम समझते हैं कि इस दुनिया के तथ्यों के मामले में मनुष्यों के पास कोई विकल्प उपलब्ध नहीं होता। उदाहरणार्थ, मेरे एक शिक्षार्थी हैं जो एक सफल व्यवसाय का संचालन करते हैं, परंतु वे नेत्रहीन हैं। इस क्षण में, उनके पास दृष्टि के मामले में कोई विकल्प उपलब्ध नहीं है, और वे यह उल्लेख नहीं कर सकते 'मेरे पास सदैव एक विकल्प है, और मैं अपनी दृष्टि वापस चाहता हूँ'। 'आपके पास विकल्प सदैव होता है' से हमारा यह आशय नहीं था।

मेरे शिक्षार्थी के पास इस तथ्य (अभिकथन), कि वह नेत्रहीन हैं, में कोई विकल्प उपलब्ध नहीं रहा हो सकता है; हालांकि, *वह अपनी नेत्रहीनता को किस प्रकार से देखते हैं इस सम्बन्ध में उनके पास सदैव ही एक विकल्प उपलब्ध होता है।* वह इसके सम्बन्ध में अधिकारविहीन हो सकते हैं; वह इसके लिए ईश्वर को दोष दे सकते हैं; वह इसके लिए भाग्य को दोष दे सकते हैं; अथवा वह बस इसे स्वीकार कर सकते हैं, और अपने जीवन को आगे बढ़ा सकते हैं ताकि वे उन मामलों की देखभाल कर सकें जिनकी वे परवाह करते हैं।

प्रत्येक क्षण में, बाहरी परिस्थितियों के बावजूद, आपके पास एक विकल्प उपलब्ध होता है कि आप अपनी बाहरी परिस्थितियों की व्याख्या किस प्रकार करते हैं, और जिस प्रकार से आप अपनी बाहरी परिस्थितियों की व्याख्या करते हैं वही यह निर्धारित करेगा कि आप क्या क्रिया करते हैं। विकल्प की अवस्था में होने को केन्द्रित होने के रूप में भी जाना जाता है।

हम तब केन्द्रित होते हैं जब हमारा शरीर, मस्तिष्क और भावनाएं ऐसी अवस्था में हों जहाँ हम अपनी क्रियाओं का चयन कर सकें। जब हम अपनी क्रियाओं को चुन पाने की अवस्था में नहीं होते तो हम 'अकेन्द्रित' होते हैं; हमारी प्रतिक्रियाएं तथा प्रवृत्तियाँ हमारे लिए चयन करती हैं।

परवाह

इस क्षण में, आप किस परवाह की देखभाल कर रहे हैं?

नेतृत्वकर्ता अपनी परवाहों से अवगत होते हैं, और क्षण–प्रतिक्षण अपनी परवाहों की देखभाल से सम्बद्ध बने रहते हैं। आईजीएल में अर्द्धवार्षिक कार्यक्रम के एक प्रतिभागी ने एक बार साझा किया कि:

> मेरे दल और मैंने एकसाथ मिलकर यह सृजन किया था कि हम, एक दल के रूप में, इस संस्थान के दृष्टिकोण तथा लक्ष्यों की परवाह करेंगे, और यह कि हम, एक दल के रूप में, हमारे लक्ष्यों को पूरा करेंगे ताकि संस्थान को उसके लक्ष्यों को पूरा करने में समर्थ बनाया जा सके। एक दोपहर, मैं कार्यालय में कुछ जल्दी वापस आ गया क्योंकि मेरे ग्राहक के साथ मेरी मुलाकात निरस्त हो गई थी। मेरा पूरा दल एक साथ बैठकर चुटकुलेबाजी कर रहा था और सामान्य रूप से कार्य नहीं कर रहा था। यह पूरा दल सदैव ही बहुत अधिक व्यस्त रहने का दावा करता रहता था और उसके पास अपने काम को पूरा करने के लिए समय का अभाव रहा करता था। जब मैं जल्दी वापस आया तो मुझे देखकर वे सब आश्चर्यचकित थे–स्पष्टतौर पर वे मेरे इतनी शीघ्र कार्यालय आने की अपेक्षा नहीं कर रहे थे।
>
> मैंने उनसे पूछा, 'तो कार्यालय में पिछले लगभग एक घंटे से आप लोग किस परवाह की देखभाल कर रहे थे?'
>
> कार्यक्रम के इस प्रतिभागी ने दावा किया कि इस साधारण किन्तु शक्तिशाली प्रश्न ने उनके दल के लिए एक नई दुनिया उजागर कर दी। जो कुछ भी एक क्षण पहले उनकी नजर से दूर था वह एक क्षण के बाद उनके समक्ष स्पष्ट हो चुका था।

मेरे कार्यक्रमों के प्रतिभागियों तथा शिक्षार्थियों के साथ की जाने वाली मेरी बातचीत में मैं अनुभव करता हूँ कि लोग इस बात से अवगत ही नहीं हैं कि वे किस बात की परवाह करते हैं। आप किसी परवाह की देखभाल किस प्रकार कर सकते हैं जब आपको यह मालूम ही नहीं होता कि आप किस बात की परवाह करते हैं?

प्रतिबद्धता

आईजीएल के संस्थापक, बॉब डनहम यह दावा करते हैं कि *हमारी क्रियाओं को हमारी प्रतिबद्धताओं से आकार प्राप्त होता है।* 30 वर्षों से भी अधिक समय से इस दावे का परीक्षण अलग–अलग परिस्थितियों में किया जाता रहा है, और एक बार भी यह गलत सिद्ध नहीं हुआ है।

यहाँ प्रश्न है, 'क्या आप अपनी प्रतिबद्धताओं से अवगत हैं, अथवा क्या आप अपनी प्रतिबद्धताओं की ओर से आँखें बद कर रखी हैं?' उदाहरणार्थ, जब आप किसी सहयोगी के पास कोई निवेदन करने जाते हैं और आपका सहयोगी क्रोधपूर्वक प्रत्युत्तर देता है तो क्या आप उसे यह स्पष्ट करते हैं कि जो निवेदन आपने किया वह क्यों किया, अथवा आप उसकी क्रोधपूर्ण टिप्पणी का मुँहतोड़ जवाब देने के लिए कूद पड़ते हैं?

जब आप अपने सहयोगी के पास गए तो आपके पास एक निवेदन करने की प्रतिबद्धता थी–आपकी निवेदन करने की क्रिया किसी प्रतिबद्धता में निहित थी। परंतु जब आपको क्रोधपूर्ण प्रत्युत्तर मिला तो आपका संपर्क अपनी अपनी उस प्रतिबद्धता से कट गया कि आप पहले–पहल उससे निवेदन क्यों कर रहे थे, और आप अचानक दूसरे व्यक्ति को सबक सिखाने अथवा अपने पक्ष की रक्षा, अथवा अपने झूठे आत्मसम्मान की रक्षा, अथवा इसी प्रकार की किसी और बात के लिए *प्रतिबद्ध* हो गए।

क्षण–प्रतिक्षण अपनी प्रतिबद्धताओं से जुड़े रहना ही उपस्थित रहना होता है।

ब्रेकडाउन घोषित करना एक महत्वपूर्ण नेतृत्वशाली चरण होता है; हालांकि, ब्रेकडाउन घोषित करने के योग्य होने के लिए आपको उपस्थिति की आवश्यकता होती है। आपको अपने विकल्पों, अपनी परवाहों तथा अपनी प्रतिबद्धताओं से सम्बद्ध रहने की आवश्यकता होती है।

सारांश एवं हमारी समझ का पुनर्निर्माण

1. ब्रेकडाउन घोषित करने के बाद दूसरा चरण होता है कि आप 'वास्तव में क्या घटित हुआ' अथवा 'जो है सो है' के सम्बन्ध में स्पष्ट हो जायें। 'वास्तव में क्या घटित हुआ' अथवा 'जो है सो है' अभिकथन होते हैं, और 'जो कुछ घटित हुआ उससे मैंने क्या समझा' अथवा 'जो है सो

है से मैंने क्या समझा', जोकि आकलन होते हैं, के बीच बहुत सरलता से भ्रम उत्पन्न कर देते हैं। आमतौर पर लोग अपने आकलनों को ही अभिकथनों के रूप में धारण किए रहते हैं, और इसीलिए, यह महत्वपूर्ण है कि अभिकथनों एवं आकलनों के बीच अंतर किया जाए, इस बात के बीच कि क्या तथ्य है और क्या एक राय है।

2. अभिकथनों की कुछ विशेषताएं निम्नवत् हैं:
   - अभिकथन तथ्यों के दावे होते हैं।
   - अभिकथन या तो सच्चे अथवा झूठे होते हैं।
   - अभिकथन किसी समुदाय के द्वारा स्थापित मानक के अनुरूप होते हैं।
   - अभिकथन बोलने सम्बन्धी ऐसी क्रियाएं होते हैं जो मापनीय अथवा साक्ष्यपूर्ण होते हैं और प्रेक्षण एवं साक्ष्य के द्वारा इनकी पुष्टि अथवा निरस्तीकरण किया जा सकता है।
   - अभिकथन प्रेक्षण किए जा रहे तथ्य को प्रकट करते हैं।
   - अभिकथन भूतकाल और वर्तमान से सम्बन्धित होते हैं।
   - अभिकथन वहाँ होते हैं जहाँ भाषा सर्वाधिक वर्णनात्मक एवं न्यूनतम रचनात्मक होती है।
   - अभिकथनों का निर्धारण मनोदशाओं एवं भावनाओं से नहीं होता। वे वही रहते हैं जो कि वे होते हैं, और वे वह नहीं रहते जो कि वे नहीं हैं।
3. आकलनों की कुछ विशेषताएं निम्नवत् हैं:
   - आकलन निर्णय, राय अथवा निष्कर्ष होते हैं।
   - आकलन कभी भी सच्चे अथवा झूठे नहीं होते। हालांकि, आकलन आधारयुक्त अथवा आधारहीन हो सकते हैं।
   - आकलन किसी परवाह अथवा चिंता के लिए संभावनाओं को उत्पन्न अथवा समाप्त कर सकते हैं।
   - आकलन बोलने सम्बन्धी क्रिया होते हैं और इसमें सदैव ही एक वक्ता तथा एक श्रोता शामिल होता है (जब आप स्वयं के साथ आंतरिक संवाद कर रहे हों तो वक्ता एवं श्रोता एक ही व्यक्ति भी हो सकता है)।
   - आकलन महत्वपूर्ण रूप से एक श्रवण सम्बन्धी क्रिया होते हैं, और उन्हें श्रवण सम्बन्धी क्रिया कहने का कारण यह है कि आप जिस प्रकार से किसी आकलन को सुनते हैं वह आपके द्वारा वास्तव में की जाने वाली क्रिया को प्रभावित करेगा और परिणामस्वरूप आपको प्राप्त होने वाले परिणाम को भी प्रभावित करेगा।
   - आकलनों का सम्बन्ध प्रेक्षक के साथ होता है, और इसीलिए वे प्रेक्षण किए जा रहे मामले के बजाए प्रेक्षक के सम्बन्ध में अधिक

खुलासे करते हैं। अलग–अलग प्रेक्षक अलग–अलग आकलन करते हैं।
- आकलन भविष्य को प्रभावित करते हैं।
- आकलन वहाँ होते हैं जहाँ भाषा अत्यधिक उत्पादक एवं रचनात्मक हो।
- आकलन सामान्य तौर पर मनोदशाओं एवं भावनाओं द्वारा प्रभावित होते हैं।

4. यदि परिणाम आपके द्वारा की गई क्रियाओं की क्रियाएं हैं, और क्रियाएं आपके द्वारा किए गए आकलनों की क्रियाएं हैं–तब आप यदि आप वास्तव में परिणामों की इच्छा करते हैं तो आपको उन आकलनों पर प्रश्न करने की आवश्यकता होती है जो आपके द्वारा किए जा रहे हैं।
5. लोगों के द्वारा एक बार आकलन कर लिए जाने के बाद वे आकलनों को इतने स्नेहपूर्वक पकड़े रहते हैं कि वे उन आकलनों को त्यागने में कठिनाई का अनुभव करने लगते हैं जो उनके किसी काम के न हों।
6. आधार प्रदान करना आकलनों के सम्बन्ध में आकलन करना होता है। आधार प्रदान करना किसी आकलन को सत्य नहीं बनाता; यह मात्र साक्ष्य एवं तर्क उपलब्ध कराता है कि यह हमारे प्रयोजन के लिए एक अच्छा आकलन है। और आधारहीन आकलनों का एकमात्र अर्थ होता है कि आकलनों में विश्वास करने हेतु उनमें साक्ष्यों के साथ–साथ प्रासंगिक कहानी का अभाव है।
7. आकलनों को आधार प्रदान करने हेतु हम निम्नलिखित प्रश्नों के उत्तरों की खोज करते हैं:
   - मैं किस कारण से यह आकलन कर रहा हूँ?
   - क्रिया के किस क्षेत्र में यह आकलन किया गया है?
   - जिस समय मैंने यह आकलन किया है तब मैं कौन से और किसके मानक के अनुसार कार्य कर रहा था?
   - मेरे आकलन का समर्थन करने वाले सच्चे अभिकथन कौन से हैं?
   - मेरे आकलन का विरोध करने वाले सच्चे अभिकथन कौन से हैं?

   अतः, सामान्यतः, आधार प्रदान करना आकलन में और अधिक विश्वास उत्पन्न किये जाने का एक तरीका होता है।
8. स्वीकरण का क्या अर्थ होता है?
   - स्वीकरण *जो है* उसे स्वीकार करना होता है। स्वीकरण आपके आकलनों को 'सत्य' के रूप में स्वीकार *न* करना होता है।
   - स्वीकरण का अर्थ है कि हम प्रयुक्त होने तथा *स्थिति के सम्बन्ध में हमारे आकलनों अथवा प्राथमिकताओं* के साथ अकेन्द्रित होने के

बजाए *जैसी यह है* उस दुनिया में केन्द्रित हैं और क्रिया के लिए तैयार हैं।

- हम अपनी मनोदशा और संवादों में लगे रहने के बजाए *उपस्थित* हैं और क्रिया कर सकते हैं।
- हम इस मनोदशा कि 'मैं इसका इस प्रकार होना पसंद नहीं करता, और मैं सक्रिय और परेशान हो जाऊँगा' में होने के बजाए इस मनोदशा में हैं कि 'यही वह तरीका है—जिसके प्रति अब मैं प्रतिबद्ध हूँ, और इस बात का भी कि अपनी प्रतिबद्धताओं को पूरा करने के लिए मैं क्या क्रिया करूँगा?'
- स्वीकरण का बहुत बड़ा सम्बन्ध आकलनों को त्याग देने के साथ होता है।

9. जब आप अपनी प्रतिबद्धताओं के प्रति जागरूक हों और अपनी पसंद का सृजन करने के साथ अपनी क्रियाओं को उस प्रयोजन की दिशा में आगे बढ़ा कर रहे हों तब उपस्थिति आपके अस्तित्व की एक अनिवार्य अवस्था होती है। उपस्थिति क्षण में जीना और जो कुछ भी हमारे चारों ओर घटित हो रहा है उसके प्रति जीवंत होने का अनुभव करना होता है। उपस्थिति उन बातों को देखना होता है जो अन्यथा तौर पर हमारे लिए अदृश्य होती हैं। उपस्थिति हमें उस क्षण को पूरी गंभीरता से जीने में सहायता प्रदान करती है। उपस्थिति सम्बन्धों का पोषण करने और वृद्धि करने के लिए एक महत्वपूर्ण उत्प्रेरक होती है।
10. नेतृत्व की उपस्थिति के 3 प्रमुख तत्व हैं:
    क. विकल्प
    ख. परवाह
    ग. प्रतिबद्धता

रचनात्मक अभ्यास

1. हर सुबह उस दिन की घटनाओं के सम्बन्ध में अपने द्वारा किए गए आकलनों पर विचार करने हेतु स्वयं को 10 मिनटों का समय दीजिए, अर्थात्, 'ऐसा क्या था जिससे आपने कहानियों की रचना की। जैसी कि सेड्रिक तथा नाओमी के मामले में सारणी प्रदर्शित की गई है वैसी ही एक सारणी बनाइए। कम–से–कम 5 घटनाओं को सूचीबद्ध कीजिए और उनमें से प्रत्येक के सामने लिखिए 'ऐसा क्या था' और 'आपने ऐसा क्या था से क्या समझा'।
2. ऐसी 3 प्रमुख स्थितियों के सम्बन्ध में विचार कीजिए जिन्होंने भूतकाल में आपको अभिभूत कर दिया था जब आप घटनाओं की अपने द्वारा की

गई व्याख्या के द्वारा पूरी तरह से प्रयुक्त हो गए थे। स्वयं को स्मरण कराइए–आपने ऐसी कौन सी कहानियाँ तैयार की थीं जिन्होंने आपको अभिभूत कर दिया था। अब विचार कीजिए कि उन स्थितियों में आप कौन सी शक्तिशाली कहानियाँ तैयार कर सके थे तथा संभावित अंतर क्या थे जो उसके बाद उन कहानियों ने आपके जीवन में उत्पन्न किया।

3. अपने अगले कार्यदिवस में, अपने सहयोगियों के साथ गोष्ठियों अथवा संवादों के दौरान, यहाँ तक कि जब आप कार्य में व्यस्त हों, जानबूझकर अपने ध्यान को अपने मस्तिष्क में चल रहे विचारों पर केन्द्रित कीजिए। उन्हें मन में याद कर लीजिए अथवा दिन की समाप्ति में अपनी दैनन्दिनी में दर्ज कर लीजिए। आपको अपने निष्कर्षों पर आश्चर्यचकित होंगे।
4. अपने स्वयं के बारे में आपके क्या आकलन हैं? इन आकलनों को समझिए और इन आकलनों को आधार प्रदान कीजिए।
5. अपने जीवन में विभिन्न लोगों के सम्बन्ध में आपके क्या आकलन हैं?
   - पति/पत्नी
   - संतान
   - माता–पिता
   - भाई–बहन
   - लाइन–प्रबंधक (भूतपूर्व एवं वर्तमान)
   - समकक्षी
   - कनिष्ठ
   - मित्र इत्यादि।
6. 5–चरणों वाली आधार प्रदान करने की प्रक्रिया का उपयोग करते हुए इन आकलनों को आधार प्रदान कीजिए।
7. अपने नेतृत्व की उपस्थिति को ऊँचा उठाने के लिए अपने आप से नियमित रूप से निम्नलिखित प्रश्नों को पूछते रहिएः

   क. मैं वर्तमान स्थिति की व्याख्या किस प्रकार कर रहा हूँ? क्या इसी स्थिति की व्याख्या करने का कोई और तरीका भी है?

   ख. इस क्षण जो कुछ मैं कर रहा हूँ वह किस कारण से कर रहा हूँ?

   ग. इस क्षण में मैं किसी बात के प्रति प्रतिबद्ध हूँ।

   इन प्रश्नों पर चिंतन कीजिए। संभावनाएं हैं कि आपके लिए नई क्रियाएं प्रकट हो जाएं।
8. उपरोक्त अभ्यासों से अपने चिंतनों को दैनन्दिनी में दर्ज कीजिए। याद रखें, दैनन्दिनी लेखन का अभ्यास आपको अपने आप के साथ गहन संवाद में संलिप्त करना होता है।

टिप्पणियाँ

1. 'दैहिक' (अंग्रेजी में somatics) शब्द को यूनानी भाषा के *somatikos* से लिया गया है, जो एक जीवित, जाग्रत एवं शारीरिक व्यक्ति को इंगित करता है। यह मानता है कि न तो मस्तिष्क और न ही शरीर एक–दूसरे से पृथक होते हैं; दोनों ही 'soma' कहे जाने वाली एक प्रक्रिया का एक अंग होते हैं।
   प्रायः soma को इसकी समग्रता में एक जीवित काया के रूप में संदर्भित किया जाता है; अतः soma की एक कला एवं विज्ञान somatics है। रिचर्ड स्ट्रोजी–हेकलर ने अपनी पुस्तक *The Art of Somatic Coaching* में somatics की समझ उपलब्ध कराई है।
2. बॉब डनहम के द्वारा जनरेटिव लीडरशिप कार्यक्रम के लिए अपने लीडरशिप पत्रों में।

7

पूर्वनियत भविष्य

पूर्वनियत भविष्य वह भविष्य होता है जो किसी भी नाटकीय अथवा अप्रत्याशित घटना के न घटने की स्थिति में घटित होने ही वाला हो। लोग उस भविष्य में जीते हैं जो उन्हें अपने समक्ष दिखाई देता रहता है, न कि उस वास्तविक भविष्य में जो एक दिन उनका होगा। यदि लोगों ने अपने जीवन के मार्ग को परिवर्तित करने हेतु कुछ ठोस कदम नहीं उठाए हैं तो जिस भविष्य में वे जी रहे होते हैं वह उनका पूर्वनियत भविष्य होता है। पूर्वनियत भविष्य से हमारा आशय अपरिहार्य भविष्य–जैसे आयु बढ़ना और अंततः मृत्यु को प्राप्त होने आदि से नहीं है, बल्कि जो कुछ भी हमारे अनुभव में घटित होने जा रहा है उससे है, चाहे हम इसपर अधिक विचार करें अथवा न करें।[1]

प्रत्येक व्यक्ति का एक पूर्वनियत भविष्य होता है। और मैं उस भविष्य की बात नहीं कर रहा हूँ जिसकी चर्चाएं ज्योतिषियों, हस्तरेखाशास्त्रियों अथवा अंकशास्त्रियों द्वारा की जाती हैं। यह वो वाला भविष्य भी नहीं है जिसे ईश्वर ने आपके लिए लिखा है और प्रायः जिसे आपके भाग्य के रूप में संदर्भित किया जाता है।

व्यक्तियों के समान ही संस्थानों, परिवारों एवं दलों का भी एक पूर्वनियत भविष्य होता है। कोई भी पूर्वनियत भविष्य कुछ न करने का परिणाम नहीं होता, बल्कि उसके बजाए यह वर्तमान क्रियाओं एवं योजनाओं का अंतिम परिणाम होता है। यदि यह पूर्वनियत भविष्य स्वीकार्य नहीं है तो ऐसे कदम उठाइए जो आपके प्रक्षेपपथ को उस दिशा में परिवर्तित कर दे जो संस्थान को एक नए सृजित किए गए भविष्य की ओर ले जाता है। प्रत्येक सम्बन्ध का भी एक पूर्वनियत भविष्य होता है।

पूर्वनियत भविष्य ऐसा भविष्य होता है जो संभावित होता है फिर भी लगभग सुनिश्चित होता है। यह वही भविष्य होता है जो जीवन के वर्तमान तरीके से जारी रहने पर घटित होने वाला है।

एक चिकित्सा उपकरण निर्माता कंपनी के क्षेत्रीय विपणन प्रमुख ने मुझसे उल्लेख किया:

> मेरा अपने दल के सर्वश्रेष्ठ प्रदर्शनकर्ता के साथ बहुत अच्छा तालमेल नहीं हो पाता। मैं सोचता हूँ कि बिक्री बढ़ाने के जिन तरीकों का उपयोग वह करता है वह सदैव ही मेरे नैतिक मानकों के अनुरूप नहीं होते। उसमें और मुझमें इस बात पर हमेशा असहमति रहती है। हालांकि, अंततः, वह मेरे लक्ष्यों को पूरा करने में सहायक होता है और इसीलिए मैं अपनी निगाहें दूसरी तरफ कर लेता हूँ। हालांकि, मैं देख सकता हूँ कि एक पूर्वनियत भविष्य मौजूद है, एक संभावित, लगभग सुनिश्चित भविष्य। अंततः, प्रबंधन में से कोई इन उत्पादों को बेचे जाने के तरीकों को समझ लेगा और फिर जब ऐसा होगा तो प्रबंधन के साथ मेरे सम्बन्धों और विश्वसनीयता को क्षति पहुँचेगी। साथ ही, यह सर्वश्रेष्ठ प्रदर्शनकर्ता के साथ मेरे सम्बन्धों को और अधिक खराब कर देगा। जो कुछ भी मुझे करने की आवश्यकता है वह यह है कि इस सर्वश्रेष्ठ प्रदर्शनकर्ता की ऊर्जा को नई दिशा दी जाए, और मैं अपने दल के किसी भी सदस्य के द्वारा बिना कोई अनैतिक कार्य किए ही अपने लक्ष्यों को पूरा कर लूँगा।

आपके अधीनस्थों के साथ, अपने वरिष्ठ अधिकारियों के साथ, अपने समकक्षियों के साथ, अपने पति/पत्नी के साथ, अपने बच्चों के साथ, अपने मित्रों के साथ तथा प्रत्येक उस व्यक्ति, जो आपसे सम्बन्धित हैं, के साथ आपका एक पूर्वनियत भविष्य मौजूद होता है। क्या आपने कभी सोचा है कि यह पूर्वनियत भविष्य क्या हो सकता है?

मेरे एक शिक्षार्थी एक व्यवसायी थे और एक अच्छे–खासे आकार वाले व्यवसाय का संचालन कर रहे थे। पिछले कुछ वर्षों से उनका व्यवसाय बहुत अच्छा नहीं चल रहा था। किसी नए उत्पाद को जारी नहीं किया गया था, वर्तमान उत्पादों का बाजार सिकुड़ता जा रहा था और सामान्यतः प्रतिस्पर्धा बाजार के अंश पर हावी हो रही थी। उनके साथ मेरी शुरुआती बातचीत में से एक में मैंने उनसे पूछा, 'यदि आपके द्वारा कोई नया कदम नहीं उठाया जाता है तो आप आज से 1, 3 तथा 5 वर्ष के बाद आप स्वयं को कहाँ देखते हैं?'

यह एक जोरदार प्रश्न है, और यह, जो कुछ भी हम आज कर रहे हैं और हमारे आज के चरणों से भविष्य पर पड़ने वाले प्रभाव के बीच सीधा सम्बन्ध स्थापित करता है।

इस सहज और स्वाभाविक से प्रश्न से वह आश्चर्यचकित हो गए। स्वयं इस प्रश्न ने ही उनके लिए कुछ परिवर्तित सा हो गया। स्पष्ट रूप से वह अपने पेशेवर जीवन में ढलान

पर थे। उन्होंने कहा, 'आज से 1 वर्ष बाद, यदि मैं कुछ बड़े कदम नहीं उठाता तो मेरा व्यवसाय और अधिक हानि उठाएगा; और आज से 3 वर्ष बाद बढ़ती हुई हानियों के साथ अस्तित्व बनाए रखना निरंतर कठिन होता जाएगा; और आज से 5 वर्षों के बाद मेरा व्यवसाय निश्चित रूप से समाप्त हो रहा होगा।'

पूर्वनियत भविष्य से आशय यही है।

लोग अपने पूर्वनियत भविष्य की भविष्यवाणी एवं पूर्वानुमानन मात्र तभी कर सकते हैं यदि वे स्वयं से पूछें–*इस क्षेत्र में पूर्वनियत भविष्य क्या है?* मानते हैं, हम विशिष्ट बातों, जैसे कि हमारी मृत्यु की तिथि अथवा 31 मार्च, 2020 को नेशनल स्टॉक एक्सचेंज का औसत क्या होगा, को नहीं देख सकते। परंतु हमने अपना स्वयं का भविष्य लिख लिया है *(और हम अपना भविष्य उन क्रियाओं में लिख रहे हैं जिन्हें हम अपना रहे हैं और उन आकलनों में भी जो हम कर रहे हैं)* और हम इसे महसूस नहीं कर पा रहे हैं।

हम सब समझते हैं कि यदि हम अपनी सेवानिवृत्ति के बाद के लिए बचत नहीं करते तो हमारे पास अपनी वृद्धावस्था व्यतीत करने के लिए अपने बच्चों अथवा दान पर निर्भर रहने के अलावा कोई अन्य तरीका उपलब्ध नहीं होगा। यदि आप सिगरेट पीते हैं और 40 वर्षों तक लगातार पीते रहते हैं तो आपका पूर्वनियत भविष्य यह है कि भविष्य में आपको स्वास्थ्य सम्बन्धी समस्या होने की अत्यधिक संभावना है।

पूर्वनियत भविष्य एवं आपके पूर्व आकलनों के साथ इसका सम्बन्ध

1 अरब डॉलर के कारोबार वाली एक सुस्थापित सूचना प्रौद्योगिकी कंपनी के व्यवसायी समूह के साथ मेरी बातचीत में से एक के दौरान उन्होंने मुझसे कहा कि उनके ग्राहक आवश्यकता से अधिक अपेक्षा करने वाले लोग थे, सॉफ्टवेयर विकसितकर्ताओं की चिंताओं को नहीं समझते थे, अपनी परियोजनाओं पर उच्च–गुणवत्तासंपन्न प्रतिभाओं द्वारा काम के लिए जोर देते थे, और फिर भी उनके द्वारा दिए गए समय के लिए समुचित भुगतान करने को तैयार नहीं थे।

अब तक, हम समझते हैं कि *यह* सच नहीं है–यह *उनका* सच है। ये अभिकथन नहीं हैं; ये इन व्यवसायी लोगों के आकलन हैं।

गत अध्यायों में हमने चर्चा की थी कि परिणाम आपके द्वारा की गई क्रियाओं की क्रियाएं होते हैं तथा जो क्रियाएं आप करते हैं वे आपके आकलनों की

क्रियाएं होती हैं। यदि उपरोक्त कथन इन व्यवसायियों तथा उनके दलों के द्वारा अपने ग्राहकों के सम्बन्ध में किए गए आकलन हैं, तो यह स्पष्ट है कि इन ग्राहकों के साथ कैसी *क्रिया* की जानी चाहिए (क्रिया आकलनों से प्रेरित होती है)–ठीक उसी प्रकार से जैसे कि कोई भी अत्यधिक अपेक्षा करने वाले और अनुचित लोगों के साथ करेगा। मैंने इन व्यवसायियों से पूछा, 'इन ग्राहकों के साथ आपका पूर्वनियत भविष्य क्या है?' और जिस व्यवसायी का मैंने पहले उल्लेख किया था, उसी के समान इस प्रश्न ने इस समूह को भी विचार करने हेतु उत्तेजित कर दिया।

उन्होंने प्रत्युत्तर दिया कि अंततः, उनके बड़े ग्राहकों में से कुछ उनके साथ काम करना बंद कर देंगे। जिस क्षण उन्होंने यह उल्लेख किया उसी क्षण एक प्रत्युत्तर में उल्लेख किया गया, 'किन्तु हम कर क्या सकते हैं? हम अपनी ओर से सर्वोत्तम प्रयास कर रहे हैं और स्पष्ट तौर पर हमारे सर्वोत्तम प्रयास पर्याप्त नहीं हैं'।

यह नोट करना दिलचस्प है कि यह व्यवसायियों एवं उनके दलों की अपने विचारों के अंतर्गत की जाने वाली क्रियाएं होती हैं कि उनके ग्राहक अत्यधिक अपेक्षा करने वाले और अनुचित लोग हैं जो अंततः उन्हें उनके पूर्वनियत भविष्य की ओर ले जाएंगे। उन्हें यह नहीं दिखाई देता कि इन ग्राहकों से सम्बन्धित उनके आकलन उन्हें उस प्रकार से क्रिया करने हेतु बाध्य कर रहे हैं जिस प्रकार से वे इन ग्राहकों के साथ क्रिया कर रहे हैं, और उनकी यही क्रियाएं हैं जो उन्हें इस पूर्वनियत भविष्य तक ले जाएंगी।

तो, जो बात मैं यहाँ स्पष्ट कर रहा हूँ वह यह है कि पूर्वनियत भविष्य में आपके भूतपूर्व आकलन शामिल होते हैं जो आज भविष्य में निहित हो चुके हैं। ये आकलन आपको वह प्रेक्षक बना देते हैं जो आप हैं और आपकी क्रियाओं का मार्गदर्शन करते हैं। जो क्रियाएं आप करेंगे वह आपको आपके पूर्वनियत भविष्य की ओर ले जाएंगी। यह उसी पूर्वनियत फॉण्ट के समान होता है जो आपके द्वारा कंप्यूटर पर टाइप करते समय स्वचालित रूप से स्क्रीन पर दिखाई देता है। जब तक आप सेटिंग में परिवर्तन कर किसी अन्य फॉण्ट का चयन नहीं कर लेते, आपको वही फॉण्ट दिखाई देता रहेगा। यदि आप अपना भविष्य बदलना चाहते हैं तो अपने आकलनों को बदल दीजिए (चि. 7.1)।

आकलन शक्तिशाली होते हैं–वे आपके भविष्य को दिशा देते हैं। आकलन यह निर्धारित करते हैं कि आपके लिए कौन सी संभावनाएं खुली हुई हैं और कौन सी बंद हैं। चूंकि ये आकलन, अर्थात्, *कहानियाँ* होते हैं *जिनके लेखक हम हैं,* अतः हम अब जानते हैं कि ये मात्र ऐसे आकलन नहीं हैं जो आप कर सकते हैं। अन्य विकल्प भी उपलब्ध हैं। हमारे साथ समस्या यह है कि हम अपने

चित्र 7.1 आकलन–क्रियाएं–पूर्वनियत भविष्य

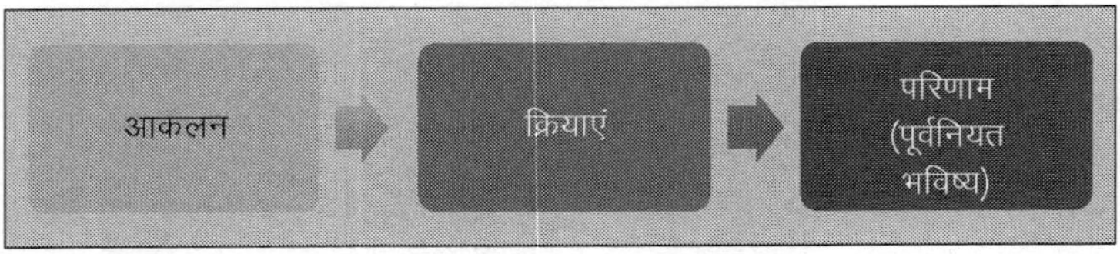

आकलनों को अपने द्वारा चुने गए विकल्प के साथ सम्बद्ध न करने की प्रवृत्ति रखते हैं। हम अपने आकलनों को अभिकथन बना देते हैं, और यही वह सबकुछ है जो हमसब करते हैं। हम अपने आकलनों को अभिकथनों के साथ भ्रमित कर देते हैं और सामान्य तौर पर की गई अपनी व्याख्याओं के बजाए इस प्रकार से उनमें रहते हैं जैसे कि यही सच है। हम अपनी व्याख्याओं की पसंद के साथ अपने द्वारा सृजन करने वाले भविष्य के उत्तरदायित्व को स्वीकार नहीं करते।

हम पहले यह चर्चा कर चुके हैं कि आकलन किस प्रकार से भविष्य में निहित होते हैं। यदि कोई प्रबंधक अपने अधीनस्थ को एक लक्ष्य देता है तो अधीनस्थ उस लक्ष्य का आकलन 'असंभव' के रूप में करता है, फिर उस अधीनस्थ द्वारा की जाने वाली क्रियाएं उसके इस 'असंभव' वाले आकलन के दायरे में होंगी। ये क्रियाएं परिणाम की ओर ले जाएंगी, जो इस मामले में अधीनस्थ द्वारा लक्ष्य न प्राप्त कर पाने का उसका पूर्वनियत भविष्य होगा।

पूर्वनियत भविष्य को व्यापक तौर पर इन अपरीक्षित आकलनों के द्वारा परिभाषित किया जाता है कि लोग उन्हें पहले से चुने जा चुके विकल्पों के रूप में नहीं देखते। कार्यशालाओं में, जब मैं आकलनों की इस प्रवृत्ति को स्पष्ट करता हूँ कि यह *वो* सच नहीं है, बल्कि *आपके* सच, अथवा *आपके* निर्णय हैं, तब नए विकल्पों की एक दुनिया प्रकट हो जाती है, और अचानक ही, पूर्वनियत भविष्य एक अनिवार्य अथवा एकमात्र भविष्य नहीं रह जाता।

और यदि आप इस बात से अवगत हो जाते हैं कि ये मात्र आकलन हैं, तो ये विशिष्ट रूप से डिजाइन किए गए विकल्पों के एक ऐसे समूह बन जाते हैं जिन्हें अब परिवर्तित किया जा सकता है, और हम अपनी रचनात्मक क्षमता को खोज लेते हैं।

जहाँ कोई अधीनस्थ अपने प्रबंधक के द्वारा दिए गए लक्ष्य का आकलन 'असंभव' के रूप में करता है तो वह यह अनुभव नहीं करता कि असंभव *सत्य* नहीं था–यह मात्र उसके द्वारा किया गया एक आकलन था। जब वह अधीनस्थ इस तथ्य से अवगत हो जाता है कि यह सत्य उसका सृजन था, तो उसके पास किसी भी अन्य आकलन का सृजन करने का *विकल्प* उपलब्ध हो जाता है (चित्र 7.2)।

चित्र 7.2 जानकारी विकल्प प्रदान करती है

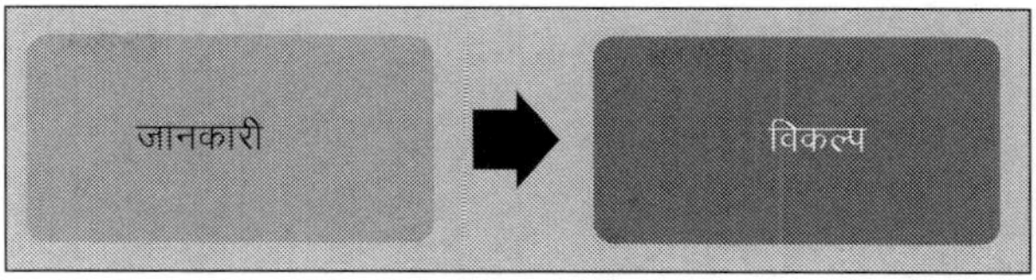

हमारे आकलन हमारे द्वारा खेले जा रहे खेलों में ही सन्निहित होते हैं। लोगों ने अपने खेलों के रचयिता बनने की क्षमता खो दी है। अतः, वे उस पूर्वनियत भविष्य में अटके रह जाते हैं क्योंकि उनका अपना आकलन होता है कि ये अच्छा है और ये खराब है, और यह कि यह संभव है और यह असंभव। और वे इन्हें आकलनों के रूप में नहीं देखते और इस प्रकार ये आकलन खेल के नियम बन जाते हैं।

कुछ महीनों पहले मेरे द्वारा संपन्न की गई एक कार्यशाला में एक महिला ने उल्लेख किया कि उनकी पुत्री का वजन बहुत बढ़ गया है और यह स्वास्थ्यप्रद स्थिति नहीं है और उसे अपना वजन कम करने की आवश्यकता है। मैंने उसे यह स्पष्ट किया कि यह उनका अभिकथन है कि उसकी पुत्री ने अपना वजन बढ़ा लिया है, और यह उनका आकलन है कि यह स्वास्थ्यप्रद स्थिति नहीं है तथा स्थिति वैसी नहीं है जैसी कि इसे होनी चाहिए।

मैंने उनसे पूछा, 'यदि आपके द्वारा यह आकलन किया गया है कि यह स्वास्थ्यप्रद स्थिति नहीं है और वैसी नहीं है जैसी कि इसे होना चाहिए तो आप क्या कदम उठाएगीं?'

उनका प्रत्युत्तर था, 'निश्चित रूप से मैं सुधार का प्रयास करूँगी–मैंने अपनी पुत्री को डाँट लगाई है, मैं जोर दे रही हूँ कि वह अपने स्वास्थ्य का ख्याल रखे!'

अगला प्रश्न, जो मैंने उनसे पूछा, था कि, 'क्या जब आपने पुत्री को डाँटा तो उसने इसे पसंद किया? आपके अपनी पुत्री के साथ सम्बन्ध कैसे हैं?'

उनका प्रत्युत्तर था, 'डाँट किसी को भी पसंद नहीं आती, और न ही मेरी पुत्री को! इस मामले ने निश्चित रूप से हमारे सम्बन्धों को प्रभावित किया है। मैं यह बिल्कुल पसंद नहीं करती कि वह अपने स्वास्थ्य का ध्यान नहीं रख रही है।'

उनसे मेरा अगला प्रश्न था, 'यदि कोई क्रिया नहीं की गई है तो अपनी पुत्री के साथ आपके सम्बन्ध के मामले में आपका पूर्वनियत भविष्य क्या है?'

हमेशा की तरह ही यह प्रश्न उन लोगों को जाग्रत कर देता है जो इनपर ध्यान ही नहीं देते। उन्होंने अनुभव किया कि उनका पूर्वनियत भविष्य यह है कि उनके अपनी पुत्री के साथ सम्बन्ध खराब होना जारी रहेंगे।

अधिकांशतः, पूर्वनियत भविष्य भूतकाल की पुनरावृत्ति मात्र होती है, अथवा प्रायः और खराब स्थिति की।

अपने जीवन के प्रत्येक क्षेत्र में एक पूर्वनियत भविष्य मौजूद होता है। और इस पूर्वनियत का बहुत बड़ा सम्बन्ध आपके द्वारा करने वाले आकलनों के साथ होता है। प्रश्न है, 'क्या आपको अपना पूर्वनियत भविष्य ज्ञात है? और क्या यह पूर्वनियत भविष्य आपके काम का है?'

अब हम ब्रेकडाउन घोषित करने की सर्वाधिक उत्साहजनक अवस्था में पहुँचते हैं। यह एक ऐसी अवस्था है जिसके अंतर्गत आप अपने भविष्य का सृजन करते हैं, अथवा अपनी पसंद के भविष्य को डिजाइन करते हैं।

क्या आप ब्रेकडाउन घोषित करने के लिए तैयार हैं, तो आज की तारीख में पुराने स्वाचालित आकलनों के साथ बहते रहने के बजाए अपने आकलनों का आकलन कीजिए और अपने भविष्य के लिए डिजाइन वाले एक संवाद को प्रारंभ कीजिए।

इस अध्याय के रचनात्मक अभ्यासों की तरफ बढ़िए, और यदि आपने एक बार इन अभ्यासों को पूरा कर लिया है तो मैं आपको इस पुस्तक के अगले अध्याय की ओर आमंत्रित करता हूँ।

सारांश एवं हमारी समझ का पुनर्निर्माण

1. पूर्वनियत भविष्य वह भविष्य होता है जो किसी भी नाटकीय अथवा अप्रत्याशित घटना के न घटने की स्थिति में घटित होने जा रहा है।
2. पूर्वनियत भविष्य वह भविष्य होता है जो संभावित हो, तथापि लगभग निश्चित हो।
3. प्रत्येक सम्बन्ध, आपके जीवन के प्रत्येक क्षेत्र का एक पूर्वनियत भविष्य होता है। यह पूर्वनियत भविष्य वह भविष्य नहीं होता जिसके सम्बन्ध में ज्योतिषियों, हस्तरेखाशास्त्रियों अथवा अंकशास्त्रियों के द्वारा चर्चाएं की जाती हैं। यह वह भविष्य भी नहीं होता जिसे ईश्वर ने आपके लिए लिखा है और जिसे प्रायः आपका भाग्य कहकर संदर्भित किया जाता है। आपके जीवन के विभिन्न क्षेत्रों में आपका पूर्वनियत भविष्य आपकी क्रियाओं/अथवा अकर्मण्यताओं की क्रियाएं होती हैं।
4. व्यक्तियों की तरह ही संस्थानों, परिवारों एवं दलों का भी एक पूर्वनियत भविष्य होता है। एक पूर्वनियत भविष्य कुछ न करने का एक परिणाम नहीं होता, बल्कि यह वर्तमान क्रियाओं एवं योजनाओं का अंतिम परिणाम होता है। यदि आपको पूर्वनियत भविष्य स्वीकार्य नहीं है तो ऐसी क्रियाएं कीजिए जो प्रक्षेपपथ को उस पथ में परिवर्तित कर देगी जो आपको, अथवा आपके परिवार को, अथवा आपके दल अथवा आपके संस्थान को एक नवसृजित भविष्य की ओर ले जाएगा।

5. अधिकांशतः, पूर्वनियत भविष्य भूतकाल की एक पुनरावृत्ति होती है, अथवा प्रायः और खराब स्थिति की।
6. पूर्वनियत भविष्य आपके भूतपूर्व आकलनों से उत्पन्न होता है जो अब भविष्य में सन्निहित होते हैं। ये आकलन आपको वह प्रेक्षक बनाते हैं जो आप हैं और आपकी क्रियाओं का मार्गदर्शन करते हैं। जो क्रियाएं आप करते हैं वह आपको आपके पूर्वनियत भविष्य की ओर ले जाती हैं।
7. हमारे आकलन उस खेल में सन्निहित होते हैं जो हम खेलते हैं। लोगों ने अपने खेल के रचयिता होने की क्षमता खो दी है। अतः, वे अपने पूर्वनियत भविष्य में अटक जाते हैं क्योंकि उनके पास ऐसे आकलन होते हैं कि यह अच्छा है और यह बुरा है, यह संभव है और यह संभव नहीं है। और वे इन्हें आकलनों के रूप में नहीं देखते और इसीलिए ये आकलन खेल के नियम बन जाते हैं।
8. जब आप अपना पूर्वनियत भविष्य 'देखते' हैं तो आप स्वयं को ब्रेकडाउन घोषित करने का विकल्प प्रदान करते हैं, और फिर अपनी पसंद के एक नए भविष्य का सृजन करने का भी। जानकारी विकल्पों को जन्म देती है, और इसीलिए पूर्वनियत भविष्य की जानकारी प्राप्त करना ब्रेकडाउन घोषित करने के लिए महत्वपूर्ण होता है।

रचनात्मक अभ्यास

मैं निम्नलिखित क्षेत्रों में विचार करने तथा अपने पूर्वनियत भविष्य को दैनन्दिनी में दर्ज करने हेतु आमंत्रित करता हूँः

1. *स्वास्थ्य :* आपका शरीर, खुराक, स्वास्थ्य, निद्रा, दिनचर्या इत्यादि।
2. *परिवार :* अपने पति/पत्नी, बच्चों, माता–पिता, बहन–भाईयों, मित्रों इत्यादि से आपके सम्बन्ध।
3. *रोजगार एवं संस्थान :* इसमें आपकी तथा आपके परिवार की वित्तीय सुरक्षा, रोजगार संतुष्टि, अपने ग्राहकों, कनिष्ठों, वरिष्ठों, समकक्षियों इत्यादि का ध्यान रखा जाना शामिल होता है।
4. *रुचियाँ :* आपके जुनून और आपका रचनात्मक जीवन।
5. *भावनात्मक :* आपकी गहनतम सकारात्मक भावनाएं तथा आपका सबसे खराब भय।
6. और ऐसा कोई दूसरा क्षेत्र जिसमें आप अपने पूर्वनियत भविष्य को स्पष्ट करना चाहें।

अपने पूर्वनियत भविष्य से अवगत होने में आपकी सहायता के लिए यहाँ आपके जीवन के प्रत्येक क्षेत्र में स्वयं से पूछने के लिए कुछ प्रश्न दिए जा रहे हैंः

1. *यदि कोई नई क्रिया नहीं की गई है तो निकट भविष्य में आपके जीवन के इस क्षेत्र में क्या घटित होने की संभावना है?*
   आपके पूर्वनियत भविष्य के सम्बन्ध में यह एक महत्वपूर्ण संवाद है। यह भविष्य संभावित है और लगभग सुनिश्चित, और फिर भी आप इस भविष्य के सम्बन्ध में अनभिज्ञ बने रहने का चयन कर रहे हैं। मेरी सिफारिश है कि इस प्रश्न के अपने प्रत्युत्तर का एक नोट तैयार करें। सभी अच्छी, अपेक्षाकृत कम अच्छी तथा बुरी सभी बातों को लिखें।
2. *यदि यही भविष्य था, तो आप द्वारा की जाने वाली स्वाचालित क्रियाएं क्या होंगी, ऐसी कि यह भविष्य वास्तव में घटित होगा?*
   कृपया इसका भी एक नोट तैयार करें। अभी तक, आप आँख बंद कर इन क्रियाओं को संपन्न करते रहे हैं, और ये क्रियाएं आपको आपके पूर्वनियत भविष्य की ओर ले जा रही हैं।
3. *अंततः, स्वयं से यह प्रश्न करें, 'क्या यह पूर्वनियत भविष्य आपके लिए काम का है?'*
   यदि उत्तर 'हाँ' है तो अपनाई जाने वाली इन क्रियाओं को जारी रखें (वो क्रियाएं जिन्हें आपने पहले के बिन्दु पर नोट किया है)। हालांकि, यदि उत्तर 'ना' है तो यह पूर्वनियत भविष्य आपके काम का नहीं है, तब पढ़ना जारी रखें। अगले अध्याय में, हम एक नए भविष्य के सृजन के सम्बन्ध में चर्चा करेंगे।

हमारे द्वारा आज की जाने वाली प्रत्येक क्रिया तथा लिया जाने वाला प्रत्येक निर्णय हमारे लक्ष्यों, सहयोगियों, दल, संस्थान, परिवार तथा मित्रों को प्रभावित करता है। जब आप उपरोक्त प्रश्नों पर विचार कर रहे हों, मैं आपसे यह कल्पना करने की अपेक्षा करता हूँ कि आपकी क्रियाएं किस प्रकार से आपके आसपास के लोगों के पूर्वनियत भविष्य को प्रभावित करेंगी।

(कृपया चिंता न करें यदि आपका पूर्वनियत भविष्य आपको चिन्तित बना दे। वास्तव में, आपमें से कुछ के लिए, संभावना है कि यह ऐसा कर दे। मैं चाहूँगा कि आप अपने पूर्वनियत भविष्य से अवगत हों, जिससे आप वर्तमान में अनभिज्ञ हो सकते हैं। यह जानकारी एक नए भविष्य का सृजन करने हेतु एक विकल्प प्रस्तुत करेगी, जो कि अगले अध्याय का शीर्षक है।)

टिप्पणी

1. स्टीव ज़ैफरॉन एवं डेव लोगन, *The Three Laws of Performance: Rewriting the Future of Your Organization and Your Life* (California: Jossey-Bass/Wiley/Times Group Books, 2009).

8

एक नए भविष्य का सृजन

पूर्वनियत भविष्य *बनाम* सृजित भविष्य

पिछले एक अध्याय में हम पूर्वनियत भविष्य पर पहले ही चर्चा कर चुके हैं। अपनी परवाह वाले प्रत्येक क्षेत्र में आपका एक पूर्वनियत भविष्य मौजूद रहता है, अर्थात्, एक ऐसा भविष्य जो संभावित और लगभग सुनिश्चित है। और, आप यह नहीं जानते कि आप नहीं जानते हैं *(यह न जानना, कि आप नहीं जानते, दृष्टिहीनता होती है)* कि यही आपका पूर्वनियत भविष्य है, जो कि सामान्यतः हमारी दृष्टि से परे होता है।

क्यों? क्योंकि आपने स्वयं से कभी भी यह प्रश्न पूछा ही नहीं कि, 'मेरे जीवन के इस विशिष्ट क्षेत्र में मेरा पूर्वनियत भविष्य क्या है?' संभावना है कि आपका पूर्वनियत भविष्य महज भूतकाल की पुनरावृत्ति भर हो, अथवा कभी–कभी उससे भी बुरा हो सकता है।

अपने आकलनों के अंतर्गत आपके द्वारा उठाया जाने वाला प्रत्येक कदम आपको किसी न किसी परिणाम की ओर ले जाता है। दुर्भाग्यवश, जहाँ कुछ लोग अपने चरणों का प्रबंधन प्रभावी रूप से कर लेते हैं, वहीं बहुत कम लोग उन आकलनों पर प्रश्न खड़े करते हैं जो उन्हें किसी क्रिया की ओर प्रेरित करते हैं। इस तथ्य पर हम पहले ही निगाह डाल चुके हैं कि ये आकलन किस प्रकार से आपको आपके पूर्वनियत भविष्य की ओर प्रेरित करते हैं।

यदि आपने स्वयं से यह प्रश्न नहीं पूछा है कि, 'मेरे जीवन के किसी विशिष्ट क्षेत्र में मेरा पूर्वनियत भविष्य क्या है?', तो संभावना है कि जब वह भविष्य आपको प्राप्त होगा तो आप आश्चर्यचकित रह जाएं। और आपको ऐसे लोग तथा परिस्थितियाँ मिल सकती हैं जिनपर आपके पूर्वनियत भविष्य के लिए आरोप लगाए जा सकते हों।

यदि आप भाग्यशाली हैं तो आपका वातावरण परिवर्तित हो जाएगा अथवा आपके आसपास के लोग परिवर्तित हो जाएंगे, और आपके पास अपने पूर्वनियत भविष्य के बजाए एक अलग भविष्य उपलब्ध हो जाएगा। हालांकि, इसका आपके साथ कोई लेना–देना नहीं होगा।

यह पुस्तक आपके लिए शक्तिशाली रूप से अपनी पसंद के एक भविष्य को सृजित करने का आमंत्रण है।

संभावनाओं हेतु संवाद

संभावनाओं के लिए लोग हर समय संवादों में संलिप्त रहते हैं। फिर भी, वे इस बात से अवगत नहीं होते कि वे इन संवादों में संलिप्त हैं, और ये संवाद ढीले–ढाले तरीके से बिना यह समझे हुए संपन्न किए जा रहे होते हैं कि इनके प्रभाव क्या होगें।

आइए, सन् 1990 के दशक के आखिरी वर्षों से एक उदाहरण को साझा किया जाए। मैं एक शिक्षण कंपनी (फ्रेंचाइज कंपनी) संचालित कर रहा था जिसने अपने कार्यक्रमों की फ्रेंचाइजी दी हुई थी। भारत के प्रमुख शहरों में से एक में हमारे पास एक ऐसी फ्रेंचाइजी कंपनी थी जिसने एक बार मुझसे कहा, 'जो लक्ष्य आपने निर्धारित किए हैं वे असंभव हैं'।

परिणामस्वरूप, फ्रेंचाइजी कंपनी जो कुछ भी उल्लेख कर रही थी (सुस्पष्ट रूप से नहीं, बल्कि अस्पष्ट रूप से) वह था 'मैं घोषित करता हूँ कि आपके द्वारा निर्धारित लक्ष्य संभव नहीं हैं, और यह कि मेरी क्रियाओं के परिणामस्वरूप इन लक्ष्यों को हासिल नहीं किया जा सकेगा'। फ्रेंचाइजी कंपनी ने यह तक महसूस नहीं किया कि वे संभावनाओं के लिए संवाद में संलिप्त थे, और यह कि उन्होंने इस संवाद में अपनी क्रियाओं के लिए संदर्भ घोषित कर दिया था। एक बार जब आप घोषणा कर देते हैं, तो आपकी क्रियाएं, जाने अथवा अनजाने में, आपके द्वारा की गई घोषणाओं पर आधारित हो जाती हैं।

3 वर्षों तक मेरी कंपनी उस फ्रेंचाइजी कंपनी के साथ काम करती रही, और उन तीनों वर्षों में फ्रेंचाइजी कंपनी अपने लक्ष्यों को पूरा नहीं कर सकी।

अंततः, मेरी कंपनी ने अनुबंध रद्द कर दिया और फ्रेंचाइज स्वीकार करने हेतु एक दूसरी कंपनी को आमंत्रित किया। अब तक, कुछ सीमा तक हमने यह विश्वास करना प्रारंभ कर दिया था कि हमारे लक्ष्य बहुत ऊँचे हैं। लक्ष्य दिए जाने पर इस नई फ्रेंचाइजी ने उल्लेख किया, 'क्या आपका लक्ष्य इतना ही है? यह तो सहज है। लक्ष्य से अधिक कार्य करने पर बोनस क्या मिलेगा?' नई फ्रेंचाइजी कंपनी ने घोषित किया कि 'यह सरल है', और उनके कदम इस घोषणा के अंतर्गत उठाए गए थे। वे *संभावनाओं के लिए संवाद* में भी संलिप्त थे। और संभावना है कि वे भी इस बात को नहीं जानते थे।

लक्ष्य वही थे, पुरानी और नई फ्रेंचाइजी के लिए एक समान। नई फ्रेंचाइजी पहले 6 महीनों में ही लक्ष्यों से कहीं आगे निकल चुकी थी।

संभावनाओं के लिए संवाद व्यापक होते हैं और हम सब उनमें संलिप्त रहते हैं। संभावनाओं के लिए करने वाले कुछ संवाद संभावनाओं को उत्पन्न करते हैं जबकि कुछ उन्हें समाप्त करते हैं।

पहले फ्रेंचाइजी ने इस आकलन के चारों ओर एक भविष्य का 'सृजन' कर लिया था कि 'यह लक्ष्य असंभव था'। उन्होंने इस सृजन के साथ ही संभावनाओं को समाप्त कर दिया। अवचेतन रूप से इन लोगों के द्वारा उठाए गए कदम इस संदर्भ के अंतर्गत सीमित रहे कि 'यह लक्ष्य संभव नहीं था'।

दूसरे फ्रेंचाइजी ने एक दूसरे भविष्य का 'सृजन' किया, यह सुझाव देते हुए कि 'ये तो बहुत सहज लक्ष्य हैं और वे तो इन लक्ष्यों से भी आगे निकल सकते हैं'। इस सृजन के साथ उन्होंने संभावनाओं को उत्पन्न कर दिया। इन लोगों के द्वारा उठाए गए कदम इस संदर्भ के अंतर्गत आते थे कि ये लक्ष्य बहुत कम हैं और वे लक्ष्य से आगे निकल कर बोनस अर्जित करना चाहते थे।

जो कुछ भी आप बोलते है। वह संभावनाओं को उत्पन्न एवं समाप्त करता है।

संभावना का अर्थ क्या है?

इस मामले में 'संभावना' शब्द का उपयोग किन्हीं ऐसी संभावनाओं से सम्बन्धित नहीं है जो संभव हो अथवा नहीं हो सकती हैं, जैसे भाग्य अथवा नियति की कोई घटना। उदाहरणार्थ, केन्याई क्रिकेट टीम के लिए यह संभव है कि वह आस्ट्रेलियाई क्रिकेट टीम को पराजित कर दे, फिर केन्याई क्रिकेट की वर्तमान स्थिति के आधार पर ऐसा होना असंभव अथवा असंभाव्य है।

ऑक्सफोर्ड शब्दकोषों के अनुसार संभावना को आमतौर पर 'ऐसी बात जो घटित हो सकती है' के रूप में समझा जाता है।[1] मैं भी इस संभावना के सम्बन्ध में बात नहीं कर रहा हूँ जो भविष्य में किसी दिन घटित हो सकती है।

यहाँ मैं जिस संभावना के सम्बन्ध में बात कर रहा हूँ वह आपकी क्रियाओं का एक सृजन है जो आपको इस क्षण में शक्ति प्रदान करता है और आपके विचार करने के तरीके को स्वरूप प्रदान करता है तथा नई क्रिया करने के सम्बन्ध में अनुभव करवाता है। जब आप इस प्रकार की संभावना उत्पन्न करते हैं तो आप अपने 'अभी' को प्रभावित करते हैं। आप अपने वर्तमान को प्रभावित करते हैं।

उदाहरणार्थ, मेरी घोषणाओं में, जब मैंने भारत में आईजीएल को स्थापित करने की संभावना को उत्पन्न किया तो इसने उस क्षण में मेरे अनुभव करने के तरीके को परिवर्तित कर दिया। मुझे ऊर्जा के एक नए संचार का अनुभव हुआ, क्रिया कर सकने की एक नई शक्ति जो अभी तक मुझे ज्ञात नहीं थी।

जब एक नई संभावना उत्पन्न करते हैं तो यह अपने आप ही आपको उत्साहित करती है और आपको तुरंत ही कदम उठाने की मनोदशा में ला देती है। आप जानते हैं कि आप इस संभावना को वास्तविकता में तभी तक परिवर्तित कर सकते हैं जब तक आप इस संभावना को हासिल करने के अनुरूप कदम उठाना जारी रखते हैं।

आइए, हम आस्ट्रेलियाई क्रिकेट टीम को पराजित करने वाली केन्याई क्रिकेट टीम के उसी उदाहरण को एक बार फिर लेते हैं। क्रिकेट केन्या (वह संघ जो केन्या में क्रिकेट का प्रबंधन एवं संचालन करता है) आस्ट्रेलिया को लगातार पराजित करने की संभावना उत्पन्न कर सकता है। और एक बार यदि वे इस संभावना को उत्पन्न कर लेते हैं तो उन्हें इस संभावना को सत्य सिद्ध करने के लिए इस प्रयोजन हेतु की गई क्रियाओं का समर्थन करने की आवश्यकता है। यदि यह एक ऐसी संभावना है जो क्रिकेट केन्या के टीम प्रबंधन एवं खिलाड़ियों को उत्साहित करती है तो वे ऊर्जा से भर जाएंगे और नई क्रियाएं करेंगे, ऐसी क्रियाएं जो उन्होंने पहले नहीं की थीं और जो वास्तव में उनकी दृष्टि से परे थीं।

जब कोई परिवार एकसाथ एकत्रित होता है और किसी पारिवारिक अवकाश के सम्बन्ध में चर्चा करता है तो वे संभावना के लिए एक संवाद में संलिप्त होते हैं।

जब किसी संस्था के निदेशक मंडल के सदस्य एकसाथ एकत्रित होते हैं और एक नई विशिष्टता के साथ एक नए उत्पाद को जारी करने तथा एक नई शाखा खोले जाने पर चर्चा करते हैं तो वे संभावना के लिए एक संवाद में संलिप्त होते हैं।

जब किसी दल के सदस्य आगामी वित्तवर्ष के लिए नए लक्ष्यों पर चर्चा करते हैं तो वे संभावना के लिए एक संवाद में संलिप्त होते हैं।

अपनी पसंद के भविष्य का सृजन कीजिए

मेरे शिक्षक बॉब डनहम प्रायः उल्लेख करते हैं, 'अपनी पसंद का एक भविष्य सृजित कीजिए; क्योंकि आप किसी–न–किसी रूप में अपना भविष्य तो सृजित कर ही रहे हैं'। आप इसकी गंभीरता से सहमत हों अथवा न हों, आप इसे पसंद करें अथवा न करें, यह आपके जीवन पर प्रभाव डालता ही है। इसी प्रकार से, हमें ज्ञात हो अथवा न हो, हम इसे स्वीकार करें अथवा न करें, हममें से प्रत्येक व्यक्ति अपने भविष्य का सृजन करने की सतत् प्रक्रिया में संलिप्त रहता है।

जैसे कि पहले चर्चा की जा चुकी है, आप किसी–न–किसी रूप में संभावनाओं के लिए संवाद में संलिप्त रहते हैं–ये संवाद आपके द्वारा भविष्य को देखने तथा वर्तमान में आपके द्वारा की जाने वाली क्रियाओं के तरीके को आकार प्रदान करते हैं। एक प्रबंधक, जो अपने संस्थान के लिए एक भविष्य का सृजन

करने हेतु प्रतिबद्ध है, एक नए भविष्य का सृजन करने सम्बन्धी संभावनाओं के लिए करने वाले संवादों में दूसरों को संलिप्त कर सकता है।

कोई भी प्रबंधक, जो अपने संस्थान के लिए एक भविष्य का सृजन करने हेतु प्रतिबद्ध हो, एक नए भविष्य की संभावनाओं हेतु करने वाले संवादों में दूसरे लोगों को संलिप्त कर सकता है। एक बार किसी संवाद में किसी नए भविष्य का सृजन हो जाने के बाद संस्थान तथा उसके आसपास के लोग अलग तरीके से प्रदर्शन प्रारंभ कर देते हैं। आप *नई शुरुआतों, नए* अवसरों, तथा क्रिया के लिए *नए* मार्गों को देखना प्रारंभ कर देते हैं।

यहाँ मैं एक दावा करना पसंद करूँगा, और दावा यह है कि 'आप इसलिए जिंदा है क्योंकि आप सृजन कर रहे हैं'। जीवंतता श्वांस लेने और अस्तित्व से भिन्न होती है। ब्रदर डेविड स्टेन्डिल–रास्ट[2] उल्लेख करते हैं, 'यह सत्य कि आप अभी भी मृत नहीं हैं इस बात का पर्याप्त साक्ष्य नहीं है कि आप जीवित हैं'। जीवंतता एक भविष्य को जन्म दे रही है जो आपको 'जीवित' रखता है, और यही आपको ऊर्जावान, प्रयोजनपूर्ण, संलिप्त तथा अपनी क्रियाओं एवं अनुभवों से परिपूर्ण रखता है।

एल. रॉन ह्यूबार्ड सजीवता को इस प्रकार परिभाषित करते हैं–'सजीवता एक निश्चित मार्ग पर चलते रहना है जो किसी प्रयोजन द्वारा प्रेरित तथा किसी गंतव्य से युक्त होती है। इसमें अधिकांशतः मार्ग की बाधाओं को दूर करना, किनारों को मजबूती से पकड़े रहना, अन्यमनस्कता की उपेक्षा करना था मार्ग के साथ प्रगति को ध्यान में रखते हुए सुदृढ़ता प्रदान करना तथा पुनः प्रक्षेपण करना शामिल होता है। यही जीवन है।'[3]

एल. रॉन ह्यूबार्ड सजीवता की अपनी परिभाषा में जिस 'प्रयोजन' अथवा 'गंतव्य' की चर्चा कर रहे हैं वह वही भविष्य है जिसका सृजन आप करते हैं। इसका उदाहरण है 'द 5 एएम क्लब' जिसकी चर्चा मैंने इस पुस्तक में प्रारंभ में की है। द 5 एएम क्लब के सदस्यों में हम सभी ने अपनी पसंद के एक भविष्य का सृजन किया था और इसमें 'मार्ग की बाधाओं को दूर करने', 'किनारों को मजबूती से पकड़े रहने', 'अन्यमनस्कता की उपेक्षा करने', तथा 'मार्ग के साथ प्रगति को जारी रखने' के कार्यों में दूसरे सदस्यों का समर्थन प्राप्त हुआ था।

एक नए भविष्य के सृजन से आप सदैव ही मात्र एक संवाद की दूरी पर होते हैं

मैं संयोगवश अनेक लोगों से मिलता–जुलता रहा हूँ और ऐसे लोगों को शिक्षित किया है जो अनुमान नहीं लगा सकते। उनके इतिहास, अर्थात्, उन आकलनों को ध्यान में रखा जाए जिनके अंतर्गत वे अपना जीवन जीते रहे हैं, तो वे एक

नए भविष्य का सृजन नहीं कर सकते। और मेरे आमंत्रण पर जब उन्होंने एक नए भविष्य का सृजन किया तो वे वास्तव में भयभीत हो गए। ये वे लोग थे जो एक प्रवाह के साथ जीते रहने के आदी हो चुके थे, एक बिना पसंद के जीवन के साथ–और जब पसंद के साथ एक सृजन करने का अवसर प्रकट हुआ, तो यह उन्हें एक अनजाने माहौल सा लगने लगा। वे शीघ्रता से इस माहौल से निकलना और अपने सहजता वाले माहौल में वापस जाना चाहते थे–उसी बिना पसंद के माहौल में!

मुख्य बात यह देखना है कि आपके पास सृजन करने की शक्ति है; एक बार आप यह कर लेते हैं तो युद्ध का अधिकांश भाग आप जीत चुके होते हैं। अधिकांश लोग सामान्य तौर पर यह विश्वास नहीं करते कि उनके पास सृजन करने की यह शक्ति मौजूद है और उन्होंने अपना जीवन इस घोषणात्मक अंतराल से नहीं जिया होता। आपने अपना जीवन चाहे जिस प्रकार से जिया हो–एक नए भविष्य का सृजन करने से आप सदैव ही मात्र एक संवाद की दूरी पर होते हैं।

मेरे पसंदीदा उद्धरणों में से एक डॉन मिगुएल रुइज़ की पुस्तक *द फोर एग्रीमेंट्स* से है। वे कहते हैं:

> आपके शब्द ही वह शक्ति हैं जो सृजन करने हेतु आपके पास मौजूद हैं। शब्दों से आप अपनी सृजनात्मक शक्ति को अभिव्यक्त करते हैं। ऐसा इन शब्दों से ही होता है कि आप हम बात को व्यक्त कर देते हैं। आप चाहे जो भी भाषा बोलते हों, आपकी मंशा शब्दों द्वारा प्रकट होती है। शब्द मात्र लिखी हुई ध्वनि अथवा प्रतीक नहीं होते। शब्द एक ताकत होते हैं; यह वही शक्ति है जो आपके जीवन में घटनाओं को जन्म देने हेतु आपके पास मौजूद होती है।

यह विकसित करने हेतु एक अभ्यास है, उस भविष्य को समझ लेना अथवा उसके प्रति जीवंत रहना जिसका सृजन आप कर रहे हैं। जब यह आपको मिल जाता है (जब मैं 'मिल जाता है' मुहावरे का प्रयोग करता हूँ तो मेरा यह अर्थ नहीं होता कि आप समझते हैं कि मैं क्या कह रहा हूँ। मेरा अर्थ है आप अपने शरीर का अनुभव करने के बाद उसे समझ लें। आपने इसे साकार कर लिया है), तो आपको अनुभव होता है कि आप अपने भविष्य का सृजन कर रहे हैं और आप इसका अनुभव अपने शरीर के हर भाग जैसे मस्तिष्क, शरीर, तथा आत्मा में करने लगते हैं।

और यदि आप अपने भविष्य का सृजन कर रहे हैं तो आप साथ ही अपने पसंद के भविष्य का सृजन कर सकते हैं। ठीक अभी, इस क्षण में, आप एक

नया संवाद कर सकते हैं और स्वयं के लिए एक नए भविष्य का सृजन कर सकते हैं—अपने जीवन के पसंद के किसी भी क्षेत्र में। क्योंकि आप नए भविष्य का सृजन करने से सदैव ही मात्र एक संवाद की दूरी पर होते हैं।

एक नए भविष्य के सृजन की चुनौती-यह जाने बिना कि इसे कैसे हासिल करना है

कुछ लोग, जो यदि यह नहीं जानते कि एक नए भविष्य को किस प्रकार हासिल किया जा सकता है, तो उसके सृजन करने के विचार से ही पंगु हो जाते हैं।[5] हमारे जीवनशैली की आम समझ है 'मेरे लिए पहले यह जानना आवश्यक है कि कैसे' और फिर मैं यह घोषित करने के योग्य हो सकूँगा कि 'मैं कौन से भविष्य का सृजन कर सकता हूँ'। यह हमारी साझा संस्कृति की एक गलतफहमी है। मेरा दावा है कि पहले 'कौन' पर विचार करने की आवश्यकता है, और उसके बाद 'कैसे' पर।

हमारी संस्कृति में लोगों को चीजों को जानने के लिए, भरोसेमंद कौशल को विकसित करने के लिए और उनसे भली–भांति परिचित होने एवं क्षमता के आधार पर क्रिया करने हेतु शिक्षित एवं प्रशिक्षित किया गया है। और इसीलिए हम अपने कार्यों तथा क्रियाओं को उन्हीं क्षेत्रों तक सीमित रखते हैं जिनसे हम परिचित हो चुके हैं और जिनमें दक्ष हो चुके हैं।

फिर भी हम कुछ ऐसे लोगों को देखते हैं जो श्रेष्ठतर कौशलों से युक्त प्रतीत होते हैं। वे अज्ञात से डरते नहीं। वास्तव में वे अज्ञात को संभावनाओं के रूप में देखते हैं और यहाँ तक कि उससे प्यार भी कर सकते हैं। वे अज्ञात में कुशलता के साथ प्रवेश करते हैं—वे जिज्ञासु होते हैं। वे खोज करते हैं, विश्लेषण करते हैं, अनुमान लगाते हैं, डिजाइन तैयार करते हैं, अन्वेषण करते हैं, नवप्रवर्तन करते हैं और योजना बनाते हैं। वे नेतृत्वकर्ता, उद्यमियों, नवप्रवर्तनकारियों एवं अन्वेषकों की भांति सामने आते हैं।

हमारी संस्कृति में अधिकांश लोगों के लिए, 'न जानना' उन्हें रोक देता है—उन्हें क्रिया करना अवश्य आना चाहिए। रचनात्मक नेतृत्व में 'न जानना' ही क्रिया प्रारंभ करने का बिन्दु होता है। यहाँ हमारा पहली क्रिया है 'जानना', और फिर एक नए मूल्य की खोज करना।

'न जानते हुए' क्रिया करना एक कौशल होता है, और एक ऐसा कौशल जो नेतृत्व के लिए आधारभूत होता है। और कौशलों को सतत् अभ्यासों से विकसित किया जाता है। हमें उन सभी भयों एवं संकुचनों को जानने में अवश्य ही सक्षम होना चाहिए जो 'मैं नहीं जानता' से उत्पन्न हो सकते हैं, और अपने मित्रों को डराना सीखना चाहिए। मेरे शिक्षक बॉब डनहम के मित्र और शिक्षक बर्ट बेनेट

कहते हैं, 'भय मात्र आपके शरीर के द्वारा आपको यह कहना होता है कि इस परिस्थिति के लिए आप व्यवस्थित नहीं हैं'।

यदि हम भयभीत *होने* से भय *युक्त* होने की ओर जा सकें, तो हम एक पसंद के बिन्दु से भय को देख सकते हैं और उसके साथ संलिप्त हो सकते हैं। जानकारी विकल्पों को जन्म देती है। यदि हम इस जानकारी को विकसित कर लेते हैं तो हम हमारे लिए नेतृत्वकर्ताओं, पेशेवर लोगों तथा मनुष्यों के रूप में अनिवार्य श्रेष्ठतर कौशलों को विकसित कर सकते है। अपनी शारीरिक प्रतिक्रियाओं एवं भावनाओं से अवगत होने के द्वारा हम यह सीखने के मार्ग खोल लेते हैं कि उनके साथ किस प्रकार से संलिप्त हुआ जाए और परिवर्तित किया जाए।

जब हम अपनी प्रतिक्रियाओं का प्रबंधन श्रेष्ठतर रूप में करते हैं तो हम अज्ञात को अपनी परवाहों के सम्बन्ध में संभावनाओं के समुद्र से भरे होने के रूप में मान सकते हैं। हम खोज, प्रयोग, डिजाइन, आविष्कार एवं नवप्रवर्तन के अभ्यासों के साथ अज्ञात में से सृजन करने के कौशल को स्वयं में सन्निहित कर सकते हैं।

हम सबने अपने रोजगारों में सीखने के साथ अज्ञात का अनुभव किया हुआ है। जब हम किसी नए कौशल अथवा उत्तरदायित्व की आवश्यकता वाले नए रोजगार को अपनाते हैं तो हो सकता है कि हमें सीखना चुनौतीपूर्ण, कठिन अथवा आनंददायक प्रतीत हो। जैसे–जैसे हम दक्षता विकसित करते जाते हैं हम अपने ज्ञान और कौशल में और अधिक सहज होते जाते हैं।

(5 एएम क्लब के सभी सदस्यों ने नए भविष्यों का सृजन किया था और हममें से प्रत्येक को यह नहीं ज्ञात था कि हम अपने द्वारा सृजित किए गए भविष्य को 'कैसे' हासिल करेंगे। तब यह 'कौन' 'कैसे' के पहले आ गया था। उदाहरणों के लिए कृपया प्रस्तावना का संदर्भ लें)।

सारांश एवं हमारी समझ का पुनर्निमाण

1. लोग हर समय संभावनाओं के लिए संवादों में संलिप्त रहते हैं। फिर भी, वे अनभिज्ञ रहते हैं कि वे इन संवादों में संलिप्त हैं, और ये संवाद ढीले–ढाले तरीके से घटित हो रहे हैं जबकि लोग इन संवादों के प्रभावों को समझ नहीं पा रहे हैं।
2. संभावनाओं के लिए करने वाले कुछ संवाद संभावनाओं को उत्पन्न करते हैं जबकि कुछ उन्हें समाप्त करते हैं।
3. भाषा में आप ऐसी संभावनाओं का सृजन करते हैं जिनका आपके द्वारा भाषा में सृजन करने के पूर्व कोई अस्तित्व नहीं था। जब आप ऐसी

किसी संभावना का सृजन करते हैं तो यह उस क्षण में आपको शक्ति प्रदान करती है और उस तरीके को आकार प्रदान करती है जिसमें आप किसी नई क्रिया को अपनाने की बात सोचते और अनुभव करते हैं। जब आप इस प्रकार की किसी संभावना का सृजन करते हैं तो आप अपने 'अभी' को प्रभावित करते हैं। आप अपने वर्तमान को प्रभावित करते हैं।

4. जब आप किसी नई संभावना का सृजन करते हैं तो यह अपने–आप ही आपको उत्साहित कर देती है और आपको तुरंत ही क्रिया करने की मनोदशा में ला देती है। आप किसी संभावना को वास्तविकता में तभी परिवर्तित कर सकते हैं जबतक आप इस संभावना को हासिल करने के अनुरूप क्रिया करते रहते हैं।
5. चाहे आप इसकी गंभीरता से सहमत हों अथवा न हों, चाहे आप इसे पसंद करें या न करें, यह आपके जीवन को प्रभावित करती है। इसी प्रकार, चाहे हमें मालूम हो अथवा न हो, हम इसे स्वीकार करें अथवा अस्वीकार, हममें से प्रत्येक व्यक्ति अपने भविष्य का सृजन करने की प्रक्रिया में संलिप्त रहता है।
6. *आप सृजन करते समय सर्वाधिक जीवंत रहते हैं।* जीवंतता श्वांस लेने एवं अस्तित्व से भिन्न होती है।
7. मुख्य बात यह देखना है कि आपके पास सृजन की शक्ति मौजूद है; एक बार जब आप ऐसा कर लेते हैं तो युद्ध का अधिकांश भाग आप जीत लेते हैं। अधिकांश लोग सामान्य रूप से यह विश्वास नहीं करते कि उनके पास सृजन करने की शक्ति मौजूद है और वे अपने जीवन को इस घोषणात्मक अंतराल से नहीं जीते। आपने अपने जीवन को चाहे जिस प्रकार से जिया हो–एक नए भविष्य का सृजन करने से आप सदैव ही मात्र एक संवाद की दूरी पर रहते हैं।
8. यह विकसित करने हेतु एक अभ्यास है, उस भविष्य को समझ लेना अथवा उसके प्रति जीवंत रहना जिसका सृजन आप कर रहे हैं।
9. हमारी जीवनशैली की सामान्य आम समझ यह है कि पहले 'मुझे यह जानने की आवश्यकता है कि मैं इसे कैसे हासिल करूँगा' और फिर मैं यह घोषित करने में सक्षम हो सकूँगा कि, 'मैं कौन से भविष्य का सृजन कर सकता हूँ'। यह हमारी साझा संस्कृति की गलतफहमी है। मेरा दावा है कि 'कौन' को 'कैसे' से पहले रखे जाने की आवश्यकता है, और फिर 'कैसे' प्रकट होना प्रारंभ हो जाता है।
10. हमारी संस्कृति में अधिकांश लोगों के लिए, 'न जानना' उन्हें रोक देता है–उन्हें क्रिया करना अवश्य जानना चाहिए। रचनात्मक नेतृत्व के अंतर्गत, 'नहीं जानना' ही क्रिया प्रारंभ करने का बिन्दु होता है। यहाँ

हमारी पहली क्रिया 'जानना' होती है और फिर नए मूल्यों की खोज करना।

11. 'न जानते हुए' क्रिया करना एक कौशल होता है, और एक ऐसा कौशल जो नेतृत्व के लिए आधारभूत होता है।
12. ब्रेकडाउन घोषित करने हेतु एक नए भविष्य का सृजन करना महत्वपूर्ण होता है। जब आप ब्रेकडाउन घोषित करते हैं तो परिणामस्वरूप आप यह उल्लेख कर रहे होते हैं कि पूर्वनियत भविष्य आपके लिए ठीक नहीं है, और यह कि आप अपनी पसंद के एक भविष्य का सृजन करने के स्त्रोत पर खड़े हैं।

रचनात्मक अभ्यास

गत अध्यायों में आपने अपने जीवन के विभिन्न क्षेत्रों में अपने पूर्वनियत भविष्य पर चिंतन किया है। यदि आपके जीवन के किसी क्षेत्र में आपका पूर्वनियत भविष्य आपके लिए लाभदायक नहीं है तो यह अभ्यास आपको अपने जीवन के उन क्षेत्रों में अपनी पसंद के एक भविष्य को डिजाइन करने हेतु एक आमंत्रण है।

1. *स्वास्थ्य :* आपका शरीर, खुराक, स्वास्थ्य, निद्रा, दिनचर्या इत्यादि।
2. *परिवार :* अपने पति/पत्नी, बच्चों, माता–पिता, बहन–भाईयों, मित्रों इत्यादि से आपके सम्बन्ध।
3. *रोजगार एवं संस्थान :* इसमें आपकी तथा आपके परिवार की वित्तीय सुरक्षा, रोजगार संतुष्टि, अपने ग्राहकों, कनिष्ठों, वरिष्ठों, समकक्षियों इत्यादि का ध्यान रखा जाना शामिल होता है।
4. *रुचियाँ :* आपके जुनून और आपका रचनात्मक जीवन।
5. और ऐसा कोई दूसरा क्षेत्र जिसमें आप एक नए भविष्य का सृजन करना चाहते हैं।

कृपया उपरोक्त क्षेत्रों में, अथवा जहाँ आवश्यकता हो, एक नए भविष्य का सृजन कीजिए।

एक बार आपने अपने नए भविष्य को डिजाइन कर लिया अथवा उसका सृजन कर लिया तो अगला कदम उस भविष्य को हासिल करना होता है। कृपया छूट गई क्रियाओं पर आधारित अगले अध्याय को पढ़ना जारी रखें।

कृपया अपने नए भविष्य की घोषणाओं को दैनन्दिनी में दर्ज करें। कृपया समझें, और सचेत रहें कि इन प्रश्नों से आपके लिए क्या उत्पन्न हो रहा है। उदाहरणार्थ, एक भविष्य की घोषणा करने का भय, अथवा ऐसे प्रश्न जैसे, इस

भविष्य को आप किस प्रकार हासिल करेंगे, अथवा इस क्रिया को करने का कोई औचित्य नहीं है—यह एकबार फिर से उन्हीं गतिविधियों में से एक है जिसका कोई परिणाम नहीं प्राप्त होता, इत्यादि। इन आकलनों से अवगत बने—समझें कि ये आकलन हैं न कि अभिकथन। स्वयं को एक विकल्प प्रदान करें कि क्या आप इन आकलनों के साथ आगे बढ़ना जारी रखेंगे।

एक नए भविष्य का सृजन करना मात्र किसी दीर्घकालीन भविष्य का सृजन करना नहीं होता। प्रत्येक बार जब आपके जीवन में कोई व्यवधान उत्पन्न होता है तो आपके पास एक ब्रेकडाउन घोषित करने तथा एक नए भविष्य का सृजन करने का विकल्प उपलब्ध होता है। एक सतत् आधार पर, अपने जीवन की बाधाओं का उपयोग अपने पसंद के एक भविष्य का सृजन करने के एक अवसर के रूप में कीजिए।

टिप्पणियाँ

1. http://www.oxforddictionaries.com/definition/english/possibility?q=Possibility&searchDictCode=all, accessed 16 February 2016.
2. David Steindl-Rast, *Gratefulness, the Heart of Prayer: An Approach to Life in Fullness* (Mahwah, NJ: Paulist Press, 1984). http://www.gratefulness.org/readings/dd_abcs_h-j.htm
3. L. Ron Hubbard, *Dianetics and Scientology Technical Dictionary* (Denmark: New Era Publications, 1975, 1978).
4. Don Miguel Ruiz, *The Four Agreements* (California: Amber-Allen Publishing, Inc., 1997, 2012).
5. बॉब डनहम के पास एक अन्य अप्रकाशित लेख 'Power of Not Knowing' उपलब्ध है। मैं आईजीएल, अमेरिका में अपने शिक्षण के दौरान इस पत्र से अवगत हुआ था और मैंने इस अवधारणा को शक्तिशाली होने का अनुभव किया। मैंने इस खंड में इसी पत्र को संदर्भित किया है।

9

छूटी हुई क्रियाओं की पहचान करना

इस पुस्तक के परिचय नामक अध्याय में मैंने संवादों की केन्द्रीयता के सम्बन्ध में चर्चा की थी। फर्नाण्डो फ्लोर्स भाषा की अपनी समझ, जो हमें मनुष्य बनाने वाली आधारभूत विशेषता होती है, के सम्बन्ध में चर्चा करते हैं। वे कहते हैं, 'परंतु भाषा में क्रियाओं के आयाम भी होते हैं–जिस प्रकार से भाषा के साथ हम कुछ करते हैं, और वही भाषा हमारे साथ करती है'।[1]

आगे, वह उल्लेख करते हैं, 'मुझे दृढ़ विश्वास हो चुका है कि एक दूसरी पूरी दुनिया मौजूद है जो कि उतनी ही महत्वपूर्ण है, और किसी प्रकार से कम तर्कसंगत नहीं है–एक ऐसी दुनिया जो भावनात्मक, सामाजिक, तथा ऐतिहासिक है। यही वह दुनिया है जिसमें, दूसरों के सहयोग के साथ, हम वास्तविकताओं को सामने लाते हैं, एक–दूसरे के साथ संवाद करते हैं, और इतिहास का निर्माण करते हैं, जो सब एक–दूसरे के साथ संवादों में होता है'।

जब आप एक ब्रेकडाउन घोषित करते हैं, और 'छूटी हुई क्रियाओं की पहचान' के चरण पर पहुँचते हैं–तो मैं आपको ऐसा प्रेक्षक बनने हेतु आमंत्रित करता हूँ जो छूट गई भाषा सम्बन्धी उन क्रियाओं की खोज करेगा जिनकी पहचान इस अध्याय में हमारे द्वारा की जा रही है।

'क्रिया' से क्या आशय है?

आईजीएल के संस्थापक बॉब डनहम हमारी सांस्कृतिक आम समझ को ऐसे 'कार्य जो आगामी गतिविधियों को आकार प्रदान करते हैं' के रूप में परिभाषित करते हैं। आगे, वह स्पष्ट करते हैं कि बोलने एवं श्रवण (सुनने) सम्बन्धी क्रियाओं का संपूर्ण ढाँचा भविष्य का सृजन करने वाली क्रियाएं होती हैं।

भाषा की आम समझ यह है कि क्रिया गतिविधि होती है। हालांकि, आईजीएल में हम जो दावा करते हैं वह यह है कि सभी क्रियाओं को भाषा के द्वारा आकार दिया गया होता है, तथा भाषा की रचनात्मक क्रियाएं ऐसी क्रियाएं होती हैं जो आगामी क्रियाओं को आकार प्रदान करती हैं (जिन्हें मैं इस पुस्तक में 'निष्पादन' कह रहा हूँ)।

अतः, परिणामस्वरूप, क्रिया भाषा में रचनात्मक क्रिया के बराबर होती है, और शारीरिक क्रिया भी जिसे इन रचनात्मक भाषागत क्रियाओं से आकार प्राप्त होता है।

आइए, हम आईजीएल, अमेरिका के संस्थापक बॉब डनहम द्वारा विकसित किए गए क्रिया के गहन विश्लेषण[2] पर निगाह डालते हैं।

क्रिया का गहन विश्लेषण

यहाँ कुछ आधारभूत दावे प्रस्तुत हैं (चित्र 9.1)

1. *परिणाम क्रियाओं की एक क्रिया होते हैं।*
   आप किसी भी संख्या में अलग–अलग शब्दों का उपयोग कर सकते हैं परंतु मुख्य बात यह है कि–*यह क्रियाएं ही होती हैं जो आपको परिणाम प्रदान करती हैं।* परिणाम आपकी क्रियाओं की एक क्रिया होते हैं। आप क्रिया करते हैं और परिणाम प्राप्त होता है, जो आपके द्वारा की

चित्र 9.1 क्रिया का गहन विश्लेषण

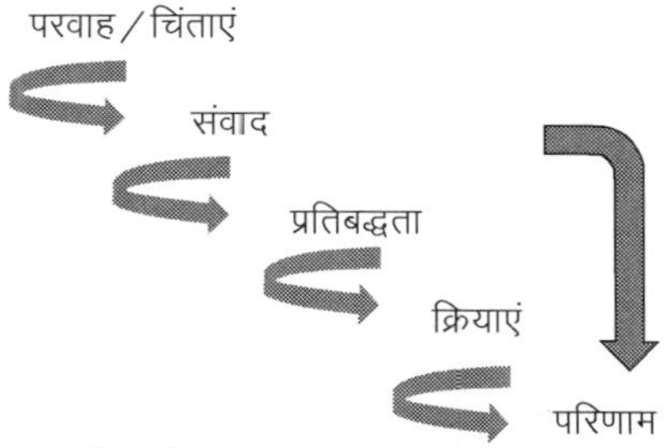

समस्त परिणामों, सकारात्मक अथवा नकारात्मक, का मूल कारण वे संवाद होते हैं जिन्हें हम प्रभावकारी, गैर–प्रभावकारी तरीके से करते हैं अथवा करते ही नहीं हैं। संवाद करना गैर–विवेकाधीन होता है। आप या तो संवाद करते हैं अथवा उन्हें न करने के परिणामों का सामना करते हैं।

स्रोतः © बॉब डनहम। समस्त अधिकार अंतर्राष्ट्रीय आधार पर सुरक्षित हैं।

गई क्रिया पर आधारित होता है। आप क्रिया नहीं करते और आपको कोई परिणाम नहीं प्राप्त होता। कुछ लोग तर्क दे सकते हैं कि 'कोई परिणाम नहीं' भी एक प्रकार का परिणाम ही है। मैं सहमत हूँ। ऐसी स्थिति में, 'कोई क्रिया नहीं' भी किसी न किसी प्रकार की क्रिया ही होती है। अतः, 'कोई क्रिया नहीं' की क्रिया आपको 'कोई परिणाम नहीं' का परिणाम प्रदान करेगी जो संभव है कि संतोषजनक अथवा स्वीकार्य न हो। उदाहरणार्थ, पीटर बहुत तीव्र गति से गाड़ी चला रहा है और वह गति कम करने हेतु कोई क्रिया नहीं करता। पुलिस उसे रोकती है और परिणाम है कि उसका चालान होता है। इसी प्रकार, एलन अपने टीवी के सामने दिन भर बैठा रहता है और खेल चैनल देखता रहता है। परिणाम यह है कि उसके परिवार को मेज पर भोजन उपलब्ध नहीं हो पाता। उसकी धनोपार्जन के लिए कुछ न करने की 'अकर्मण्यता' तथा पूरे दिन खेल चैनल को देखते रहने की उसकी 'क्रिया' का परिणाम है मेज पर भोजन उपलब्ध न होना।

हम यह भी 'निर्णय' कर लेते हैं कि कोई भी हस्तक्षेप अथवा क्रिया वांछित परिणाम उत्पन्न नहीं कर सकेगी, अतः, हम उसी के साथ बने रहने सम्बन्धी कदम उठाते हैं जो स्वयंमेव घटित हो रहा है। यह एक सक्रिय विकल्प है। समस्या यह है कि हम प्रायः इसे अपने द्वारा चुने जा रहे विकल्प के रूप में नहीं देखते, और हम कहानी एवं परित्याग की भावना में अपनी चयनशक्ति का त्याग कर देते हैं।

उदाहरण के लिए, हम जो आकलन करते हैं, जैसे—'मैं कोई परिवर्तन नहीं ला सकता', अथवा, 'मैं अधिकारी के विरुद्ध नहीं जा सकता', अथवा, 'मैं क्रिया करने हेतु पर्याप्त सक्षम नहीं हूँ' आदि ऐसी कहानियाँ हैं जो परित्याग की मनोदशा को जन्म देती हैं और हमें कोई क्रिया न करने का विकल्प।

स्वास्थ्य देखभाल करने वाली एक कंपनी, जहाँ मैंने एक महत्वपूर्ण वार्ता प्रस्तुत की थी, के उपाध्यक्ष ने मुझसे कहा, 'मेरे पास अधिकार नहीं हैं। निदेशक मंडल समस्त निर्णय करता है, और हमें बताता है कि क्या करना है, अतः मेरे द्वारा कुछ करने की बात—यह हर हाल में निदेशक मंडल द्वारा खारिज कर दी जाएगी'। उपाध्यक्ष जिस 'विकल्प' का चयन कर रहे थे उसके प्रति वे दृष्टिहीन थे। वे एक आकलन कर रहे थे (यह आकलन करने में वे अपने पास मौजूद विकल्प के प्रति दृष्टिहीन थे—यद्यपि यह आकलन 'वह सच' था) और वह आकलन उन्हें परित्याग की भावना प्रदान कर रहा था। इस आकलन तथा परित्याग की भावना के कारण उन्होंने निष्क्रिय बने रहना जारी रखा।

अपने जीवन में हम निरंतर यह खोज करते रहते हैं कि अपनी क्रियाओं में सुधार किस प्रकार किया जाए ताकि हमारे परिणामों में सुधार हो सके। ऐसा होने के लिए, व्याख्या यह होती है कि क्रिया गतिविधि होती है और गतिविधि सहायक नहीं होती। हमें इस व्याख्या का उपयोग करने की आवश्यकता होती है कि क्रिया *भाषा में ऐसी रचनात्मक क्रिया होती है जो आगामी क्रिया को आकार प्रदान करती है।*

एक आधारभूत 'रचनात्मक क्रिया', जो हमारी गतिविधि तथा व्यवहार को जन्म देती है और आकार प्रदान करती है, वह है प्रतिबद्धता।

2. *क्रिया को प्रतिबद्धता द्वारा आकार प्राप्त होता है।*

जैसा कि 'परिचय' नामक अध्याय में स्पष्ट किया गया है, भाषा के दर्शनशास्त्री जॉन ऑस्टिन हमें यह दिखाते हैं कि हम भाषा में वे *क्रियाएं* संपन्न करते हैं जो वर्णनात्मक नहीं होतीं, परंतु वे प्रतिबद्धताओं एवं भविष्य को जन्म देती हैं। उदाहरणार्थ, उन्होंने पाया कि जब हम कोई वादा करते हैं तो हम दुनिया की किसी वस्तु का वर्णन नहीं कर रहे होते। इसके बजाए, हम एक क्रिया कर रहे होते हैं, और यह क्रिया प्रतिबद्धता की होती है–जो यह दर्शाती है कि उस भविष्य के लिए वक्ता किस बात के प्रति प्रतिबद्ध है।

जॉन राज से वादा करता है कि वह उनके संस्थान के लिए प्रोत्साहन सम्बन्धी सामग्री का संकलन कार्य 30 नवम्बर तक पूरा कर लेगा। तब प्रतिबद्धता की यह क्रिया उन शारीरिक क्रियाओं को आकार प्रदान करती है जो जॉन द्वारा प्रोत्साहन सामग्री के पाठ्य का संकलन करने हेतु अपनाई गई हैं। इस प्रतिबद्धता के बिना पाठ्य–संकलन की यह क्रिया की ही नहीं जाएगी।

एक दूसरा उदाहरण है पीटर तथा उसका प्रातःकालीन व्यायाम। पीटर ने प्रातःकालीन व्यायाम पर जाने के लिए प्रातः 5:30 का अलार्म लगाया। जब अलार्म बजा तो पीटर तुरंत उठा और अलार्म बंद कर दिया। अलार्म बंद करने के बाद पीटर ने खिड़की से बाहर झांका। बाहर अंधेरा और ठंडा था। उसने प्रश्न करना प्रारंभ कर दिया कि क्या व्यायाम के लिए अभी जाना बेहतर है अथवा आधे घंटे और सो लिया जाए। उसने आधे घंटे और सोते रहने का निर्णय किया।

उस क्षण में पीटर के द्वारा दोबारा सोने हेतु अपनाई गई 'क्रिया' उसके स्वास्थ के प्रति उसकी प्रतिबद्धता के बजाए आराम के प्रति उसकी आंतरिक प्रतिबद्धता थी।

हमारी क्रियाओं को प्रतिबद्धताओं से आकार प्राप्त होता है–वे प्रतिबद्धताएं जो हम करते हैं अथवा नहीं करते, प्रतिबद्धताएं जिन्हें हम

जानते हैं अथवा जानते तक नहीं, हमारी प्रतिबद्धताओं की स्पष्टता एवं प्रतिबद्धता करने वाले व्यक्ति अथवा संस्थान के प्रति प्रतिबद्धता का महत्व एवं स्वामित्व।

3. *प्रतिबद्धताएं संवादों में जन्म लेती हैं।*

प्रतिबद्धताएं आती कहाँ से हैं? वे सदैव ही संवादों में निहित रहती हैं। यहाँ तक कि स्वयं से की गई हमारी प्रतिबद्धताएं भी संवाद से जन्म लेती हैं, अथवा उन्हें किसी पुराने संवाद से सम्बद्ध किया जा सकता है। प्रतिबद्धता वह होती है जो क्रिया को आकार देती है और प्रेरित करती है। उपरोक्त उदाहरणों में जॉन राज के प्रति प्रतिबद्ध था कि वह संस्थान की प्रोत्साहन सामग्री के लिए पाठ्य–संकलन का कार्य पूरा करेगा तथा पीटर ने, स्वयं के साथ की गई संवाद में, व्यायाम पर बाहर जाने के बजाए दोबारा सोने का चयन किया।

यदि आप अपनी प्रतिबद्धताओं को परिवर्तित करना चाहते हैं तो अपने संवादों को परिवर्तित कीजिए। यदि आप नई प्रतिबद्धताएं करना चाहते हैं तो नए संवाद कीजिए। यदि आप दूसरों से नई प्रतिबद्धताओं की आशा करते हैं तो उनके साथ संवाद कीजिए (इस विषय पर हम अगले अध्याय 'क्रिया हेतु संवाद' में सविस्तार चर्चा करेंगे)।

4. *हमारी परवाह निर्धारित करती है कि कौन सी प्रतिबद्धताएं हमारे लिए मायने रखती हैं।*

परवाह मनुष्यों की आधारभूत प्रकृति होती हैं। मनुष्य परवाह करने वाले प्राणी होते हैं।

हम अपनी परवाह एवं चिंताओं को अपने संवादों तक ला सकते हैं, अथवा अपने संवादों को मात्र लेनदेन एवं गतिविधियों के निचले स्तर की चर्चाएं बना सकते हैं। अपनी परवाहों की देखभाल करने के लिए हमें अपनी परवाहों में से प्रत्येक में प्रतिबद्धता रखने की आवश्यकता होती है। जब हमारी प्रतिबद्धताएं हमारी परवाहों के अंतर्गत शामिल होती हैं तब यह वही समय होता है जब हमारी प्रतिबद्धताओं को अर्थ प्राप्त होता है।

जिन मामलों में हम प्रदर्शन तथा परिणाम की परवाह करते हैं उनमें की जाने वाली क्रिया उस क्रिया से बहुत भिन्न होती है जो हम परवाह न करने वाले मामलों में करते हैं। मॅकिन्से एंड कंपनी के द्वारा संपन्न एक बहुवर्षीय शोध परियोजना, जिसके परिणाम उनके द्वारा अपनी पुस्तक *द प्रोग्रेस प्रिसिंपल* में वर्णित किए गए हैं, के द्वारा पाया गया कि ऐसी समस्त घटनाओं, जो लोगों को उनके रोजगार में संलिप्त कर सकती हैं,

में से मात्र एक सर्वाधिक महत्वपूर्ण घटना होती है अर्थपूर्ण कार्य करने में प्रगति करना।[3] हमारा दावा भी ठीक यही है; हमारी परवाह यह निर्धारित करती है कि कौन सी प्रतिबद्धताएं हमारे लिए मायने रखती हैं।

5. *व्यक्तिगत तथा सामाजिक रूप से समस्त परिणामों की जड़ें* पूर्ववर्ती संवादों में निहित होती हैं, *ऐसे संवाद जो किए जा चुके हैं, संवाद जो छूट गए हैं, संवाद जो भली–भांति अथवा कमजोर तरीके से संपन्न किए गए हैं।* [4]

   संवाद मात्र भाषा नहीं होते, किन्तु वे अंतःक्रियाएं (इंटरैक्शन) होती हैं जिन्हें शरीर के साथ–साथ भावनाओं के द्वारा संलिप्त एवं आकार प्रदान किया जाता है, तथा इनकी इतिहास एवं अभ्यास से जुड़ी एक पृष्ठभूमि होती है। क्रिया का गहन विश्लेषण एक मॉडल मात्र नहीं होता। क्रिया के गहन विश्लेषण में वर्णन किए गए सम्बन्ध विवेकाधीन नहीं होते। यदि हमारे पास उन्हें देख सकने योग्य आँखे हों तो उनका अस्तित्व वास्तव में होता है, और यदि हम उनकी उपेक्षा करते हैं तो हम दृष्टिहीनता का दंड भरते हैं। यह परिप्रेक्ष्य हमें एक रचनात्मक स्थान प्रदान करता है कि हम यह देखें कि जिन परिणामों का दूसरे तथा हम भी सम्मान करते हैं, उन्हें किस प्रकार से उत्पन्न किया जाए, आकार प्रदान किया जाए, प्रभावित किया जाए।

6. *संवादों में सदैव ही दैहिकता, भावनात्मकता, भाषा, अभ्यास तथा इतिहास का सामंजस्य शामिल होता है।*

   संवाद का महत्व नामक दूसरे अध्याय में हमने संवादों को समझने के नए तरीकों पर दृष्टिपात किया था। आईजीएल में हमारा दावा है कि आपके संवाद दैहिकता, भावनात्मकता, भाषा, अभ्यास तथा इतिहास का एक सामंजस्य होते हैं, और ये संवाद ही होते हैं जो समस्त परिणामों का मूल कारण होते हैं। संवाद करना गैर–विवेकाधीन होता है। आप या तो संवाद करते हैं अथवा न करने के परिणामों का सामना करते हैं। कृपया अध्याय–2 में 'संवाद' की पुनःसंरचित परिभाषा का संदर्भ लें। दैहिकता, भावनात्मकता, भाषा, अभ्यास तथा इतिहास के सभी तत्वों को संवाद की उस परिभाषा में शामिल किया गया है।

छूटे हुए संवाद

वार्ता शक्तिशाली होती है। आपको सही समय पर सही संवाद में संलिप्त होने की आवश्यकता होती है। यह आपकी निजी एवं संस्थागत सफलता के लिए

महत्वपूर्ण होता है। छूट गए संवाद पर निगाह डाला जाना हमारी सांस्कृतिक वास्तविकता का हिस्सा नहीं है। हालांकि, मैं जो दावा यहाँ कर रहा हूँ वह हैः

> यदि आपको वांछित परिणाम नहीं प्राप्त होते तो आपको सर्वप्रथम छूटगए संवादों की पहचान करने की आवश्यकता है और फिर–दूसरों एवं स्वयं के साथ संवाद करने की। यदि आप अलग–अलग प्रकार के संवाद करते हैं तो आपके परिणाम भी अलग–अलग हो सकते हैं। और यदि आप अलग–अलग परिणामों की इच्छा रखते हैं तो आपको संवाद भी अलग–अलग करने होंगे।

स्वयं से एक साधारण प्रश्न पूछिए : 'इस मामले में कौन सा संवाद छूट गया हो सकता है?' ऐसा करने में, बजाए यह कहने कि 'यह संभव नहीं है', 'ऐसा तो किया ही नहीं जा सकता', आप अपने मस्तिष्क को किसी छूट गए संवाद को खोजने की दिशा में लगा देते हैं।

यदि आप अपने संस्थान में और उसके आसपास असंतुष्टि के सम्बन्ध में 'सुनते' हैं तो आप छूट गए अथवा टूटी हुई वार्ताओं की पहचान करना प्रारंभ कर देते हैं। अभ्यास के साथ, आप न केवल उन संवादों को देखेंगे जो संस्थान तथा उसकी क्रियाओं तथा परिणामों को आकार प्रदान करते हैं बल्कि आप छूट गए संवादों को देखने की संवेदनशीलता अर्जित करना भी प्रारंभ कर देंगे। उदाहरणार्थ, किसी निश्चित क्षेत्र में असंतोष उस क्षेत्र में किसी पूरे न किए गए वादे का एक लक्षण होता है; यदि इन्हें पूरा किया गया होता तो इससे असंतोष के बजाए संतोष उत्पन्न हुआ होता। यह छूटा हुआ वादा किसी छूटे हुए निवेदन का परिणाम हो सकता है। यह छूटा हुआ निवेदन इस बात का परिणाम हो सकता है कि लोग इस बात को लेकर स्पष्ट नहीं हैं कि ऐसे निवेदन करने हेतु कौन उत्तरदायी अथवा अधिकृत है।

किसी वांछित परिणाम को उत्पन्न करने वाले संवाद कैसे प्रतीत होंगे, वर्तमान परिस्थितियों में इस बात को समझकर हम छूट गए संवादों को पहचान सकते हैं। यह ब्रेकडाउन घोषित करने का एक अवसर हो सकता है।

यदि एक बार आपने ब्रेकडाउन घोषित कर दिया है और एक नए भविष्य का सृजन कर लिया है तो प्रश्न है, 'ऐसे कौन से संवाद छूट गए हैं जो इस नवसृजित भविष्य को जन्म देंगे?' यह प्रश्न शक्तिशाली क्यों है इसका कारण यह है कि यदि एक बार आपने यह प्रश्न पूछ लिया तो आप छूटे हुए संवादों को 'सुनने' लगते हैं।

आइए, हम सुनने को एक अपरिहार्य, महत्वपूर्ण तथा शक्तिशाली कार्य के रूप में देखते हैं।

श्रवण (सुनने) सम्बन्धी क्रिया

हम संवादों के महत्व के सम्बन्ध में चर्चा कर चुके हैं। जिस बिन्दु पर चर्चा को हमने अधिक समय नहीं दिया है वह है 'श्रवण' (सुनना)। श्रवण एक व्याख्या होती है जो श्रोता अपने संदर्भ के आधार पर करता है। प्रत्येक व्यक्ति का श्रवण सम्बन्धी संदर्भ भिन्न होता है, और इसीलिए, जब वक्ता किसी एक बात को कह रहा होता है, और यदि वहाँ पाँच श्रोता उपस्थित हैं, तो पाँचों में से प्रत्येक इसे अपने–अपने संदर्भों तथा पृष्ठभूमि के आधार पर अलग–अलग तरीकों से श्रवण कर रहा होते हैं।

किसी भी व्यक्ति का श्रवण संदर्भ उसके घोषणात्मक अंतराल, अर्थात्, इतिहास, संस्कृति, अभ्यासों, पूर्वकालिक आकलनों, शरीर तथा मनोदशाओं एवं भावनाओं से निर्धारित होता है (अध्याय 4 में हम घोषणात्मक अंतराल पर चर्चा कर चुके हैं)।

श्रवण नेतृत्व की आधारभूत क्षमता होती है। यह व्याख्या की पृष्ठभूमि सम्बन्धी संरचना होती है जो हर उस तथ्य को मायने प्रदान करती है जिसका हम अनुभव करते हैं। अतः, जब दो लोग संवाद में संलिप्त होते हैं तो वास्तव में तीन संवाद जारी रहते हैं, और ये इस प्रकार होते हैं:

- पहला संवाद दो लोगों के बीच हो रहा होता है
- दूसरा संवाद दोनों में से एक व्यक्ति के द्वारा स्वयं के साथ आंतरिक तौर पर हो रहा होता है
- तीसरा संवाद दोनों में से दूसरे व्यक्ति के द्वारा स्वयं के साथ आंतरिक तौर पर हो रहा होता है

आपकी नेतृत्व क्षमता का निर्माण करना आपके द्वारा स्वयं के साथ आंतरिक संवाद (जो आकलन आप करते हैं) करना ही होता है, क्योंकि आपके द्वारा स्वयं के साथ किया जाने वाला यह आंतरिक संवाद यह निर्धारित करता है कि आप बाहरी व्यक्ति के साथ क्या संवाद कर रहे हैं। और मुख्य ध्यान केन्द्रण भी इस बात पर होता है कि आप दूसरे व्यक्ति में क्या श्रवण उत्पन्न कर रहे हैं।

आपके द्वारा स्वयं के साथ किया जाने वाला यह आंतरिक संवाद आपके द्वारा किए गए आकलन (कहानी) होते हैं, और जैसा कि चर्चा की जा चुकी है, आकलन आपकी क्रियाओं को प्रेरित करते हैं और क्रियाएं आपके परिणामों को।

आकलन वर्तमान में जिंदा रहते हैं और भविष्य को आकार प्रदान करते हैं। एक बार आकलन कर लेने पर आप उस आकलन का 'श्रवण' करते (सुनते) हैं। गत अध्याय में, मैंने अपने एक शिक्षार्थी तनवीर का उदाहरण प्रस्तुत किया था जो स्वयं को शर्मीले होने का आकलन करते थे। एक बार यह आकलन कर लेने

चित्र 9.2 श्रवण के 4 महत्वपूर्ण प्रकार

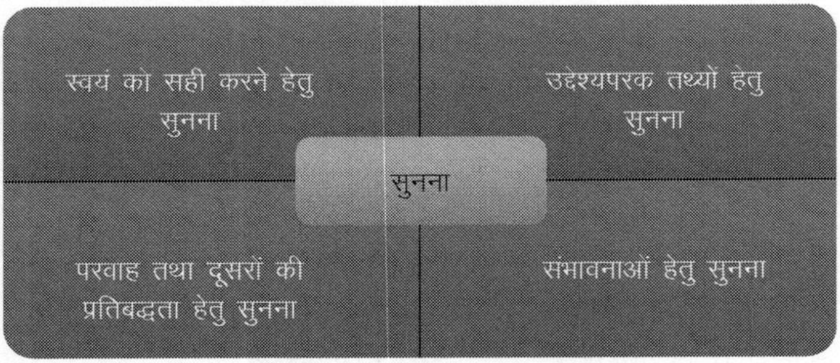

के बाद उन्होंने स्वयं का 'श्रवण' शर्मीले होने के रूप में किया, अर्थात्, उन्होंने यह साक्ष्य खोजना जारी रखा कि वे शर्मीले हैं। जब मैंने उनसे अंतर्राष्ट्रीय सॉफ्टवेयर विकसित करने वाली संस्था में वरिष्ठ निदेशक के पद पर पहुँचने हेतु उनकी निर्भीकता के सम्बन्ध में साक्ष्य खोजने को कहा तो उन्होंने उसे खोज लिया। उन्होंने अनुभव किया कि वे शर्मीले *नहीं* थे, परंतु उन्होंने अपने शर्मीलेपन का सुनना जारी रखा हुआ था और इसीलिए वे मात्र इसी को प्राप्त कर पाते थे।

एक नया दावा : आप वह प्राप्त करते है जिसका आप 'श्रवण' करते हैं।

श्रवण करने (सुनने) के अनेक प्रकार होते हैं। इस पुस्तक में हम श्रवण के 4 महत्वपूर्ण प्रकारों पर निगाह डाल रहे हैं जिनमें से प्रत्येक नवसृजित भविष्य को हासिल करने हेतु छूट गई क्रियाओं के संवादों के साथ प्रासंगिक हैं (चित्र 9.2)।

1. स्वयं को सही करने हेतु/दूसरों को गलत सिद्ध करने हेतु सुनना
2. उद्देश्यपरक तथ्यों हेतु सुनना
3. परवाह तथा प्रतिबद्धताओं हेतु सुनना
4. संभावनाओं हेतु सुनना

स्वयं को सही करने हेतु सुनना

यह उसी प्रकार का सुनना है जिसमें तनवीर संलिप्त थे। एक बार तनवीर ने यह आकलन कर लिया कि वे शर्मीले हैं, तो उन्होंने अपने शर्मीलेपन के लिए साक्ष्य का श्रवण कर स्वयं को सही ठहराने के लिए इसके श्रवण को जारी रखा। यह लोगों का स्वाभाविक श्रवण होता है।

मनुष्यों के रूप में हम आकलन करने की मशीने हैं, और हम यह महसूस नहीं करते कि हम आकलन कर रहे हैं, उन्हें सच मान रहे हैं, हम यह भूल

जाते हैं कि हमने ये आकलन किए हैं, और फिर सतत् रूप से उनके साक्ष्यों का श्रवण करते रहते हैं तथा अचेतन रूप से इस सच को वैध ठहराते हैं। जब आप मजबूती से किसी नए भविष्य का सृजन अपनी घोषणाओं से करते हैं तो आप अपने मस्तिष्क को यह सुनने की ओर लगा देते हैं कि आप इस भविष्य को किस प्रकार जीवंत बना सकते हैं।

उद्देश्यपरक तथ्यों हेतु सुनना

नेतृत्वकर्ता सचेत रूप से उद्देश्यपरक तथ्यों की खोज करते हैं, और सदैव ही अपने पूर्वकालिक आकलनों पर निर्भर नहीं रहते। नेतृत्वकर्ता अभिकथनों (उद्देश्यपरक तथ्यों) की खोज करते हैं और फिर आधारयुक्त आकलन करते हैं। वे अपने आधारहीन आकलनों पर निर्भर नहीं करते। मेरे पास एक शिक्षार्थी थे जो एक अंतर्राष्ट्रीय एकांउटिंग (लेखापालन) कंपनी में साझेदार थे, जिन्होंने पहले अथवा दूसरे ही सत्र में यह कहते हुए एक आकस्मिक टिप्पणी कर दी कि, 'महिलाएं अच्छी ड्राइवर नहीं होतीं'। मैंने उनसे पूछा कि यह उनका अभिकथन था कि आकलन, और उन्होंने गुस्ताखीपूर्वक कहा, 'हाँ, यह एक आकलन है फिर भी इसका आधार है'। मैंने कहा, 'ठीक है, आप ऐसा क्यों नहीं करते? हमारे अगले सत्र, जो कि अगले सप्ताह हेतु निर्धारित है, के पहले गाड़ी चलाते समय अच्छी महिला ड्राइवरों की खोज कीजिए और मुझे बताइए कि आपको क्या मिला'।

अगले सप्ताह जब हमारी मुलाकात हुई तो मैंने उनसे पूछा कि उन्होंने क्या देखा। उन्होंने कहा, 'समीर, आप सही थे। मुझे बहुत सारी अच्छी महिला ड्राइवर दिखाई पड़ीं। मैंने कुछ ऐसी महिला ड्राइवरों को भी देखा जो बहुत अच्छी नहीं थीं, परंतु फिर मैंने देखा कि कुछ पुरुष भी उतने अच्छे ड्राइवर नहीं थे!' उनके श्रवण के बीच अंतर यह था कि पहले वे अवचेतन रूप से स्वयं को सही ठहराने के लिए श्रवण कर रहे थे (महिलाएं अच्छी ड्राइवर नहीं होतीं), और अगले एक सप्ताह में, उन्होंने उद्देश्यपरक तथ्यों के सुनने का चयन किया।

एक बार नए भविष्य का सृजन कर लेने के बाद आप उद्देश्यपरक तथ्यों का सुनने में संलिप्त होना चाहते हैं, ताकि आप इन तथ्यों का उपयोग नए आकलनों के लिए कर सकें जिससे नई क्रियाओं एवं परिणामों को उत्पन्न किया जा सके।

परवाह एवं प्रतिबद्धता हेतु सुनना

इस अध्याय में पहले हमने क्रियाओं के गहन विश्लेषण पर निगाह डाली थी। हमने देखा कि क्रियाएं प्रतिबद्धता से उपजती हैं, और प्रतिबद्धताएं परवाह से जन्म लेती हैं। आप परवाह तथा दूसरों की प्रतिबद्धता के लिए सुनने का चयन

करते हैं। एक सूचना प्रौद्योगिकी कंपनी के वरिष्ठ परियोजना प्रबंधक को अपने अधीनस्थों के साथ समस्याओं का अनुभव हो रहा था। उन्होंने सोचा कि यह अधीनस्थ अच्छा कर्मचारी था, किन्तु गुस्सैल और दल के साथ चलने वाला नहीं है; उसने निर्देशों का अनुसरण नहीं किया और अपने तरीके से काम करना चाहता था। हर बार जब उन्होंने उससे संवाद करने का प्रयास किया, उस संवाद का अंत बहसबाजी में हुआ।

वरिष्ठ प्रबंधन ने अलग–अलग तरीकों से बात करने का प्रयास किया, नम्रता और शांति से, तथा कभी–कभी अधिकारपूर्वक–परंतु उन्हें कोई लाभ नहीं हुआ। और किसी भी संवाद से उन्हें लाभ न होने का कारण यह था कि उन्होंने स्वयं को सही ठहराने के श्रवण को जारी रखा हुआ था *(इस अधीनस्थ के गुस्सैल होने और दल के साथ न देने के बारे में सुनकर)।* उन्होंने यह अनुभव नहीं किया कि अपने अधीनस्थ के सम्बन्ध में वे अपने पूर्वकालिक आकलनों का ही श्रवण करती रही हैं, और चाहे उन्होंने जिस प्रकार से भी बातचीत की हो, उन्होंने अपने द्वारा किए गए आकलनों के साक्ष्यों को ही पाया था।

एक कार्यशाला में, मैंने उनसे पूछा, 'आप क्या सोचती हैं कि इस व्यक्ति की परवाह एवं प्रतिबद्धता क्या है?' रोचक तरीके से, इस प्रश्न ने उनके ध्यान को कुछ ऐसी बात की ओर मोड़ दिया जिसपर उन्होंने इस अधीनस्थ के सम्बन्ध में कभी ध्यान नहीं दिया था। यह उस युवा महिला के लिए एक परिवर्तन का क्षण था। उसने कार्यशाला में कहा, 'हे भगवान! मैंने पहले ऐसा कभी नहीं सोचा! कुछ सप्ताहों बाद, एक अनुवर्ती सत्र के दौरान, उन्होंने साझा किया कि उस अधीनस्थ के साथ उनके सम्बन्ध परिवर्तित हो चुके थे और ऐसा होने के लिए उनको मात्र उसकी परवाह एवं प्रतिबद्धता का श्रवण (ध्यान) करना पड़ा था।

नेतृत्व का सम्बन्ध दूसरों के साथ साझा किए गए भविष्य का सृजन करने के साथ होता है। ऐसा मात्र तभी हो सकता है जब हम साझा परवाह का सृजन करें, और साझा प्रतिबद्धताओं का भी। यही कारण है कि हमें परवाह एवं प्रतिबद्धताओं को अवश्य सुनना चाहिए और दूसरों को संवाद के लिए आमंत्रित करना चाहिए जहाँ हम संवादों में साझा परवाहों एवं प्रतिबद्धताओं का एकसाथ मिलकर सृजन कर सकें।

संभावनाओं हेतु सुनना

मेरा दावा है कि संभावनाएं हमारे आसपास मौजूद होती हैं, बात सिर्फ इतनी है कि हममें से अधिकांश लोगों ने इन संभावनाओं को देख पाने के लिए अपनी दृष्टि तथा सुन पाने के लिए अपनी श्रवणशक्ति को विकसित नहीं किया होता।

प्रत्येक सम्बन्ध एक संभावना होता है; प्रत्येक संवाद एक संभावना होती है; प्रत्येक क्षण एक संभावना प्रस्तुत करता है। मनुष्य स्वयं को सही ठहराने का सुनने में इतना लिप्त होता है कि संभावनाओं के विषय में सुनने का उसके पास समय ही नहीं होता। किसी ऐसे नेतृत्वकर्ता के सम्बन्ध में सोचिए जिस्की आप प्रसंशा करते हैं, और संभावना है कि आप इस नेतृत्वकर्ता तथा दूसरे नेतृत्वकर्ताओं के बीच अंतर देखेंगे, क्या इस नेतृत्वकर्ता ने संभावनाओं की खोज करना जारी रखा था/जारी रख रहा है? यदि यह नेतृत्वकर्ता संभावनाओं की खोज कर रहा था तो अंदाज लगाइए उसने क्या पाया।

संभावनाएं!

जिस नेतृत्वकर्ता की आप प्रसंशा करते हैं उसने उन संभावनाओं पर क्रिया की जिन्हें वह देख रहा/रही थी अथवा देखा था, और इसीलिए उसने उन परिणामों को हासिल कर लिया जिसने उसको ऐसा नेतृत्वकर्ता बना दिया जिसकी आप प्रसंशा करते हैं।

लोग सही अवसर के सामने आने की प्रतीक्षा करते हैं। सही अवसर आते नहीं हैं। आप को सही अवसरों के लिए 'श्रवण' की आवश्यकता होती हे। *वे सब जगह विद्यमान होते हैं।* आपको इन अवसरों को देख सकने योग्य दृष्टि को विकसित करने की आवश्यकता होती है; आपको इन अवसरों का 'श्रवण' कर पाने के लिए श्रवणशक्ति को विकसित करने की आवश्यकता होती है।

नेतृत्वकर्ता संवादों के साथ प्रारंभ करते हैं।

संवादों में, वे पहले 'श्रवण' के साथ प्रारंभ करते हैं। यह एक मिथक है कि आप बोलकर संवाद को प्रारंभ करते हैं। संवादों का प्रारंभ आप उस बात का चयन करने के बाद करते हैं जिसका आप सुनना चाहते हैं।

और आप श्रवण करते हैं–

- उद्देश्यपरक तथ्यों के लिए,
- परवाह एवं प्रतिबद्धताओं के लिए, तथा
- संभावनाओं के लिए।

चिंतनशील विराम

एक क्षण के लिए रुकिए और ध्यान दीजिए कि सामान्यतः आप क्या श्रवण कर रहे हैं।

पहचान कीजिए कि इस मामले में आपके पास एक विकल्प उपलब्ध है। स्मरण रहे, जो कुछ भी आप 'देखते' हैं वह आपके द्वारा करने वाले श्रवण की एक क्रिया होती है।

संवादों के विभिन्न प्रकार

एक बार जब हम ब्रेकडाउन घोषित कर देते हैं, पूर्वनियत भविष्य का आकलन कर लेते हैं और एक नए भविष्य का सृजन कर लेते हैं तो इस नए भविष्य को हासिल करने के लिए हमें क्रियाएं करनी होती हैं। इस अध्याय के प्रारंभ में, हमने 'क्रिया' के अर्थ की पुनः संरचना यह उल्लेख करते हुए की थी कि समस्त क्रियाओं को भाषा (संवादों) से आकार प्राप्त होता है, और भाषा की रचनात्मक क्रियाएं अपने आप में ऐसी क्रियाएं होती हैं जो आगामी क्रियाओं को आकार प्रदान करती हैं।

यदि क्रिया संवाद होती है, और यदि ये रचनात्मक संवाद आगामी क्रिया को आकार प्रदान करते हैं, तो हमें विभिन्न प्रकार के महत्वपूर्ण संवादों पर निगाह डालने की आवश्यकता है।

आप द्वारा दूसरों के साथ करने वाले संवाद कई प्रकार के होते हैं। ब्रेकडाउन घोषित करने के संदर्भ में मैं यहाँ महत्वपूर्ण संवादों को सूचीबद्ध कर रहा हूँ (चित्र 9.3)।

- सम्बन्धों हेतु संवाद
- संभावनाओं हेतु संवाद
- क्रिया हेतु संवाद

चित्र 9.3 संवादों के महत्वपूर्ण प्रकार

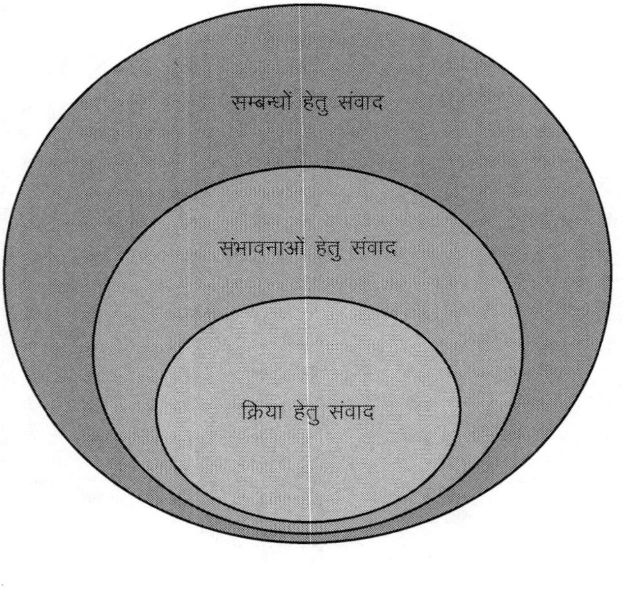

क्रिया के लिए संवाद संभावनाओं हेतु संवादों के संदर्भ के अंतर्गत घटित होता है, तथा संभावनाओं के लिए संवाद सम्बन्धों के लिए संवादों के संदर्भ के अंतर्गत घटित होता है।

इन संवादों में से प्रत्येक में, यहाँ उनका उल्लेख किया जा रहा है जिनके लिए आप श्रवण (ध्यान से सुनने की क्रिया) करते हैं (चित्र 9.4):

सम्बन्धों हेतु संवादः

- साझा हित
- साझा परवाह
- साझा प्रतिबद्धताएं

संभावनाओं हेतु संवादः

- उभरती हुई संभावनाएं

क्रिया हेतु संवादः

- संतुष्टि की शर्तें
- प्रतिबद्धता
- परवाह (किस बात के लिए?)

चित्र 9.4 अलग–अलग संवादों में आप क्या सुनते हैं?

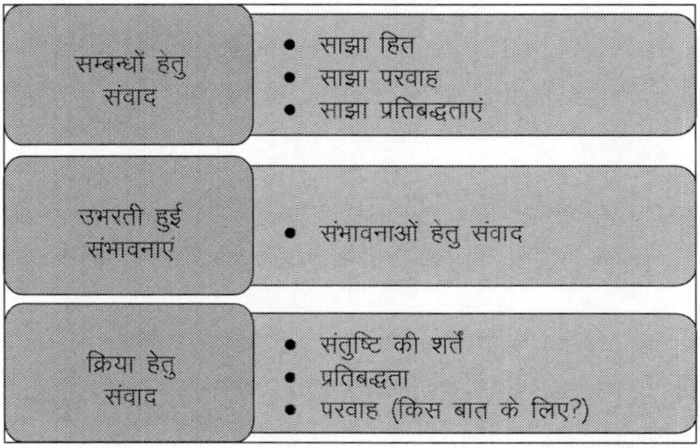

सम्बन्धों हेतु संवाद

दूसरे लोगों के साथ अर्थपूर्ण एवं लाभदायक परिणामों को प्राप्त करने के लिए आपको जिस पहले संवाद की आवश्यकता होती है वह है *सम्बन्धों हेतु संवाद।*

सम्बन्धों हेतु संवाद कार्यशीलता का आधार तैयार करते हैं जिसके अंतर्गत लोग अपनी चिंताओं को व्यक्त करने तथा स्वतंत्र रूप से अनुरोध करने हेतु स्वतंत्र होते हैं। इस संवाद के प्रतिभागी परस्पर एकदूसरे के सम्बन्धों के आकलनों, व्याख्याओं तथा भावनाओं के बजाए अपनी प्रतिबद्धताओं की क्रिया के रूप में एक दूसरे से सम्बद्ध होते हैं। स्वयं को रक्षात्मक व्यवहार, असंतोष अथवा निराशावाद के प्रतिमानों के हवाले कर देने के बजाए वे अपने बोलने एवं श्रवण (सुनने) के द्वारा सम्बन्धों के निर्माण तथा संभावनाओं के द्वारा खोलने पर ध्यान केन्द्रित करते हैं।

इस संवाद का उद्देश्य व्यक्तियों के बीच सहयोग के आधार की खोज करना होता है। इससे मेरा आशय एक अत्यंत न्यूनतम स्तर पर ऐसे व्यक्तियों के बीच *साझा हित* की कुछ ऐसी समझ को स्थापित करने का है जिससे क्रिया उत्पन्न हो सके। किसी भी सम्बन्ध के लिए जो कुछ भी एक गहरा और शक्तिशाली आधार हो सकता है वह है किसी एक ही मुद्दे अथवा विषय के सम्बन्ध में एक *साझा चिंता* अथवा एक साझा परवाह। सम्बन्धों के लिए करने वाले एक संवाद में आपको संवाद में शामिल व्यक्तियों के बीच एक *साझा प्रतिबद्धता* की खोज करने की आवश्यकता होती है (चित्र 9.5)।

उदाहरणार्थः

> *साझा हित :* दो अलग–अलग संस्थानों के बीच अंगदान को लेकर साझा हित हो सकता है। जहाँ यह जान लेना उपयोगी है कि किसी दूसरे संस्थान के पास भी यही साझा हित मौजूद है, वहीं यह भविष्य में किसी सहयोग हेतु एक आधार, हालांकि कुछ कमजोर आधार, को उपलब्ध कराता है।
>
> *साझा परवाह अथवा चिंता :* जहाँ ये संस्थान अंगदान में रुचि रखते हैं, वहीं विशेषतौर पर, यह जानना, कि भारत में अंगदानों की नगण्य संख्या

चित्र 9.5 सम्बन्धों हेतु संवाद के तत्व

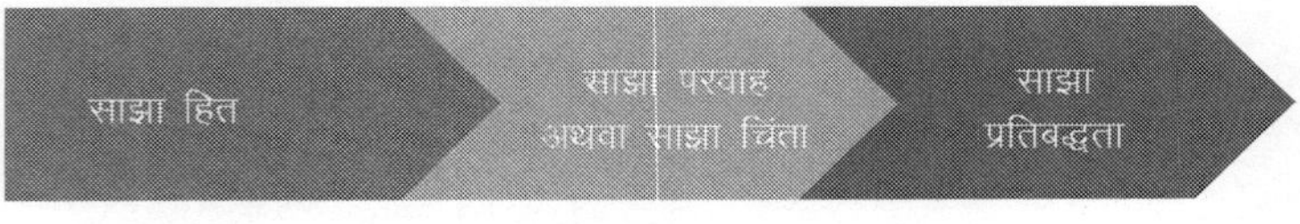

के सम्बन्ध में ये दोनों ही संस्थान चिन्तित हैं, संभावनाओं पर बेहतर तरीके से ध्यान केन्द्रित करता है।

साझा प्रतिबद्धता : परंतु ऐसा मात्र तब होता है जब ये संस्थान किसी साझा प्रतिबद्धता की घोषणा करते हैं, जैसे अगले वर्ष अस्पतालों में प्रत्यारोपण समन्वयकों हेतु किसी ध्यानकेन्द्रित कार्यक्रम को संचालित करने की इच्छा, जिससे किसी ध्यानकेन्द्रित समन्वयपूर्ण क्रिया हेतु स्पष्ट संभावनाओं को तुरंत जन्म दिया जा सके।

और यह सबकुछ बातचीत करने, संवाद करने को समय देकर ही किया जा सकता है।

सम्बन्धों हेतु संवादों हेतु हमें मंद गति से आगे बढ़ने, एक–दूसरे को समझने के सर्वश्रेष्ठ प्रयास करने, निर्णयों को निलंबित करने, जिज्ञासु होने तथा गहनतापूर्ण–सुनने की आवश्यकता होती है। हम अपनी दुनिया को दूसरे लोगों की दुनिया के द्वारा संपर्क करने तथा उन्हें खुली रखने की अनुमति प्रदान करते हैं। भली–भांति ऐसा कर लिए जाने पर दूसरों पर किए गए विश्वास तथा किसी महत्वपूर्ण बात का हिस्सा होने की साझा समझ के द्वारा हम अपनी आकांक्षाओं को पंख प्रदान करते हैं।

शायद आप उन कठिनाईयों को तुरंत ही देख सकते हैं जो तब उत्पन्न होती है जब हम इन संवादों के बिना ही क्रिया हेतु कूद पड़ते हैं। फिर भी ऐसा हमेशा होता है। हम स्वयं को 'एक दल' घोषित कर देते हैं और सोचते हैं कि हम अपने दल के लक्ष्यों को हासिल कर लेंगे, जबकि हमने इस बात का निर्णय भी नहीं किया होता कि हम किसी साझा मामले के सम्बन्ध में परवाह करते भी हैं अथवा नहीं। और फिर हमें आश्चर्य होता है कि एकसाथ मिलकर काम करने का हमारा अनुभव इतना निर्जीव तथा भ्रमपूर्ण क्यों प्रतीत हो रहा है। अथवा, चूंकि हम उत्कंठा एवं तात्कालिकता की अपनी भावनाओं को सहन नहीं कर सकते अथवा उनके बारे में बात नहीं कर सकते, अतः हम समस्त पूर्वानुमानित परिणामों को जानते हुए भी यह जानने के पूर्व ही कार्य करना प्रारंभ कर देते हैं कि हम ऐसा क्यों कर रहे हैं।

संस्थानों की दुनिया में आज के समय के इस क्षण में सम्बन्धों हेतु संवाद से तेजी से दूर हटने का दबाव बढ़ता सा प्रतीत हो रहा है। यह अपने घर का निर्माण करने की शीघ्रता में घर की नींव बनाना छोड़ देने के समान है।

हम सब जानते हैं कि इसका परिणाम क्या होता है।

पाँचवें अध्याय के 'दलीय ब्रेकडाउन' खंड के अंतर्गत मैंने टेक्सॉस के ह्यूस्टन में स्थित एक सूचना–प्रौद्योगिकी कंपनी का उल्लेख किया था जहाँ मैंने एक 6

महीनों वाला एक कार्यक्रम संपन्न किया था। कार्यक्रम के प्रतिभागियों, जो सभी प्रबंधक स्तर के थे, ने जो काम सबसे पहले किए उनमें से एक था पहले परस्पर सम्बन्धों हेतु एक प्रभावकारी संवाद संपन्न करना, और फिर अपने अधीनस्थों में से प्रत्येक के साथ संवाद करना। उनके हितों तथा संस्थान के लिए परवाह में एक संपूर्ण तालमेल स्थापित हो चुका था, और सर्वाधिक महत्वपूर्ण रूप से, एक दल के रूप में, एक नए परिणाम, जिसे वे प्राप्त करना चाहते थे, के प्रति उनकी प्रतिबद्धताओं में एक संपूर्ण तालमेल स्थापित हो चुका था। जैसा कि हमने पहले ही नोट किया है, 4 महीनों के अंदर ही उन्होंने अपने प्रतिबद्ध परिणाम को हासिल कर लिया था।

सम्बन्धों हेतु संवाद अभिन्न संवाद होते हैं, और अधिकांशतः वे छूट गए ऐसे संवाद होते हैं जिन्हें कारपोरेट दुनिया के प्रबंधक एवं कार्यकारी लोग नियमित रूप से संपन्न नहीं करते।

मेरे आकलन में, सम्बन्धों हेतु करने वाले संवाद माता–पिताओं, दंपतियों तथा मित्रों के लिए भी अभिन्न संवाद होते हैं। आपकी परवाहों तथा प्रतिबद्धताओं के बीच एक तालमेल एक संतोषजनक सम्बन्ध निर्मित करने की कुंजी होता है।

सम्बन्धों हेतु संवाद

सम्बन्धों हेतु करने वाले संवाद कार्यशीलता के एक आधार का निर्माण करते हैं जिसमें लोग अपनी चिन्ताओं को व्यक्त करने तथा खुले तौर पर निवेदन करने हेतु स्वतंत्र होते हैं।

इस संवाद से आप क्या श्रवण करते हैं?
प्रतिभागी दूसरों की परवाहों एवं प्रतिबद्धताओं को सुनते हैं। जो कुछ भी आप जानबूझकर नहीं सुनते वह आपके पूर्वकालिक आकलन, व्याख्याएं तथा एकदूसरे के प्रति भावनाएं होती हैं–यदि ये आपको कमजोर करने वाली हों।

ध्यान केन्द्रित है
इस प्रकार के संवादों में ध्यान को बोलकर तथा श्रवण के द्वारा सम्बन्धों का निर्माण करने तथा संभावनाओं को खोलने पर केन्द्रित किया जाता है।

संवाद का उद्देश्य
इस संवाद का उद्देश्य निम्न की खोज करना होता हैः

- साझा हित
- साझा परवाह एवं चिन्ता
- साझा प्रतिबद्धता

> ### चिंतनशील विराम
>
> आपके अधीनस्थों, समकक्षियों, वरिष्ठ कर्मियों, परिवार, मित्रों इत्यादि के साथ अपने सम्बन्धों में से किस सम्बन्ध में सम्बन्ध हेतु संवाद छूट गया है?
>
> यह संवाद करना उन परिणामों को किस प्रकार से प्रभावित करेगा जो इन लोगों के साथ आपके सम्बन्धों के कारण आपको प्राप्त होते हैं।

संभावना हेतु संवाद

एक छूट गया संवाद संभावना हेतु किया जाने वाला संवाद भी हो सकता है। संभावना हेतु संवाद संभावित क्रियाओं हेतु विचारों को जन्म देता है। एक बार आपके द्वारा अपनी परवाहों की पहचान कर लिए जाने, तथा सम्बन्धों, अपने सहयोगियों, दल के सदस्यों, ग्राहकों, परिवार आदि के साथ परवाहों को साझा कर लिए जाने के बाद आप संभावनाओं हेतु संवाद में संलिप्त हो जाते हैं।

ये संवाद भविष्य की संभावित क्रियाओं की पहचान करते हुए तथा बिना उनका परीक्षण किए अथवा उनके प्रति प्रतिबद्ध हुए जिज्ञासा एवं परिकल्पना की मनोदशा में किए जाते हैं। इसका प्रयोजन संभावित परिणामों की एक शृंखला को उत्पन्न करना होता है, विशेषतौर पर अनेक ऐसे परिणामों जो अभ्यस्त रूपरेखा तथा वर्तमान बाधाओं के अंदर स्पष्ट नहीं होते। परिकल्पना की मनोदशा को बनाए रखने तथा संभावनाओं के सर्वाधिक मूल्यवान समूह को उत्पन्न करने हेतु वक्ता को संभाव्यता सम्बन्धी आकलन एवं प्रतिबद्धता से जानबूझकर अवश्य ही बचना चाहिए। एक उदाहरण है 'क्या होगा' संवाद जो किसी प्रस्ताव की छानबीन करने के लिए दल के किसी सदस्य द्वारा निवेदन किया गया होता है। एक दूसरा उदाहरण है एक सामूहिक विचारोत्तेजक सत्र का जिसके द्वारा बाधाओं के रहते हुए भी लक्ष्यों एवं तरीकों को डिजाइन किया जाता है।

गत अध्याय में हमने संभावना हेतु संवाद पर संक्षिप्त चर्चा की थी। संभावनाओं हेतु संवाद की संरचना में निम्नलिखित तत्व शामिल होते हैं (चित्र 9.6):

1. श्रवण (ध्यान से सुनने की क्रिया)
2. परिकल्पना
3. चयन
4. घोषणा

चित्र 9.6 संभावनाओं हेतु संवाद की संरचना

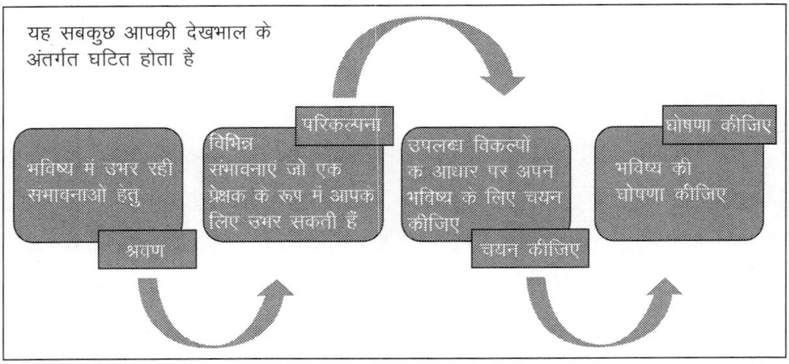

संभावनाओं हेतु श्रवण

इस संवाद का पहला चरण है संभावनाओं हेतु सुनना। मैं लोगों को 'यह संभव नहीं है' जैसी भाषा में बात करते हुए सुनता हूँ। यह समझना महत्वपूर्ण है कि संभावनाओं का अस्तित्व वास्तविक वस्तुओं/बातों के रूप में नहीं होता। उदाहरणार्थ, एक कीबोर्ड है जिसपर मैं ठीक अभी टाइप कर रहा हूँ। यदि यह कीबोर्ड न रहा होता तो मैं टाइप नहीं कर सकता था। कीबोर्ड एक वास्तविक वस्तु हैं जिसका प्रेक्षक के बिना भी अस्तित्व है। संभावनाएं कीबोर्ड अर्थात् ऐसी वास्तविक वस्तु नहीं होतीं जिन्हें आप स्पर्श एवं अनुभव कर सकते हों। संभावनाएं विद्यमान होती हैं अथवा नहीं यह इस बात पर निर्भर करता है कि आप कैसे प्रेक्षक हैं। परिभाषानुसार, संभावना वास्तविकता नहीं होती। यदि हम यह सिद्ध कर सकें कि इसका अस्तित्व पहले से मौजूद है, तो यह संभावना नहीं रहेगी। संभावनाएं मात्र प्रेक्षक की नजरों में विद्यमान होती हैं।

यदि आप संभावनाओं हेतु श्रवण करते हैं तो संभावनाएं आपको प्राप्त होंगी–आपको मात्र उन्हें देख पाने योग्य दृष्टि तथा उनके श्रवण योग्य श्रवणशक्ति करनी होगी। याद रखिए, जब संभावनाएं समाप्त हो जाती हैं, तो भी संभावनाएं समाप्त नहीं होतीं। (*वास्तव में, सर्वप्रथम वे कभी मौजूद ही नहीं थीं*); यह वह बिन्दु होता है जहाँ से आप देखते हैं (प्रेक्षक आप हैं) कि ये समाप्त हो चुकी हैं। यदि आप स्वयं को संभावनाओं को सुनने हेतु तैयार करते हैं तो आप संभावनाओं के प्रदर्शित होने की गुंजाइश उत्पन्न कर लेते हैं।

अनुमान

डेनिंग एवं डनहम के अनुसार, 'कोई भी अनुमान एक संवाद होता है जिसके अंतर्गत प्रतिभागी भविष्य की क्रिया हेतु नई संभावनाओं को उत्पन्न करते हैं, और एक संदर्भ स्थापित करते हैं जिसके अंतर्गत ये क्रियाएं अर्थपूर्ण हो जाती हैं।' अनुमान सम्बन्धी संवादों का सम्बन्ध इस बात से होता है कि भविष्य में किसका अस्तित्व हो सकता है अथवा भविष्य में क्या किया जा सकता है। पूछे जाने योग्य महत्वपूर्ण प्रश्न हैं, 'क्या करना संभव है?', 'हम किस भविष्य का सृजन करना चाहेंगे?', अथवा 'हम क्या नया हासिल अथवा सृजन कर सकते हैं?'[5]

अनुमान की विशेषताएं हैं:

- संभावनाओं के प्रति खुलापन,
- क्रिया के प्रति कोई प्रतिबद्धता नहीं, तथा
- आकलनों का निलंबन।

यदि प्रतिभागी संकीर्ण–मस्तिष्क वाले हैं, भविष्य की संभावित क्रिया के प्रति विचारशून्य हैं, नाजुक नई संभावनाओं के अनावश्यक आलोचक हैं अथवा किसी संभावना के प्रति प्रतिबद्ध होने हेतु अत्यधिक उत्सुक हैं तो अनुमान की रचनात्मक मनोदशा नष्ट हो जाएगी। अनुमान सम्बन्धी संवादों के संलिप्त प्रतिभागी अपरिपक्वतापूर्वक आकलन नहीं करते, और संभावनाओं को संभाव्यता, प्रासंगिकता, मूल्य अथवा सफलता सम्बन्धी अपने स्व–संपन्न आकलनों के बाहर रहने देते हैं। जब काल्पनिक विचारों को 'जीवित रहने' की अनुमति प्रदान की जाती है तो वे मानकों, तथा उन विचारों पर दृष्टि डालने के तरीके को परिवर्तित कर सकते हैं।

संभावनाओं का चयन एवं उन्हें आधार प्रदान करना

एक बार अनुमान लगाने का कार्य पूरा कर लेने के बाद आप आलोचना–निरोधक नियम में ढील दे सकते हैं ताकि सर्वाधिक उत्साहवर्धक संभावनाओं को तय करना प्रारंभ किया जा सके।

संभावनाओं का चयन करने एवं उन्हें आधार प्रदान करने हेतु आप निम्नलिखित प्रश्न कर सकते हैं:

1. क्या आप इस संभावना हेतु परवाह करते हैं?
2. क्या भूतकाल में ऐसी ही संभावनाओं को हासिल करने का हमारे पास कोई इतिहास उपलब्ध है; यदि नहीं, तो क्या हम भविष्य में इन संभावनाओ को हासिल कर पाने की अपनी योग्यता में विश्वास रखते हैं?

लोग एक ही वादे की एक ही स्थिति पर अलग–अलग आधार निर्मित कर सकते हैं और वे सभी समान रूप से वैध होते हैं; आधार सही अथवा गलत नहीं होते। आप यह भी कह सकते हैं, 'यहाँ मेरे पास कोई आधार नहीं है और फिर भी मैं आगे बढ़ने जा रहा हूँ क्योंकि मेरे पास एक अंतर्ज्ञान मौजूद है, अथवा मेरी एक इच्छा है।'

अतः, हम आधार प्रदान करने के मूल्य का आवश्यकता से अधिक प्रचार इसलिए नहीं करना चाहते जैसे यह आपको सही उत्तर देने जा रहा है; यह ऐसा नहीं करता। यह सबकुछ एक निर्णय होता है; यह सबकुछ कौशल पर निर्भर करता है, परंतु जैसे–जैसे आप इसका उपयोग करते हैं यह आपको यह देखने में सहायता करता है कि आप कब अस्पष्ट रहे हैं, आपके पास स्पष्ट मानक नहीं रहे हैं और आप वास्तव में साक्ष्य उपलब्ध नहीं करा रहे हैं।

घोषणा

अधिकांश उपलब्धियों का प्रारंभ तब होता है जब कोई यह घोषणा करता है : 'यह संभव है'। आपकी छूट गई क्रिया अथवा छूट गए संवाद एक घोषणात्मक वाक क्रिया हो सकते हैं, अर्थात्, घोषणा बोलने की क्रिया के माध्यम से एक नए भविष्य को सामने प्रस्तुत करना हो सकते हैं।

जहाँ हम निरंतर यह घोषणाएं करते रहते हैं कि क्या संभव है अथवा क्या संभव नहीं है, वहीं उत्तरदायित्व के साथ हम ऐसा बहुत कम ही करते हैं। हमारे द्वारा बोला जाने वाला प्रत्येक शब्द क्रिया के लिए विकल्पों का विस्तार करता है और एक नए भविष्य को सामने लाता है अथवा यथास्थिति की गारंटी करता है, अथवा यहाँ तक कि संभावनाओं को समाप्त भी करता है। घोषणा पर अधिक जानकारी के लिए कृपया अध्याय–5 का संदर्भ लें।

सारांश एवं हमारी समझ का पुनर्निर्माण

1. क्रिया की आम–समझ यह होती है कि क्रिया गतिविधि होती है। बॉब डनहम क्रिया को 'ऐसे कार्य जो अनुगामी व्यवहार एवं गतिविधियों को जन्म देते हैं' के रूप में पुनः परिभाषित करते हैं। यह 'क्रिया' शब्द का एक रचनात्मक अर्थ है, और 'क्रिया' शब्द के इस अर्थ के साथ आप जान सकेंगे कि आप स्वयं के लिए क्रिया को जन्म दे सकते हैं, तथा दूसरों में भी क्रिया को उत्पन्न कर सकते हैं। इस पुस्तक में, हमने उन क्रियाओं पर 'बोलने एवं श्रवण सम्बन्ध क्रियाओं' के रूप में निगाह डाली है जो आप करते हैं ताकि आप स्वयं अपने तथा दूसरों के लिए क्रिया को जन्म दें।

2. क्रिया को प्रतिबद्धता से आकार मिलता है–उन प्रतिबद्धताओं से जो हम करते हैं अथवा नहीं करते, प्रतिबद्धता की स्पष्टता से तथा प्रतिबद्ध हो रहे व्यक्ति के लिए प्रतिबद्धता के स्वामित्व एवं महत्व से।
3. आईजीएल में हम दावा करते हैं कि *संस्थानों में कार्य की आधारभूत इकाई सहमति होती है,* न कि कार्य। सहमति प्रतिबद्धता होती है। ये प्रतिबद्धताएं कहाँ से आती हैं? ये हमेशा ही संवादों से उत्पन्न होती हैं।
4. व्यक्तिगत रूप से तथा सामाजिक रूप से सभी परिणामों का मूल कारण *पूर्वगामी संवाद होते हैं,* अर्थात्, वे संवाद जिन्हें किया जा चुका है, संवाद जो छूट गए हैं, संवाद जो भली–भांति अथवा कमजोर तरीके से संपन्न किए गए हैं। यह एक शक्तिशाली दावा है जो रचनात्मक परिप्रेक्ष्य की व्यावहारिक प्रासंगिकता पर जोर देता है–कि समस्त परिणामों को अंततः संवादों के द्वारा ही आकार प्राप्त होता है।
5. संवाद मात्र भाषा नहीं होते, वरन् ऐसी अंतःक्रियाएं (इंटरैक्शन) होते हैं जो शरीर तथा भावनाओं को भी संलिप्त करती हैं और उससे आकार ग्रहण करती हैं, तथा इनकी एक ऐतिहासिक एवं अभ्यासगत पृष्ठभूमि भी होती है।
6. हमारी परवाहें यह निर्धारित करती हैं कि कौन सी प्रतिबद्धताएं हमारे लिए अर्थपूर्ण हैं।
7. यदि आपको अपनी इच्छानुसार परिणाम नहीं प्राप्त हुए हैं तो आपको सर्वप्रथम छूट गए संवादों की पहचान करने तथा उन्हें दूसरों के साथ–साथ स्वयं के भी साथ संपन्न करने की आवश्यकता होती है।
8. यदि आप अपने संस्थान के अंदर और उसके आसपास असंतोष का 'श्रवण' करते हैं, तो आप छूट गए अथवा टूट गए संवादों की पहचान करना प्रारंभ कर देंगे। असंतोष का सामना करने पर एक शक्तिशाली प्रश्न यह होता है : ऐसे कौन से संवाद छूट गए हैं जो एक अलग परिणाम दे सकते हैं?'
9. श्रवण (ध्यान से सुनने की क्रिया) एक ऐसी व्याख्या होती है जिसे श्रवणकर्ता अपने संदर्भ के आधार पर तैयार करता है। प्रत्येक व्यक्ति का श्रवण सम्बन्धी संदर्भ भिन्न होता है, और इसीलिए जब कोई वक्ता किसी एक बात को कहता है, और यदि उसे पाँच लोग सुन रहे हों, तो उन पाँचों श्रोता अपने व्यक्तिगत संदर्भ के आधार पर उसे अलग–अलग रूप में सुनते हैं। किसी भी व्यक्ति के श्रवण सम्बन्धी संदर्भ का निर्धारण उसके इतिहास, संस्कृति, अभ्यासों, पूर्वकालिक आकलनों, शरीर तथा मनोदशाओं एवं भावनाओं के द्वारा होता है।

10. श्रवण करना (सुनना) नेतृत्व की एक आधारभूत क्षमता होती है। यह व्याख्या की पृष्ठभूमि सम्बन्धी संरचना होती है जो हर उस बात को अर्थ प्रदान करती है जिसका हम अनुभव करते हैं। श्रवण का एक प्रमुख कौशल है यह स्वीकार करना कि प्रत्येक व्यक्ति अलग तरीके से श्रवण करता है।
11. यह पुस्तक दावा करती है 'आपको वही मिलता है जिसके लिए आप ''श्रवण'' करते हैं', और इसी आधार पर, यह पुस्तक श्रवण के 4 महत्वपूर्ण प्रकारों को प्रस्तुत करती है:

    क. *स्वयं को सही करने हेतु श्रवण*

    मनुष्यों के रूप में हम आकलन करने वाली मशीने होते हैं और हम यह तक महसूस नहीं करते कि हम आकलन करते हैं, उन्हें सच मानते हैं, भूल जाते है कि ये हमने किए हैं और फिर *साक्ष्यों के लिए श्रवण करते हैं* ताकि इस 'सच' को निरंतर एवं अवचेतन रूप से वैध ठहराते रहें।

    ख. *उद्देश्यपरक तथ्यों हेतु श्रवण*

    नेतृत्वकर्ता जागरूकतापूर्वक उद्देश्यपरक तथ्यों की तलाश करते रहते हैं, और वे सदैव ही अपने पुराने आकलनों पर निर्भर नहीं करते। नेतृत्वकर्ता अभिकथनों (उद्देश्यपरक तथ्यों) की खोज करते हैं और फिर आधारयुक्त आकलन करते हैं। वे अपने पुराने आधारहीन आकलनों पर निर्भर नहीं करते।

    ग. *परवाह एवं प्रतिबद्धता हेतु श्रवण*

    क्रिया प्रतिबद्धता से उत्पन्न होती है, और प्रतिबद्धता परवाह से। आप दूसरे की परवाह एवं प्रतिबद्धता हेतु सुनने का चयन कर सकते हैं।

    घ. *संभावनाओं हेतु श्रवण*

    मेरा दावा है कि संभावनाएं हमारे चारों ओर मौजूद हैं, अंतर मात्र इतना है कि हममें से अधिकांश लोगों ने इन संभावनाओं को देखने योग्य दृष्टि तथा श्रवण शक्ति विकसित नहीं की है।
12. नेतृत्वकर्ता संवादों के साथ प्रारंभ करते हैं, और संवादों में, वे सबसे पहले 'श्रवण' करने से प्रारंभ करते हैं। यह एक मिथक है कि वे बोलकर संवाद प्रारंभ करते हैं। वे संवादों का प्रारंभ पहले इस चयन करने के साथ करते है। कि वे क्या सुनना चाहते हैं। और वे निम्नलिखित हेतु श्रवण करते हैं:

- उद्देश्यपरक तथ्य,
- परवाह एवं प्रतिबद्धता, तथा
- संभावनाएं।

13. आप द्वारा दूसरों के साथ करने वाले संवाद अनेक प्रकार के होते हैं। ब्रेकडाउन घोषित करने के संदर्भ में मैं यहाँ कुछ महत्वपूर्ण संवादों को सूचीबद्ध कर रहा हूँ:
    - सम्बन्धों हेतु संवाद
    - संभावनाओं हेतु संवाद
    - क्रिया हेतु संवाद
14. दूसरों से अर्थपूर्ण एवं रचनात्मक परिणामों को हासिल करने के लिए आपको जिस पहले संवाद की आवश्यकता होती है वह *सम्बन्धों हेतु संवाद* होता है।
15. सम्बन्धों हेतु संवाद ऐसी कार्यशीलता के आधार का निर्माण करते हैं जिसके अंतर्गत लोग अपनी चिंताओं को व्यक्त करने एवं खुले तौर पर निवेदन करने हेतु स्वतंत्र होते हैं।
16. इस संवाद का उद्देश्य साझा हित, साझा परवाह एवं साझा प्रतिबद्धता को स्थापित करना होता है।
17. संभावना हेतु संवाद संभावित क्रिया के लिए विचारों को जन्म देते हैं। यह संवाद बिना परीक्षण के अथवा उनके प्रति बिना किसी प्रतिबद्धता के जिज्ञासा, अनुमान एवं भविष्य की संभावित क्रियाओं की पहचान करने की मनोदशा में संपन्न किए जाते हैं।
18. संभावनाओं हेतु संवादों हेतु संरचना में निम्नलिखित तत्व शामिल होते हैं:
    - श्रवण (ध्यान से सुनने की क्रिया)
    - परिकल्पना
    - चयन
    - घोषणा

रचनात्मक अभ्यास

1. आप किस सम्बन्ध में परवाह करते हैं? यदि आपने अभी तक अपनी परवाहों की पहचान नहीं की है तो यह ऐसा करने का एक अच्छा समय हो सकता है।
2. याद रखें, आप अपनी परवाहों की देखभाल तभी करते हैं जब आप अपनी परवाहों में से प्रत्येक के लिए प्रतिबद्ध होते हैं, और आप इन प्रतिबद्धताओं के अंदर क्रिया करते हैं। आपकी परवाहों में से प्रत्येक के अंतर्गत आपकी अलग–अलग प्रतिबद्धताएं क्या हैं (आप अपनी प्रतिबद्धताओं में से प्रत्येक में कौन से परिणाम हासिल करना चाहेंगे)?

3. ध्यान से सुनने का अभ्यास करें। जब आप स्वयं अथवा दूसरों के साथ संवाद कर रहे हों तो निम्नलिखित तीन प्रकार के श्रवण में से किसी एक का चयन करें:
    - उद्देश्यपरक तथ्यों हेतु श्रवण
    - परवाह एवं प्रतिबद्धता हेतु श्रवण
    - संभावनाओं हेतु श्रवण।
4. जब आप स्वयं को सही करने हेतु श्रवण कर रहे हों (अथवा दूसरों को गलत सिद्ध करने हेतु सुन रहे हों) तो उसे समझें।
5. आपके सम्बन्धों में से किस सम्बन्ध के लिए आपको सम्बन्धों हेतु संवाद करने की आवश्यकता है? इन संवादों को उनके साथ संपन्न कीजिए और जो कुछ भी घटित हो उसे दैनन्दिनी में दर्ज कीजिए।
6. लोगों के साथ सम्बन्धों हेतु छूट गए संवादों को संपन्न कर आपके लिए संभावनाओं के कौन से संवाद खुले? ऐसे कौन से नए संभावित परिणामों को उत्पन्न किया जा सकता है जो आपको पहले उपलब्ध नहीं थे?

इन प्रश्नों को दैनिक दैनन्दिनी वाले प्रश्नों में शामिल कीजिए ताकि ये इन विशिष्टताओं के साथ दुनिया को देखने का अभ्यास करने, और आपके भविष्य के लिए नई संभावनाओं को खोलने में में आपकी सहायता कर सकें।

टिप्पणियाँ

1. Fernando Flores, 'Preface', in *Conversation for Action and Collected Essays: Instilling a Culture of Commitment in Working Relationships*, ed. Maria Flores (South Carolina: Create Space Independent Publishing Platform, 2012), ix.
2. क्रिया का गहन विश्लेषण बॉब डनहम की रचना है। उन्होंने अपने अनेक पत्रों में क्रिया के गहन विश्लेषण को संदर्भित किया है जिनमें से कुछ अप्रकाशित हैं। उन्होंने इसे अपने 'द जनरेटिव फाउण्डेशन ऑफ एक्शन इन आर्गेनाइजेशंस : स्पीकिंग एवं लिसनिंग' नामक पत्र में भी संदर्भित किया है जिसे सन् 2009 में *इंटरनेशनल जर्नल ऑफ कोचिंग इन ऑर्गेनाइजेशंस* में प्रकाशित किया गया है।
3. Teresa Amabile and Steven Kramer, 'How Leaders Kill Meaning at Work', *McKinsey Quarterly* (January 2012), http://www.mckinsey.com/insights/leading_in_the_21st_century/how_leaders_kill_meaning_at_work, accessed 17 February 2016.
4. Bob Dunham, 'The Generative Foundations of Action in Organisations: Speaking and Listening', *International Journal of Coaching in Organisations* 2 (2009).
5. Peter J. Denning and Robert Dunham, *The Innovator's Way* (Cambridge, MA: MIT Press, 2010).

10

क्रिया हेतु संवाद

गत अध्याय में हमने आपके द्वारा सृजन किए गए नए भविष्य को हासिल करने हेतु छूट गई संभावित क्रियाओं की पहचान करने में क्रिया के गहन विश्लेषण, श्रवण सम्बन्धी क्रिया, सम्बन्धों एवं संभावनाओं हेतु संवाद पर दृष्टि डाली थी। एक बार आपके द्वारा इन महत्वपूर्ण संवादों को संपन्न कर लिए जाने के बाद क्रिया हेतु महत्वपूर्ण संवाद का क्रम आता है। क्रिया हेतु संवाद आपके वांछित परिणामों, और इस मामले में, आपके द्वारा सृजित किए गए नए भविष्य को हासिल करने सम्बन्धी क्रियाओं के प्रबंधन एवं निर्देशन के अभिन्न अंग होते हैं।

यह पिछले अध्याय का एक भाग भी हो सकता था, और यह ब्रेकडाउन घोषित करने के 5वें चरण का एक भाग भी है। हालांकि, इस संवाद की विशिष्टता को ध्यान में रखते हुए मैंने इस संवाद को समर्पित एक अध्याय अलग से प्रस्तुत करने का चयन किया है।

क्रिया[1] हेतु संवाद न केवल ब्रेकडाउन घोषित करने बल्कि प्रबंधन सीखने के महत्वपूर्ण कौशल हेतु भी उपयोगी होता है। यह क्रिया के समन्वय के लिए एक संरचना होती है। यह एक गैर–विवेकाधीन संरचना होती है। यह एक तकनीक मात्र नहीं है, बल्कि एक ऐसी संरचना है जो आपको इस दुनिया में तभी प्राप्त हो सकती है जब आप इसे खोजने की दृष्टि रखते हों। क्रियाओं के लिए संवाद हमारे चारों ओर संपन्न किए जा रहे हैं। प्रश्न यह है कि 'क्या ये संवाद प्रभावी तरीके से संपन्न हो रहे हैं और क्या ये संवाद वांछित परिणाम उत्पन्न कर रहे हैं?'

इस संवाद की एक स्पष्ट संरचना होती है, और यह आपको तभी दिखाई देती है जब आप इस संरचना को देख पाने योग्य दृष्टि और क्रिया के समन्वय तथा परिणाम उत्पन्न करने के एक भाग के रूप में इस संरचना को स्वयं में सन्निहित करने के अभ्यास को विकसित कर लेते हैं।

क्रिया हेतु संवाद में महारत आपको अपने ऐसे कार्यों को भी करवा लेने में सक्षम बना देगी जिनमें से कुछ के संभव होने की कल्पना आपने कभी भी नहीं की होगी। क्रिया हेतु संवाद के लिए साधारण तत्व मौजूद प्रतीत होते हैं; हालांकि, नेतृत्व शिक्षक के रूप में मेरा अनुभव यह रहा है कि बहुत कम लोगों में ही बोलने सम्बन्धी क्रियाओं की पर्याप्त क्षमता विद्यमान होती है।

आइए, हम कुछ दावों के साथ प्रारंभ करते हैंः

- मानवीय क्रियाओं को प्रतिबद्धता से आकार प्राप्त होता है।
- जहाँ कोई प्रतिबद्धता नहीं होती, वहाँ कोई क्रिया नहीं हो सकती (अथवा क्रिया उस प्रकार से नही होगी जैसे कि होनी चाहिए थी)।
- लोग भविष्य की क्रियाओं को जन्म देने, परिणामों एवं संतुष्टि के लिए एक–दूसरे से संवाद करते हैं और प्रतिबद्धताएं करते हैं। हम इसे *क्रियाओं का समन्वय कहते हैं।*
- क्रियाओं का समन्वय स्वाभाविक होता है तथा यह हर समय घटित होता रहता है। परंतु इसमें पर्याप्त वृद्धि की जा सकती है यदि हम इस बात से अवगत हो जाएं कि यह किस प्रकार से उत्पन्न किया जा रहा है, और हम समन्वय, क्रियाओं तथा प्रतिबद्धताओं के प्रेक्षक बन जाएंगे।
- हम व्यक्तिगत रूप से तथा एक दल के रूप में अपनी प्रतिबद्धताओं के द्वारा अपने भविष्य को जन्म देते हैं।
- व्यवसाय में परिणाम उत्पन्न करने का आधार क्रियाओं का समन्वय होता है, और चूंकि समन्वय की एक *लागत होती है*, अतः जितने प्रभावी रूप से हम समन्वय करेंगे हमारी क्रियाएं भी उतनी ही मूल्यवान होंगी। हम समन्वय की लागत को कम करना चाहते हैं और समन्वय के द्वारा उत्पन्न लाभों में वृद्धि करना चाहते हैं।

कौन कब और क्या करने हेतु प्रतिबद्ध है इस बात को स्पष्ट करने एवं सुनिश्चित कर द्वारा हम भविष्य में किसी विशिष्ट कार्य को संपन्न करने के लिए अपनी क्रियाओं को समन्वित करते हैं। हम विशिष्ट क्रियाओं के लिए विशिष्ट समय सीमा के अंदर विशिष्ट लोगों से वादे करते हैं। हम विशिष्ट लोगों से विशिष्ट समय सीमा के अंदर विशिष्ट क्रियाओं के लिए निवेदन करते हैं।

क्रिया हेतु संवाद में दो पक्ष संलिप्त होते हैं, एक वह भूमिका जिसे हम 'ग्राहक' कहते हैं और दूसरी 'प्रदर्शनकर्ता', जो संतुष्टि की ऐसी स्थिति (सीओएस) पर पहुँचने हेतु वार्ता (निगोशिएशन) करते हैं जिसके प्रति दोनों ही प्रतिबद्ध होते हैं। ग्राहक वह व्यक्ति है जो एक निवेदन करता है, तथा निर्वाहक वह होता है जो उस निवेदन का प्रत्युत्तर देता है और एक प्रतिबद्धता कर सकता है (चित्र 10.1)। संवाद में मील के प्रमुख पत्थर इस प्रकार होते हैंः

चित्र 10.1 क्रिया हेतु संवाद का पहला एवं दूसरा चरण

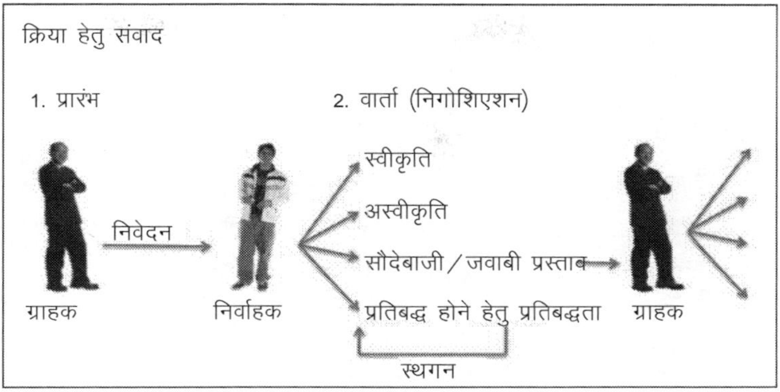

- *निवेदन* : ग्राहक एक निवेदन करता है और निर्वाहक से संतुष्टि की स्थिति को रेखांकित करता है।
- *वार्ता (निगोशिएशन)* : निर्वाहक चार में से एक कार्य करता है : स्वीकार करता है, अस्वीकार करता है, जवाबी प्रस्ताव देता है अथवा प्रतिबद्धता हेतु प्रतिबद्ध होता है (स्थगन)।
- किसी जवाबी–प्रस्ताव, जो निर्वाहक के द्वारा ग्राहक को दिया गया हो, की स्थिति में ग्राहक के पास वही चारों विकल्प अर्थात् स्वीकार करना, अस्वीकार करना, जवाबी–प्रस्ताव देना अथवा प्रतिबद्धता हेतु प्रतिबद्ध होना उपलब्ध होते हैं।
- *वादा* : वार्ता के उपरांत, निर्वाहक कार्य संपन्न करने का वादा करता है।
- *निष्पादन* : निर्वाहक निर्वहन करता है।
- *पूर्ति की घोषणा* : निर्वाहक ग्राहक से कार्यपूर्ति की घोषणा करता है।
- *संतुष्टि की घोषणा* : ग्राहक संतुष्टि (अथवा असंतुष्टि) घोषित करता है।
- *प्रतिसंहरण/निरस्तीकरण* : इस प्रक्रिया के दौरान ग्राहक अपने निवेदन को वापस ले सकता है, अथवा निर्वाहक वादे को निरस्त कर सकता है।

बोलने एवं श्रवण (सुनने) सम्बन्धी क्रिया : निवेदन

पूछे जाने योग्य सर्वप्रथम प्रश्न है, 'कोई निवेदन क्यों किया गया है?'

निवेदन तब किए जाते हैं जब हम ऐसा आकलन करते हैं कि भविष्य किसी सुनिश्चित तरीके से प्रकट होने जा रहा है, और वह भविष्य वैसा नहीं है जैसा हम चाहते हैं। हम एक अलग प्रकार के भविष्य की इच्छा रखते हैं, और उसके लिए हम क्रिया करने हेतु प्रतिबद्ध होते हैं। हालांकि, कुछ क्रियाएं ऐसी होती हैं जिन्हें

कर पाने की क्षमता हमारे पास उपलब्ध नहीं होती; उदाहरणार्थ, हमारे पास उसके लिए कौशल, अथवा अधिकार अथवा संसाधन अथवा, उसी मामले में, यहाँ तक कि समय भी उपलब्ध नहीं होता—हालांकि, हम उस भविष्य के प्रति प्रतिबद्ध बने रहते हैं। ऐसे किसी भी मामले में, हम किसी ऐसे व्यक्ति से निवेदन करते हैं जिसके पास हमारे आकलन के अनुसार वह क्रिया करने की क्षमता मौजूद होती है।

निवेदन ऐसी संरचना होते हैं जो असीमित पैमाने को शामिल कर सकती हैं, उदाहरणार्थ, हम कह सकते हैं कि, 'कृपया गेंद पकड़ा दें', अथवा, 'मेरे संस्थान में व्यावसायिक उपक्रम के लिए एक अरब डॉलर का निवेश कर दीजिए'। इनकी संरचना एक समान है, परंतु संतुष्टि की स्थिति (सीओएस) भिन्न होती है।

प्रभावी निवेदन करना नेतृत्व का एक महत्वपूर्ण चरण होता है, और कार्य करवाने में एक अनिवार्य एवं अपरिहार्य क्रिया होती है ताकि नवसृजित भविष्य को हासिल किया जा सके। यह अत्यंत साधारण प्रतीत होता है, और फिर भी बहुत कम नेतृत्वकर्ता जानते हैं कि प्रभावी निवेदन किस प्रकार किए जा सकते हैं। प्रभावी निवेदन किस प्रकार से किए जाएं यह सीखने में सामना की जाने वाली सबसे बड़ी बाधाओं में से एक मनुष्य के अंदर छिपा हुआ यह अंहकार होता है कि मैं तो पहले से जानता हूँ कि ऐसा किस प्रकार से करना है, अथवा उसका यह आकलन कि मेरे रुतबे को ध्यान में रखते हुए मुझे यह पहले से ज्ञात होना चाहिए।

शिक्षक के रूप में मेरे अनुभव के आधार पर मैं अत्यधिक सुनिश्चित रूप से एक दावा यह कर सकता हूँ कि लोग सामान्यतः यह जानते ही नहीं कि किसी छूट गई क्रिया को संभवतः किसी छूट गए ऐसे निवेदन के द्वारा उत्पन्न किया जा सकता है जिसे वे किसी व्यक्ति से कर सकते थे। निवेदन किसी से निर्वहन करने हेतु कहना होता है, और यह साधारण क्रिया एक नए भविष्य को हासिल करने की ओर ले जाने वाली क्रियाओं की एक श्रृंखला को गतिशील कर सकती है।

प्रभावी निवेदन करना एक कौशल होता है। लोग प्रभावी निवेदन कर पाने में विफल रहते हैं और फिर आश्चर्य करते हैं कि उनका काम भली–भांति क्यों नहीं हो पाया। जैसा पहले उल्लेख किया जा चुका है, आपके परिणाम आपकी क्रियाओं की क्रियाएं होते हैं। क्रियाएं *वे क्रियाएं होती हैं जो प्रतिबद्धता तथा अनुगामी गतिविधि को जन्म देती हैं।* कोई भी क्रिया, जो किसी गतिविधि को जन्म देती है, 'निवेदन करना' होती है; यदि आप परिणाम की इच्छा करते हैं तो आपको प्रभावी निवेदन करने होंगे।

प्रभावी निवेदनों के तत्व निम्नवत् होते हैं:

- निवेदन *कौन* कर रहा है?
  क्या निवेदन करने वाला व्यक्ति (कोई प्रतिबद्ध ग्राहक) निवेदन की पूर्ति के प्रति प्रतिबद्ध है? क्या वह एक अच्छा/अच्छी ग्राहक है? क्या किसी

परेशानी की स्थिति में वह निर्वाहक के साथ कार्य करने का उत्तरदायित्व ले रहा/रही है? अथवा क्या उसने पूरा बोझ निर्वाहक पर डाल दिया है, वह निर्वहन न कर पाने के लिए निर्वाहक पर पूरा आरोप डालने हेतु तैयार है?

किसी भी प्रतिबद्ध ग्राहक के प्रमुख गुणों में से एक यह है कि एक प्रतिबद्ध ग्राहक एक प्रतिबद्ध निर्वाहक को जन्म देने हेतु आवश्यक क्रिया करता है। फिर वह निर्वाहक को अपने निवेदन की पूर्ति करने हेतु सहयोग प्रदान करता/करती है।

- निवेदन *किससे* किया जा रहा है?
  क्या निवेदन किसी व्यक्ति विशेष (किसी प्रतिबद्ध निर्वाहक) से किया जा रहा है, अथवा निवेदन किसी समूह से किया जा रहा है? क्या निर्वाहक निवेदन को मात्र इसलिए स्वीकार कर रहा है क्योंकि वह निवेदन अस्वीकृत करने से भयभीत है? क्या निर्वाहक निवेदन के प्रति अपनी प्रतिबद्धता से परे क्रिया कर रहा है?

  किसी भी प्रतिबद्ध ग्राहक के प्रमुख गुणों में से एक यह है कि वह समझ रहा है और अवगत है, तथा निवेदन का वास्तव में श्रवण करता है। उसका शरीर यह समझने का प्रदर्शन करता है कि आप क्या बोल अथवा निवेदन कर रहे हैं। एक प्रतिबद्ध निर्वाहक अनुबंध करने तथा उसे पूरा करने हेतु प्रतिबद्ध होता है ताकि ग्राहक को संतुष्ट कर सके।
- संतुष्टि की स्थिति (सीओएस) *क्या* होती है?
  परिणाम क्रियाओं के परिणाम मात्र नहीं होते, वरन् ये परिणाम के प्रति ग्राहक की संतुष्टि अथवा असंतुष्टि के आकलन होते हैं।

  'क्या' तत्व दो प्रकार के होते हैं और यह 'क्या' के दो तत्वों में से पहला है।

  जब कभी भी आप भविष्य सम्बन्धी किसी क्रिया हेतु निवेदन करते हैं तो आप संतुष्टि की स्थिति को स्पष्ट करते हैं, अर्थात्, जब आपके निवेदन पर कोई दूसरा क्रिया करता है तो ऐसी कौन सी स्थितियाँ होंगी जो आपको संतुष्ट करेंगी। यह किसी निवेदन के सर्वाधिक आमतौर पर छूटे हुए तत्वों में से एक होता है। यह अत्यंत सामान्य बात है कि संतुष्टि की स्थिति के सम्बन्ध में ग्राहक एवं निर्वाहक की व्याख्याएं अलग–अलग होती हैं। यदि ग्राहक एवं निर्वाहक संतुष्टि की स्थिति के सम्बन्ध में सहमत नहीं होते, और कार्य किसी–न–किसी प्रकार आरंभ हो जाता है, तो निवेदन पूर्ति के लिए अत्यधिक कठोर परिश्रम की आवश्यकता हो सकती है और इसके बावजूद हो सकता है कि ग्राहक संतुष्ट न हो क्योंकि उसकी शर्तों को पूरा नहीं किया गया है। ग्राहक

एवं निर्वाहक के बीच सम्बन्धों का एक मुद्दा मात्र इसलिए खड़ा हो सकता है क्योंकि संतुष्टि की स्थिति को प्रारंभ में ही स्थापित नहीं कर लिया गया था। एक साझा प्रतिबद्धता तबतक उत्पन्न नहीं हो सकती जब तक साझा समझ मौजूद न हो।

- स्पष्टता की साझा पृष्ठभूमि *क्या* होती है?
यह 'क्या' के तत्वों में से दूसरा तत्व है। स्पष्टता की पृष्ठभूमि होती है वह सुनना जो कहा नहीं गया है। यह प्रत्येक श्रोता की पृष्ठभूमि एवं इतिहास से उत्पन्न होता है, तथा प्रत्येक व्यक्ति के मामले में भिन्न होता है। समन्वय एवं नेतृत्व का एक प्रमुख कौशल यह सुनिश्चित करना होता है कि हमारे पास अपने निवेदनों एवं वादों के लिए एक साझा पृष्ठभूमि मौजूद है।
यदि ग्राहक एवं निर्वाहक ने भूतकाल में एकसाथ मिलकर बहुत अधिक कार्य नहीं किया है तो संभावना है कि उनके पास स्पष्टता की एक साझा पृष्ठभूमि उपलब्ध न हो। स्पष्टता की पृष्ठभूमि जितनी कम होगी उतना ही संतुष्टि की स्थिति को निर्दिष्ट करने की आवश्यकता अधिक होगी। आईजीएल में अपने दल के साथ अनेक वर्षों तक काम कर चुके होने के बाद हमने अब स्पष्टता की एक समुचित पृष्ठभूमि को विकसित कर लिया है। इसके बावजूद, कभी–कभी मैं देखता हूँ कि मेरे किसी सहयोगी के लिए ऐसा क्या कुछ स्पष्ट है जो मेरे लिए स्पष्ट नहीं है–और इसीलिए, कई बार, कार्य पूरा करवाने के लिए हमें संतुष्टि की स्थिति को निर्दिष्ट करने की आवश्यकता दिखाई देती है।
- पूर्ति हेतु निर्दिष्ट समय *कब* होता है?
यह काफी सीधा–सादा है; हालांकि, यह निवेदनों के प्रभावी रूप से प्रयुक्त तत्वों में से नहीं है। 'कब' अथवा समय–सीमा, को संतुष्टि का एक भाग भी माना जा सकता है। इसे अलग से इसलिए सूचीबद्ध किया गया है क्योंकि हम देखते हैं कि लोग प्रायः ही 'जितना शीघ्र संभव हो', 'कृपया इसपर तुरंत ध्यान दें' अथवा 'कृपया जब सुविधा हो इसपर ध्यान दें' जैसे मुहावरों का उपयोग करते है।
ग्राहक मानता है कि यह 'स्पष्ट' है कि उसे इस कार्य को जितना शीघ्र संभव हो सके करवा लेने की आवश्यकता है, जबकि निर्वाहक के लिए, ग्राहक ने उल्लेख किया होता है 'कृपया जब सुविधा हो इसपर ध्यान दें' और वह उसपर तभी ध्यान देगा/देगी जब उसे सुविधा होगी।
पूर्ति के लिए समय के विषय में स्पष्ट न होना समन्वय के सर्वाधिक आम विकारों में से एक होता है। 'कब'–अथवा पूर्ति के समय के सम्बन्ध में ग्राहक तथा निर्वाहक की अपेक्षाएं भिन्न होती हैं। यह अतिप्रतिबद्धता को भी जन्म देता है। वाद–विवाद से बचने, इंकार करने, अथवा वास्तव में जो कुछ भी किया जा सकता है उसके प्रति ईमानदार बनने के लिए

लोग निश्चित समय आधारित स्पष्ट प्रतिबद्धता व्यक्त करने से बचते हैं। नेतृत्वकर्ताओं द्वारा अपने संवादों में इसपर महत्वपूर्ण रूप से ध्यान दिया जाता है।

- *क्यों :* किस बात के लिए मैं यह निवेदन कर रहा हूँ?
  किस बात के लिए का तत्व यह स्पष्ट करने में सहायता प्रदान करता है कि आप किस सम्बन्ध में परवाह करते हैं तथा इस निवेदन के साथ आप किस बात की परवाह कर रहे हैं।

  जब निवेदन का प्रयोजन शामिल किया गया होता है, अर्थात्, 'किस बात के लिए मैं यह निवेदन कर रहा हूँ' के तत्व को शामिल किया गया होता है तो निवेदन अधिक अर्थपूर्ण हो जाता है। निर्वाहक निवेदन के कारण को समझ लेता है और यह निर्वाहक से प्रतिबद्धता की माँग करने में सहायक होता है।
- *कैसे :* निवेदन करने वाले व्यक्ति की मनोदशा कैसी है?
  जिस व्यक्ति से आप निवेदन कर रहे हैं उसमें आप कैसी मनोदशा उत्पन्न करना चाहते हैं?

  आप ऊपर उल्लिखित किए गए निवेदन के प्रत्येक तत्व को शामिल कर सकते हैं, परंतु यदि निवेदन की मनोदशा किए जा रहे निवेदन के लिए उपयुक्त नहीं है तो संभव है कि निवेदन की पूर्ति न हो सके। गलत मनोदशा में किए गए सही संवाद आप द्वारा वांछित परिणाम नहीं प्रदान करेंगे।

  जहाँ ग्राहक को निश्चित रूप से सही मनोदशा में निवेदन करने की आवश्यकता होती है वहीं उसे निर्वाहक में उत्पन्न हो रही मनोदशा के प्रति भी सजग रहने की आवश्यकता होती है।

कोई भी 'निवेदन' तब प्रभावी होता है जब उपरोक्त तत्वों को निवेदन में शामिल किया गया हो। जब आप इन समस्त तत्वों के साथ निवेदन की क्रिया करते हैं तो संभावना है कि आपका निवेदन स्वीकार कर लिया जाए और कार्य कर दिया जाए, वैसा ही जैसा कि आप करवाना चाहते हैं, और शायद उससे अच्छा भी। हालांकि, यह इस बात की गारंटी नहीं देता कि आपके सभी निवेदनों को स्वीकार कर लिया जाएगा और कार्य उसी प्रकार से कर दिया जाएगा जैसे कि आप करवाना चाहते हैं।

शक्तिशाली निवेदन

एक प्रभावी निवेदन निर्वाहक को क्रिया के प्रति प्रतिबद्ध कर देता है। एक शक्तिशाली निवेदन की क्रिया निर्वाहक को एक नए (साझा) भविष्य के प्रति

प्रतिबद्ध करवा देती है और फिर इस नए भविष्य के अंतर्गत क्रियाएं संपन्न करवाती है। एक शक्तिशाली निवेदन एक प्रभावी निवेदन से बढ़कर होता है। इसमें एक प्रभावी निवेदन के समस्त तत्वों सहित और बहुत कुछ शामिल होता है।

एक शक्तिशाली निवेदन तब किया जाता है जब आप एक ऐसे नए समर्थकारी (साझा) भविष्य का सृजन करते हैं जो दूसरे व्यक्ति के साथ जुड़ता है, और यह व्यक्ति इस नए समर्थकारी साझा भविष्य के द्वारा स्पर्श किया जाता है, गतिशील होता है और प्रेरित होता है। यह व्यक्ति उस क्षण में एक ऐसे परिवर्तन का अनुभव करता है जो उसे उस भविष्य को हासिल करने का इच्छुक बना देता है जिसका सृजन आपने किया होता है। एक शक्तिशाली निवेदन दूसरे व्यक्ति के समक्ष एक अवसर के रूप में प्रदर्शित होता है और दूसरे व्यक्ति को उस नए भविष्य के प्रति प्रतिबद्ध होने के लिए प्रेरित करता है।

शक्तिशाली निवेदन इसलिए शक्तिशाली होते हैं क्योंकि वे व्यक्ति के समक्ष एक विकल्प प्रस्तुत करते हैं। उस क्षण तक, दूसरे व्यक्ति के पास आप द्वारा सृजित किए गए (साझा) भविष्य का विकल्प उपलब्ध नहीं होता। उस दूसरे व्यक्ति के समक्ष यह विकल्प आप द्वारा प्रस्तुत किया गया होता है।

एक शक्तिशाली निवेदन करने हेतु आपको उत्तरदायित्व ग्रहण करना होता है, अर्थात्, उस मामले में कारण बनने का इच्छुक होना होता है।

गिफ्ट योर ऑर्गन फाउण्डेशन ने कर्नाटक सरकार में स्वास्थ्य सचिव के समक्ष एक शक्तिशाली निवेदन किया कि अंगदान को ड्राइविंग लाइसेंस का एक भाग बना दिया जाए। गिफ्ट योर ऑर्गन फाउण्डेशन में हमें नहीं मालूम था कि स्वास्थ्य सचिव से क्रिया के लिए क्या निवेदन किया जाए। हम यह नहीं जानते थे कि अंदरूनी सरकारी मशीनरी किस प्रकार से संचालित होती है। अतः, हमने स्वास्थ्य सचिव से एक शक्तिशाली निवेदन किया, और उन्हें उस भविष्य का दर्शन कराया जो इस कदम उठाए जाने से सृजित हो सकता था। स्पष्टतः, इसने उन्हें छू लिया, गतिशील किया और इस नए भविष्य से प्रेरित होकर उन्होंने वो सारे कदम उठाने हेतु प्रतिबद्धता कर ली जिन्हें सरकार के अंदर उनकी ओर से उठाए जाने की आवश्यकता थी।

अपनी ओर से हमने इस नए साझा भविष्य को हासिल करने हेतु क्रिया करने की प्रतिबद्धता की।

अनुचित निवेदन

एक शिक्षक के रूप में, मैंने ऐसे लोगों को देखा है जो निवेदन करने से रुक जाते हैं, जिसका अर्थ है कि उन्होंने क्रिया करने तथा अपने द्वारा सृजित किए गए भविष्य के कारणत्व में सक्रियतापूर्वक भागीदारी करने से स्वयं को रोक

लिया है। ऐसा करने का कारण यह है कि वे अपने निवेदन को अनुचित होने का आकलन करते हैं। मनुष्य असाधारण सफलता हासिल करने से इसलिए रह जाता है क्योंकि वह विवेकी बना रहना चाहता है। 'अनुचित' एक ऐसा आकलन है जो आपके द्वारा किया गया होता है, बिना यह महसूस किए कि यह आकलन आप कर रहे हैं, और यही वह आकलन होता है जो आपको निर्वाहक से निवेदन करने से रोकता है।

ऐसे अनेक स्वःप्रवृत्त आकलन होते हैं जो लोगों को निवेदन करने से रोक देते हैं, जैसेः

- 'इसे तो नकार ही दिया जाएगा, तो फिर निवेदन करने से क्या लाभ?'
- 'यदि मैं यह निवेदन करता हूँ तो वे मेरे बारे में क्या सोचेंगे?'
- 'मैं इस प्रकार के निवेदन नहीं करता!'
- 'वह बहुत व्यस्त है और उसके पास मेरे निवेदन के लिए समय नहीं है।'
- 'मैं अपने निवेदनों को नकारे जाने से घृणा करता हूँ।'

मुझे विश्वास है कि इससे मिलते–जुलते अनेक ऐसे और आकलन होंगे जो आपको आपके ही निवेदन को अनुचित प्रतीत करवाते होंगे। ये सभी आकलन होते हैं जो आपको क्रिया करने से रोकते हैं, और इसीलिए आपको नए परिणाम हासिल करने से रोक देते हैं।

हाल ही में, एक अंतर्राष्ट्रीय सूचना–प्रौद्योगिकी संस्थान की एक व्यावसायिक इकाई में नेतृत्वकर्ता के साथ मेरे संवाद के दौरान यह स्पष्ट हुआ कि मेरे शिक्षार्थी अपने संस्थान के अध्यक्ष से एक ऐसी नई व्यावसायिक इकाई स्थापित करने हेतु निवेदन करना चाहते थे जो उस संस्थान को ही सहायता प्रदान कर सकती थी। उन्होंने सोचा कि यह इकाई बड़ी धनराशि की बचत करने में संस्थान की सहायता करेगी। यह विचार उनके मन में एक वर्ष से भी अधिक समय से मौजूद था, और उन्होंने कभी भी निवेदन नहीं किया, यह मानते हुए कि इसे अनुचित समझा जाएगा और नकार दिया जाएगा।

अंततः, एक शिक्षण आह्वाहन के दौरान उन्होंने अध्यक्ष के साथ आमने–सामने होने वाली अगली मुलाकात में इस निवेदन को प्रस्तुत करने का निर्णय कर लिया। अध्यक्ष ने सोचा कि यह एक बेहतरीन विचार था, और उन्होंने उनसे इस विचार पर एक विस्तृत प्रस्ताव की माँग कर दी। मेरे शिक्षार्थी अध्यक्ष से प्राप्त प्रत्युत्तर से अत्यंत प्रसन्न थे।

मेरा दावा है कि जब कोई व्यक्ति एक ऐसा निवेदन अथवा प्रस्ताव प्रस्तुत करता है जिसे उसने ऐतिहासिक रूप से तैयार नहीं किया होता, तो उस व्यक्ति में एक निश्चित विस्तार उत्पन्न होता है। यह विस्तार मात्र निवेदन के स्वीकृत करने पर ही

उत्पन्न नहीं होता। यह तब उत्पन्न होता है जब निवेदन किया गया होता है, और इससे कोई अंतर नहीं पड़ता कि निवेदन का प्रत्युत्तर क्या रहता है। निवेदन करने में एक निश्चित स्वतंत्रता होती है जिसे आपने उत्पन्न नहीं किया होता क्योंकि उस क्षण तक यह एक अनुचित निवेदन प्रतीत हो रहा होता है।

जार्ज बनार्ड शॉ के उद्धरणों में से एक मेरा पसंदीदा है, 'विवेकी मनुष्य स्वयं को दुनिया के अनुकूल बना लेता है; अविवेकी मनुष्य दुनिया को स्वयं के अनुकूल बनने का हठ करता है। अतः, सारी प्रगति अविवेकी व्यक्ति पर निर्भर करती है।'

बोलने एवं श्रवण (सुनने) सम्बन्धी क्रिया : प्रस्ताव

प्रस्ताव काफी कुछ निवेदन के समान ही होते हैं; हालांकि, इस मामले में, निर्वाहक ग्राहक के समक्ष किसी प्रस्ताव को प्रारंभ एवं प्रस्तुत करता है। एक बार निर्वाहक के प्रस्ताव को ग्राहक के द्वारा स्वीकार कर लिए जाने पर यह निर्वाहक का वादा बन जाता है।

प्रभावी प्रस्ताव सम्बन्धी क्रिया निवेदन सम्बन्धी क्रिया के समान ही बनी रहती है। 'कौन', 'किसे', 'क्या', 'कब', 'क्यों' तथा 'कैसे' आदि ऐसे प्रश्न हैं जो प्रभावी प्रस्तावों पर भी लागू होते हैं।

आपकी छूट गई क्रिया छूटा हुआ एक ऐसा प्रस्ताव हो सकता है जो भविष्य की दिशा को परिवर्तित कर सकता है और आपको आपके द्वारा सृजित एक नए भविष्य की ओर ले जा सकता है।

वार्ता (निगोशिएशन)

वार्ता (निगोशिएशन यानी किसी निर्णय पर पहुंचने के लिए बातचीत) वह प्रक्रिया होती है जो निवेदन अथवा प्रस्ताव प्रस्तुत कर दिए जाने के बाद तथा ग्राहक एवं निर्वाहक के बीच किसी समझौते के तय हो जाने के बीच में संपन्न होती है। किसी निवेदन के मामले में निर्वाहक तथा किसी प्रस्ताव के मामले में ग्राहक के पास किसी निवेदन अथवा प्रस्ताव के प्रति 4 संभावित प्रतिक्रियाएं हो सकती हैं:

1. स्वीकृति
2. अस्वीकृति
3. वार्ता
4. प्रतिबद्धता हेतु प्रतिबद्धता

ये सभी पूर्णतः वैध प्रतिक्रियाएं होती हैं। दुर्भाग्यवश, अधिकांश दुनिया की आम समझ यह है कि किसी निवेदन के प्रति 'अस्वीकृति' एक स्वीकार्य प्रतिक्रिया

नहीं होती। मेरा दावा है कि 'अस्वीकृति' एक उतनी ही वैध प्रतिक्रिया होती है जितनी कि 'स्वीकृति'। बल्कि मैं एक 'स्वीकृति' के बजाए एक 'अस्वीकृति' प्राप्त करूँगा और फिर निर्वहन के बजाए निर्वाहक को। हम दूसरों के साथ संपन्न हमारी अंतःक्रियाओं में प्रतिबद्धता की खोज कर रहे हैं। वादा अथवा अस्वीकृति दूसरे व्यक्ति की प्रतिबद्धता को प्रदर्शित करते हैं और हमें उस भविष्य को दिखाते हैं जो हम मिलकर साझा करते हैं। एक वादा, जो कि वास्तव में एक छिपी हुई अस्वीकृति होता है, भावी ब्रेकडाउन होता है।

जब कोई अस्वीकृति होती है तो अनेक लोग यह समझते हैं कि 'व्यक्ति एवं उनकी परवाहों को अस्वीकृत कर दिया गया है'। निश्चित रूप से बात ये नहीं है—यह व्यक्ति अथवा उनकी परवाहें नहीं होतीं जिन्हें खारिज किया गया होता है, यह निवेदन होता है जिसे अस्वीकृत किया गया होता है। निवेदनकर्ता निवेदन से पृथक होता है। जब किसी निवेदन को अस्वीकृत किया जाता है तो उस व्यक्ति को अस्वीकृत नहीं किया जाता। यदि आप इस भेद को समझ लेते हैं तो आप लोगों से निवेदन (अनुचित निवेदनों सहित) करते रहने से स्वयं को नहीं रोकेंगे।

जब एक निर्वाहक अस्वीकृत करता है तो इसका यह अर्थ नहीं होता कि आपके निवेदन को सभी निर्वाहकों द्वारा अस्वीकृत कर दिया जाएगा। मैंने देखा है कि जब कोई निर्वाहक किसी निवेदन को अस्वीकृत करता है तो लोग अपने निवेदन पर प्रश्न करना प्रारंभ कर देते हैं और अपने निवेदन को अनुचित बना देते हैं। आप सर्वाधिक सुनिश्चित रूप से उसी निवेदन को किसी अन्य निर्वाहक के समक्ष प्रस्तुत कर सकते हैं जो एक भिन्न प्रतिक्रिया दे सकता है।

और अंत में, यह मेरा अनुभव रहा है कि किसी भी निवेदन को अस्वीकृत करना मात्र उसी क्षण की अस्वीकृति होती है। यह आपको उसी निवेदन को उसी निर्वाहक के समक्ष किसी अन्य समय पर दोबारा प्रस्तुत करने से नहीं रोकता। अनुभव के आधार पर मैं यह उल्लेख कर सकता हूँ कि मेरे निवेदन ऐसे निर्वाहक के द्वारा ही स्वीकृत किए गए हैं जिन्होंने प्रारंभिक तौर पर मेरे निवेदनों को अस्वीकृत कर दिया था। ये निवेदन दोबारा से किसी अन्य समय पर किए गए, और उस समय, निर्वाहक ने मेरे निवेदन को स्वीकार कर लिया।

बोलने एवं श्रवण (सुनने) सम्बन्धी क्रिया : वादा

इस पुस्तक में अनेक बार हमने यह दावा किया है कि परिणाम क्रिया की क्रिया होते हैं। यदि हम नए परिणामों की इच्छा करते हैं तो हमें निश्चित रूप से क्रिया करने की आवश्यकता होती है। गत अध्याय के अंतर्गत 'क्रिया का गहन विश्लेषण' नामक खंड में हमने यह दावा भी किया था कि *क्रिया को प्रतिबद्धताओं से आकार प्राप्त होता है*—प्रतिबद्धताएं जो हम करते हैं अथवा नहीं

करते, प्रतिबद्धता की स्पष्टता एवं स्वामित्व से तथा प्रतिबद्ध हो रहे व्यक्ति अथवा संस्थान के प्रति प्रतिबद्धता का महत्व से।

वास्तव में, जो कुछ भी हम कह रहे हैं वो यह है कि जब आप निवेदन कर रहे होते हैं तो आप एक ऐसी प्रतिबद्धता अथवा वादा करने की सोच रहे होते हैं जिसपर आप विश्वास कर सकते हों। यदि नहीं, तो ब्रेकडाउन घोषित करने के एक भाग के रूप में हो सकता है कि आपने एक महान नए भविष्य को घोषित तो कर दिया हो, कोई प्रभावी निवेदन भी कर दिया हो और अभी तक इस नए भविष्य को हासिल न किया हो। ऐसा इसलिए है क्योंकि जिन लोगों से आपको सहयोग की आवश्यकता है वे क्रिया के प्रति प्रतिबद्ध नहीं थे।

जब आप उत्तरदायित्व स्वीकार करते हैं तो आप (प्रभावी निवेदन कर) अपने समर्थन वाले नेटवर्क से भरोसेमंद प्रतिबद्धताओं का अनुरोध करने का कारण बन जाते हैं।

इस पुस्तक के प्रयोजन हेतु, हम 'वादा' एवं 'प्रतिबद्धता' शब्दों का उपयोग परस्पर अदल–बदल कर करते रहेंगे। चामर्स ब्रदर्स,[2] के अनुसार, 'हमारा संपूर्ण सामाजिक तानाबाना एवं संरचना, हमारा संपूर्ण आर्थिक नेटवर्क, सब एक–दूसरे के साथ वादों, जैसे–व्यवसायों एवं संस्थानों के बीच वादे, तथा व्यक्तियों के बीच के वादे' के द्वारा जुड़े हुए हैं।

ब्रदर्स आगे कहते हैं, 'वादे एवं सहमतियाँ तथा प्रतिबद्धताएं हर उस क्रिया में निहित होती हैं जो हम दूसरों के साथ करते हैं। ये सर्वाधिक आधारभूत स्तर होती हैं, ''वास्तविक क्रिया'', जिसका उपयोग हम बहुत अलग तरीकों से करते हैं, जैसे कि हम करते हैं जो हम दुनिया में करते हैं'।

फिर, एक वादा अथवा प्रतिबद्धता क्या होती है?

एक वादा अथवा प्रतिबद्धता एक ऐसी क्रिया होती है जिसमें किसी श्रोता के द्वारा यह पहचान की जाती है कि एक वादा करने वाला व्यक्ति भविष्य में किसी क्रिया अथवा परिणाम को उत्पन्न करने हेतु प्रतिबद्ध हो रहा है।

वादा श्रवण में स्थापित होता है और इसका अस्तित्व मात्र श्रवण में होता है। इससे हमारा आशय यह है कि कोई व्यक्ति, जो कहता है कि 'वादा' किसी वादे को तबतक उत्पन्न नहीं करता जबतक कि उच्चारण दूसरों में 'वादे' के श्रवण को न उत्पन्न कर दे। इसी प्रकार से, श्रोता किसी वादे का श्रवण कर सकता है, यहाँ तक कि तब भी जब वादा करने वाले के द्वारा कोई स्पष्ट वादा न भी किया गया हो।

उदाहरणार्थ, मेरी पुत्री ने मुझसे निवेदन किया कि सप्ताहांत पर हम एक सिनेमा देखें। मैंने प्रत्युत्तर देते हुए कहा, 'ठीक है, रविवार को देखेंगे'।

मेरी पुत्री उत्साहित हो जाती है, यह मानते हुए कि उसके पापा ने उसके निवेदन के प्रति 'हाँ' कह दिया है। जबकि, मेरी समझ में, मैंने कहा है, 'हम

रविवार को देखेंगे', अर्थात्, हम रविवार को निर्णय करेंगे। अतः, मेरी पुत्री के लिए, यह एक वादा है, और जहाँ तक मेरा मामला है, मैंने कोई वादा नहीं किया है। हमारा दावा है कि वादे का अस्तित्व श्रोता के श्रवण में होता है। यदि हम अपने वादे को उस प्रकार से पूरा नहीं करते जैसे कि श्रोता के द्वारा श्रवण किया गया है तो श्रोता भविष्य में हमारा विश्वास नहीं करेगा। इससे श्रोता के साथ हमारे सम्बन्ध प्रभावित होंगे, और अंततः, वादा करने वाले की सफलता तथा सार्वजनिक पहचान भी प्रभावित होगी।

जो कुछ भी समझा जाना महत्वपूर्ण है वह यह है कि निर्वाहक के द्वारा किया गया एक वादा ग्राहक की वादे के निष्पादन एवं पूर्ति के बाद की दुनिया के बजाए आज की दुनिया को परिवर्तित कर देता है। ग्राहक यह विश्वास करने लगता है कि अब इस मामले की परवाह आप करेंगे और वह किसी अन्य मामले की परवाह करने का चयन कर सकता है, किसी अन्य प्रयास में संलिप्त हो सकता है। पहले वाले उदाहरण से, कोई भी निष्कर्ष निकाल सकता है कि मेरी पुत्री उस क्षण में उत्साहित हो गई थी जब उसने सोचा कि उसे अपने पिता से एक वादा प्राप्त हो गया है।

क्रियाओं का प्रबंधन करना वादों का प्रबंधन करना होता है। यदि वादों का प्रबंधन नहीं किया गया है तो क्रियाओं का प्रबंधन भी नहीं होगा।

किसी वादे का प्रबंधन करने हेतुः

- ग्राहक को नियमित आधार पर सूचित रखिए;
- किसी भी व्यवधान की स्थिति में ग्राहक को बताइए, और उन्हें अवगत कराइए कि आप अभी भी क्या वादा कर रहे हैं;
- एक नई योजना तथा क्रियाओं की खोज एवं निर्माण कीजिए;
- संशोधन करने अथवा नए वादे करने हेतु तैयार रहिए;
- वादा पूरा कर लेने पर 'पूर्ति' की घोषणा कीजिए;
- ग्राहक से पूछिए कि क्या वह संतुष्ट है; तथा
- विचार कीजिए कि क्या आपके पास प्रस्तुत करने हेतु कोई नया प्रस्ताव है।

पूर्ति की घोषणा

जब निर्वाहक किसी क्रिया का निर्वहन करता है तो यह महत्वपूर्ण होता है कि निर्वाहक ग्राहक एवं निर्वाहक के बीच सहमति प्रदान की गई संतुष्टि की स्थिति (सीओएस) के अनुसार निर्वहन करे। किसी क्रिया के निर्वहन की प्रक्रिया के दौरान यह महत्वपूर्ण होता है कि निर्वाहक ग्राहक के संपर्क में बना रहे तथा अप्रत्याशित बिलंबों अथवा परिवर्तनों से ग्राहक को निरंतर अवगत रखे।

चित्र 10.2 क्रिया हेतु संवाद का तीसरा चरण

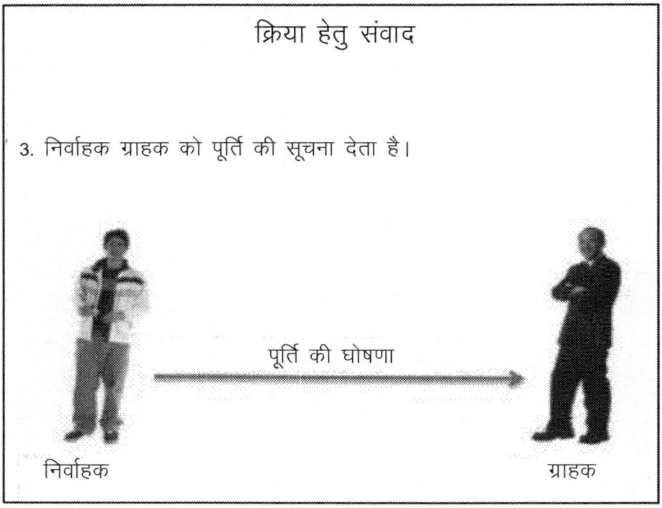

एक बार निर्वहन का चरण पूरा हो जाने के बाद निर्वाहक ग्राहक को पूर्ति की घोषणा करता है। ऐसा यह उल्लेख करने कि 'यह कार्य पूरा हो गया' अथवा 'मैंने आप द्वारा निवेदन किए गए कार्य को पूरा कर दिया है' अथवा संतुष्टि की स्थिति के भाग के रूप में किसी सूचना दिए जाने के रूप में हो सकता है।

एक शिक्षक के रूप में मेरे अनुभव के अंतर्गत मैंने देखा है कि क्रियाओं के लिए संवादों में यह एक छूट जाने वाला आम संवाद होता है (चित्र 10.2)।

संतुष्टि की घोषणा

एक बार निर्वाहक के द्वारा पूर्ति की घोषणा कर दिए जाने पर क्रिया हेतु संपूर्ण संवाद की पूर्ति में एक और चरण शेष रह जाता है और वह होता है ग्राहक के द्वारा निर्वाहक के प्रति संतुष्टि की घोषणा करना। संतुष्टि की यह घोषणा सामान्यतः एक साधारण से कथन 'आपका धन्यवाद' से पूरी हो जाती है (चित्र 10.3)।

कुछ मामलों में, हो सकता है कि ग्राहक निर्वाहक की क्रियाओं से संतुष्ट न हो, और ऐसे मामलों में, क्रिया हेतु संपूर्ण संवाद को पुनः प्रारंभ किया जा सकता है।

विकसित करने योग्य एक महत्वपूर्ण कौशल है सम्बन्धों के लिए संवादों, संभावनाओं के लिए संवादों तथा क्रिया के लिए संवादों को पृथक करना, तथा यह जानना कि एक संवाद से दूसरे की ओर बढ़ने का सही समय कौन सा है। यह संचरण मनोदशा में परिवर्तन द्वारा चिह्नित होता है। सम्बन्धों के लिए संवाद

चित्र 10.3 क्रिया हेतु संवाद का चौथा चरण

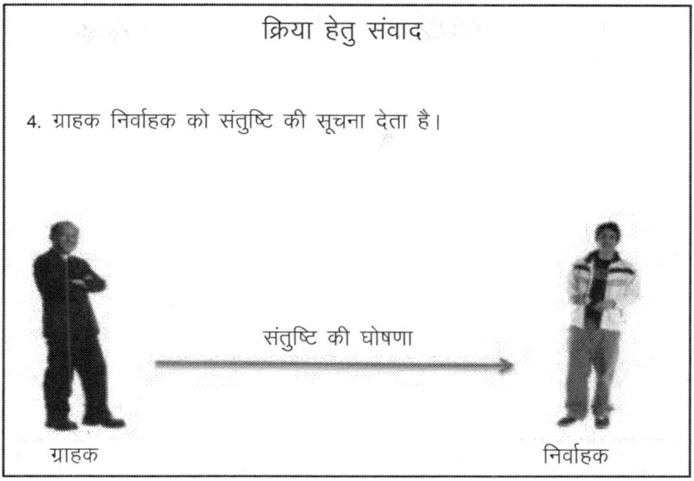

की आदर्श मनोदशा उत्सुकता होती है, संभावनाओं के लिए संवाद की आदर्श मनोदशा अनुमान लगाने की तथा क्रिया के लिए संवाद की आदर्श मनोदशा संकल्प की होती है।

सारांश एवं हमारी समझ का पुनर्निर्माण

1. नवसृजित भविष्य को हासिल करने हेतु हमें क्रिया हेतु छूट गए संवादों की पहचान करने की आवश्यकता होती है, और फिर इन क्रियाओं में दूसरों के साथ प्रभावी रूप से निर्देशित करने की आवश्यकता होती है।
2. क्रिया हेतु संवाद में दो पक्ष, ग्राहक एवं निर्वाहक, संलिप्त होते हैं जो दोनों के द्वारा प्रतिबद्ध किसी संतुष्टि की स्थिति को पूरा करने के लिए एकसाथ मिलकर कार्य करते हैं।
3. ग्राहक वह व्यक्ति होता है जो निवेदन करता है, और निर्वाहक वह होता है जो प्रतिबद्धता करता है। संवाद में प्रमुख मील के पत्थर निम्नवत् होते हैं:
   क. *निवेदन :* ग्राहक एक निवेदन करता है और निर्वाहक से संतुष्टि की स्थिति को रेखांकित करता है।
   ख. *वार्ता :* निर्वाहक चार में से एक कार्य करता है : स्वीकार करता है, अस्वीकार करता है, जवाबी प्रस्ताव देता है अथवा प्रतिबद्धता हेतु प्रतिबद्ध होता है (स्थगन)।

ग. किसी जवाबी–प्रस्ताव, जो निर्वाहक के द्वारा ग्राहक को दिया गया हो, की स्थिति में ग्राहक के पास वही चारों विकल्प अर्थात् स्वीकार करना, अस्वीकार करना, जवाबी–प्रस्ताव देना अथवा प्रतिबद्धता हेतु प्रतिबद्ध होना उपलब्ध होते हैं।

घ. *वादा :* वार्ता के उपरांत, निर्वाहक कार्य संपन्न करने का वादा करता है।

ङ. *निष्पादन :* निर्वाहक निर्वहन करता है।

च. *पूर्ति की घोषणा :* निर्वाहक ग्राहक से कार्यपूर्ति की घोषणा करता है।

छ. *संतुष्टि की घोषणा :* ग्राहक संतुष्टि (अथवा असंतुष्टि) घोषित करता है।

ज. *प्रतिसंहरण/निरस्तीकरण :* इस प्रक्रिया के दौरान ग्राहक अपने निवेदन को वापस ले सकता है, अथवा निर्वाहक वादे को निरस्त कर सकता है।

4. निवेदन तब किए जाते हैं जब हम यह आकलन कर लेते हैं कि किसी निश्चित तरीके से भविष्य प्रकट होने जा रहा है और यह वो भविष्य नहीं है जिसकी हम आशा कर रहे हैं। हम एक अलग भविष्य की इच्छा रखते हैं, और उसके लिए क्रिया करने हेतु हम प्रतिबद्ध होते हैं। हालांकि, कुछ क्रियाएं ऐसी होती हैं जिन्हें संपन्न करने की क्षमता हमारे पास उपलब्ध नहीं होती। ऐसी स्थिति में, हम किसी ऐसे व्यक्ति से निवेदन करते हैं जिसके पास हमारे आकलन के अनुसार वह क्रिया करने की क्षमता उपलब्ध होती है।

5. प्रभावी निवेदन करना नेतृत्व सम्बन्धी एक महत्वपूर्ण कदम होता है, और उस कार्य को करवाने के लिए सबसे बड़ी एवं सर्वाधिक उपयोगी क्रिया होती है जिससे सृजित किए गए नए भविष्य को हासिल किया जा सकता है।

6. प्रभावी निवेदन करना एक कौशल होता है। लोग प्रभावी निवेदन करने में असफल हो जाते हैं और फिर आश्चर्य करते हैं कि उनका कार्य भली–भांति क्यों पूरा नहीं हो पाया।

7. प्रभावी निवेदनों के तत्वः

   क. निवेदन *कौन* कर रहा है?

      i. क्या निवेदन करने वाला व्यक्ति निवेदन की पूर्ति के प्रति प्रतिबद्ध है?

   ख. निवेदन *किससे* किया जा रहा है?

      i. क्या निवेदन किसी व्यक्ति विशेष (किसी प्रतिबद्ध निर्वाहक) से किया जा रहा है, अथवा निवेदन किसी समूह से किया जा रहा है? क्या निर्वाहक निवेदन को मात्र इसलिए स्वीकार कर रहा है

क्योंकि वह निवेदन अस्वीकृत करने से भयभीत है? क्या निर्वाहक निवेदन के प्रति अपनी प्रतिबद्धता से परे क्रिया कर रहा है?

ग. संतुष्टि की स्थिति (सीओएस) *क्या* है?

i. 'क्या' से सम्बन्धित दो तत्व होते हैं और यह 'क्या' के तत्वों में से पहला है।

ii. जब कभी भी आप भविष्य सम्बन्धी क्रिया हेतु निवेदन करते हैं तो आप संतुष्टि की स्थिति को स्पष्ट करते हैं, अर्थात्, ऐसी कौन सी स्थितियाँ होंगी जो दूसरों के द्वारा आपके निवेदन पर की गई क्रियाओं से आपको संतुष्ट करेंगी। यह किसी भी निवेदन के छूट गए तत्वों सर्वाधिक आम तत्वों में से एक है। यह अत्यंत आम बात है कि संतुष्टि की स्थिति के सम्बन्ध में ग्राहक और निर्वाहक की व्याख्याएं भिन्न–भिन्न होती हैं।

घ. स्पष्टता की साझा पृष्ठभूमि *क्या* होती है?

i. यह 'क्या' सम्बन्धी तत्वों में से दूसरा तत्व है। वक्ता एवं श्रोता के बीच स्पष्टता की पृष्ठभूमि क्या होती है?

ii. यदि ग्राहक एवं निर्वाहक ने भूतकाल में एकसाथ मिलकर अधिक कार्य नहीं किया है तो संभावना यह होती है कि उनके पास स्पष्टता की एक साझा पृष्ठभूमि उपलब्ध नहीं हो। स्पष्टता की पृष्ठभूमि जितनी कमजोर होगी स्पष्टता की स्थिति को निर्दिष्ट करने की आवश्यकता उतनी ही अधिक होगी।

ङ. पूर्ति का निर्दिष्ट समय *कब* होता है?

i. 'कब', अथवा समय–सीमा को संतुष्टि की स्थिति का एक भाग माना जा सकता है। इसे अलग से सूचीबद्ध किया गया है क्योंकि हम देखते हैं कि लोग प्रायः 'जितना शीघ्र संभव हो सके', 'कृपया इसपर तुरंत ध्यान दें', अथवा 'कृपया जब सुविधाजनक हो तब इसपर ध्यान दें' जैसे मुहावरों का उपयोग करते रहते हैं।

च. *क्यों* : यह निवेदन मैं किस कारण से कर रहा हूँ?

i. जब किसी निवेदन में प्रयोजन को शामिल किया गया होता है, अर्थात्, 'यह निवेदन मैं किस कारण से कर रहा हूँ' के तत्व को शामिल किया गया होता है तो निवेदन अधिक अर्थपूर्ण हो जाता है। निर्वाहक निवेदन के कारण को समझ लेता है और यह निर्वाहक से प्रतिबद्धता प्राप्त करने में सहायक होता है।

छ. *कैसे* : निवेदन करने वाले व्यक्ति की मनोदशा कैसी है? जिस व्यक्ति से आप निवेदन कर रहे हैं उसमें आप कैसी मनोदशा उत्पन्न करना चाहते हैं?

8. एक प्रभावी निवेदन निर्वाहक को क्रिया के प्रति एक भरोसेमंद प्रतिबद्धता करने हेतु तैयार कर देता है। एक शक्तिशाली निवेदन निर्वाहक को एक नए (साझा) भविष्य के प्रति प्रतिबद्ध कर देता है और फिर इस नए भविष्य के अंतर्गत क्रियाएं करता है। एक शक्तिशाली निवेदन एक प्रभावी निवेदन से अधिक महत्वपूर्ण होता है। इसमें एक प्रभावी निवेदन के समस्त तत्वों के साथ–साथ और भी बहुत कुछ शामिल होता है।
9. किसी निवेदन के प्रति आप 4 संभावित प्रतिक्रिया प्राप्त कर सकते हैं:
   क. स्वीकृति
   ख. अस्वीकृति
   ग. वार्ता
   घ. प्रतिबद्धता हेतु प्रतिबद्धता
10. इनमें से प्रत्येक प्रतिक्रिया पूर्णतः वैध होती है। दुर्भाग्यवश, अधिकांश दुनिया की आम समझ यह है कि किसी निवेदन के प्रति 'अस्वीकृति' एक स्वीकार्य प्रतिक्रिया नहीं होती। मेरा दावा है कि 'अस्वीकृति' एक उतनी ही वैध प्रतिक्रिया होती है जितनी कि 'स्वीकृति'। बल्कि मैं एक 'स्वीकृति' के बजाए एक 'अस्वीकृति' प्राप्त करूँगा और फिर निर्वहन के बजाए निर्वाहक को।
11. एक वादा एक ऐसी क्रिया होती है जिसकी पहचान श्रोता के द्वारा की जाती है कि कोई, वादा करने वाला, भविष्य के किसी परिणाम को उत्पन्न करने की प्रतिबद्धता कर रहा है।
12. क्रियाओं का प्रबंधन वादों का प्रबंधन होता है। यदि वादों में परिवर्तन नहीं किया गया है तो किसी भी क्रिया में परिवर्तन नहीं होगा। क्रियाओं का प्रबंधन तथा वादों का प्रबंधन संवादों में किया जाता है।
13. निर्वाहक क्रिया संपन्न करता है, और यह महत्वपूर्ण है कि निर्वाहक ग्राहक एवं निर्वाहक के बीच सहमति प्रदान की गई संतुष्टि की स्थिति के अनुसार निर्वहन करता है। किसी क्रिया के निर्वहन की प्रक्रिया के दौरान यह महत्वपूर्ण होता है कि निर्वाहक ग्राहक के संपर्क में बना रहे और अप्रत्याशित बिलंबों अथवा परिवर्तनों से ग्राहक को अवगत करवाता रहे।
14. एक बार निर्वहन की अवस्था पूरी हो जाने पर निर्वाहक ग्राहक से पूर्ति की घोषणा करता है। ऐसा 'यह पूरा हो गया है' अथवा 'मैंने आप द्वारा निवेदन किए गए कार्य कर दिए हैं' कहकर, अथवा संतुष्टि की स्थिति के भाग के रूप में किसी सूचना को प्रस्तुत कर किया जा सकता है।
15. एक बार निर्वाहक के द्वारा पूर्ति घोषित कर दिए जाने पर क्रिया हेतु संपूर्ण संवाद की पूर्ति में एक और चरण शेष रह जाता है और वह होता

है ग्राहक के द्वारा निर्वाहक के प्रति संतुष्टि की घोषणा करना। संतुष्टि की यह घोषणा सामान्यतः एक साधारण से कथन 'आपका धन्यवाद' से पूरी हो जाती है।

रचनात्मक अभ्यास

1. क्या आप प्रभावी निवेदन कर रहे हैं? निवेदनों के कौन से तत्व आपसे सामान्यतः छूट गए हैं?
2. प्रभावी निवेदनों के इन तत्वों का उपयोग करें और देखें कि ये निवेदन के प्रत्युत्तर को कैसे प्रभावित करते हैं (प्रभावी निवेदन करना किसी भरोसेमंद प्रतिबद्धता की गारंटी नहीं करता–यह निश्चित रूप से एक भरोसेमंद प्रतिबद्धता हासिल करने की संभावनाओं में वृद्धि कर देता है)।
3. यदि *क्रिया को प्रतिबद्धता से आकार प्राप्त होता है,* तो आपके द्वारा चिंतन करने योग्य प्रश्न है : 'क्या आप क्रिया हेतु प्रतिबद्ध हैं, अथवा क्या आप सहजता हेतु प्रतिबद्ध हैं?' अपनी परवाहों में से प्रत्येक में एक नए भविष्य को हासिल करने के अंतर्गत आप किस क्रिया के प्रति प्रतिबद्ध हैं? कृपया अपनी प्रतिक्रियाओं को दैनन्दिनी में दर्ज करें। हम प्रायः ही ईमानदारीपूर्ण संवादों से बचते हैं और स्वयं को सहजता की स्थिति में बनाए रखते हैं। प्रायः यह नेतृत्वकर्ता के रूप में हमें प्रभावित करता है।
4. आप तब क्या करते हैं जब आपने कोई निवेदन किया हो और आपको एक ऐसी प्रतिबद्धता प्राप्त हुई हो जिसपर आपको भरोसा न हो? क्या आप इसे गैर–भरोसेमंद प्रतिबद्धता को स्वीकार करेंगे? आपके पास उस व्यक्ति को यह बताने का विकल्प उपलब्ध है कि आप उसकी प्रतिबद्धता का भरोसा नहीं करते, और ऐसी प्रतिबद्धता माँग सकते हैं जिसपर आप भरोसा कर सकते हों।
5. 'वादा दूसरे व्यक्ति के श्रवण में विद्यमान होता है' यह कथन आपमें क्या उकसाता है? क्या आप इस कथन से सहमत हैं? इसका एक उदाहरण है कि जब आप एक श्रोता थे और आपने किसी वादे का श्रवण किया था, जबकि दूसरे व्यक्ति ने कोई स्पष्ट वादा नहीं किया था। आपको तब कैसा अनुभव हुआ जब वह वादा (जो वादा करने वाले की दृष्टि में वादा था ही नहीं) पूरा नहीं किया गया? क्या आपने निराशा अनुभव की? क्या वादा करने वाले पर से आपका भरोसा समाप्त हो गया? आपके सम्बन्धों पर इसका क्या प्रभाव पड़ा?

   यही बात आपके वादों के सम्बन्ध में भी सही तौर पर लागू होती हैं। ये श्रोता के श्रवण में विद्यमान होती हैं। कृपया अपने चिंतनों तथा संभावित नई क्रियाओं को दैनन्दिनी में दर्ज करें।

6. एक निर्वाहक के रूप में, क्या आप पूर्ति की घोषणा करते हैं, और एक ग्राहक के रूप में क्या आप संतुष्टि की घोषणा करते हैं? यदि नहीं, चिंतन कीजिए कि ऐसा न करने के क्या प्रभाव हो सकते हैं।

इन प्रश्नों का उपयोग दैनिक दैनन्दिनी लेखन के लिए कीजिए, दूसरों के साथ उस भविष्य के सृजन करने की अपनी क्षमता में वृद्धि करने के लिए कीजिए जिसके प्रति आप प्रतिबद्ध हैं और जिसके बारे में आप परवाह करते हैं।

टिप्पणियाँ

1. मैंने इस विषय पर फर्नाण्डो फ्लोर्स के कार्य का संदर्भ दिया है। उनकी पुस्तक का शीर्षक है: *Conversations for Action and Collected Essays: Instilling a Culture of Commitment in Working Relationships*, edited by Maria Flores Letelier (South Carolina: CreateSpace Publishing Platform, 2013)।
2. चामर्स ब्रदर्स, *Language and the Pursuit of Happiness* (Florida: New Possibilities Press, 2005).

11

निष्पादन

ब्रेकडाउन घोषित करने का छठाँ तथा अंतिम चरण 'निष्पादन' (एक्ज़ीक्यूशन यानी अमल में लाना या क्रियान्वयन) होता है। एक बार आपके द्वारा छूट गई क्रियाओं की पहचान कर लिए जाने पर आप क्रिया का निष्पादन करते हैं। इस पुस्तक का सम्बन्ध ब्रेकडाउन घोषित करने के संवाद में कौशल अर्जित करने, तथा आपके द्वारा सृजित भविष्य को हासिल करने में छूट गई संवाद सम्बन्धी क्रियाओं को अपनाए जाने से है।

निष्पादन के बिना आप अपने द्वारा सृजित किए गए भविष्य को हासिल नहीं कर सकेंगे। छूट गई क्रियाओं की पहचान सम्बन्धी अध्याय के अंतर्गत हम पहले ही संवाद सम्बन्धी ऐसी क्रियाओं पर गहनतापूर्वक विचार कर चुके हैं जो छूट गई हो सकती हैं। यह पुस्तक संवाद सम्बन्धी क्रियाओं को अपना लिए जाने के बाद निष्पादन के क्षेत्र में बहुत अधिक ध्यान केन्द्रित नहीं करती, और मानती है कि आप अपने क्षेत्र से सम्बन्धित क्रिया के निष्पादन में पहले से ही कुशल हैं। और यदि आप नहीं हैं तो आपके पास ब्रेकडाउन घोषित करने तथा एक भविष्य का सृजन करने का एक विकल्प उपलब्ध है ताकि इस पुस्तक में सूचीबद्ध किए गए चरणों का अनुसरण कर आप अपने क्षेत्र में कुशलता अर्जित कर लें।

आप अपने जीवन के लिए भी निष्पादन को एक महत्वपूर्ण चरण बना सकें इसीलिए निष्पादन में कुशलता विकसित करने के उद्देश्य से कुछ विचारों को अभ्यास करने के लिए आगे प्रस्तुत किया जा रहा है।

प्रदर्शन 'मैदान पर' घटित होता है

जहाँ तक आपके अपने जीवन का सम्बन्ध है, क्या आप 'मैदान में उतर आए हैं'? क्या आप अपने वादों को पूरा करने के लिए क्रियाओं का निष्पादन कर रहे हैं?

जिन लोगों से मैं बातचीत करता हूँ उनमें से अधिकांश बराबर इस प्रकार कहते रहते हैं, 'मैं कई महीनों से व्यायामशाला (जिमनेज़ियम) जाना चाहता था परंतु बस स्वयं को तैयार नहीं कर सका', अथवा, 'मैं अपना व्यवसाय प्रारंभ करने की योजना बनाता रहा हूँ परंतु मैं सही अवसर की प्रतीक्षा कर रहा हूँ'।

'मैदान पर होने' का अर्थ है वादे करना एवं उनकी पूर्ति करना न कि यह विचार करते रहना कि आपके आसपास के लोग क्या कह रहे हैं। बहुत सारे दूसरे आकलनों (अपने मन के अंदरूनी संवाद सहित) का सुनना आपके दृढ़ निश्चय को हिला देता है और आपको मार्ग से भटका देता है।

फिर ऐसे लोग भी मौजूद होते हैं जो मैदान पर आते ही नहीं, लेकिन 'दर्शकदीर्घा में बैठे लोगों' से अनुमोदन, आश्वासन एवं विचारों की माँग करते रहते हैं। दूसरों से विचारों की माँग करना अच्छा होता है, और वास्तव में एक एक महान विचार होता है। हालांकि, जो विचार महत्वपूर्ण होते हैं वे आपके शिक्षक, टीम के सदस्यों, कप्तान (पढें 'प्रबंधक') इत्यादि के होते हैं। निश्चित रूप से 'दर्शक दीर्घा में बैठे लोगों' के नहीं। *(और यदि आपके पास अभी तक कोई शिक्षक नहीं है तो किसी शिक्षक को प्राप्त करने हेतु गंभीरतापूर्वक विचार करें)*।

'मैदान पर होने' का अर्थ है मामले का कारण बनना। स्मरण रखें, ये आपके द्वारा अपनाई गई क्रियाएं होती हैं जो आपको निर्वाहन की ओर ले जाती हैं। इतिहास इस बात का साक्षी है कि दर्शक दीर्घा में बैठे हुए किसी व्यक्ति ने कभी भी स्पर्धा में विजय नहीं प्राप्त की है।

अनेक लोगों के लिए समस्या यह नहीं है कि वे यह नहीं जानते कि वे क्या करें; समस्या बस यह है कि वे इसे करते नहीं हैं।

> यह महत्वपूर्ण है कि आप स्वयं के लिए यह स्पष्ट कर लें कि जीवन को प्रभावित कर पाने सम्बन्धी आपकी एकमात्र पहुँच क्रिया होती है। दुनिया यह परवाह नहीं करती कि आपकी मंशा क्या है, आप कितने प्रतिबद्ध हैं, आप क्या अनुभव करते हैं अथवा क्या सोचते हैं, और निश्चित रूप से उसे इस बात में कोई रुचि नहीं होती कि आप क्या चाहते हैं और क्या नहीं। जीवन पर एक दृष्टि डालिए और स्वयं के लिए देखिए कि दुनिया मात्र तभी गतिशील होती है जब आप क्रिया करते हैं। (वर्नर एर्हर्ड)

असफलता के साथ अपने सम्बन्ध को बदलिए

रोज मार्टिन ने *हार्वर्ड बिजनेस रिव्यू*,[1] में अपने लेख में उल्लेख किया है,

> अधिकांश लोग सहमत हैं कि दो सर्वाधिक शक्तिशाली मानवीय इच्छाएं हैं उत्तरजीविता एवं प्रजनन, परंतु इससे अगली सर्वाधिक शक्तिशाली इच्छा

> के सम्बन्ध में सहमति बहुत ही कम है। मेरा विश्वास है कि यह सफलता की आवश्यकता होती है। मनुष्य असफलताओं से घृणा करता है–किसी भी अन्य बात से अधिक घृणा इसी के साथ करता है।
>
> वे आगे कहते हैं:
>
> यदि आप असफलता से घृणा करते हैं तो आपके पास यह सुनिश्चित करने का एक शानदार तरीका है कि आप इसका अनुभव ही करें: वही खेल खेलें जिसका आपको ज्ञान है ओर जीत हासिल करें। इस बारे में विचार कीजिए। एक ओर, आप एक कठिन चुनौती से निपट सकते हैं और असफलता की संभावनाओं का सामना कर सकते हैं। दूसरी ओर, आप एक प्रबंधनीय लक्ष्य के लिए प्रयास कर सकते हैं और इस बात की बहुत बड़ी गारंटी होती है कि आप इसे हासिल कर लेंगे। मैं तर्क दूँगा कि अधिकांश लोग क्रिया के दूसरे तरीके को ही चुनते हैं।

मैंने असफलता के भय के कारण क्रिया में संलिप्त लोगों की इस प्रवृत्ति का अनुभ्व किया है। जैसा कि वर्नर एर्हर्ड उल्लेख करते हैं, 'जीवन को प्रभावित कर पाने सम्बन्धी आपकी एकमात्र पहुँच क्रिया होती है, और इसीलिए जिस भविष्य का सृजन आपने किया है उसे हासिल करने हेतु आपकी एकमात्र पहुँच क्रिया है'।

मैं असफलता के साथ आपके सम्बन्ध को रूपांतरित करने हेतु आपको आमंत्रित करता हूँ, और इसके लिए आपको यह समझना होगा कि असफलता क्या होती है।

तो, असफलता क्या होती है?

असफलता उस संवाद का एक उत्पाद होती है जो आप स्वयं के साथ करते हैं। अबतक, आप अभिकथनों तथा आकलनों के बीच के अंतर को जान चुके हैं, और असफलता एक आकलन होती है–यह एक ऐसा आकलन होती है जिसमें आप वह हासिल नहीं कर सके होते हैं जिसे हासिल करने की आपकी इच्छा थी। असफलता अभिकथन नहीं होती।

यहाँ मेरे द्वारा असफलता के साथ आपके सम्बन्ध के संवाद का उल्लेख करने का कारण यह है कि अनेक लोग अपने द्वारा सृजित किए गए भविष्य को सहजता से त्याग देते हैं। वे इसलिए त्याग देते हैं क्योंकि पहले, दूसरे अथवा तीसरे प्रयास में वे अपने निर्धारित लक्ष्य को हासिल नहीं कर पाते। वे एक कहानियाँ गढ़ लेते हैं कि 'यह नहीं हो पाएगा', अथवा 'मैं असफल व्यक्ति हूँ–मैं इसे कभी हासिल नहीं कर सकता', इत्यादि।

हमें कभी भी हमारी परवाहों, हमारी प्रतिबद्धताओं अथवा हमारी संभावनाओं को त्यागने की आवश्यकता नहीं है। हम प्रत्येक क्षण को पसंद के एक ऐसे क्षण के

रूप में ले सकते हैं जिसमें हम अपने भविष्य के सृजन को पुनः प्रारंभ कर सकते हैं। हम सदैव ही एक नया संवाद प्रारंभ कर सकते हैं, एक नई मनोदशा बना सकते हैं, अपने दृष्टिकोण अथवा मानकों को परिवर्तित कर सकते हैं। स्थिति चाहे जो भी हो, हम सदैव सृजन कर सकते हैं, सदैव उत्पत्ति कर सकते हैं।

मनुष्यों के रूप में, हमें अबाध (न रोके जा सकने योग्य) बनाया गया था, और मेरे पास अपने घर में इसका साक्ष्य मौजूद है। मेरी पत्नी और मैं हाल ही में दो खूबसूरत जुड़वाँ बच्चों के माता–पिता बने हैं। ये जुड़वाँ बच्चे समय–पूर्व जन्मे थे, परंतु अपने जन्म के समय से ही अबाध रहे हैं (वास्तव में, तब से जब वे गर्भ में आए थे)। मैं सप्ताह–दर–सप्ताह उन्हें विकसित होता हुआ देख रहा हूँ। पहले, वे हमें पहचानते नहीं थे, परंतु अब वे पहचानते हैं; पहले, वे अपनी गर्दन स्थिर नहीं रख पाते थे, परंतु अब वे ऐसा करते हैं।

जैसे–जैसे वे बड़े होंगे वे लेटे–लेटे पलटना सीखेंगे। एक बार पलटी मार लेने पर वे अपने पेट के बल लेट जाते हैं लेकिन वापस पीठ के बल लेटने की अपनी पुरानी स्थिति में नहीं जा पाते। वे सहायता के लिए रोयेंगे और हममे से एक उन्हें सीधा करेगा। परंतु, वे इस 'गलती' से सबक नहीं लेंगे–वे यही कार्य बार–बार करेंगे, तबतक जबतक वे स्वयं अपनी पीठ के बल पलट जाना नहीं सीख लेते।

और फिर वे बैठना सीखेंगे, और फिर घुटनों से रेंगना। रेंगते समय, वे अनेक बार गिरेंगे, स्वयं को चोटिल करेंगे लेकिन फिर भी नहीं रुकेंगे। अंततः, वे रेंगने में महारत हासिल कर लेंगे। पुनः, शुक्र है, उनके लिए इतना ही पर्याप्त नहीं होगा।

वे चलना, दौड़ना, साइकिल चलाना, तैरना इत्यादि सीखेंगे। और हर बार, वे अनेक बार गिरेंगे, संभवतः कई बार स्वयं को चोट भी पहुँचाएगें। फिर भी वे हिम्मत नहीं हारेंगे।

यह दिलचस्प है कि जैसे–जैसे हम बड़े होते हैं हम सोचते हैं कि हम और अधिक चतुर हो गए हैं, और फिर भी यह चतुराई हमारे विरुद्ध कार्य करती है। हम कारण बताना प्रारंभ कर देते हैं (पढ़ें 'हम आकलन करना प्रारंभ कर देते हैं) और ऐसे निर्णय कर लेते हैं जो हमारी सहायता नहीं करते। यदि हम गिरते हैं (पढ़ें 'असफल होते हैं') तो हम दोबारा प्रयास न करने हेतु ऐसे ही संतोष प्रदान करने वाले कारणों को खोज लेते हैं।

असफलता किसी ऐसे क्षण का एक आकलन मात्र होती है जिसमें हमारी अपेक्षाओं की पूर्ति नहीं होती। परंतु हमारे पास भविष्य अभी भी मौजूद होता है, और पहले से अधिक समृद्ध भविष्य।

हाल ही में एक बड़े बहुराष्ट्रीय संस्थान के लिए मेरे द्वारा संपन्न एक कार्यशाला में मैंने तीसरे दिन सुबह में प्रतिभागियों से सबसे पहले एक अभ्यास को पूरा करने को कहा। संस्थान के एक वरिष्ठ प्रबंधक इस अभ्यास को पूरा

नहीं कर सके। उन्होंने 'निर्णय' किया कि वे 'सुस्त' थे और इसीलिए वे इस अभ्यास को पूरा नहीं कर सके।

मुझे वे बिल्कुल भी सुस्त नहीं प्रतीत हुए–कार्यक्रम के दौरान संवादों में वे सक्रिय थे। यह स्पष्ट था कि अन्य प्रतिभागियों में उनके तथा उनकी उपलब्धियों के प्रति अत्यधिक सम्मान था। हालांकि, यह स्पष्ट था कि वे पूरी तरह से विश्वास कर रहे थे कि वे 'सुस्त' हैं, और इस अभ्यास को पूरा न कर पाने का कारण उनका सुस्त होना था। मेरा अनुमान है कि यह अभ्यास इसलिए पूरा नहीं हो सका क्योंकि अवचेतन रूप से वे स्वयं को सही सिद्ध कर रहे थे–कि वे 'सुस्त' हैं।

और उनके अनुसार, चूंकि वे सुस्त 'हैं', अतः उन्होंने कोई बड़े वादे नहीं किए। और जब आप बड़े वादे नहीं करते तो आपको इन वादों को पूरा करने की आवश्यकता नहीं होती।

आपके अनेक प्रयास असफल हो सकते हैं, और यह अच्छा है। समस्या तब उत्पन्न होती है जब असफलता के कारण आप प्रयास करना बंद कर देते हैं! चयन निष्क्रियता तथा असफलता के बीच का है! मेरे लिए, यह कोई समझदारी नहीं है! मैं असफलता को चुनना कहीं अधिक पसंद करूँगा। आप जितना अधिक निष्क्रिय रहते हैं उतने ही अधिक असफलता से बचने की इच्छा वाले संवाद में संलिप्त होते हैं!

असफलताओं को एक सबक तथा अगले चरण की शुरुआत बनाइए, न कि आपके भविष्य की यात्रा का एक अवरोध। जबतक आपके शरीर में श्वांस और पसंद मौजूद है आप भविष्य की ओर अपनी यात्रा प्रारंभ कर सकते हैं, और वास्तव में आप सदैव ऐसा कर भी रहे हैं (आपकी क्रियाएं भविष्य का सृजन कर रहीं हैं, और आपकी निष्क्रियता भी)।

लोगों द्वारा क्रिया न करने का एक अन्य कारण यह है कि वे इस बात को लेकर भ्रमित रहते हैं कि आगे क्या किया जाए।

क्या आपका भ्रम एक विलासिता है?

मेरी एक शिक्षार्थी ग्राहक ने मुझसे कहा 'समीर, मैं वास्तव में बहुत भ्रमित हूँ! मुझे कोई नौकरी कर लेनी चाहिए अथवा घर पर रहकर यह सुनिश्चित करना चाहिए कि मेरे बच्चे स्कूल में अच्छा प्रदर्शन करें और उनकी आवश्यकताओं का ध्यान रखना चाहिए।' यह महिला 2 वर्षों से भी अधिक समय से निर्णय न कर पाने की इस मानसिक स्थिति में झूल रही थी।

एक प्रशिक्षण कार्यक्रम में मैं एक दूसरे व्यक्ति से मिला जिसने उल्लेख किया, 'मैं डेढ़ वर्षों से भी अधिक समय से एक व्यवसाय प्रारंभ करने की सोच रहा हूँ। मैं निर्णय नहीं कर पाया कि क्या किया जाए। आपका क्या सुझाव है?'

मैं नियमित रूप से लोगों को यह कहते सुनता रहता हूँ कि वे भ्रमित हैं। मेरे समक्ष भ्रम विलासिता होती है; कुछ लोगों के लिए एक अच्छी प्रतीत होने वाली स्थिति क्योंकि यह उन्हें कोई भी क्रिया न करने का बहाना प्रदान करती है। एक बिजनेस स्कूल, जिसका मैं प्रमुख हुआ करता था, की नियोजन सभा के दौरान छात्रों में से एक ने कहा, 'मैं भ्रमित हूँ और यदि मैं भ्रमित हूँ तो मैं क्रिया कैसे कर सकता हूँ? क्रिया करने के पहले मुझे स्पष्ट होना जरूरी है!'

भ्रम निष्क्रियता का कारण होता है और बदले में निष्क्रियता भ्रम को और बढ़ाती है। यह एक ऐसा दुष्चक्र है जिससे आप बचना चाहते हैं (चित्र 11.1)। एक बार आप इस भ्रम के जाल में फंस गए तो यह अवनति की ओर ले जाता है और इससे बचना कठिन होता है।

मैंने अपने जीवन के सम्बन्ध में इसे देखा है। जब–जब मैं भ्रमित हुआ हूँ मैंन अनुभव किया कि मैं निष्क्रिय रहा हूँ। भले ही ऐसा मात्र कुछ क्षणों के लिए ही रहा हो। महत्वपूर्ण बात यह है कि निष्क्रियता को 'भ्रम' के बजाए 'अकर्मण्यता' कहा जाए। और मुझे यह बिल्कुल उचित प्रतीत होता है। जीवन में ऐसे कई दिन आए हैं जब मैंने निष्क्रियता का अनुभव किया है। और मैं इसे ऐसे ही कहना पसंद करता हूँ–कि मुझे आज निष्क्रियता का अनुभव हो रहा है।

अनेक कार्यकारियों के साथ मेरी बातचीत के दौरान मैंने पाया है कि वे अपनी निष्क्रियता को भ्रम कहकर इसे रूमानी बना देते हैं। एक बार यदि आपने

चित्र 11.1 भ्रम–निष्क्रियता का दुष्चक्र

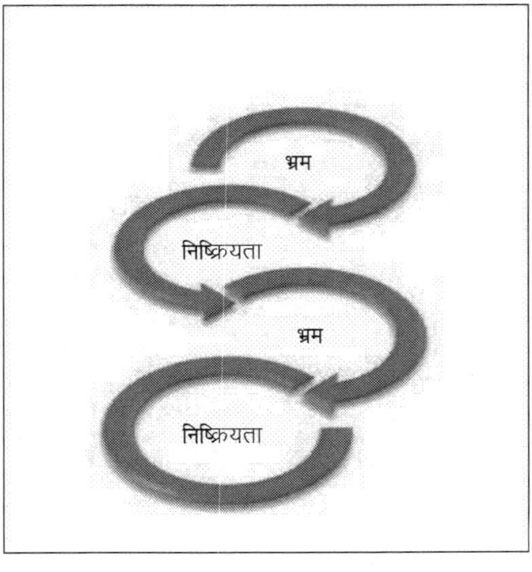

अपनी निष्क्रियता को भ्रम की संज्ञा दे दी तो आपके पास निष्क्रिय रहने का एक बहुत अच्छा कारण उपलब्ध हो जाता है। 'आखिरकार आप भ्रमित हैं!' और भ्रमित व्यक्ति से किसी क्रिया के लिए कैसे कहा जा सकता है? यहीं से कभी समाप्त न होने वाला भ्रम एवं निष्क्रियता की अवनति का क्रम प्रारंभ होता है।

यहाँ आपके विचारार्थ कुछ और प्रस्तुत हैः

भ्रम = अनुत्तरदायिता (गैरजिम्मेदारी)

उत्तरदायी होना रचनाकार होने, कारण बनने के लिए उत्साहित होना है। भ्रम की अवस्था में आप सामान्य रूप से किसी बात का कारण नहीं बन सकते। कारण बनने के लिए आपके पास स्पष्टता तथा पहचान का होना आवश्यक होता है; स्पष्टता एवं पहचान क्रिया की क्रियाएं हैं।

आपने कितनी बार नोट किया है कि जब आप भटकाने वाला पहला कदम उठाते हैं तो स्पष्टता स्वतः प्रकट हो जाती है?

यही कारण है कि मुझे यह कहने में कोई हिचकिचाहट नहीं है कि भ्रम का अर्थ अनुत्तरदायिता भी होता है, जिसमें आप उन तरीकों, जिनके अनुसार मामले अभी चल रहे होते हैं, और स्थिति को अपनी इच्छानुसार परिवर्तित करने के लिए जो कुछ भी करने की आवश्यकता है, उसका उत्तरदायित्व स्वीकार करने हेतु तैयार नहीं होते।

हाल ही में, जब मैं एक मित्र के साथ उसकी कार में यात्रा कर रहा था तो हम एक ऐसे चौराहे पर पहुँचे जहाँ ट्रैफिक संकेतों ने अभी–अभी काम करना बंद कर दिया था। सभी दिशाओं से आने वाली कारों ने एक जाम लगा दिया और बहुत थोड़े से समय में ही यह एक गतिरोध बन चुका था। उस गतिरोध वाले दृश्य की कल्पना कीजिए और अब किसी भ्रमित व्यक्ति के मस्तिष्क की दशा के ऐसे ही होने पर विचार कीजिए।

मैं कार से बाहर निकला, एक कार की पहचान की (मेरे स्थान पर किसी अन्य व्यक्ति ने किसी दूसरी कार की पहचान की होगी–बात यह नहीं है कि कौन सी कार, बात यह है कि *एक कार* की पहचान की गई) और उस कारचालक से थोड़ा पीछे हटने को कहा। जैसे ही वह कार थोड़ा पीछे हुई, सामने की दिशा से आने वाली कार को आगे बढ़ने का स्थान मिल गया। इसी के साथ, थोड़ी सा स्थान उत्पन्न हुआ और फिर धीरे–धीरे यातायात खुल गया और मात्र कुछ ही मिनटों में जाम से निकल पाने में सफल रहे। दूसरी स्थिति में यह जाम कई घंटों तक लगा रह सकता था।

अतः, अगली बार जब आप भ्रमित हों, निम्नलिखित कदम उठाने पर विचार करें:

- सर्वप्रथम, ध्यान दें कि आप सक्रिय नहीं हैं। यह ज्ञान आपको इस बात का विकल्प प्रदान करेगा कि आप या तो सक्रिय हो जाएं अथवा निष्क्रिय बने रहें।
- यदि आपने अपनी निष्क्रियता को भ्रम की संज्ञा दे दी है तो एक बार फिर 'मैं भ्रमित हूँ' को 'मैं वर्तमान में निष्क्रिय हूँ' की संज्ञा प्रदान कीजिए–इसका अर्थ एक ही होता है; हालांकि, पहला कथन आपको निष्क्रिय बने रहने का एक बहाना प्रदान करता है, जबकि दूसरा कथन यह स्वीकार करता है कि आप अभी निष्क्रिय हैं और शीघ्र ही सक्रिय हो जाएंगे। सक्रिय होने से मेरा अनिवार्य रूप से आशय शारीरिक रूप से कार्य करने से नहीं है। *विचारों को लागू करना भी सक्रिय होना होता है।* सक्रिय हों और पहचान एवं मूल्यांकन सम्बन्धी विकल्पों का उपयोग प्रारंभ करें।
- और अंततः, पहला कदम उठाएं। स्मरण रहे, पिछली कहानी के अनुसार यह महत्वपूर्ण नहीं होता कि पहला कदम क्या है (कौन सी कार को पहले हटने को कहा गया)। कदम उठाइए! अलग–अलग लोग अलग–अलग पहला कदम उठाएगें। और यही पूर्णतः सही है।

ध्यान रखें–जो लोग अपने जीवनों के लिए उत्तरदायित्व ग्रहण करते हैं वे भ्रम का चयन नहीं करते। वे अपने तथा अपने आसपास के दूसरे लोगों के जीवनों में स्पष्टता का कारण होते हैं। और भ्रम के उन दुर्लभ क्षणों में वे वापस क्रिया के लिए कूद पड़ते हैं।

लयबद्ध हों

लगभग 15 वर्षों पहले मेरे संस्थान के छात्रों के समक्ष डॉ. अजॉय कुमार ने 'सीईओ ऑफ द मंथ' शीर्षक के अपने व्याख्यान में कहा था, '*इकोनॉमिक टाइम्स* के मुखपृष्ठ पर स्थान पाने के लिए लगभग 20 वर्षों तक सांसारिक कार्य करने पड़ते हैं'। यह 'सीईओ ऑफ द मंथ' का पहला सत्र था जिसे हमारे द्वारा आयोजित किया गया था और डॉ. कुमार को आमंत्रित किया गया था, जो उस समय कमिन्स कंपनीज ऑफ इंडिया के सीईओ थे। *(आपके सूचनार्थ, डॉ. अजॉय कुमार अपनी शिक्षा से एक चिकित्सक हैं, जिन्होंने भारतीय पुलिस सेवा (आईपीएस) की तैयारी करने के लिए चिकित्सा विज्ञान को छोड़ दिया और जमशेदपुर के पुलिस अधीक्षक बन गए, और फिर एक कारपोरेट नौकरी के लिए उसे भी त्याग दिया)*।

इस पुस्तक के लेखन के दौरान, मैंने यह जानने का प्रयास किया कि आजकल डॉ. कुमार कहाँ हैं, और बहुत अधिक आश्चर्य नहीं हुआ जब मुझे यह

पता लगा कि वह जमशेदपुर से संसद सदस्य बन चुके हैं और मैक्स नीमन के सीईओ भी हैं! *(शीघ्र ही किसी समय मैं डॉ. कुमार के बारे में अलग से लिखना पसंद करूँगा–उनके पास एक दिलचस्प कहानी है।)*

मेरी पुत्री प्रतिदिन सांसारिक घरेलू कार्य करती रहती है, और शायद एक बच्चे के रूप में उसकी सफलता का कारण भी यही है। कुछ सप्ताहों पूर्व, मैंने देखा कि मेरी 9–वर्षीया पुत्री के पास एक सुनिश्चित समय–सारणी है : प्रातः 6:45 पर उठना; नाश्ता करना, तैयार होना, स्कूल जाना, स्कूल में निर्धारित समय–सारणी का पालन करना, गिटार अथवा स्केटिंग अथवा शतरंज में से किसी एक कक्षा में जाना, 45 मिनटों के लगभग पार्क में खेलना और रात्रि 8 30 पर बिस्तर पर जाने के पहले अपनी माँ एवं पिता के साथ समय व्यतीत करना। यही गत 2 वर्षों से उसके प्रत्येक स्कूली दिन की समय–सारणी रही है और संभावना है कि अगले 8 वर्षों तक यह ऐसी ही बनी रहेगी जब तक वह कॉलेज नहीं पहुँच जाती और नई समय–सारणी नहीं प्राप्त कर लेती।

मेरी पुत्री ने अपने लिए क्या लय प्राप्त की है! वह सटीक रूप से जान्ती है कि दिन/सप्ताह के किस समय पर वह कौन सा कार्य कर रही होगी। उसे अपनी लय का स्मरण करवाने के लिए कैलेंडर की बहुत अधिक आवश्यकता नहीं पड़ती। इस दुनिया में, जहाँ लोग एक इच्छा पूरी होते ही दूसरी इच्छा के नए उत्साह से आसक्त हो जाते हैं, मेरी पुत्री के जीवन की लय मेरे लिए एक स्वागतयोग्य परिवर्तन के समान प्रकट हुई है।

लय हर समय विद्यमान रहती है: हृदय स्पंदन की लय, दिन–एवं–रात्रि की लय, मौसमों की लय, भीड़–भाड़ वाले घंटों की लय, सोने–और–जागने की लय और अनेक अन्य। ये सब विद्यमान रहती हैं।

क्रिया के निष्पादन के दृष्टिकोण से ऐसा करने का एक तरीका यह है कि आपके संवादों को लयबद्ध कर दिया जाए।

संवादों की लय महत्वपूर्ण होती हैं, क्योंकि, परिणाम में, क्रियाओं की लय ही होती हैं जिसे आप एक सुनिश्चित वांछित परिणाम हासिल करने हेतु अपनाते हैं। किसी भी संस्थान में प्रबंधन की प्रत्येक भूमिका को संवादों के निश्चित समूह की आवश्यकता होती है। चाहे ये संवाद किए जाएं अथवा न किए जाएं, और ये संवाद कितने प्रभावी तरीके से किए जाते हैं, यही उस भूमिका में उस व्यक्ति की सफलता तथा उसके/उसकी दल की सफलता को निर्धारित करता है।

उदाहरणार्थ, एक संस्थान के मानव संसाधन प्रमुख के पास संवादों की एक निश्चित लय है, जो उसी संस्थान के जनसंपर्क प्रमुख, अथवा विपणन प्रमुख की संवादों की लय से भिन्न है। इन भूमिकाओं में से प्रत्येक का प्रयोजन लोगों के एक निश्चित समूह के साथ नियमित संवाद करना है।

जब आप इन संवादों के चारों ओर एक लय उत्पन्न कर लेते हैं तो आप वास्तव में उन संभावित व्यवधानों का पूर्वानुमान लगा लेते हैं जो उत्पन्न हो सकती हैं, और आप इन व्यवधानों को उत्पन्न होने देने से बच जाते हैं।

मैं आपको उस संवाद की लय स्थापित करने हेतु आमंत्रित कर रहा हूँ जो आप स्वयं अपने साथ, तथा अपने दल के प्रमुख लोगों, संस्थान अथवा जीवन के साथ करते हैं।

जोसेफिना सैंटियागो, जो एक जानीमानी सोमेटिक कार्यक्रम नेत्री एवं शिक्षिका हैं, ने एक बार मुझसे पूछा, 'समीर, क्या इस समय जिस लय में तुम हो वह तुम्हारे अनुकूल है?' इस प्रश्न ने मुझे रुकने और विचार करने हेतु बाध्य कर दिया।

जोसिफिना ने आगे कहा, 'हो सकता है किसी एक लय ने किसी समय विशेष पर तुम्हारा काम कर दिया हो। क्या वही लय आज भी तुम्हारा काम कर रही है?'

मुझसे पूछने का उनका जो आशय था वह था, 'समीर, क्या तुम विभिन्न लयों के पूर्वनियत प्रवाह में हो, वे लय जिन्होंने समय कि किसी क्षण पर तुम्हारा काम किया था, और हो सकता है कि अब वे आगे और काम लायक न रह गई हों?' यदि मामला यही है तो फिर एक पूर्वनियत भविष्य मौजूद है जहाँ ये लय आपको ले जा रही हैं। क्या आपको यह पूर्वनियत भविष्य ठीक लगता है?

यदि हाँ, तो अच्छा है।

यदि नहीं, तो नई लयों को तैयार कीजिए, नई क्रियाएं कीजिए और एक नए भविष्य का सृजन कीजिए।

एक अंतिम बात के रूप में, मैं आपसे वही प्रश्न पूछता हूँ : 'क्या आपकी वर्तमान लय आपके वांछित भविष्य को उत्पन्न करने में आपके काम आ रही है?'

सारांश एवं हमारी समझ का पुनर्निर्माण

1. 'मैदान पर होने' का अर्थ है वादे करना एवं उनकी पूर्ति करना न कि यह विचार करते रहना कि आपके आसपास के लोग क्या कह रहे हैं। बहुत सारे लोगों के आकलनों (अपने मन के अंदरूनी संवाद सहित) का सुनना आपके दृढ़ निश्चय को हिला देता है और आपको मार्ग से भटका देता है।
2. 'मैदान पर होने' का अर्थ है मामले का कारण बनना। स्मरण रखें, ये आपके द्वारा अपनाई गई क्रियाएं होती हैं जो आपको निर्वाहन की ओर ले जाती हैं। इतिहास इस बात का साक्षी है कि दर्शक दीर्घा में बैठे हुए किसी व्यक्ति ने कभी भी स्पर्धा में विजय नहीं प्राप्त की है।
3. भविष्य एक आकलन होता है—यह वह आकलन होता है जिसे आप हासिल करना चाहते थे परंतु हासिल नहीं कर सके।

4. एक दावा : भ्रम एक विलासिता है; कुछ लोगों के लिए एक महान प्रतीत होने वाली स्थिति क्योंकि यह उन्हें कोई भी क्रिया न करने का बहाना प्रदान करती है।
5. भ्रम निष्क्रियता की ओर ले जाता है और बदले में निष्क्रियता और अधिक भ्रम उत्पन्न करती है। यह एक दुष्चक्र है।
6. संवाद की लय क्रिया की लय हाती है जिसे आप वांछित परिणामों के लिए नियमित रूप से अपनाते हैं। संभावित व्यवधानों का पूर्वानुमान लगाते हुए और इन व्यवधानों को उत्पन्न होने देने से बचने हेतु भी इन लयों को उत्पन्न किया जाता है।

रचनात्मक अभ्यास

1. याद रखें, 'निर्वाहन मैदान पर घटित होता है'। अपने जीवन में आप कहाँ पर मैदान पर न होकर दर्शक दीर्घा में मौजूद हैं? क्या छूट गया है?
2. असफलता के साथ आपका क्या सम्बन्ध है? अभिकथनों एवं आकलनों को समझिए, और याद रखें, 'असफलता' मात्र एक संवाद होती है।
3. अपने जीवन में वर्तमान में मौजूद लयों पर चिंतन कीजिए एवं उन्हें दैनन्दिनी में लिखिए।
4. अपने जीवन के लिए आप कौन सी नई लयों (संवादों एवं अन्य लयें) को उत्पन्न कर सकते हैं? उदाहरणार्थ, आपकी विपणन संवाद के लिए एक लय, आपके शारीरिक व्यायाम के लिए एक लय और अपने परिवार के साथ अच्छा समय व्यतीत करने हेतु एक लय।
5. अपनी दैनन्दिनी में दैनिक प्रविष्टियों के लिए इन प्रश्नों पर रोज विचार करें। जब आप उनपर ध्यान देते हैं तो उन्हें आकार ग्रहण करने दीजिए और आपकी क्रियाओं एवं परिणामों को आकार प्रदान करने दीजिए।

टिप्पणी

1. रोजर मार्टिन, 'Are You Confusing Strategy with Planning', *Harvard Business Review*, 2 May 2014. https://hbr.org/2014/05/are-you-confusing-strategy-with-planning/, accessed 16 February 2016.

उपसंहार

इस पुस्तक का यह जानकारी प्रदान करने का वादा था कि ब्रेकडाउन कैसे घोषित किया जाए। यह भी वादा था कि प्रत्येक अध्याय के अंत में सूचीबद्ध किए गए अभ्यासों के माध्यम से प्रभावी रूप से ब्रेकडाउन घोषित करने एवं उससे निपटे जाने में कुशल होने के लिए एक मंच उपलब्ध कराया जाएगा। मैं आशा करता हूँ कि मैंने आपके साथ किए गए इस वादे को पूरा किया है। यदि आपके पास कुछ प्रश्न एवं चिंताएं हैं तो आप www.declaringbreakdowns.com की वेबसाइट पर आ सकते हैं और मेरी टीम तथा मुझे आपकी विशिष्ट चिंताओं एवं प्रश्नों का प्रत्युत्तर देने में प्रसन्नता होगी।

यह प्रारंभ करने का समय है; अब आप ब्रेकडाउन घोषित करने से अवगत हैं, परंतु इसके लिए मांसपेशियों को विकसित करने की आवश्यकता है। ये मांसपेशियाँ आपके द्वारा अपने जीवन में सक्रिय रूप से भाग लेने, जहाँ कहीं भी कोई व्यवधान हो तो ब्रेकडाउन घोषित करने, अथवा जब आप किसी विसंगित का अनुभव करने, तथा अपनी पसंद के भविष्य का सृजन करने एवं उसे हासिल करने से विकसित होंगी। आपका सबक अधूरा रह जाएगा यदि आप इस पुस्तक को पढ़ना बीच में रोक देंगे और अपने जीवन में ब्रेकडाउन घोषित करने का नियमित अभ्यास नहीं करेंगे। यही वह स्थान है जहाँ नदी और किनारे परस्पर मिलते हैं (जीवन का महत्वपूर्ण बिन्दु)।

यह आपके शेष जीवन का प्रथम क्षण होता है! ठीक अभी, आपके पास एक विकल्प उपलब्ध है। प्रवाह में रहने का, अथवा अपने जीवन को डिजाइन करने के स्त्रोत पर होने का। जो कुछ घटित हो चुका है वह घटित हो चुका है। जो है, है। ठीक अभी, आपके जीवन के प्रत्येक क्षण की भांति, आपके पास एक नए भविष्य को सृजित करने का विकल्प उपलब्ध है। आपके पास ब्रेकडाउन घोषित करने का एक विकल्प उपलब्ध है।

मैं इन प्रश्नों में से कुछ पर चिंतन करने हेतु आपको आमंत्रित कर रहा हूँ। ये वे प्रश्न हैं जिन्हें प्रत्येक अध्याय के अंत में रचनात्मक अभ्यासों के दौरान मैंने आपसे पूछा है। इन प्रश्नों का कोई भी उत्तर अंतिम नहीं होता।

1. आप किस बात की परवाह करते हैं?
2. आप जिस तरीके से अपनी परवाहों की देखभाल कर रहे हैं क्या आप उससे संतुष्ट हैं?
3. यदि कोई नई क्रिया नहीं की गई है तो निकट भविष्य में आपके जीवन के इस क्षेत्र में क्या घटित होने की संभावना है?
4. क्या यह पूर्वनियत भविष्य आपके काम का है?
5. यदि यह पूर्वनियत भविष्य आपके काम का नहीं है तो अपनी परवाह के इस क्षेत्र में आप कौन से नए भविष्य का सृजन करना पसंद करेंगे?
6. क्या आप इस नए भविष्य को हासिल करने का उत्तरदायित्व स्वीकार कर रहे हैं, अथवा, दूसरे शब्दों में, क्या आप इस भविष्य के घटित होने का कारण बनेंगे?
7. इस भविष्य को घटित होने के लिए आवश्यक छूट गई संवाद सम्बन्धी अगली क्रिया क्या है? क्या कोई प्रतिबद्धता (वादा) छूट गई है, अथवा कोई निवेदन छूट गया है, अथवा संवाद सम्बन्धी क्रिया छूट गई है?

एक बार उपरोक्त प्रश्नों का उत्तर दे लेने के बाद आगे बढ़िए और निष्पादन कीजिए।

कृपया अपने विचारों को मेरे साथ वेबसाइट www.declaringbreakdowns.com पर, अथवा मुझे sameer@sameerdua.com पर ई–मेल करके साझा करें।

मैं आपको नियमित रूप से स्वयं से ये प्रश्न पूछने हेतु आमंत्रित कर रहा हूँ। यही वे प्रश्न हैं जो आप पूछते हैं और जो उन उत्तरों का निर्धारण करते हैं जो आपको प्राप्त होंगे। यही वे उत्तर हैं जो आपको प्राप्त हुए हैं और आपके द्वारा अपनाई जाने वाली क्रियाओं का निर्धारण करेंगे, और वही उन परिणामों का निर्धारण करेंगे जो आपको प्राप्त होंगे।

जैसा कि पहले उल्लेख किया जा चुका है:

आप स्थिति की गंभीरता से सहमत हों अथवा न हों, आप इसे पसंद करें अथवा न करें, यह आपके जीवन पर एक प्रभाव डालता है। इसी प्रकार, चाहे आपको यह ज्ञात हो अथवा न हो, आप स्वीकार करें अथवा न करें, आप अपने भविष्य का सृजन करने की सतत् प्रक्रिया में संलिप्त रहते हैं।

प्रत्येक क्षण की भांति यह आपके नेतृत्व का क्षण है। आपकी पसंद के लिए एक आमंत्रण मौजूद है। आगे बढ़िए और *अपने भविष्य का सृजन कीजिए!*

परिशिष्ट 1 : पुरानी और नई व्याख्याओं की तुलना

पुरानी व्याख्याएं	नई व्याख्याएं
ब्रेकडाउन हमारे लिए घटित होते हैं, और वे अच्छे नहीं होते।	रचनात्मक भाषा में, ब्रेकडाउन घोषणा की एक क्रिया द्वारा उत्पन्न किए जाते हैं। हमारे लिए व्यवधान उत्पन्न होते हैं, और हम एक ब्रेकडाउन घोषित करने का चयन कर सकते हैं। व्यवधान अच्छे अथवा बुरे नहीं होते। हमारा दावा है कि व्यवधान और कुछ नहीं बल्कि आपकी पारदर्शिता में एक रुकावट होते हैं। व्यवधान किसी 'स्थापित व्यवस्था' को बाधित करता है, और यह स्थापित व्यवस्था 'व्यवधान' उत्पन्न होने तक पारदर्शी थी। व्यवधान का अर्थ होता है आपकी संभावनाओं के अंतराल में परिवर्तन। जो कुछ भी हमने पहले संभव होने की कल्पना की थी वह हो सकता है कि अब संभव न रह गया हो अथवा जो कुछ भी हमने पहले असंभव होने की कल्पना की थी वह अचानक ही संभव हो गया हो सकता है। जब आप ब्रेकडाउन घोषित करते हैं तो आप अपनी पसंद के एक भविष्य को डिजाइन करने की प्रक्रिया में सक्रिय रूप से भागीदारी करते हैं।
अधिगम (लर्निंग) ज्ञान एवं समझ प्राप्त करना होता है।	सीखने से आशय दैहिक परिवर्तन (*हमारा शरीर आदतन क्या देख सकता है, किसमें भाग ले सकता है, क्या कर सकता है और क्या अनुभव कर सकता है*), तथा क्रिया एवं परिणाम हेतु हमारी क्षमता में परिवर्तन से है।

(जारी)

(जारी)

पुरानी व्याख्याएं	नई व्याख्याएं
सीखना तब होता है जब हम अवधारणाओं एवं जानकारी से अपने मस्तिष्क में सीखते हैं।	सीखना अभ्यास से किया जाता है। शरीर गहन अधिगम का स्थान होता है। समझ एवं अवधारणाओं को अधिगम समझने से परे जाने हेतु हमें दैहिक सन्निहिती के द्वारा नए कौशलों, नए दृष्टिकोणों एवं अनुभव के नए तरीके को अवश्य ही सीखना चाहिए। अभ्यास द्वारा अधिगम पहले से होता रहता है। हम वही सीख रहे होते हैं जिसका अभ्यास करते रहते हैं।
अभ्यास खिलाड़ियों, संगीतज्ञों, कलाकारों इत्यादि के द्वारा किए जाते हैं। हालांकि, नेतृत्वकर्ताओं के लिए, एक बार जानकारी प्राप्त करने के बाद कार्य करना संभव हो जाता है।	नेतृत्व एक निर्वाहन सम्बन्धी कला है। नेतृत्व सीखने हेतु हमें अवधारणाओं (विज्ञान) की आवश्यकता होती है, और फिर इस कला में महारत प्राप्त करने हेतु अभ्यास की। जीवन तथा दुनिया के साथ संलिप्त होने का एक तरीका है अन्यमनस्कता, विचारण एवं चिंतन के मार्ग को अपनाना, परंतु क्रिया में महारत सदैव ही संन्निहित कौशल से ही प्राप्त होती है।
किसी भी संवाद को आमतौर पर बोलना और सुनना समझा जाता है। अधिकांश लोग मानते हैं कि बोलने और सुनने के अलावा संवाद में कुछ भी नहीं होता।	संवाद मनुष्यों की ऐसी अंतःक्रियाएं (इंटरैक्शन) होती हैं जो क्रियाओं, अर्थ लगाने, सुनने, मनोदशाओं एवं भावनाओं के साथ–साथ दूसरों तथा भविष्य के साथ संपर्क को जन्म देती हैं। संवाद मात्र शब्द नहीं होते, बल्कि ये संपूर्ण शारीरिक प्रतिक्रियाएं होती हैं जो तब उत्तेजित (उत्पन्न) होती हैं जब हम भाषा में अंतःक्रिया करते हैं, और जब हम अंतःक्रिया करते हैं तो भाषा उत्तेजित होती है। संवादों में भाषा, मनोदशाएं, शारीरिक प्रतिक्रियाएं एवं अनुभव तथा श्रवण शामिल होते हैं जो संवाद में शामिल लोगों के इतिहास पर आधारित होते हैं। संवादों को भाषाई एवं सांस्कृतिक अभ्यासों में आकार प्राप्त होता है।
संवाद सूचना के संचार हेतु किया जाता है।	संवाद का सम्बन्ध किसी दुनिया एवं परवाहों को साझा करने तथा एक साझा भविष्य का सृजन करने के साथ होता है। संवाद 'एकसाथ परिवर्तित होना' होता है, और प्रत्येक संवाद में प्रत्येक व्यक्ति अपने वैश्विक–दर्शन, पृष्ठभूमि, तथा उपस्थिति को दर्ज करता है–यह ऐसा संपर्क स्थल होता है जहाँ अंतःक्रियाओं के माध्यम से भविष्य सदैव (यहाँ तक कि मौन में भी) ही सृजित होता रहता है।
हमारे वर्तमान युग में भाषा को समझने का एक तरीका होता है हमारी दुनिया का	जहाँ हमारी पुरानी व्याख्या उपयोगी है, वहीं यह इस बात को छिपा लेती है कि भाषा मात्र वर्णनात्मक ही नहीं बल्कि रचनात्मक, तथा अत्यधिक सृजनात्मक होती है।

(जारी)

(जारी)

पुरानी व्याख्याएं	नई व्याख्याएं
एक वर्णन, लेबलों का एक ऐसा समूह जिसका उपयोग हम वस्तुओं एवं लोगों का वर्णन करने हेतु करते हैं। यह सूचना के हस्तांतरण का एक माध्यम होता है। इसी रूपरेखा के अंतर्गत भाषा में बहुत अनुसंधान किए गए हैं–कि शब्द दुनिया की संस्थाओं एवं घटनाओं के अनुरूप होते हैं। हम देखते हैं कि 'कुर्सी' जैसा एक शब्द दुनिया में उसी नाम के द्वारा किसी प्राचीन कलाकृति के समान होता है।	भाषा में शक्ति होती है, और भाषा के माध्यम से हम निम्न को उत्पन्न करते हैं: • क्रिया, • क्रिया के परिणाम, • संभावनाएं, • प्रतिबद्धताएं, • पहचान, • राय, • मनोदशाएं एवं भावनाएं तथा और बहुत कुछ।
भाषा शिक्षाविदों, भाषाविदों, अंग्रेजी शिक्षकों आदि की रुचि का विषय होती है।	भाषा तथा उसकी रचनात्मक शक्ति को समझना तथा उसका उपयोग करना हमारे 'होने' तथा संचालन के तरीकों के लिए अत्यंत महत्वपूर्ण होता है। हम सदैव भाषा में जी रहे होते हैं, और यह रचनात्मक भाषा ही होती है जहाँ हम यह निर्धारित करते हैं कि हम दुनिया को कैसे देखें, हम कौन सी क्रियाएं करें और हम दूसरों के साथ कैसे समन्वय करें। भाषा हमारे जीवन को तथा हमारे द्वारा उत्पन्न करने वाले परिणामों को आकार प्रदान करती है।
हम इस बात से भली–भांति अवगत हैं कि हमारे साथ तथा हमारे आसपास क्या घट रहा है।	हम सभी किसी–न–किसी दृष्टिहीनता में कार्य करते रहते हैं। शरीर द्वारा अवचेतन अवस्था में निर्वाहन अथवा हमारी आदतन क्रियाएं, अथवा दुनिया को देखने का हमारा तरीका इस तथ्य के महत्वपूर्ण उदाहरण हैं कि हमारे लिए क्या पारदर्शी है। जो कुछ भी हमारे लिए पारदर्शी है उसका यह अर्थ नहीं है कि यह घटित नहीं हो रहा है। यह घटित हो रहा है और इसके बावजूद भी यह हमारे लिए पारदर्शी है। हम इससे अवगत नहीं हैं। हम इसपर ध्यान नहीं दे रहे हैं। प्रत्येक व्यक्ति एवं प्रत्येक परंपरा की अपनी–अपनी जागरूकता एवं दृष्टिहीनता होती है जहाँ वे ध्यान देते और नहीं देते हैं।

(जारी)

(जारी)

पुरानी व्याख्याएं	नई व्याख्याएं
दुनिया को जैसा हम देखते हैं वह वैसी दुनिया है–हम वही देखते हैं जो वहाँ मौजूद है।	जिस दुनिया को हम देखते हैं वह उस दुनिया के क्रियाकलाप हैं जिसके प्रेक्षक हम हैं। हम सब अपनी–अपनी दुनिया में फंसे हुए हैं, अर्थात्, जिस दुन्यिा को हम देखते हैं, इस प्रकार कि हम ये तक नहीं जान्ते कि हम नहीं जानते कि उस दुनिया के बाहर भी एक दुनिया है जिसे हम अभिव्यक्त करते हैं। प्रत्येक व्यक्ति की एक दुनिया होती है जो किसी अन्य की दुनिया से अलग होती है। जब हम अपनी दुनियाओं को साझा करना प्रारंभ करते हैं तो यह विविधता की शक्ति एवं संपन्नता, संस्कृति एवं संभावनाएं प्रदान करती है। ऐसी कोई दुनिया नहीं होती जिसमे प्रेक्षक न हो, और यदि कोई ऐसी किसी दुनिया का वर्णन करने का प्रयास करता है, तो वही 'उसका' प्रेक्षक होता है।
जो कुछ भी हम देखते हैं वह वही है जिसपर हम निगाह डालते हैं (यहाँ प्रेक्षक की ओर ध्यान अनुपस्थित है)।	'प्रेक्षक हम हैं' यह हमारी भाषा, भावना, शरीर, इतिहास एवं संस्कृति तथा अभ्यास की एक क्रिया होती है। प्रत्येक व्यक्ति की दृष्टि अलग होती है, और यद्यपि कुछ दृष्टिकोण परस्पर व्याप्त होते हैं, परंतु एक अंतर सदैव मौजूद रहता है।
हमारी संस्कृति की आमतौर पर समझ यही है कि जिस दुनिया को हम देखते हैं वह जो कुछ 'वहाँ बाहर' है उसी के क्रियाकलाप है।	जिस दुनिया को हम देखते हैं वह उस प्रेक्षक के क्रियाकलाप हैं जो कि हम हैं। हम दो दुनियाओं में रहते हैं, पहली है भौतिक दुनिया, तथा दूसरी है भाषाई दुनिया जिसका सृजन एवं अभिव्यक्ति हमारे द्वारा की जाती है। भौतिक दुनिया सभी के लिए एकसमान होती है। हालांकि, यह वही भाषाई दुनिया होती है जिसका सृजन हम करते हैं और जो निर्धारित करती है कि: • हम दुनिया में किस प्रकार प्रदर्शन करते हैं, • हम क्या क्रिया करते हैं, तथा • हमें क्या परिणाम प्राप्त होते हैं।
दुनिया वैसी ही है जो यह है और हमारा इसपर कोई प्रभाव नहीं होता।	हम अपनी दुनिया का सृजन करते हैं। और भले ही हम अवगत हों अथवा नहीं, हम अपनी दुनिया का सृजन कर रहे होते हैं; यह जान लेना अत्यंत शक्तिशाली होता है कि अपनी दुनिया का सृजन किस प्रकार किया जाए क्योंकि जानकारी पसंद को जन्म देती है।
बातों को देखने का एक ही तरीका है, और यही मेरा एकमात्र तरीका है।	बातों को देखने के अनेक तरीके होते हैं क्योंकि बहुत सारे प्रेक्षक मौजूद हैं।

(जारी)

(जारी)

पुरानी व्याख्याएं	नई व्याख्याएं
हम दुनिया में रहते हैं।	हम भाषा में जीते हैं। हम अपनी व्याख्याओं तथा दुनिया को देखने के तरीके के द्वारा अपनी दुनिया का सृजन करते हैं। हमारी दुनिया सदैव ही हमारी व्याख्याएं होती हैं।
हम वही हैं जो हम हैं (आप स्थिर हैं)।	हम वहीं हैं जो क्षण–प्रतिक्षण स्वयं को कुछ होने हेतु सृजित करते हैं। और हम किसी–न–किसी रूप में यह कर रहे होते हैं, उस समय में भी जब हम इस कहानी में जी रहे होते हैं कि हम नहीं कर रहे हैं।
परिणाम हमारे द्वारा की गई क्रियाओं के परिणाम होते हैं।	वास्तव में ऐसा ही है। परिणाम वास्तव में हमारे द्वारा अपनाई गई क्रियाओं की प्रतिक्रियाएं होते हैं। हालांकि, हमारे द्वारा अपनाई गई क्रियाएं उस प्रेक्षक की क्रियाएं होती हैं जो कि हम हैं।
हमारे पास राय, निर्णय तथा आकलन उपलब्ध होते हैं।	यह सही है। हालांकि, कभी–कभी हमारी राय, निर्णय एवं आकलन हम पर कब्जा कर लेते हैं। हमारा जीवन इन रायों, निर्णयों तथा आकलनों द्वारा संचालित होता है और हम इससे अनभिज्ञ हो सकते हैं। हम ऐसे निर्णयों, जो हमारे प्रयोजन की पूर्ति करते हों, को डिजाइन करने हेतु अपने स्वप्रेरित निर्णयों से अवगत हो सकते हैं।
उत्तरदायित्व किसी व्यक्ति के अधिकार अथवा नियंत्रण के अंदर किसी बात के लिए जवाबदेह अथवा जिम्मेदार होने की अवस्था अथवा सत्य होता है।	उत्तरदायी होना इस मुद्रा को ग्रहण करना होता है कि हम किसी बात के स्त्रोत अथवा कारण हैं, हम परिणामों के लिए उत्तरदायी बनाए जाने हेतु खुले हैं, हम परिणामों के लिए स्वयं को उत्तरदायी मानते हैं तथा परिणामों को क्रियाओं के द्वारा परिवर्तित किया जा सकता है। उत्तरदायित्व पसंद का विषय होता है। यह ऐसी व्याख्या करना होता है कि जब हम यह आकलन करते हैं कि कुछ है जो काम नहीं कर रहा है, तो हम छूट गई उस वस्तु/बात की व्यवस्था करेंगे जिससे यह काम करने लगे। यह हमें किसी और के द्वारा क्रिया करने की प्रतीक्षा किए बिना ही क्रिया उत्पन्न करने की मुद्रा में ला देता है। यह हमें एक नेतृत्वकर्ता की मुद्रा में ला देता है। हो सकता है हमें यह न ज्ञात हो कि क्या करना चाहिए, परंतु इस मुद्रा में, हम खोज लेंगे, अथवा आविष्कार करेंगे कि किस बात/वस्तु की आवश्यकता है। यदि हम दूसरों की प्रतीक्षा करते हैं अथवा मात्र तभी क्रिया करते हैं जबकि हमें यह मालूम हो कि क्या करना है, तो हम शिकार बन जाते हैं और अपनी अकर्मण्यता एवं निर्वाहन के अभाव के कारणोंवश स्वयं को पंगु बना लेते हैं।

(जारी)

(जारी)

पुरानी व्याख्याएं	नई व्याख्याएं
एक दल किसी सामूहिक क्रिया के लिए एकजुट होने तथा साथ मिलकर कार्य करने वाले लोगों की एक संख्या होती है।	एक दल एकजुट हुए ऐसे लोगों की एक संख्या होती है जो किसी साझा वादे को पूरा करने हेतु एकत्रित होते हैं। एक दल का अस्तित्व ऐसे वादे करने और उनकी पूर्ति करने में होता है जिसे व्यक्ति अकेले पूरा नहीं कर सकते।
भविष्य पर हमारा नियंत्रण नहीं होता। भविष्य का सृजन करने में हमारे पास कोई विकल्प उपलब्ध नहीं होता; यह हमें प्राप्त होता है।	भविष्य हमारे सृजन की एक क्रिया होती है। हम अपनी घोषणाओं से अपने भविष्य का सृजन करते हैं। और ये घोषणाएं संभावनाओं, संवादों एवं क्रियाओं को उत्पन्न करती हैं ताकि यह घटित हो सके। हम अपनी बाहरी क्रियाओं तथा अंदरूनी अवस्थाओं के लिए अपनी पसंदों के द्वारा अपने भविष्य को सदैव ही प्रभावित करते हैं।
हम अपने भविष्य की घोषणा कर सकें इसके पूर्व हमें यह जानने की आवश्यकता होती है कि हम इसे कैसे हासिल करेंगे। यह न जानना क्रिया में एक अवरोध होता है ('क्या' के पहले 'कैसे' आता है)।	हम अपने भविष्य की घोषणा करते हैं, और खोज, प्रयोग एवं डिजाइन के लिए किए गए हमारे अभ्यासों के माध्यन से 'कैसे' स्वयं को हमारे समक्ष घोषित करता है। भविष्य के अज्ञात से निपटना एक कौशल होता है जो अभ्यास के साथ विकसित होता है ('क्या' पहले आता है तब 'कैसे' आता है)।
क्रिया का बड़ा सम्बन्ध शारीरिक गतिविधि से होता है।	सभी क्रियाओं को भाषा से आकार प्राप्त होता है, और भाषा की रचनात्मक क्रियाएं ही वे क्रियाएं होती हैं जो आगामी क्रियाओं को आकार प्रदान करती हैं।
हमारे परिणाम शारीरिक गतिविधियों से उत्पन्न होते हैं (*कार्य करने से*)।	जहाँ कुछ परिणामों के लिए शारीरिक गतिविधि की आवश्यकता हो सकती है, वहीं अन्य सभी परिणामों के मूल कारण संवादों में निहित होते हैं। संवाद, जो संपन्न होते हैं, जो छूट जाते हैं, जो कमजोर तरीके से संपन्न किए जाते हैं अथवा भली–भांति संपन्न किए जाते हैं।
नेतृत्वकर्ता अधिकारसंपन्न लोग होते हैं।	हम सभी नेतृत्वकर्ता हैं। प्रश्न यह है कि 'क्या इस क्षण में अपने पूर्ण विकसित नेतृत्व का उपयोग कर रहे हैं?'

परिशिष्ट 2 : ब्रेकडाउन घोषित करने तथा डिजाइन किए गए भविष्य को सृजित करने का प्रारूप

क्षेत्र, जिसमें आप एक ब्रेकडाउन घोषित करने पर विचार कर रहे हैं (कृपया यथासंभव सुस्पष्ट रहें):

____

____

____

पहला चरण : एक ब्रेकडाउन घोषित करें

पुष्टि कीजिए कि आप अपने जीवन के इस क्षेत्र में एक नए भविष्य का सृजन करने के मामले में कारण बनने के इच्छुक हैं। इसे साहसपूर्ण तरीके से घोषित करें।

दूसरा चरण : 'जो है सो है?' को समझें

आकलनों को समझें। कठोर बने। आकलनों को अभिकथन न बनने दें।

तीसरा चरण : पूर्वनियत भविष्य क्या है?

यदि इस क्षेत्र में कोई नई क्रिया नहीं की गई तो इस क्षेत्र में लगभग निश्चित भविष्य (पूर्वनियत भविष्य) क्या संभावित है? क्या आप इसके साथ सहज हैं? कृपया कठोर बनें और स्पष्ट उल्लेख करें।

चौथा चरण : एक नए भविष्य का सृजन करें

इस क्षेत्र में एक नए भविष्य का सृजन करें। आपकी घोषणा में आपका भविष्य सृजित हो जाता है और नई क्रिया का संदर्भ उभर कर सामने आता है।

पाँचवा चरण : 'जो है सो है' से नए भविष्य की ओर बढ़ने में कौन सी क्रिया छूट गई है?

संवाद सम्बन्धी छूट गए चरणों की पहचान कीजिए– बोलने सम्बन्धी कौन सी, तथा किसके साथ की जाने वाली क्रिया आपके द्वारा घोषित भविष्य की ओर ले जाने वाली क्रियाओं को उत्पन्न करेगी।

छठवाँ चरण : निष्पादन सम्बन्धी चरणों/कार्यों की पहचान कीजिए।

परिशिष्ट 3 : भेद

स्वीकरण

- स्वीकरण *जो है* उसे स्वीकार करना होता है। स्वीकरण आपके आकलनों को 'सच' के रूप में स्वीकार करना नहीं होता।
- स्वीकरण का अर्थ है कि हम प्रयुक्त होने तथा *स्थिति के सम्बन्ध में हमारे आकलनों अथवा प्राथमिकताओं* के साथ अकेन्द्रित होने के बजाए *जैसी यह है* उस दुनिया में केन्द्रित हैं और क्रिया के लिए तैयार हैं।
- हम अपनी मनोदशा और संवादों में लगे रहने के बजाए *उपस्थित* हैं और क्रिया कर सकते हैं।
- हम इस मनोदशा कि 'मैं इसका इस प्रकार होना पसंद नहीं करता, और मैं सक्रिय और परेशान हो जाऊँगा' में होने के बजाए इस मनोदशा में हैं कि 'यही वह तरीका है—जिसके प्रति अब मैं प्रतिबद्ध हूँ, और इस बात का भी कि अपनी प्रतिबद्धताओं को पूरा करने के लिए मैं क्या क्रिया करूँगा?'
- स्वीकरण का बहुत बड़ा सम्बन्ध आकलनों को त्याग देने के साथ होता है।
- स्वीकरण का अर्थ अनुबंध अथवा स्वीकृति नहीं होता।

किसी भी क्षेत्र में महारत के मार्ग के प्रति प्रतिबद्ध होने में हम इस स्वीकरण को घोषित करने, कि 'हम जहाँ हैं, हैं' के द्वारा स्वयं को स्वीकरण में केन्द्रित कर सकते हैं। हमारे पास वे कौशल हैं जो हमारे पास है, और वे नहीं हैं जो हमारे पास नहीं हैं। हम अपने सीखने की दर पर ही सीखते हैं और उस दर पर नहीं करते जिसपर नहीं करते। और इसका किसी अन्य तरीके से होना आवश्यक नहीं है, और इस पर ऐसा होने का जोर दिया जाना कल्पना में लगे रहना होता है। तब, हम स्वीकार कर सकते हैं कि हम वहीं हैं जो हम हैं, और इस उपहार का समारोह मनाते हैं कि यह है—कि हम कौन है उन संभावनाओं को प्रकट करता है जो हम प्रकट करते हैं।[1]

क्रिया

क्रिया को भाषा से आकार प्राप्त होता है, और भाषा की रचनात्मक क्रियाएं ही वे क्रियाएं होती हैं जो आगामी क्रियाओं को आकार प्रदान करती हैं।

अतः, परिणामस्वरूपः

क्रिया भाषा में रचनात्मक कार्य के बराबर होती है, और शारीरिक क्रिया भी जिसे भाषा के इन रचनात्मक कार्यों से आकार प्राप्त होता है।

हम *क्रिया* की व्याख्या शरीर में असन्निहित उस गतिविधि के रूप में नहीं करते जिसे हमें 'वहाँ बाहर' आयोजित करना पड़ता है, बल्कि इसके बजाए इसकी व्याख्या उन लोगों की प्रतिबद्धताओं की क्रियाओं द्वारा उत्पन्न की गई गतिविधियों के रूप में करनी होती है जो किसी चिंता के सम्बन्ध में परवाह करते हैं।

क्रिया को प्रतिबद्धता से आकार प्राप्त होता है–उन प्रतिबद्धताओं से जो हम करते हैं अथवा नहीं करते, प्रतिबद्धता की स्पष्टता एवं स्वामित्व तथा प्रतिबद्ध हो रहे व्यक्ति के लिए प्रतिबद्धता का महत्व। संस्थानों की क्रिया को समझने हेतु यह महत्वपूर्ण होता है, क्योंकि *संस्थानों में कार्य की आधारभूत इकाई सहमति होती है,* न कि कार्य। सहमतियाँ प्रतिबद्धताएं होती हैं।

अभिकथन

एक अभिकथन तथ्यों का दावा होता है जो, समुदाय के द्वारा स्थापित किसी मानक के अनुसार या तो सच होता है अथवा झूठ।

अभिकथनों की पुष्टि अथवा निरस्तीकरण, प्रेक्षण (ऑब्जर्वेशन) एवं साक्ष्य द्वारा किया जा सकता है।

अभिकथनों के महत्वपूर्ण तत्व इस प्रकार होते हैं:

- अभिकथन तथ्यों के दावे होते हैं।
- अभिकथन या तो सच्चे अथवा झूठे होते हैं।
- अभिकथन बोलने सम्बन्धी ऐसी क्रियाएं होते हैं जो मापनीय अथवा साक्ष्यपूर्ण होते हैं और प्रेक्षण एवं साक्ष्य के द्वारा इनकी पुष्टि अथवा निरस्तीकरण किया जा सकता है।
- अभिकथन किसी समुदाय के द्वारा स्थापित मानक के अनुरूप होते हैं।

आकलन

आकलन मूल्यांकन, राय अथवा निर्णय का एक कथन होता है। आकलन न तो सच्चे और न ही झूठे होते हैं। इसके बजाए, आकलनों को आधारयुक्त (साक्ष्य समर्थित) अथवा आधारहीन बनाया जा सकता है।

आकलनों के महत्वपूर्ण तत्व निम्नवत् होते हैं:

- निर्णय, राय अथवा निष्कर्ष होते हैं।
- कभी भी सच्चे अथवा झूठे नहीं होते।
- आपके द्वारा किए गए आकलन किसी चिंता की परवाह करने हेतु संभावनाओं को उत्पन्न अथवा समाप्त कर सकते हैं।
- आकलन बोलने सम्बन्धी क्रिया होते हैं और इसमें सदैव ही एक वक्ता तथा एक श्रोता मौजूद होता है (*यदि आप स्वयं के साथ कोई आंतरिक संवाद कर रहे हों तो वक्ता एवं श्रोता एक ही व्यक्ति हो सकता है*)।
- आकलन सर्वाधिक महत्वपूर्ण रूप से श्रवण (सुनने) सम्बन्धी कार्य होते हैं, और इन्हें श्रवण सम्बन्धी कार्य कहने का कारण यह है कि आप आकलन का श्रवण जिस प्रकार से करते हैं वहीं आपके द्वारा लिए की जाने वाली क्रिया को प्रभावित करता है, और इसीलिए यह आपको प्राप्त होने वाले परिणाम को भी प्रभावित करता है।

जागरूकता

जागरूकता से आशय यह है कि हमारे अवधारणात्मक क्षेत्र में किसी तथ्य की पहचान हमें उसकी ओर ध्यान देने तथा इसे भाषा में व्यक्त करने की क्षमता प्रदान करते हुए की गई है। जागरूकता हमारी क्रिया करने की शक्ति तथा एकदूसरे के साथ अंतःक्रिया (इंटरैक्शन) करने का आधार होती है। जागरूक न होना दृष्टिहीन होना होता है। जब हम किसी बात से अवगत होते हैं तो हमारे पास उसपर प्रतिक्रिया करने का विकल्प उपलब्ध होता है। जब हम अनभिज्ञ होते हैं तो हमारे पास कोई विकल्प उपलब्ध नहीं होता।

यह अनुभव करना कि जागरूकता सभी क्रियाओं का आधार होती है, 'जागरूकता पसंद को जन्म देती है' के सिद्धांत की पृष्ठभूमि में निहित होता है। हम वास्तव में मात्र उसी तथ्य से अवगत होते हैं जिससे अवगत होने हेतु हमारे शरीर प्रशिक्षित हों।

दृष्टिहीनता

दृष्टिहीनता ऐसी अवस्था होती है जिसके अंतर्गत हम नहीं जानते कि हम नहीं जानते। दृष्टहीनता कोई पसंद उपलब्ध न होने की अवस्था होती है।

केन्द्रित

केन्द्रित होना पसंद की एक शारीरिक, मानसिक एवं भावनात्मक अवस्था में होना होता है। हम केन्द्रित अवस्था में तब होते हैं जब हमारा शरीर, मस्तिष्क तथा भावनाएं ऐसी अवस्था में हों जिनमें हम अपनी क्रियाओं का चयन कर सकें। जब हम अपनी क्रियाओं का चयन कर सकने की अवस्था में न हों तो हम 'अ–केन्द्रित' होते हैं; हमारी प्रतिक्रियाएं एवं प्रवृत्तियाँ ही हमारे लिए चयन करती हैं। अ–केन्द्रित रहते हुए हम मिश्रण नहीं कर सकते। केन्द्रित होने में, हम अपनी परिस्थितियों से प्रभावित हुए बिना पूर्ण संतुलन एवं ध्यान केन्द्रण हासिल कर लेते हैं।

- हमारा मस्तिष्क चौकन्ना है, हम उस बात से जुड़े हुए हैं जिसकी हम परवाह करते हैं और हम मानसिक कुतर्क द्वारा ध्यान भंग करने से मुक्त हैं।
- हमारी मनोदशा स्थिर तथा वर्तमान परिस्थिति के प्रति खुली हुई है।
- हमारी शारीरिक स्थिति गतिशील रूप से तनावमुक्त, चौकन्नी, हमारे गुरुत्वाकर्षण केन्द्र के चारो ओर संतुलित तथा क्रिया के लिए तैयार है।

ये तीनों पहलू साझा रूप से सम्बद्ध होते हैं। हम इनमें से किसी के साथ भी प्रारंभ करते हुए स्वयं को केन्द्रित कर सकते हैं; शेष दो इसका अनुसरण कर लेंगे। जब कोई चुनौतीभरा क्षण आपसे नेतृत्व की माँग कर रहा हो तो केन्द्रियकरण स्वयं आपको प्रतिक्रिया के बजाए पसंद की अवस्था में स्थापित करने का कौशल है। केन्द्रित अवस्था अग्रसक्रिय एवं सचेत होती है।

शरीर के दृष्टिकोण से, केन्द्र नाभि के 2 इंच नीचे होता है।

भाषा के दृष्टिकोण से, केन्द्र मौन होता है।

भावनात्मक दृष्टिकोण से, केन्द्र स्वीकरण होता है।

केन्द्रियकरण आत्म–बोध के प्रति एक सन्निहित प्रतिबद्धता है।[2]

संवाद

संवाद मनुष्यों की अंतःक्रिया (इंटरैक्शन) होती है जो क्रिया, अर्थ, श्रवण (सुनना), मनोदशाओं तथा भावनाओं एवं भविष्य को जन्म देती है।

संवाद मात्र शब्द नहीं होते, बल्कि ये संपूर्ण शरीर की प्रतिक्रियाएं होती हैं जो तब उत्तेजित (उत्पन्न) होती हैं जब हम भाषा में अंतःक्रिया करते हैं अथवा जब हम अंतःक्रिया करते हैं और भाषा उत्तेजित होती है।

संवादों में भाषा, मनोदशाएं एवं भावनाएं, शारीरिक प्रतिक्रियाएं एवं अनुभव तथा वे श्रवण शामिल होते हैं जो संवाद में सम्मिलित लोगों के इतिहास पर आधारित होते हैं। संवादों को भाषाई एवं सांस्कृतिक अभ्यासों से आकार प्राप्त होता है।[3]

क्रिया हेतु संवाद

कौन कब और क्या करने हेतु प्रतिबद्ध है इस बात को स्पष्ट करने एवं सुनिश्चित कर हम भविष्य में किसी विशिष्ट कार्य को संपन्न करने के लिए अपनी क्रियाओं को समन्वित करते हैं। हम विशिष्ट क्रियाओं के लिए विशिष्ट समय सीमा के अंदर विशिष्ट लोगों से वादे करते हैं। हम विशिष्ट लोगों से विशिष्ट समय सीमा के अंदर विशिष्ट क्रियाओं के लिए निवेदन करते हैं।

क्रिया हेतु संवाद में दो पक्ष संलिप्त होते हैं, एक 'ग्राहक' और दूसरा 'निर्वाहक', जो संतुष्टि की ऐसी स्थिति (सीओएस) पर पहुँचने हेतु वार्ता करते हैं जिसके प्रति दोनों ही प्रतिबद्ध होते हैं। ग्राहक वह व्यक्ति होता है जो एक निवेदन करता है, तथा निर्वाहक वह होता है जो उस निवेदन का प्रत्युत्तर देता है और एक प्रतिबद्धता कर सकता है। संवाद में मील के प्रमुख पत्थर इस प्रकार होते हैं:

- *निवेदन* : ग्राहक एक निवेदन करता है और निर्वाहक से संतुष्टि की स्थिति को रेखांकित करता है।
- *वार्ता :* निर्वाहक चार में से एक कार्य करता है : स्वीकार करता है, अस्वीकार करता है, जवाबी प्रस्ताव देता है अथवा प्रतिबद्धता हेतु प्रतिबद्ध होता है (स्थगन)।
- किसी जवाबी–प्रस्ताव, जो निर्वाहक के द्वारा ग्राहक को दिया गया हो, की स्थिति में ग्राहक के पास वही चारों विकल्प अर्थात् स्वीकार करना, अस्वीकार करना, जवाबी–प्रस्ताव देना अथवा प्रतिबद्धता हेतु प्रतिबद्ध होना उपलब्ध होते हैं।
- *वादा :* वार्ता के उपरांत, निर्वाहक कार्य संपन्न करने का वादा करता है।
- *निष्पादन :* निर्वाहक निर्वहन करता है।
- *पूर्ति की घोषणा :* निर्वाहक ग्राहक से कार्यपूर्ति की घोषणा करता है।
- *संतुष्टि की घोषणा :* ग्राहक संतुष्टि (अथवा असंतुष्टि) घोषित करता है।
- *प्रतिसंहरण/निरस्तीकरण :* इस प्रक्रिया के दौरान ग्राहक अपने निवेदन को वापस ले सकता है, अथवा निर्वाहक वादे को निरस्त कर सकता है।

संभावना हेतु संवाद

संभावनाओं हेतु संवाद आपके द्वारा भविष्य को देखने के तरीके तथा उन क्रियाओं को आकार प्रदान करते हैं जिन्हें आप आज अपनाते हैं। संभावनाओं हेतु संवाद संभावित क्रिया के लिए विचारों को जन्म देते हैं। यह संवाद अनुमान लगाने, भविष्य की संभावित क्रियाओं की जाँच किए बिना अथवा उनके प्रति प्रतिबद्ध हुए बिना उनकी पहचान करने की मनोदशा में संपन्न किए जाते हैं। इसका प्रयोजन संभावित परिणामों की एक श्रृंखला को उत्पन्न करना होता है, विशेषतौर पर अनेक ऐसे परिणामों को जो अभ्यस्त रूपरेखा तथा वर्तमान बाधाओं के अंदर स्पष्ट नहीं होते। परिकल्पना की मनोदशा को बनाए रखने तथा संभावनाओं के सर्वाधिक मूल्यवान समूह को उत्पन्न करने हेतु वक्ता को संभाव्यता सम्बन्धी आकलन एवं प्रतिबद्धता से जानबूझकर अवश्य ही बचना चाहिए। एक उदाहरण है 'क्या होगा' संवाद जो किसी प्रस्ताव की छानबीन करने के लिए दल के किसी सदस्य द्वारा निवेदन किया गया होता है। एक दूसरा उदाहरण है एक सामूहिक विचारोत्तेजक सत्र का जिसके द्वारा बाधाओं के रहते हुए भी लक्ष्यों एवं तरीकों को डिजाइन किया जाता है।

संभावनाओं हेतु संवाद की संरचना में निम्नलिखित तत्व शामिल होते हैं:

1. श्रवण (ध्यान से सुनने की क्रिया)
2. परिकल्पना
3. चयन
4. घोषणा

संभावनाओं हेतु संवाद डिजाइन किए गए एक नए भविष्य की घोषणा के साथ समाप्त होते हैं।

सम्बन्धों हेतु संवाद

दूसरे लोगों के साथ अर्थपूर्ण एवं लाभदायक परिणामों को प्राप्त करने के लिए आपको जिस पहले संवाद की आवश्यकता होती है वह है *सम्बन्धों हेतु संवाद।* सम्बन्धों हेतु संवाद कार्यशीलता का आधार तैयार करते हैं जिसके अंतर्गत लोग अपनी चिंताओं को व्यक्त करने तथा स्वतंत्र रूप से अनुरोध करने तथा यहाँ तक कि अनुरोधो को अस्वीकार करने हेतु स्वतंत्र होते हैं। इस संवाद के प्रतिभागी परस्पर एकदूसरे के सम्बन्धों के आकलनों, व्याख्याओं तथा भावनाओं के बजाए अपनी प्रतिबद्धताओं की क्रिया के रूप में एक दूसरे से सम्बद्ध होते हैं। स्वयं को

रक्षात्मक व्यवहार, असंतोष अथवा निराशावाद के प्रतिमानों के हवाले कर देने के बजाए वे बोलकर एवं श्रवण के द्वारा सम्बन्धों के निर्माण तथा संभावनाओं के द्वार खोलने पर ध्यान केन्द्रित करते हैं।

इस संवाद का उद्देश्य व्यक्तियों के बीच सहयोग के आधार की खोज करना होता है। इस संवाद का उद्देश्य व्यक्तियों के बीच सहयोग के आधार की खोज करना होता है। सम्बन्धों हेतु संवाद को प्रभावी होने के लिए आपको अपने संवाद में निम्नलिखित की खोज करनी होती हैः

- साझा हित
- साझा परवाह अथवा साझा चिंता
- साझा प्रतिबद्धता

घोषणा

घोषणा बोलने एवं श्रवण सम्बन्धी क्रिया होती है, जिसे ऐसा कर सकने के अधिकारप्राप्त व्यक्ति के द्वारा किया जाता है, जहाँ वह शून्यता से एक नई संभावना, एक नए भविष्य, जो उनका है, को अस्तित्व प्रदान करता/करती है।

एक घोषणा किसी मामले को प्रारंभ, समाधान अथवा समाप्त कर सकती है।

पूर्वनियत भविष्य

पूर्वनियत भविष्य वह भविष्य होता है जो किसी भी नाटकीय अथवा अप्रत्याशित घटना के न घटने की स्थिति में घटित होने ही वाला हो। पूर्वनियत भविष्य से हमारा आशय अपरिहार्य भविष्य–जैसे आयु बढ़ना और अंततः मृत्यु को प्राप्त होने आदि से नहीं है, बल्कि जो कुछ भी हमारे अनुभव में घटित होने जा रहा है उससे है, चाहे हम इसपर अधिक विचार करें अथवा न करें।[4]

डिजाइन किया गया भविष्य

डिजाइन किया गया भविष्य पूर्वनियत भविष्य का विलोम होता है। डिजाइन किया गया भविष्य वह भविष्य होता है जिसे आप अपनी घोषणा द्वारा सृजित करते हैं।

रचनात्मक संवाद

संवाद का अर्थ बातों का उत्पन्न करना नहीं बल्कि उनका वर्णन करना, सूचनाओं का हस्तांतरण करना, श्रवण सम्बन्धी कौशलों के बजाए बेहतर प्रस्तुतीकरण पर एक जोर दिया जाना माना जाता है। हालांकि, भाषा वर्णनात्मक होने के

साथ–साथ रचनात्मक भी होती है। हम भाषा तथा संवाद के उन पहलुओं पर ध्यान केन्द्रित करते हैं जो क्रिया को जन्म देते हैं और उसके द्वारा परिणामों को; जो स्वयं हमारे तथा दूसरों के लिए संभावनाओं, अर्थ, मूल्य एवं संतुष्टि को उत्पन्न करते हैं; और यहाँ तक कि हमारे अनुभवों में मनोदशाओं एवं भावनाओं को भी उत्पन्न करते हैं।

संस्थानों, नेतृत्व एवं शिक्षण के लिए बोलने एवं श्रवण की प्रासंगिकता है भाषा की रचनात्मक शक्ति को मान्यता प्रदान करना। हमारे वर्तमान युग में भाषा को जिस प्रकार से समझा जाता है उसका एक तरीका है हमारी दुनिया का वर्णन, वास्तविक इकाईयों के लिए भाषाई टोकनों का एक समूह, सूचना के हस्तांतरण के लिए एक माध्यम।

इस रूपरेखा में भाषा में बहुत अधिक शोध किए गए हैं–शब्द दुनिया में संस्थाओं तथा घटनाओं के अनुरूप होते हैं। हम देखते हैं कि 'कुर्सी' जैसा एक शब्द दुनिया में किसी प्राचीन कलाकृति से मेल खाता है। जैसा मैं कह चुका हूँ, यह दृष्टिकोण इस बात को छिपाता है कि *भाषा रचनात्मक होती है,* मात्र वर्णनात्मक नहीं। भाषा में क्रिया, क्रिया के परिणाम, संभावनाओं, प्रतिबद्धताओं, पहचान, राय एवं और बहुत कुछ उत्पन्न करने की शक्ति होती है।

सन् 1940 के दशक में, ऑक्सफोर्ड के दर्शनशास्त्री जॉन ऑस्टिन ने स्पष्ट किया था कि हम कार्यों को ऐसी भाषा में संपन्न करते हैं जो वर्णनात्मक नहीं होतीं, लेकिन प्रतिबद्धताओं एवं भविष्य को जन्म देती हैं। उदाहरणार्थ, उन्होंने पाया कि जब हम कोई वादा करते हैं तो हम दुनिया में किसी बात का वर्णन नहीं कर रहे होते। इसके स्थान पर, हम एक क्रिया कर रहे होते हैं, और यह प्रतिबद्धता की एक क्रिया होती है–यह दिखाते हुए कि वक्ता प्रतिबद्ध है–भविष्य के प्रति। एक निवेदन भी ऐसी ही क्रिया होता है, जिसके अंतर्गत हम किसी बात का वर्णन नहीं करते, बल्कि एक ऐसी क्रिया करते हैं जो कही गई, सुनी गई अथवा माँग की गई प्रतिबद्धताओं से भविष्य को परिवर्तित कर देती है। ऑस्टिन इन भाषाई क्रियाओं को 'बोलने सम्बन्धी क्रियाएं' कहते हैं।[5]

रचनात्मक भाषा में नए भविष्य का सृजन करने, दृष्टिकोण का निर्माण करने तथा उन दृष्टिबाधकों को समाप्त करने की शक्ति होती है जो लोगों को संभावनाओं को देखने से रोकते हैं। यह इस बात का वर्णन नहीं करता कि कोई परिस्थिति किस प्रकार उत्पन्न होती है; यह उसकी उत्पत्ति के तरीके को परिवर्तित कर देता है। ऐसा यह भविष्य को पुनः लिखकर करता है।[6]

रचनात्मक व्याख्या

आईजीएल में हम कहते हैं कि किसी भी व्याख्या को रचनात्मक होने हेतु इसे अवश्य ही–

- सुस्पष्ट होना चाहिए,
- साध्य होना चाहिए,
- अभ्यास द्वारा सीखने योग्य होना चाहिए, तथा
- वांछित परिणाम उत्पन्न करना चाहिए

रचनात्मक अभ्यास

रचनात्मक अभ्यास किसी ऐसे व्यवहार को अपनाए जाने की जागरूक पसंद है जिसका उपयोग हम प्रत्येक परिस्थिति में कर सकते हैं। यह दुनिया में मौजूद होने के तरीके के प्रति एक प्रतिबद्धता है। यह जीवन की पुष्टि करने वाला, सृजनात्मक है, तथा यह इस वास्तविकता को उत्पन्न करता है कि हम अपने जीवन की परिस्थिति को किस प्रकार से देखते हैं।

दूसरी ओर टाइप करना सीखना एक विशिष्ट अभ्यास होता है; यह एक निश्चित संदर्भ में विशिष्ट होता है तथा एक विशिष्ट चिंता की देखभाल करता है। परंतु टाइपिंग तभी उपयोगी होती है जब हम टाइप कर रहे हों। किसी भी रचनात्मक अभ्यास का उपयोग हम किसी भी समय तथा स्थान पर कर सकते हैं, यहाँ तक कि तब भी जब हम टाइप करना सीख रहे हों।[7]

आधारयुक्त आकलन

आधारयुक्त आकलन वे आकलन होते हैं जिनके द्वारा प्रश्नों के एक ऐसे समूह का उत्तर प्रदान कर दिया गया हो जिन्हें श्रोता के द्वारा आकलन को स्वीकार कर सकने के पहले स्पष्ट करने की आवश्यकता होती है। ये प्रश्न परवाह, मानकों, क्षेत्र तथा साक्ष्य से सम्बन्धित होते हैं।

आधार प्रदान करना आकलनों के बारे में आकलन करने का एक अभ्यास होता है। यदि कोई आकलन 'आधारयुक्त' है, तो इसमें किसी स्वीकार्य मानक तक के साक्ष्य मौजूद हैं, और किसी 'आधारहीन आकलन'—जिसमें चिंता के क्षेत्र सम्बन्धी स्पष्ट मानकों, साक्ष्य अथवा विवरणों का अभाव हो, की तुलना में इसके द्वारा किसी वांछित परिणाम को उत्पन्न करने की संभावना अधिक होती है। आधार प्रदान करना किसी आकलन को सच नहीं बनाता; यह मात्र साक्ष्य एवं तर्क प्रदान करता है कि यह हमारे प्रयोजन के लिए एक अच्छा आकलन है। और आधारहीन आकलनों का अर्थ मात्र यह होता है कि आकलन में विश्वास करने हेतु संगत साक्ष्यों का अभाव है। आधार प्रदान करने में, हम सिफारिश करते है कि आप कुछ प्रश्न पूछें।

आधार प्रदान करने हेतु, हमें निम्नलिखित प्रश्नों के उत्तर खोजने होते हैं:

- भविष्य की किस क्रिया हेतु?
- क्रिया के किस क्षेत्र में?
- किस मानक के अनुसार?
- कौन से सच्चे अभिकथन आकलन का समर्थन करते हैं?
- कौन से सच्चे अभिकथन आकलन के विरुद्ध हैं?

अतः, सामान्य रूप से, आधार प्रदान करना आकलन में अधिक विश्वास उत्पन्न करना होता है।

आंतरिक संवाद

आंतरिक संवाद वह संवाद होता है जिसे आप स्वयं के साथ संपन्न करते हैं। यह आपके अंदर की वह छोटी सी आवाज होती है जो मुश्किल से ही मौन रहती है। यह आंतरिक, छोटी सी आवाज निर्धारित करती है कि आप अपने जीवन की घटनाओं को किस प्रकार देखते हैं।

व्यवधान

व्यवधान और कुछ नहीं बल्कि आपकी पारदर्शिता में एक रुकावट होते हैं। कोई भी व्यवधान 'स्थापित व्यवस्था' को बाधित करता है, और यह स्थापित व्यवस्था 'व्यवधान' उत्पन्न होने तक पारदर्शी बनी रहती है।

यदि कुछ ऐसा घटित होता है जो हमें इस बात का एक अलग आकलन प्रदान करता है कि भविष्य में हम क्या अपेक्षा कर सकते हैं तो हम इसे एक व्यवधान कहेंगे। किसी व्यवधान का *अर्थ होता है हमारी संभावनाओं के अंतराल में एक परिवर्तन।* जो कुछ भी पहले हमारी कल्पना था वह संभव था परंतु अब और अधिक संभव नहीं रहा हो सकता है अथवा जो हमारी जो कल्पना पहले संभव न रही हो अचानक ही संभव बन सकती है। जब कभी भी कोई प्रेक्षक आकलन करता है कि संभावना का अंतराल परिवर्तित हो चुका है, चाहे यह सकारात्मक हो अथवा नकारात्मक, प्रेक्षक एक व्यवधान का सामना कर रहा होता है।[8]

नेतृत्वकर्ता

एक नेतृत्वकर्ता वो होता है जो–

- कथित वर्तमान परिस्थितियों को ध्यान में रखते हुए किसी असाधारण भविष्य का *सृजन* करता है;

- जो इस नए असाधारण भविष्य के प्रति दूसरों को *प्रतिबद्ध* करवा लेता है; और
- इस भविष्य को हासिल करने के लिए दूसरों के साथ *क्रियाओं को अपनाता एवं उत्पन्न करता है।* [9]

छूट गई क्रियाएं

रचनात्मक नेतृत्व की दुनिया में छूट गई क्रियाएं छूटे हुए संवाद सम्बन्धी वे चरण होते हैं जिनकी पहचान प्रेक्षक द्वारा की जाती है। यदि आपको अपेक्षानुसार परिणाम प्राप्त नहीं हुए हैं तो कुछ क्रियाएं/संवाद छूट गए हैं, ऐसी क्रियाएं/संवाद जिनकी आपको पहले पहचान करने तथा फिर स्वयं तथा/अथवा दूसरों के साथ संपन्न करने की आवश्यकता होती है।

संभावना

ऑक्सफोर्ड शब्दकोष के अनुसार संभावना की आम समझ है, 'कोई बात जो घटित हो सकती है'।[10] मैं इसके सम्बन्ध में उस संभावना के रूप में बात नहीं कर रहा हूँ जो भविष्य में किसी दिन घटित हो सकती है।

इस पुस्तक में मैं जिस संभावना के सम्बन्ध में बात कर रहा हूँ वह आपका सृजन है, जो नई क्रिया करने के लिए इस क्षण में आपको शक्ति प्रदान करता है, इस क्षण में आपके विचार करने तथा अनुभव करने के तरीके को आकार प्रदान करता है। जब आप इस प्रकार की संभावना उत्पन्न करते हैं तो आप अपने 'अभी' को प्रभावित करते हैं। आप अपने वर्तमान को प्रभावित करते हैं।

उदाहरणार्थ, जब मैंने आईजीएल इंडिया को स्थापित करने की संभावना उत्पन्न की, इसने उस क्षण में मेरे अनुभव करने के तरीके को परिवर्तित कर दिया। मैंने ऊर्जा के एक नए प्रस्फुटन का अनुभव किया, क्रिया करने की एक नई शक्ति का जिससे अभी तक मैं अपरिचित था। एक संभावना जो आपको उत्साहित कर देती है अपने आप ही आपको ठीक इसी समय क्रिया करने की मनोदशा में ला देती है। आप जानते हैं कि जब तक इस संभावना को हासिल करने के अनुरूप आप क्रिया करते रहते हैं, आप ऐसा कर सकते हैं।

उपस्थिति

उपस्थित रहने के लिए इस क्षण में *जीना* होता है, *यहाँ* और *अभी में।* अपने भूतकाल में नहीं, और न ही अपने भविष्य में। उपस्थित रहना इस क्षण में शारीरिक रूप से सतर्क रहना होना होता है। यह आपकी भावनात्मक अवस्था

से अवगत होना होता है, इसका प्रभाव इस बात पर पड़ता है कि आप दुनिया को कैसे देखते हैं और यह आपके आसपास दूसरों को भी प्रभावित करता है।

उपस्थित रहने के लिए इस प्रश्न के साथ प्रत्येक क्षण जुड़े रहना होता है : 'जो कुछ भी मैं कर रहा हूँ वह किसलिए कर रहा हूँ'। यह आपके प्रयोजन से सम्बद्ध होना होता है, और अपने प्रयोजन की पूर्ति हेतु क्रिया करना होता है।

उपरोक्त परिभाषा उपस्थिति का आंतरिक पहलू है। उपस्थिति का एक अन्य पहलू भी है जो कि उपस्थिति का बाहरी पहलू है।

साधारण तरीके से कहा जाए तो आप दूसरों पर किस प्रकार छा जाते हैं यही उपस्थिति है। दूसरे शब्दों में, उपस्थिति दूसरों के द्वारा अपने ऊपर पड़ने वाले आपके प्रभावों का आकलन करना होता है। यहाँ तक कि कुछ बोलने के लिए आपके द्वारा मुँह खोलने के पूर्व ही लोग आपके सम्बन्ध में आकलन कर सकते हैं। यह आकलन, कुछ विशेष क्षणों में, आपके द्वारा की गई अपनी शारीरिक प्रस्तुति तथा सामान्यतौर पर आपके द्वारा उत्सर्जित की जाने वाली भावनात्मक ऊर्जा पर आधारित होती है। निश्चित रूप से, एकबार जब आप बोलना प्रारंभ कर देते हैं तो *जो कुछ* आप बोलते हैं और *जिस प्रकार* बोलते हैं वह भी दूसरों के द्वारा आपका आकलन करने के तरीके को प्रभावित करता है।

नेतृत्वशाली उपस्थिति के 3 तत्व हैं

- पसंद,
- परवाह, एवं
- प्रतिबद्धता।

समस्या

जब कुछ घटित होता/नहीं होता है, और आपके लिए वह नहीं 'होना' चाहिए, तब 'यह' एक समस्या है। समस्या का पूरा सम्बन्ध 'जो है सो है से मैं क्या समझता हूँ' के साथ होता है।

समस्या का वास्तव में अस्तित्व नहीं होता—उनका अस्तित्व प्रेक्षक की दृष्टि में होता है।

सम्बन्ध

सम्बन्ध एक वादा होते हैं।

मैं अपने बच्चों का पिता हूँ। जहाँ मेरे बच्चे मेरे अपने हैं, वहीं ऐसा इसलिए नहीं है क्योंकि वे मेरे द्वारा जन्म दिए गए हैं और एक पिता होने के नाते मेरा उनसे सम्बन्ध है। मैं उनका पिता हूँ क्योंकि मैंने उनके साथ इस सम्बन्ध से

जुड़ने तथा इस सम्बन्ध के वादे का सम्मान करने का चयन किया है। एक पिता के रूप में मेरे बच्चों, मेरी पत्नी, मेरे माता–पिता, मेरे बच्चों का स्कूल एवं समाज सभी को मुझसे अपेक्षाएं हैं। और जब मैं उनकी अपेक्षाओं का सम्मान करता हूँ तो मैं उनकी निगाह में सच में एक पिता बन जाता हूँ।

दूसरी ओर, मेरे भाई के दो दत्तक पुत्र हैं। वे उससे पैदा नहीं हुए थे, और फिर भी, एक पिता के रूप में उसका वादा मेरे वादे से किसी भी प्रकार से कम नहीं है। ऐसे जैविक पिता भी होते हैं जो पिता होने के अपने वादे को पूरा नहीं करते। अतः, मेरा दावा है कि पिता होने का सम्बन्ध रक्त से नहीं बल्कि एक वादे से होता है।

इसी प्रकार, अन्य सभी सम्बन्ध भी वादे होते हैं। एक ग्राहक एवं विक्रेता कंपनी के बीच का सम्बन्ध, एक अधीनस्थ एवं उसके रेखीय प्रबंधक के बीच का सम्बन्ध, एक पति एवं पत्नी के बीच का सम्बन्ध, इत्यादि।

उत्तरदायित्व

उत्तरदायित्व किसी मामले का कारण बनने का इच्छुक होना होता है। यह ऐसी मुद्रा ग्रहण करना होता है जैसे आप किसी बात के स्रोत अथवा कारण हों, तथा आपकी क्रियाओं से परिणामों को परिवर्तित किया जा सकता है।

सोमाटिक्स

'दैहिक' (अंग्रेजी में somatics) शब्द को यूनानी भाषा के *somatikos* से लिया गया है, जो एक जीवित, जाग्रत एवं शारीरिक व्यक्ति को इंगित करता है। यह मानता है कि न तो मस्तिष्क और न ही शरीर एक–दूसरे से पृथक होते हैं; दोनों ही 'soma' कहे जाने वाली एक प्रक्रिया का एक अंग होते हैं।

प्रायः soma को इसकी समग्रता में एक जीवित काया के रूप में संदर्भित किया जाता है; अतः soma की एक कला एवं विज्ञान somatics है।[11]

अनुमान

'कोई भी अनुमान एक संवाद होता है जिसके अंतर्गत प्रतिभागी भविष्य की क्रिया हेतु नई संभावनाओं को उत्पन्न करते हैं, और एक संदर्भ स्थापित करते हैं जिसके अंतर्गत ये क्रियाएं अर्थपूर्ण हो जाती हैं।' अनुमान सम्बन्धी संवादों का सम्बन्ध इस बात से होता है कि भविष्य में किसका अस्तित्व हो सकता है अथवा भविष्य में क्या किया जा सकता है। पूछे जाने योग्य महत्वपूर्ण प्रश्न हैं,

'क्या करना संभव है?', 'हम किस भविष्य का सृजन करना चाहेंगे?', अथवा 'हम क्या नया हासिल अथवा सृजन कर सकते हैं?'[12]

दल

एक दल साझा वादों में संलिप्त लोगों का एक समूह होता है। एक दल का गठन किसी वादे के अंतर्गत होता है। बिना साझा वादे के कोई दल दल नहीं होता; यह एक साथ खड़े लोगों का एक समूह मात्र होता है।

पारदर्शिता

पारदर्शिता किसी प्रक्रिया का संचालन होता है जिसकी उपस्थिति से इसका उपयोगकर्ता अवगत नहीं होता।[13]

जो है सो है?

'जो है सो है?' अभिकथन तथ्यों के दावे होते हैं, जो किसी समुदाय द्वारा स्थापित मानकों से तुलना करने पर या तो सच्चे होते हैं अथवा झूठे।

जो है सो है से मैं क्या समझता हूँ?

'जो है सो है से मैं क्या समझता हूँ?' आकलन, मूल्यांकन के कथन, राय अथवा निर्णय होते हैं। आकलन न तो सच्चे होते हैं और न ही झूठे। इसके स्थान पर, उन्हें आधार प्रदान किया जा सकता है (साक्ष्य द्वारा समर्थन) अथवा ये आधारहीन हो सकते हैं।

टिप्पणियाँ

1. रचनात्मक नेतृत्व कार्यक्रम के लिए नेतृत्व सम्बन्धी अपने पत्रों में डनहम।
2. रिचर्ड स्ट्रोजी–हेकलर, *The Leadership Dojo: Build Your Foundation as an Exemplary Leader* (California: Frog. Ltd, 2007)।
3. 'संवाद' के इस अंतर की पहचान आईजीएल के लिए बॉब डनहम द्वारा सृजित की गई है।
4. स्टीव ज़ैफरॉन एवं डेव लोगन, *The Three Laws of Performance: Rewriting the future of your organization and your life* (San Francisco: Jossey–Bass/Wiley/Times Group Books, 2009)।
5. आईजीएल के लिए रॉबर्ट डनहम द्वारा लिखित पत्रों से उद्धृत।
6. पूर्वोक्त।

7. पूर्वोक्त।
8. इसे न्यूफील्ड नेटवर्क के रफैल इशेवैरिया के 'मूड्स एंड इमोशंस' नामक पत्र से लिया गया है। जहाँ वह इसे पारदर्शिता में एक रुकावट कहते हैं, मैंने, जैसा कि हम आईजीएल में करते हैं, इसे एक व्यवधान कहा है। न्यूफील्ड नेटवर्क में, पारदर्शिता में रुकावट तथा एक ब्रेकडाउन के बीच कोई अंतर नहीं होता। आईजीएल में हम पारदर्शिता में रुकावट को एक व्यवधान से अलग करते हैं, और फिर प्रेक्षक के ऊपर निर्भर करता है कि वह एक ब्रेकडाउन घोषित करे (अथवा ब्रेकडाउन ना घोषित करे)।
9. वर्नर एर्हर्ड एवं माकइल जेन्सेन के कार्यों से लिया गया है।
10. http://www.oxforddictionaries.com/definition/english/possibility?q=Possibility&searchDictCode=all, accessed 18 February 2016.
11. रिचर्ड स्ट्रोजी–हेकलर, *The Art of Somatic Coaching: Embodying Skillful Action, Wisdom, and Compassion* (Berkeley: North Atlantic Books, 2014).
12. पीटर जे. डेनिंग एवं रॉबर्ट डनहम, *The Innovator's Way* (Cambridge: MIT Press, 2010).
13. http://www.oxforddictionaries.com/definition/english/transparent, accessed 18 February 2016.

लेखक परिचय

समीर दुआ पूरी दुनिया में लोगों के जीवन में परिवर्तन लाने हेतु प्रतिबद्ध हैं और विश्वास करते हैं कि इस दुनिया में प्रत्येक व्यक्ति के पास प्रसन्नता, सफलता एवं असाधारण उपलब्धियों की संभावनाएं मौजूद हैं। वह लोगों को यह शक्ति प्रदान करते हैं कि वे जान सकें कि जीवन में वास्तव में किस बात से प्यार करते हैं और उसे उनके जीवन में हासिल करने हेतु सहयोग प्रदान करते हैं ताकि वे प्रसन्नता, सफलता एवं संतृप्ति से भरा हुआ जीवन जी सकें।

प्रबंधन शिक्षा में 25 वर्ष से भी अधिक के अनुभव के साथ समीर, जो एक स्नातकोत्तर उपाधि–धारक हैं, ने भारत तथा लंदन में संस्थानों की स्थापना एवं संचालन किया है। सन् 1990 के दशक के प्रारंभ में उन्होंने शिक्षा के विस्तृत नेटवर्क, जिसके बारे में भारत में उस समय सुना भी नहीं गया था, की स्थापना कर दी थी। उन्होंने 52 देशों के कार्यक्रम प्रतिभागियों के साथ काम किया है और उच्च श्रेणी के ब्रिटिश, अमेरिकी और यूरोपीय विश्वविद्यालयों के साथ भी कार्य किया। समीर अपने संस्थान के प्रबंधन कार्यक्रमों के हिस्से के रूप में विभिन्न राष्ट्रीय और बहुराष्ट्रीय कॉर्पोरेशन्स के साथ उच्चध्मध्य–स्तर प्रबंधन के प्रशिक्षण और विकास के लिए काम कर चुके हैं। उन्होंने मर्सिडीज़ बेंज़, जॉन डियर, सीमन्स, नेटएप्प, टी–सिस्टम्स, बीएमसी, पर्सिसटेंट सिस्टम्स, शैफ़लर ग्रुप जैसे विभिन्न वैश्विक व भारतीय संगठनों की वरिष्ठ टीमों के लिए कार्यक्रमों का संचालन किया है।

समीर आईजीएल, भारत, जिसकी स्थापना आईजीएल, अमेरिका की सम्बद्धता के साथ की गई है, के संस्थापक निदेशक एवं कार्यक्रम नेतृत्वकर्ता हैं। समीर ज़िग ज़िगलर कॉरपोरेशन द्वारा प्रमाणित प्रशिक्षक हैं और उन्होंने अनेक उच्च–गुणवत्तायुक्त प्रशिक्षण कार्यक्रमों का संयोजन किया है और विभिन्न संस्थानों के नेतृत्वकर्ताओं को अपने इष्टतम सर्वश्रेष्ठ स्तर तक पहुँचने एवं अपने लक्ष्यों को हासिल करने हेतु सफलतापूर्वक प्रशिक्षित किया है। वे नेवल

वॉर कॉलेज में नेवल हायर कमांड कोर्स के लिए लीडरशिप फेकल्टी सदस्य हैं। अपने शिक्षण एवं प्रशिक्षण में समीर एक रूपांतरकारी दृष्टिकोण अपनाते हैं और उन्होंने विश्व के अग्रणी ऑन्टोलॉजीकल प्रशिक्षक प्रशिक्षण संस्थान–द न्यूफील्ड नेटवर्क, अमेरिका से एक ऑन्टोलॉजीकल प्रशिक्षक प्रशिक्षण कार्यक्रम के प्रशिक्षण को पूरा किया हुआ है।

समीर को एक प्रमुख वक्ता के रूप में भाषण प्रस्तुत करने हेतु निरंतर निमंत्रण प्राप्त होते रहते हैं और वह नियमित रूप से गैरव्यावसायिक स्थलों, उद्योग संघों तथा व्यावसायिक क्लबों में भाषण प्रस्तुत करते रहते हैं तथा हाल ही में उन्हें मुम्बई, भारत में टेड–एक्स वार्ता में आमंत्रित किया गया था जहाँ उन्होंने ब्रेकडाउन घोषित करने के विषय पर भाषण प्रस्तुत किया।

समीर एशिया के एक शीर्षस्तरीय एवं अग्रणी व्यावसायिक स्कूल के परामर्शदाता रह चुके हैं। समीर बैंगलोर चैप्टर ऑफ हायर एजूकेशन फोरम के संस्थापक अध्यक्ष तथा इमर्जिंग प्रेसीडेंट्स ग्रुप के उपाध्यक्ष भी रहे हैं। एसौचेम कर्नाटक काउंसिल और कर्नाटक सरकार द्वारा उन्हें एमएसएमई (सूक्ष्म, लघु और मध्यम उद्यम) सुपर टायकून पुरस्कार से नवाज़ा गया है।

पूरी दुनिया के करोड़ों लोगों को सकारात्मक रूप से प्रभावित करने के अपने प्रयोजन के साथ समीर ने गिफ्ट योर ऑर्गन फाउण्डेशन की स्थापना की है। गिफ्ट योर ऑर्गन फाउण्डेशन के संस्थापक एवं प्रमुख उत्प्रेरक के रूप में समीर का दृष्टिकोण यह है भारत में अंग की आवश्यकता के कारण किसी की भी मृत्यु न होने पाए। गिफ्ट योर ऑर्गन फाउण्डेशन कर्नाटक एवं महाराष्ट्र राज्यों की सरकारों के साथ मिलकर कार्य करता है तथा यह देश का पहला ऐसा संस्थान है जिसने ग्रीन हार्ट ड्राइवर्स लाइसेंस नामक कार्यक्रम प्रारंभ किया है जो ड्राइविंग लाइसेंस प्राप्त करने वाले को अंगदान करने का विकल्प प्रदान करता है। यह एक कदम भारत में अंगदान के संपूर्ण परिदृश्य में शक्तिशाली परिवर्तन ला सकता है।

अपने संस्थान में एक वक्ता के रूप में समीर को आमंत्रित करने, अथवा 'ब्रेकडाउन की घोषणा' पर किसी कार्यक्रम को आयोजित करने, अथवा किसी भी अन्य प्रश्न के समाधान के लिए आप उन्हें sameer@sameerdua.com पर ई–मेल कर सकते हैं।

Made in the USA
Monee, IL
07 May 2026

49713841R00157